甘肃省一流学科建设项目资助成果

教育部人文社会科学重点研究基地西北师范大学西北少数民族教育发展研究中心资助成果

西师教育论丛

主编 万明钢

教师实践知识与
教师教学决策的互动关系研究

杨 鑫 著

Study on Interaction Relationship Between Teachers'
Practical Knowledge and Teachers' Teaching Decision Making

中国社会科学出版社

图书在版编目(CIP)数据

教师实践知识与教师教学决策的互动关系研究/杨鑫著. —北京:中国社会科学出版社,2018.5

ISBN 978 – 7 – 5203 – 2206 – 5

Ⅰ.①教… Ⅱ.①杨… Ⅲ.①教师教育—研究 Ⅳ.①G65

中国版本图书馆 CIP 数据核字(2018)第 053019 号

出 版 人	赵剑英	
责任编辑	周晓慧	
责任校对	无 介	
责任印制	戴 宽	

出 版	中国社会科学出版社	
社 址	北京鼓楼西大街甲 158 号	
邮 编	100720	
网 址	http://www.csspw.cn	
发 行 部	010 – 84083685	
门 市 部	010 – 84029450	
经 销	新华书店及其他书店	

印 刷	北京明恒达印务有限公司	
装 订	廊坊市广阳区广增装订厂	
版 次	2018 年 5 月第 1 版	
印 次	2018 年 5 月第 1 次印刷	

开 本	710 × 1000 1/16	
印 张	24.75	
插 页	2	
字 数	372 千字	
定 价	108.00 元	

凡购买中国社会科学出版社图书,如有质量问题请与本社营销中心联系调换
电话:010 – 84083683

总　序

正如学校的发展一样，办学历史越久，文化底蕴越厚重。同样，一门学科的发展水平，离不开对优良学术传统的坚守、继承与发展。西北师范大学教育学的发展，也正经历着这样的一条发展之路。回溯历史，西北师范大学前身为国立北平师范大学，发端于1902年建立的京师大学堂师范馆，1912年改为"国立北京高等师范学校"，1923年改为"国立北平师范大学"。1937年"七七"事变后，国立北平师范大学与同时西迁的国立北平大学、北洋工学院共同组成西北联合大学，国立北平师范大学整体改组为西北联合大学下设的教育学院，后改为师范学院。1939年西北联合大学师范学院独立设置，改称国立西北师范学院，1941年迁往兰州。从此，西北师范大学的教育学人扎根于陇原大地，躬耕默拓，薪火相传，为国家培育英才。

教育学科是西北师范大学教育学院的传统优势学科，具有悠久的历史和较强的实力。1960年就开始招收研究生，这为20年后的1981年获批国家第一批博士点打下了坚实的基础。当时，西北师范学院教育系的师资来自五湖四海，综合实力很强，有在全国师范教育界影响很大的著名八大教授：胡国钰、刘问岫、李秉德、南国农、萧树滋、王文新、王明昭、杨少松，他们中很多人曾留学海外，很多人迁居兰州，宁把他乡做故乡，扎根于西北这片贫瘠的黄土高原，甘于清贫、淡泊名利、默默奉献，把事业至上、自强不息、爱岗敬业的精神，熔铸在西北师范大学教育学科发展的文化传统之中，对西部教育事业的发展作出了重要贡献。"随风潜入夜，润物细无声。"先生之风，山高水长。为西北师范大学早期教育学科的卓越发展作出重大贡献的先生们，他们身体力行、典型示范，对后辈学者们潜心学术，继承学问产生了重要的、潜移默化的影响，体现了西北师范大学的教育学人扎根本土、潜心学术、面向全国、放眼世界，站在学科发展前沿，培养培训优秀师资，服务地方经济社会发展的教育胸怀与本色。

西北师范大学教育学科历经历史沧桑的洗礼发展走到今天，已形成了相对稳定而有特色的研究领域。尤其是在国家统筹推进世界一流大学和一流学科建设的大背景下，西北师范大学的教育学作为甘肃省《统筹推进高水平大学和一流学科建设实施方案》规划的一流学科建设项目，迎来了学科再繁荣与大发展的历史良机。为此，作为甘肃省一流学科建设项目成果、西北师范大学课程与教学论国家重点（培育）学科建设成果、教育部人文社会科学重点研究基地西北师范大学西北少数民族教育发展研究中心科研成果，我们编撰了"西师教育论丛"，汇聚近年来教育学院教师在课程与教学论、民族教育、农村教育、高等教育以及学前教育等方面的学术成果。这些成果大多数是在中青年学者的博士学位论文，科研项目以及扎根教学实践的基础上进一步凝练的结晶。他们深入民族地区和农村地区的村落、学校，深入大学与中小学的课堂实践，通过详查细看，对语文、数学、英语、物理、化学、研究性学习等学科课程教育教学的问题研究，对教育基本理论问题的思考，对教育发展前沿问题的探索……这些成果是不断构建和完善高水平的现代教育科学理论体系，大力提高教育科学理论研究水平和教育科学实践创新能力，进一步发挥教育理论研究高地、教育人才培养重镇、教育政策咨询智库作用的一定体现，更是教育学学科继承与发展的重要过程。

筚路蓝缕，以启山林。目前付梓出版的这些著作不仅是教师自我专业成长的一个集中体现，也是西北师范大学教育学院教育学科发展与建设的新起点。当然，需要澄明的是，"西师教育论丛"仅仅是西北师范大学教育学研究者们在某一领域的阶段性成果，是研究者个人对教育问题的见解与思考，其必然存在一定的不足，还期待同行多提宝贵意见，以促进我们的学科建设和发展。

万明钢

2017 年 9 月

序

　　杨鑫是中文大学课程与教学系哲学博士，来函嘱我为其新著《教师实践知识与教师教学决策的互动关系研究》写序。我作为师友，不敢推却。阅读初稿后，发现她对课题有深入的认识、有细致的分析、有精辟的见解，我瞠乎其后！

　　杨鑫在书中展示了教师是课程改革中的关键元素。她在书中提及："课程研究在 20 世纪 80 年代经历了另一种范式的转换。这就是从课程研究转向教师研究。从'课程'向'教师'的过渡，更具体地说，是从"程序开发"向"教师实践"的过渡。"（1—2 页）A. V. Kelly 在《课程理论与实践》一书中提及："教育实践质量的优劣，在很大程度上都取决于负责此事的教师。"[①] 此外，近年多位著名学者认为，"课程改革是人的改革""课程发展是人的发展""没有教师的发展就没有课程发展""课程发展就是教师的专业发展"[②]。凡此种种，说明西方学者十分注重教师的角色。从中国内地的脉络来看，教师同样备受重视；《国家中长期教育改革和发展规划纲要（2010—2020 年）》提及："建设高素质教师队伍。教育大计，教师为本。有好的教师，才有好的教育。……严格教师资质，提升教师素质，努力造就一支师德高尚、业务精湛、结构合理、充满活力的高素质专业化教师队伍。"确实，教师是实施课程的关键人物。

　　我深信：展示研究成果的佳作，必须具备三个主要特点。首先，

---

① Kelly, A. V., *The Curriculum: Theory and Practice*, London: Sage, 2004, p. 10.

② Punch, K., *Introduction to Research Methods in Education*, London: Sage, 2009, Robson, C. *Real World Research: A Resource for Users of Social Research Methods in Applied Settings* (3RD ed.). Chichester: Wiley, 2011.

佳作必须具备稳固的分析框架。框架展现研究的初步理论构想，通常包括：（1）研究问题的重要概念和概念间之关系；（2）研究问题的范围、内容维度和层次；（3）研究问题所涉及之假设①。她在本书整理、分析教师实践知识研究及教师教学决策研究的文献后，建构了教师实践知识与教师教学决策互动关系的分析框架。框架所涉及的概念有教师实践知识、教师教学决策、教师反思、行动及教学情境。此外，框架还涉及专家型教师与新手教师两个重要的相关概念。我认为，作者展示了一个关键而坚实的分析框架。

其次，佳作必须深入分析实证数据。她除运用访谈、观察、实物和文档搜集大量数据外，还采用严谨的分析程式，合用的质性分析软件（即 N-Vivo 8），精密的编码以及整理出具结构、条理和内在联系的意义系统。不言而喻，分析质性资料是艰巨的工程，要花费大量时间和体力劳动。比方说，她运用质性分析软体（ N-vivo 8 ）对转录后的田野资料进行分类、整理。与传统的纸笔手工操作相比，软件提高了资料分析的效率，增加了整理数据的准确度，以及揭示实质内容建立框架。在应用软件方面，她善加运用，且获致良好的分析效能。又如，数据分析必须建立严谨的系统。她"为了方便对田野资料的分析、整理，需要先给每一份资料编号，然后在这个基础上建立一个编号系统。……这个过程主要有两种模式：一是线性的、自下而上对资料进行抽象的模式；二是循环往复、分析部分互动的模式"。不言而喻，本书的编码系统十分严谨，数据呈现异常精密。

最后，佳作必须展示重要研究意义或发现。本书谈及重要的研究焦点："本研究从实践认识论的角度出发，重新理解了关于教师教学决策的研究，并把教师实践知识的研究与教师教学决策的研究结合了起来，使两者之间互为研究视角。"在教育过程中，教师实践知识与教师教学决策都十分重要；然而，深入探讨两者之互动关系甚为罕见，值得读者留意。此外，她按研究发现，修订其研究框架，可堪借鉴；诚如她所提及的："本研究提出的教师实践知识与教师教学决策之间互动关联式结构图，对教师日常教学实践具有一定的解释力，例

① 陈向明：《质的研究方法与社会科学研究》，教育科学出版社 2000 年版。

如对教师个体专业发展问题；新手教师、熟练教师、专家型教师在教学中的本质区别问题；教师在课堂改革中作为实践者发挥能动作用的问题等。"作者关于教师实践知识和教学决策之间的互动，以至教师日常教学实践的反思，都极具启发。自然，对一般教师而言，要细味本书的深入分析，以及应用于教学实践中，并不容易；然而，若用心阅读，细加分析，勉力实践，必能有助教学决策和课堂教学。

本人从事教育多年，稍事著述和研究，但是阅读本书时，深感："学然后知不足，教然后知困。知不足，然后能自反也；知困，然后能自强也。故曰：教学相长也。"（《礼记·学记》卷十八）近年，香港教育界深觉学会学习和终身学习之可贵。在阅读此书和撰写序言时，不断自我反思，持续学习，其间获益良多。

本人距退休之年不远，然确信"长江后浪推前浪，一代新人'胜'旧人"。于我而言，杨鑫已超越自己；我深庆人才辈出，国家教育前景一片光明。在此，祝愿杨鑫出版更多更具影响力的著作，培育更多杰出的人才，为国家教育作出更大的贡献！

霍秉坤

2017 年 12 月 3 日子时于大围寓所

目　　录

第一章 绪论

当理性力量被奉为人的最高力量……如果理性只是诉诸自身和自己的能力，就绝不可能找到返回之路。它不可能重建自身，不可能靠它自己的努力去回复它原先的纯粹本质。……初看起来，在自然中没有任何东西能与科学理性的作用相对抗。……而如果世界上有什么东西我们不得不用第二种方法来处理的话，这种东西就是人的心灵。人之为人的特性就在于他的本性的丰富性、微妙性、多样性和多面性。①教育教学活动作为一种塑造人心灵的活动，不仅涉及学生丰富、复杂的心灵，也要考虑在教育教学活动中起主导作用的教师与学生的心灵。教育实践是对人类所进行的教育活动的总称。它是人类社会活动不可或缺的组成部分，有其独特的对象与领域。教育以有意识地影响人的身心发展为直接目的，这是与其他社会活动的标志性区别。教育实践的存在形态是人的活动和行为，有个体和群体之分，且总是以一定的时空、环境和资源作为必要条件。所以，教育实践除其共通性外，还具有鲜明的历史性、地域性、生成性和综合特殊性。②

教育研究在 20 世纪七八十年代经历了范式的巨大转换。③ 这种转换大体表现为，从以行为科学为基础的量化研究转向文化人类学、认知心理学和艺术评论等以新人文科学为基础的质性研究。而课程研究在 20 世纪 80 年代经历了另一种范式的转换。这就是从课程研究转向教师研究。从"课程"向"教师"的过渡，更具体地说，是从"程

---

① ［德］卡西尔：《人论》，甘阳译，上海译文出版社 1985 年版。

② 叶澜：《思维在断裂处穿行——教育理论与实践关系的再寻找》，《中国教育学刊》2001 年第 4 期。

③ ［日］佐藤学：《课程与教师》，钟启泉译，教育科学出版社 2003 年版。

序开发"向"教师实践"的过渡。课堂不再是像大型工厂的流水线那样的由技术学原理所控制的场所，而是一个实现人际沟通的新场所。

随着研究关注点和研究思路的转变，教师知识成为教育研究关注的焦点之一。与此同时，全球不断推进的教育改革及教师专业化运动的兴起对教师也提出了越来越高的要求。而真正的教育改革是真实地发生在每一个具体的课堂教学环境中的，这就需要我们关注教师的日常教育教学实践，探究在日常课堂教学生活中起关键作用的教师实践知识。

第一节　研究背景

一　理论背景

（一）以教师专业发展研究为依托

教师专业发展经历了 20 世纪六七十年代的"组织发展"阶段和 80 年代以来的"专业发展"阶段。与此相应，教师专业化运动经历了两种取向：其一是社会学意义取向，即将教师作为一个群体，其努力方向是为教师争取一定的专业自主性和专业地位。其二是教育学意义取向，致力于教师个体教学水平的提升，是教师主动的专业化。这种取向有两种策略，分别是工会主义（trade unionism）和专业主义（professionalism）。

社会学意义取向指导下工会主义的罢工和集体谈判并没有真正实现提升教师专业性的目标，而其所采用的方式、效果也因社会环境的变化而逐渐减弱。社会学意义取向下的教师专业化运动虽然希望提升教师的声望和社会地位，但它也存在明显的局限性。即运用外部的强制性要求来促使教师专业化水平的提高，这样教师的专业化实际上是教师被动的专业化。在这种取向下教师被假定在现实教学中存在一些错误和缺陷，因而需要教师参加培训来弥补。而且还假定教师有了关于学科内容及如何呈现这些内容的知识就足以将之运用到课堂教学中，并取得教学效果。由此可见，它忽视了教师的个人动机、具体的教学情境及教师个体在专业化发展中的能动作用。

20 世纪 80 年代教育学意义取向指引下的专业主义逐渐占据上风。与社会学意义取向下对教师的培训与考评不同，教育学意义取向下的教师专业发展认为，教师自身的经验与智慧是教师专业化发展的宝贵资源。教师专业发展既是教师成长的结果，也是教师成长的过程。作为结果主要是指教师达到专业成熟水平，即教师能够守信于自己的教育理想并为之努力；具有专业知识技能；参与专业决策，承担专业责任；能容忍压力，有较强的适应性；有从多角度观察分析问题的能力和应用多种模式进行教学的能力。作为过程主要是指教师为达到专业成熟而进行的持续不断的发展过程，该过程是非线性的，是持续教师整个职业生涯的过程。由此，有学者将这一阶段的教师专业化发展概括为"去专业化"阶段。即它并非反对教师个体的专业成长，而是反对日益泯灭自主性的制度化的教师专业化。

由此可见，教育学意义的取向致力于教师个体教学水平的提升，是教师主动专业化的过程。该取向指向教师专业特性和内部专业结构的成长与发展。教师是专业发展的主体，表现为教师对专业发展进行自我设计和调控，教师自身具有自我发展的意愿和动力。斯腾豪斯的"教师即研究者"与舍恩的"反思性实践者"理念的提出，进一步推动了教师专业化运动由教师地位论向教师角色论、实践论的转移。由此，教师专业发展理念波及全球，迅速成为各国教师教育及其研究的热点与焦点问题。本书以教师专业发展的教育学意义的取向为理论依托，为探究问题提供了分析判断的基本价值取向。

事实上，教师所从事的教学是一项复杂、专业性很强的工作。其中教师是反思性实践者，并能够在与他人关系的协调中对自己的价值进行不断反思的人。教师的职业环境和工作性质、对象、内容决定了他们必然要具备教师专业所需要的特殊知识。对教师实践知识的研究正是对教师专业化发展的个体取向的反映。教师自身是"知识分子"，是知识的主体，而不是外部制度强制、能够被任意改造的被动的接受者。教师专业发展中的关键其实是教师自身。教师实践知识是教师所拥有的特殊知识。这类知识是很难在一般的师范教育大学、学院中获得的。但在教育教学实践中这类知识却主导着教师的教学决策，真实地影响着教师教学的方方面面。

（二）以教师知识研究取向的转变为依据

20世纪80年代西方教师专业运动中，为强化行业标准，促进教师专业化发展，教师应有怎样的知识作为重要议题被提了出来。由此，教师知识成为教师教育研究中极受关注的领域。然而，对教师的研究经历了从关注教师课堂教学行为到关注教师知识的变化过程。其中，关于教师知识的研究则经历了由关注教师群体知识到关注教师个体知识的转变过程。即对教师知识的研究，经历了从关注行业标准的教师知识基础（教师应该知道什么）的教师知识分类研究，到关注教师实践（教师实际上知道什么）的教师实践知识研究。

教师知识研究取向的变化是在对以行为主义理论为基础的过程—结果研究范式反思的过程中发生的。由于受行为主义理论的影响，关于教师的研究较为关注促进学生学业的教师课堂教学行为研究。研究最初主要围绕着教师的教学计划和课堂决策而展开。然而，这类研究却存在着两方面不容忽视的缺陷。首先，这类研究较为关注与学生成绩相关的特定的教学行为，忽略了支撑教师教学行为背后的教师知识结构。其次，这类研究以过程—结果研究范式为理念，主要采用量化研究方法，不能有效地对教学过程中影响学生、教师的其他各种因素进行控制与解释。

在真实的教育教学情境中，教师总是根据"经验"做出自己认为最合适的反应。对教师知识研究的后期，强调教师知识的情境性。研究关注在具体的教师教学情境中教师"怎么做"以及"为什么这么做"等问题，关注教师个体经验及教师教学经验对教师知识形成的影响。由此，教师知识研究的重心转向了实践性、情境性、综合性的教师实践知识研究。①

本书关注教师实践知识与教师教学决策之间的互动关系，教师知识研究取向的转向一方面为本书提供了理论上的支持，另一方面也为

---

① Connelly, F. M. , & Clandinin, D. J. , *Teachers as Curriculum Planners*: *Narratives of Experience* (pp. 2 - 14), New York: Teachers College, 1988, L. Duffee, & Aikenhead, G. , "Curriculum Change, Student Evaluation, and Teacher Practical Knowledge," *Science Education*, 1992, 76 (5): 493 - 506.

本书将教师实践知识与教师教学决策结合起来在学理上提供了足够的空间、可能性。

二　实践背景

（一）关于中国课程改革对教师素质新要求的回应

在中国课程改革的过程中，教育理论与教育实践相互脱节的现象再一次引起人们的关注。课程改革者一方面希望教育理论不仅仅是一些舶来品，而是要深切地关注本土的教育实践问题。另一方面教育实践界不仅只是学习较为抽象的教育理论，而且在教育实践中要进一步对教育理论进行应用、评鉴。为什么教育理论在日常教育实践中只能发挥有限的作用？它不能像教育理论研究者所期望的那样，为教育实践工作者提供有力的指导，也不能像教育实践工作者所期望的那样，为改善教学提供帮助。这一方面是因为目前大部分教育理论并不关注教育实践的具体情况，或者对教育实践的复杂性进行简单化的处理，让实践工作者觉得在实际情境中毫无用处；而且因为教育的实施受到特定社会情境中多种因素的影响。另一方面，教育实践者也不关注教育理论如何才能帮助教师提高教学质量，因为在心底里他们不愿意接受质疑现存教育事实的教育理论。① 舒尔曼就指出，把理论应用于实践的模式必然会遇到困难。那么，如何促进教育理论与教师个人实践的有效结合，就成为教育领域中的重要问题之一。②

事实上，理论与实践之间的关系本不应该如此对立和僵化，因为所有的"实践"就像所有的"观察"一样，都有"理论"蕴藏其中……理论不是知识的实体可以在实践的真空中产生，教学也不是像机器人一样毫无反思的机械表现。③ 两者都是实践性任务，起引导作用的理论包括了个体实践者的反思意识。因此，本书从实践出发，把

---

① Kjørstad, M., "Opening the Black Box—Mobilizing Practical Knowledge in Social Research," *Qualitative Social Work*, 2000, 7（2）：143 – 161.

② Shulman, L. S., *The Wisdom of Practice—Essays on Teaching, Learning to Teach*, San Francisco：Jossey-Bass, 2004.

③ Ross, E. W., Cornett, J. W., & McCutcheon, G., *Teacher Personal Theorizing Connecting Curriculum Practice, Theory and Practice*, Albany：State University of New York Press, 1986, p. 11.

目光投向每天都在进行的教育教学实践，把教师所面临的教学实践作为一个整体，考虑在真实的教育教学实践中教师是如何"做的"。

若承认在实践领域存在着上述教师所固有的"实践性知识"与"实践性思考方式"，那么，教学研究中的教育理论与实践关系，就会显示出基于"教学研究"与"科学技术的合理应用"的原理难以解决的复杂情景。首先，参与教学研究的研究者必须认识到"实践话语"与"理论话语"或者"实践研究"与"理论研究"的相互独特性；必须认识到教师形成了不同于研究者的独特修辞与话语，并从事实践性问题解决的事实。在这里，"实践"不是单纯的"理论"与"技术"的应用领域，无论教师从事的教学研究还是教育研究者进行的教学研究，都不可能像"教学研究"的推进者们所想象的那样单纯。①

在中国课程改革自上而下的推行方式之下，新的教育理念、教育理论以"内容知识"的形式灌输给了教学一线的教师，若要课程改革取得一定的效果，就需要每个教室中的教师把这些"内容知识"转化为"实践知识"。显然，从教育理论到教育实践的过程是由课堂上的教师来完成的，正是课堂中的那些小事件才能让课程在学校中得到实施。②

（二）对教育实践者集体"失语"现象的回应

从一定意义上来说，每位教师所拥有的知识是其成为教师的根本。这类知识是不同于其他专业知识的一种独特的知识类型。这类知识与教师多年的生活史密切相关，体现着这名教师独特的教学风格，也保持着某种教学情境的特定气息。这类知识是知识、道德、情感的合一，它与教师职业的特征相吻合。这类知识就是体现了教师职业特点和日常教学特色的教师实践知识。

受技术理性思潮的影响，长期以来，人们对教师在教学中所应用的知识缺乏研究和深刻的理解。在技术理性占主导地位的知识分类

---

① ［日］佐藤学：《课程与教师》，钟启泉译，教育科学出版社 2003 年版。

② Elbaz, F., *Teacher Thinking：A Study of Practical Knowledge*, London：Croom Helm, 1983.

中，教师在实践中积累、形成的实践知识处于边缘化、非正式的地位。与理论知识相比，教师实践知识遵循着实践逻辑，它是以"怎么做"为目标的，是教师自身的生活经验和教学经历共同作用的产物。教师实践知识虽然不像教育理论知识那样具有精确性、严谨性等特点，但在日常教学实践中，教师的实践知识无时无刻不在指导教师的日常教学行为，可以说是一种与教师的身心相结合的教师日常教学决策的主要依据。

　　然而，教育理论知识与教师实践知识之间的不平等，造成了教育理论工作者与教育实践工作者之间的隔阂。教育实践工作者一方面对教育理论有着崇拜、敬畏、高不可及的感觉，另一方面却正如范梅南所说，理论知识和诊断性信息并不会主动导出恰当的教育行动。① 与此同时，在教育理论研究者面前，教师自觉或不自觉地贬低了教师所拥有的实践知识。由此，他们陷入了集体"失语"境地。

　　教师知识的不同来源和状态决定了教师不同知识类型的价值和作用。"内容知识"是区分教师职业与非教师职业的主要条件，是教师入职的基本前提，是教师作为一个"专业"或"准专业"的基本标志。对于教师个人而言，"内容知识"不仅成为教师获得教师资格的依据，能促使教师个人教育教学水平的不断提高，而且是教师"缄默知识"发展和变化的重要影响变量。"缄默知识"不断塑造着教师的价值取向，丰富着教师的教育教学经验，形成了教师应对各种复杂情境的策略与方法，提升了教师职业探索的兴趣与动力。它具有强大的价值和行为导向功能，在教师接受"内容知识"时起过滤的作用，并在教师解释和运用"内容知识"时起重要的引导作用。它促使教师在复杂、多变的教育实践中不断对自己所遭遇的问题情境进行反思和重构，并根据具体情况采取行动予以干预。②

　　由此可见，教育理论应该是"实践中的理论"，只有找到理论和实践关系的真正契合点，才能使教育理论走向成熟，从而形成具有独

---

　　① ［加］马克斯·范梅南：《教学机智——教育智慧的意蕴》，李树英译，教育科学出版社 2001 年版。

　　② 邹斌、陈向明：《教师知识概念的溯源》，《课程·教材·教法》2005 年第 6 期。

特研究方法和思想内涵的理论体系。从实践到理论，再到实践，再上升为理论，这种螺旋式上升的过程才是教育研究本该选择的发展线路。

综上所述，在日常教学实践中，教师以一种近乎常识的方式进行教学。教师的教学生活与实践知识融为一体，并在日常教学中做出了数以千计的教学决策。陈向明在总结教师实践知识的重要性时就指出，实践知识影响着教师对理论知识的学习和运用，它支配着教师的日常教学行为，它是教师从事教育教学工作不可或缺的重要保障。[1]那么本书通过探究教师实践知识与教学决策的互动关系，一方面从专业发展的角度对新课改对教师的新要求给予回应，另一方面为教学一线的教育实践者获得自己的"话语权"提供支持。这两个方面互为依托、相互影响，且具有内部一致性。即教师不断提高自身素质、实施新课改的过程也是教师专业发展、获得"话语权"的过程。

第二节 研究目的与研究问题

在教育实践场域中，教育理论并不能完全有效地指导纷繁复杂的教育教学活动，因为高度的复杂性、不确定性、情境性以及不同价值观念之间的冲突都是教育实践的特征。一方面，教师教育机构所传授的教育知识、能力与教育实践者在学校教学中所需要的知识与能力之间存在差异。另一方面，教育实践者本身具有实践"艺术"与"知道怎么做"的实践智慧，又因其独特性、缄默性、综合性等特点，而在教学实践中发挥着作用。

教师是如何成为"教师"的？师范生从师范院校毕业后，是如何一步步获得"教师感"的？他们的教育教学能力（特别是在实践中的行动能力、在突发事件中做出决定的能力）是如何形成和发展的？教师"会教书"的条件是什么？除了所教学科、教育学、心理学和学科教学法等方面的理论性知识以外，教师的"实践性知识"是如

---

[1] 陈向明：《实践性知识：教师专业发展的知识基础》，《北京大学教育评论》2003年第1期。

何产生和更新的？为什么师范生在学了教育学、心理学、学科教学论等大量理论知识后，还是不会教书？优秀教师所拥有的令年轻教师羡慕不已的"妙招"与"直觉"是从哪里来的？如何才能学到？在职教师如何提高自我专业发展的意识和能力？[①] 正如舍恩所说，在真实的教育世界里，有关实践的问题并非以良好的结构展示在实践者面前，有时甚至根本不是"问题"，只不过是一些杂乱而模糊的情境而已。[②]

教师实践知识应该是教师专业发展的知识基础之一。那么，教师进行合理而有效的教学决策，应该成为教师专业发展的重要组成部分。只有提高教师教学决策的合理性，才能有效地推动教学实施，提高教学的有效性。

首先，教学有效与否取决于教师的工作质量。而教师的工作质量体现在其对教学目标、教学任务的制定与确立，对教学方法、教学手段的选择与调整，对教学内容、教学事件的实施与处理，以及对教学效果、教学回馈的响应及评价等一系列教学活动中。教学研究的经验早已表明，教学实践是复杂的、不确定的。[③] 在真正的日常教学情境中，教师的教学决策仍然会忠实于自己的实践知识，并在教师实践知识的基础上进行教学决策。

其次，教师在特定的教学情境中，根据具体情境的变化，不断决策下一步的行动计划，快速、高效而顺畅地完成了教学。因此，教师教学经验只有经过教师个体转化为对教育教学实践起作用的实践知识，才能在具体的教育教学情境中改变、完善教学决策行为，从而真正提高教学质量。

综上所述，教师实践知识是教师在具体的教育教学情境中进行教学决策的主要依据。与此同时，教师教学决策经验又会转化为实践知

---

① 陈向明：《搭建实践与理论之桥——教师实践性知识研究》，教育科学出版社 2011 年版。

② Schön, D. A., *The Reflective Practitioner: How Professional Think in Action*, New York: Basic Books, 1983.

③ Clark, C., "Asking the Right Questions about Teacher Preparation: Contributions of Research on Teacher thinking," *Educational Researcher*, 1988, 17 (2): 5 – 12.

识。那么，教师实践知识与教师教学决策之间存在怎样的互动关系就是本书关注的焦点。因此，本书主要关注三个方面的问题：

1. 教师教学决策经验如何转变为教师实践知识？
2. 教师实践知识对教师教学决策有何影响？
3. 教师教学决策和教师实践知识之间存在怎样的互动关系？

第三节　研究意义

一　理论意义

（一）从教师实践知识与教师教学决策互动的角度理解教师专业发展的内涵

教师专业概念的存在具有两个层面的意义：语义学（semantic）意义、启发式（heuristic）意义、规范的（normative）意义。其中语义学意义具有符号功能（symbolic function）、理想功能（ideological function）、指示性意义（denotative meaning）。启发式意义为教育中的知识、技能、权利等相关的议题提供了框架式概念（configuration）。舒尔曼提出的专业原则至少有六个特点：服务的理念和职业道德；对学术与理论知识有充分的掌握；能在一定的专业范围内进行熟练操作；运用理论对实际情况做出判断；从经验中学习，形成一个专业学习与人员管理的团体。[①]

虽然教育理论工作者常常希望教育实践工作者能自觉地应用教育理论来指导自己的实践，以期提高教学效率、促进教师专业发展。但教育理论在教学实践中总是显得"力不从心"。首先，教育理论是以专业知识为基础的。而这些专业知识具有精确性、严谨性。[②] 但具体的教育教学实践情境却是多样的，一个或多个教育理论往往难以处理教师在教学中所面对的复杂多样的教育教学情境。其次，教育理论具

---

① Shulman, L. S., "Knowledge and Teaching: Foundations of the New Reform," *Harvard Educational Review*, 1987, 57（1）: 1–22.

② Schön, D. A., *The Reflective Practitioner: How Professional Think in Action*, New York: Basic Books, 1983. Schön, D. A., *Educating the Reflective Practitioner: Toward a New Design for Teaching and Learning*, San Francisco: Jossey-Bass, 1987.

有一定的抽象性、稳定性。但教育实践往往又呈现出情境性、不确定性。一方面，教育理论并不能明确地告诉教师在具体的教学情境中该怎么做。另一方面，教育理论与教育实践之间的距离，也使教师个体与教育理论的应用产生了距离。

所以有研究者认为，教师教学中蕴含着一定的理论体系，即信奉的理论（espoused theory）和应用的理论。[1] 信奉的理论是显性的，通过课堂教学或教师教育者的有力论证可以很容易学到，而教师也可以非常准确地表述和表达，并对其正确性予以肯定。但是在步入实际教育工作之后，就很难确定这种信奉的理论还能起作用了。此时，教师真正应用的理论是隐性的，是其自身可能也未意识到的、表达不清楚的理论。但是教师知道该如何去做。教师实际应用的理论很可能与信奉的理论无关，甚至是与其相悖的。在教育教学实践中教师所应用的理论并非教师教育的结果，而受到教师个人生活史、教育经验、自我反思等多方面的影响。

由此可见，对教师所信奉的理论与教师使用的理论有所区分，是因为越来越多的研究者意识到了教育理论与教育实践之间存在着鸿沟，即教育理论并不是直接作用于教育实践的。教育实践中教师所使用的理论是其个体对教育理论再加工的结果。

教师不是空着脑袋学习教育课程的。在此之外，他们已经对教育有了自己深刻的认识。因为对教育的深刻认识来自于他们自己在教育体系中的体验和经历。这些认识是如此深刻，以致有时候教育理论都无法改变他们的看法。研究者通过对教师的一系列理解、信念和分析的研究，证明他们在特定情势下会做出特定的反应（idiosyncrasy）。[2] 由此可见，在日常教学中影响教师教学决策的理论受到其自身特定经历的影响和决定。教育理论的实际价值是提供证明和解释教师教学决策的框架。

---

[1] Karen, F. O. & Robert, B. K., *Improving Schooling Through Professional Development*, California: Corwin Press Inc., 1999, p. 154.

[2] Wayne, E. Ross, J., Cornett, W. & McCutcheon, G., *Teacher Personal Theorizing Connecting Curriculum Practice, Theory and Research*, Albany: State University of New York Press, 1986.

另外，在真实的教育教学情境中，教师要面临的情境是具体的、复杂的、不确定的。因此，在一定程度上那些以抽象的、严谨的、思辨的形式出现的教育理论将无法适应这种复杂情境中教师教学决策的需要。教师实践知识是其专业发展的知识基础，而教师专业发展是其在实践的过程中逐渐形成的。本书通过探究教师实践知识与教师教学决策之间的互动关系，丰富了一线教师专业发展的内涵，在一定程度上为教师专业发展的相关研究提供了新的角度。

（二）从教师教学决策的角度探究教师实践知识

杜威认为，人们不是大量外部知识的旁观者（spectator），而是在与外部接触的过程中成为知识的创造者。①

教师头脑中拥有着不同于教育理论知识的另一种知识。教师是这类知识的缔造者和用户，他们熟练地、创造性地运用这类知识。这类知识存在于教师的举手投足之间，存在于教师与学生的应对中，存在于教师对教学内容的选择中，存在于教师的每一个细小的课堂设计中，存在于教师的每一个不经意的判断中。②

教师总是不能被告知该做些什么。学科专家、管理者、立法者都曾经试图那样做，但都失败了。教师不是生产线上的操作工，也不会那样做，教师的妙法不计其数，教什么以及如何教的要求总是须转化为真实的教学。教师的实践是艺术，做什么、怎么做、与什么人、以怎样的速度去做都要靠教师的即兴选择。这样的选择每天都要发生数百次，每天都不同，学生也不同，没有任何要求或指导能够阻止和控制这种艺术判断和行为，控制每个不同情境下的实时选择。③ 在日常教育教学中，教师个体这种看似即兴的选择后面，却蕴含着教师实践知识的作用。正因为如此，优秀教师和新手教师在相似、相类的教学情境中，也许会做出完全不同的选择。

教学是一种复杂的认识活动。它的复杂性不仅体现在教育主体方

① Dewey, J. , *How We Think*, Boston: D. C. Heath, 1910.
② 陈静静：《教师实践性知识论：中日比较研究》，华东师范大学出版社2011年版。
③ Schwab, J. J. , "What Do Scientists Do?" In I. Westbury & J. W. Neil (Eds.), *Science Curriculum and Liberal Education*: *Selected Essays*, Chicago: University of Chicago Press, 1960, pp. 184 – 228.

面，还体现在与教学活动息息相关的外部环境的复杂多变上。教师在日常的教育教学实践中形成了教师实践知识。这类知识是专家型教师和新手教师之间差异的主要原因。它与教师多年的教学、生活密切相关，具有教师个体的独有特征。在课堂教学中往往表现为教师的教学风格及教学智慧。与理论知识相比，教师实践知识遵循实践的逻辑，它是以"怎样做"为目标的，是教师自身的生活经验和教学经历的产物。在日常教学中，教师实践知识是教师教学决策的知识基础和依据，它与教师的身心相交融，决定了教师在教育教学中的不同表现。

本书选取行为主义取向意味浓厚的教师教学决策为研究关键词之一，但教师实践知识天然所具有的实践性、情境性、综合性等特征显示了教师实践知识与教师教学决策之间潜在的内部联系。本书将教师实践知识与教师教学决策结合起来研究，两者互为研究视角，拓宽了教师实践知识、教师教学决策的研究视野。

二　实践意义

（一）提高教师教学效率、质量

教学目标是引起学生的学习行为朝着某种特定方向发展，是教学意向性特征的体现。教师为了有效地达到某种特定的发展目标，就需要合理选择教学内容，灵活采用教学方法，实时反思教学效果。教师要不断地制定、选择和实施行动方案，这就意味着教师必须在教学实践中不断分析教学材料和教学对象，分析如何使教学效果更好，如何使得学生参与、保持学习积极性。[1] 由此可见，教师正确的、有针对性的教学决策是有效实现教学目标的一个重要前提。

教师教学决策是指教师为了实现教学目标与完成教学任务，根据自己的教师实践知识，通过对教学实践的预测、分析和反思，从而确定最有效的教学方案等一系列发挥教师主观能力的动态过程。教师教学决策行为是教师实践知识在教学实践中的体现。教师教学决策的目的是提高教学的有效性。而这一目的的实现主要体现在教师教学决策

---

① Wilen, W. Ishler, M., Hutchison, J., & Kindsvatter, R., *Dynamics of Effective Teaching* (4th ed.), Boston: Allyn & Bacon, 2000.

过程之中。教师教学决策的主要特点有生成性、预测性、协调性和过程性。其中教师具有智慧性的教师教学决策是教师在教学实践活动中形成的有关教学整体的真理性的直觉认识，是教师的教育教学道德品性的彰显。它对教师教学决策的影响，就教学过程而言表现为对知识传授的超越，就教学方法而言表现为一种教学机智。

虽然教师教学决策过程不能完全等同于教学过程，但教学活动是师生之间的一种互动活动。在此互动过程中，教师需要帮助学生克服学习态度上、认知方式上和行为习惯上的障碍，并激励、鼓励、维持和更新他们的学习行为。在教学结束后，教师必须判断学生达到教学目标的程度。同时，教师通过观察、询问、诊断及教学评价实时地处理课堂中所遇到的各种问题。而教师处理这些问题的经验及解决方式又会成为下一次教学决策的重要参考信息。

影响教师教学决策的因素既有客观、理性的一面，也有主观、非理性的一面，其中实践知识是影响教师教学的重要因素。与教育理论知识相比，它在教学实践中切实影响着教师教学决策的质量，并直接影响着教师教学的效率与质量。由此可见，本书通过对教师实践知识与教学决策互动关系的探究与解构，一方面有助于改进教师教学决策行为，完善、更新教师的实践知识；另一方面也有利于一线教师在日常教学中形成教师实践知识与教师教学决策之间的良性互动关系，对提高教师教学的效率与质量，都具有极大的促进作用。

（二）促进教师个体的专业发展

虽然师范毕业生在教师教育过程中学习了相关的教育理论、心理理论及进行了为期6—8周的教育实习，但当他们站在讲台上的时候，该怎么做成了他们主要关注的问题。教育理论中所呈现的"完美情境"与他们所面临的现实情境相去甚远。在面对复杂的教育教学具体情境时，教师实践知识成了教师个体最后的要求。

在教育改革中，教师没有意识到自己所拥有的对教学决策行为起作用的实践知识，也不善于通过对自己教学决策行为的反思来反观在自己头脑中逐渐形成的教师实践知识。由此造成在教育改革中教师教学决策行为的变化，主要是因为对外在指令的执行和对他人行为的模仿，而不能成为主动改革的能动者、自觉的创造者，并在实践中实现自身的发展。提高教育实践者潜能的当务之急就需要意识到教师个体实践知识在实践中所扮演的重要角色。教师个体实践的改变是要通过个体经验的积累、教师个体实践知识的增加来实现的。

教师如何成为一个主动的调试者、研究者、创造者和探索者？这是教师研究中需要关注的问题。另外，对教师专业发展的研究不仅要关注教师外在行为的转变，而且要关注教师实践知识的更新、发展，从而关注教育理论如何在教学实践中发挥作用。实践知识需要从经验中学习，每个人的实践知识都具有自身的特征，是个人经验总结和积累的结果。教师通过分享实践知识，有利于更新、生成新的实践知识，为教师专业发展提供保障。

综上所述，教师实践知识的生成、发展是以教师工作的特殊性为基础的，也是教师专业特殊性的表现形式之一。与此同时，实践知识的生成、发展为教师专业发展提供了保障。本书通过分析教师实践知识与教学决策之间的互动关系，以期为教学一线教师的专业发展提供可行性、操作性较高的措施、途径，有利于切实提高教学一线教师个体的专业发展水平。

第二章　文献综述(一)

第一节　教师实践知识

若要界定"知识"是什么，首先需要面对知识定义中的"泰阿泰德"问题。它来源于柏拉图与其好友泰阿泰德关于知识本性的辩论，后记录在《泰阿泰德篇》（Theaetetus）中。柏拉图诘问泰阿泰德关于知识的定义，并在不断质疑的过程中，认为知识必须能够满足以下三个条件：信念的条件、真的条件和证实的条件。直到 1963 年，美国麻省理工学院哲学系教授盖提尔（Edmund Gettier）运用反例推演的方法对这一经典知识定义提出了质疑，认为确证的真信念也可能不是知识。这激发了哲学家们对于知识定义的深入讨论，后来在知识研究中除了关注人的认识能力、认识对象、认识标准、认识范围这四个主要问题之外，还把认识条件和认识的确证这两个问题纳入知识研究的核心内容之中。[1]1997 年版《韦伯斯特词典》把知识定义为：知识是通过实践、研究、联系或调查所获得的关于事物和状态的认识，是对科学、艺术或技术的理解，是人类获得的关于真理和原理的认识的总和。很明显，这个定义除了强调知识是对事物和状态的认识外，还强调了知识也是一种理解。

从行为主义的思路出发，如果把"知识"等同于"智慧""洞见""理解"，[2]那么，这种强调行为取向的教师知识本质观重视信

---

[1] Putnam, J., & Duffy, G. G., *A Descriptive study of the Preactive and Interactive Decision Making of an Expert Classroom Teacher*, Paper presented at the Symposium at the National Reading Conference, Austin, TX, November 30, 1984.

[2] Schiro, M. S., *Curriculum Theory: Conflicting Visions and Enduring Concerns*, Los Angeles: SAGE, 2007, p. 78.

息的呈现，然而对有效的教育者来说，"行动"的能力比"呈现"的知识更为重要。杜威认为，"知识"揭示的不是一个先在的存在（如经验主义所认为的）或本质（如理性主义所认为的），而是意识行动的结果。① 英国哲学科学家波兰尼在《人的研究》中从另一个角度明确提出，人类有两种知识：一种是"显性知识"（explicit knowledge），一种是"缄默知识"（tacit knowledge）。② 通常所说的知识是用书面文字、地图或数学公式来表述的，这只是知识的一种形式。还有一种知识是不能系统表述的，例如有关我们自己行为的某种知识。如果将前一种知识称为显性知识的话，那么就可以将后一种知识称为缄默知识。缄默知识产生于"焦点意识"（focal awareness）之外的"附属意识"（subsidiary awareness）之中的缄默认知（tacit knowing），所以缄默知识不能以外显的形式加以传递。从课程知识的角度，施瓦布认为，知识可以分为内容形式的和过程形式的，如当我们使用"知识"这个概念时，即包括了"我们所知道的"（that which is known）和"我们知道的方式"（the way in which something is known）两部分。③

　　另外一种较容易区分的知识是理论知识和实践知识。实践知识重要的组成部分是常识（common sense），它反映了个体所属的文化和阶层，常识是使一个人能够处理个体和日常生活中的物质环境洞见的核心。④ 随着社会的发展，不同时期不同学科领域的学者对知识的定义有不同的理解，但我们可以看出，知识定义本身是一个动态、开放的过程。因为作为人类活动的知识只是一种阶段性的认识结果，只要社会实践活动向前延续，知识就会在不间断的实践和认识中得到补充、增长和完善。

　　随着 20 世纪 80 年代对教师知识研究的兴起，如今教师知识已成

---

　　① ［美］杜威：《确定性的寻求——关于知行关系的研究》，傅统先译，上海世界出版集团 2005 年版。

　　② Polanyi, M., *Personal Knowledge*, Chicago：The University of Chicago Press, 1957, p. 72.

　　③ Schwab, J. J., "Problems, Topics and Issues," In S. Elam (ed.), *Education and the Structure of Knowledge*, Chicago：Rand McNally, 1964, p. 72.

　　④ Lonergan, B., *Insight：A Study of Human Understanding*, New York：Philosophical Library, 1957.

为改革教师如何进行课堂思考的一部分。相对于关注教师特点和教学方法，对教师知识研究的假设成为研究"教师知道什么"和"教师如何在教学中表达他们所知道的"问题的重要部分。在这种假设之下，教师知识和教师认知影响着教师教学行为的各个方面，如教师与学生的关系；教师对学科的理解；教师对学生生活重要性的认识；教师认为课程是给定的文本还是一个探究和反思的过程；教师的课程计划和对学生进步的评价，等等。[1]

关于教师实践知识概念，不同的学者对其有不同的称呼和界定。如教师工艺知识（teacher craft knowledge）、教师实践智慧（teacher phronesis）、教师信念（teacher belief）、教师个人理论（teacher personal theory）、教师缄默知识（teacher tacit knowledge）、教师程序性知识（teacher procedural knowledge）等。这几种概念的内涵和外延各不相同，侧重点也不同，本书对此不予赘述。之所以更倾向于使用"教师实践知识"这个概念，主要是因为：首先，教师实践知识不完全是个人的、独特的，它具有一定的普适性，并具有道德上的规范作用。其次，"知识"这个概念比"理论"更加宽泛，能够囊括更多的内容，包括不够系统、严谨、逻辑的认识、理解、解释、看法、观点甚至能力。[2]

一 教师实践知识的概念、内涵

自 20 世纪 80 年代以来，随着认知心理学的发展，在教师教育研究中以行为主义理论为基础的过程—结果的研究思路，不断受到挑战。人们逐渐认识到教师教学活动的复杂性，并尝试突破教师教育研究中线性的思维方式。佐藤学认为，在对"过程—产出模型"（process-product research）批判的基础上，从"课程"到"教学"的范式转换是以教学研究为基轴展开的。[3] 而教学研究是以教师作为研究焦点的，并主要关注三个方面：一是"教师思维研究"（teacher

---

① Connelly, F. M. Clandinin, D. J. & He, M. F., "Teachers' Personal Practical Knowledge in the Professional Knowledge Landscape," *Teaching and Teacher Education*, 1997, 13 (7): 665 – 674.

② 陈向明：《对教师实践性知识构成要素的探讨》，《教育研究》2009 年第 10 期。

③ ［日］佐藤学：《课程与教师》，钟启泉译，教育科学出版社 2003 年版。

thinking research）；二是"教师知识研究"（teacher knowledge approach）；三是"反思性实践的研究"（reflective practice approach）。教师知识研究是基于两种需求而问世的。其一，同医生、律师之类的专业教育一样，在教师教育中也要求探索构成专业教育之内容的"基础知识"（knowledge base）。其二，要求探索教师在课堂教学中运用"实践性学识"的内容和性质。在这两种需求中，前者是专业教育的一般课堂，后者是作为课程研究的发展提出来的。①

"实践性知识"研究的鼻祖是芝加哥大学的施瓦布，他提出了"实践性样式"（the practical）这一术语。并指出"实践性样式"的知识特征有两个："熟虑术"（art of deliberation）与"折中术"（art of eclectic）。其中所谓"熟虑术"是以多元的观点深入思考一件事物的技法；"折中术"是在做出实际决策时综合多样的理论与方法的技法。② 舍恩指出，历来的专业是把专业知识和技能作为用于实际情境的"技术理性"（technical rationality）之原理完成工作的；而当今的专家则面临着复杂的问题，基于"行为过程的反思"（reflection in action），同超越了专业领域的难题进行格斗。③ 在"反思性实践"中，"实践性知识论"替代"技术性熟练者"，构成了专家活动的基础。

而较早涉及关于教师实践知识研究的是艾尔贝斯（Elbaz）的案例研究。他通过对一位中学教师莎拉（Sara）的观察、深度访谈，指出了教师在实际中所使用的内容知识、持有方式与使用情况等，认为教师实践性知识按照被持有和应用的方式观照主要有五种取向：情境取向；个人取向；社会取向；经验取向；理论取向。④ 他的研究为探究教师知识提供了一个新的视角：关注教师实践知识的研究。

20 世纪 80 年代以来，中西方学者从不同角度出发，对教师实践知识进行了界定和解释（见表 2－1）。

---

① ［口］佐藤学：《课程与教师》，钟启泉译，教育科学出版社 2003 年版，第 383—388 页。

② 同上书，第 388 页。

③ Schön, D. A., *The Reflective Practitioner: How Professional Think in Action*, New York: Basic Books, 1983, pp. 46–49.

④ Elbaz, F., "The Teacher's 'Practical Knowledge': Report of a Case Study," *Curriculum Inquiry*, 1981, 11 (1): 43–71.

表 2 - 1   教师实践知识的定义和内涵

作者	教师实践知识的概念、内涵/解释	关键词
Elbaz (1983)	教师以其个人的价值、信念统整其所有专业理论知识，并且以实践情境为导向①	价值、信念；情境导向
Connelly & Clandinin (1988)	不是客观独立的，不是交互式地习得或传递的东西，而是教师经验的综合。它存在于教师以往的经验中、现时的身心中、未来的计划和行动中，贯穿于教师实践的全过程，有助于教师把握现在、重构过去和未来②	经验的综合；实践的过程
Duffee & Aikenhead (1992)	教学实践知识可被视为人类经验的所有组成分子，其中包括直觉、感觉、判断、意愿、行动及它们之间的关系③	人类经验的组成；相互关系
Gholami & Husu (2010)	实践知识由信念、洞见及教师工作的习惯构成④	信念；洞见；习惯
Gerber & Wells (2000)	实践知识是一种由下而上形成的认知形式⑤	自下而上；认知形式
Lonergan (1957)	日常实践情境中人们使用知识的一种方式⑥	实践情境；方式

---

① Elbaz, F., *Teacher Thinking: A Study of Practical Knowledge*, London: Croom Helm, 1983.

② Connelly, F. M. & D. J., Clandinin, *Teachers as Curriculum Planners: Narratives of Experience*, New York: Teachers College, 1988, pp. 2 - 14.

③ Duffee, L, & Aikenhead, G., "Curriculum Change, Student Evaluation, and Teacher Practical Knowledge," *Science Education*, 1992, 76 (5): 493 - 506.

④ Gholami, K. & Husu, J., "How Do Teachers Reason about Their Practice? Representing the Epistemic Nature of Teachers' Practical Knowledge," *Teaching and Teacher Education: An International Journal of Research and Studies*, 2010, 26 (8): 1520 - 1529.

⑤ Gerber, R. & Wells, K., *Using Practical Knowledge to Promote Working Together in Australian Society*, Paper presented at the Post-compulsory education and training conference : volume one. Gold Coast, Australia, December, 2000, pp. 82 - 87.

⑥ Lonergan, B., *Insight: A Study of Human Understanding*, New York: Philosophical Library, 1957.

作者	教师实践知识的概念、内涵/解释	关键词
Schön (1983)	实践者在专业活动中的反思，认为这种知识是在实践活动中通过教师的反思来澄清、验证和发展的；教师知识就是这种默会、直觉、正式且严谨的专业知识①	专业活动的反思；反思；默会；直觉；正式；严谨
Sternberg & Caruso (1985)	实践知识是一种程序的信息（procedural information），这些信息在个人的日常生活中是有用的。教师实践知识是教师在日常教学生活中所使用的程序知识②	程序的信息；用于日常生活
Verloop, Driel, & Meijer (2001)	教师实践性知识是构成教师实践行为的所有知识和洞察力，是隐含在他或她背后的知识和信念③	洞察力；信念
马克斯·范梅南（2008）	实践性知识就"是"我对教师的感觉、我对我作为一名教师的感情、我对学生的察觉性理解、我对所教事情的感知性把握以及我对学校、走廊、办公室及教室世界的情绪④	感觉；感情；觉察性理解；感知性把握；我的情绪
叶澜、白益民（2001）	教师关于课堂情境和课堂上如何处理所遇到困境的知识，是建立在前一时期专业学科知识和一般教学法知识基础上的，是一种体现教师个人特征和智能的知识⑤	处理困境；个人特征；个人智慧

---

① Schön, D. A., *The Reflective practitioner*: *How Professional Think in Action*, New York: Basic Books, 1983, pp. 46 – 49.

② Sternberg, R. J. & Caruso, R., "Practical Modes of Knowing," In E. Eisner (ed.), *Learning and Teaching*: *The Ways of Knowing*, Chicago: University of Chicago Press, 1985, pp. 133 – 158.

③ Verloop, N. Driel, J. V. & Meijer, P., "Teacher Knowledge and the Knowledge Base of Teaching," *International Journal of Educational Research*, 2001, 35: 441 – 461.

④ ［加］马克斯·范梅南：《教育敏感性和教师行动中的实践知识》，《北京大学教育评论》2008 年第 1 期。

⑤ 叶澜、白益民：《教师角色与教师发展新探》，教育科学出版社 2001 年版，第 200 页。

续表

作者	教师实践知识的概念、内涵/解释	关键词
佐藤学 (2003)	把教师职业视为在复杂的语脉中从事复杂问题解决的文化设定的实践领域，主张专业能力在于主体地参与问题情境，同儿童形成活跃的关系，并且基于反思与推敲，提炼问题，选择、判断解决策略的实践性学识（practical wisdom）①	问题解决；复杂的；反思； 提炼；选择；判断；解决策略；
陈向明 (2003)	是教师真正信奉的并在其教育教学实践中实际使用的和/或表现出来的对教育教学的认识；教师实践知识必然包含理想、信念、态度等规范意义②	信奉；理想；信念；态度
林崇德等 (1996)	教师在面临实现有目的的行为中所具有的课题情境知识以及与其相关的知识③	具体情境；相关知识
钟启泉等 (2001)	实践性知识是在教师实际情境中支撑具体选择与判断的知识④	实际情境；选择与判断
鞠玉翠 (2004)	教师教育实际中体现出来的教育观念，它是一个庞杂的系统，是一些有组织的、心理的，但未必是逻辑的形式，由个人的无数的关于教育的观念组成⑤	教育观念；非逻辑；庞杂系统

　　另外，还有一些学者除了对教师实践知识进行界定之外，还对其进行了更加深入的解释。如 Gerber（2006）就进一步解释认为：实践知识不仅相区别于理论知识，在工作学习环境中，它还具有不同的作用，而且应该被认为是一种发展不同理论性专家知识的方式，涉及在

---

① ［日］佐藤学：《课程与教师》，钟启泉译，教育科学出版社 2003 年版，第 240 页。
② 陈向明：《实践性知识：教师专业发展的知识基础》，《北京大学教育评论》2003 年第 1 期。
③ 林崇德、申继亮、辛涛：《教师素质的构成及其培养途径》，《中国教育学刊》1996 年第 6 期。
④ 钟启泉：《教师研修的模式与体制》，《全球教育展望》2001 年第 7 期。
⑤ 鞠玉翠：《走进教师的生活世界——教师个人实践理论的叙事探究》，复旦大学出版社 2004 年版。

工作学习中人们使用实践知识的不同价值和态度的认知方面；是使用实践知识成功解决问题的方面和克服实践知识发展的障碍方面。

教师实践知识可以被看作教学质量的核心，[①] 且实践知识是一种由下而上形成的认知形式。[②] 即意味着如果人们从他们工作的最底层干起，他们可能需要一个导师去指导他们该怎么做，他们会积累丰富的经验，他们的实践知识会从这些帮助和经验中产生。如果没有实践经验，工人可以从理论上解决问题，但他们会经常发现这种问题解决对他们来说是没用的。从教师实践知识的功能角度考虑，教师在与不同环境互动的过程中总是需要各种知识，为了满足实践和具体教学情境的要求，这种知识之后便会转换为实践知识。实践知识由信念、洞见及教师工作的习惯构成。当他们遇到挑战性的问题，如在这种情景下我该怎么做时，教师实践知识的功能就是指导实践。[③]

综上所述，虽然不同学者对教师实践知识研究关注的侧重点有所不同，但把教师实践知识定义或解释中出现的关键词按照词义进行归纳之后，便可看到教师实践涉及教师过往的个人经验及教学经验的综合；涉及教师个体的教育观念、感觉、情绪、洞见、态度、习惯等；涉及在具体情境中教师对信息的处理方式、选择与判断和对情境的觉察性理解和感知性把握；涉及教师个人反思并体现出教师的教学特征及教学智能。

二　教师实践知识的内容、分类

艾尔贝斯（Elbaz）通过对一个中学教师莎拉的观察和个案研究，提出了教师在实际中所使用的知识的内容、持有方式与使用情形，并得出结论，认为教师实践知识的内容包括五类：关于自我的知识（其

① Beijaard, D. & Verloop, N., "Assessing Teachers' Practical Knowledge," *Studies in Educational Evaluation*, 1996, 22 (3): 275 – 286.

② Gerber, R. & Wells, K., *Using Practical Knowledge to Promote Working together in Australian Society*, Paper presented at the Post-compulsory education and training conference : volume one, Gold Coast, Australia, December, 2000, pp. 82 – 87.

③ Gholami, K. & Husu, J., "How Do Teachers Reason about Their Practice? Representing the Epistemic Nature of Teachers' Practical Knowledge," *Teaching and Teacher Education: An International Journal of Research and Studies*, 2010, 26 (8): 1520-1529.

中包括作为资源的自我、与他人相关的自我、作为个体的自我）；关于环境（milieu）的知识（其中包括课堂环境、政治环境和社会环境）；关于学科的知识；关于课程的知识（其中包括课程的开发、组织、评价等）；关于授课的知识（其中包括学习理论、学生和教学、师生关系等）。① 同样，陈向明在对教师进行大量的课题观察、深度访谈和案例分析的基础上，提出教师实践知识包括六个方面的内容：教师的教育信念、自我认识、人际知识、情境知识、策略知识、批判反思知识。并提出随着研究的深入，有关教师知识的内容分类及其之间的关系也发生着变化。② 其他学者也从不同角度对教师实践知识的内容和分类进行了划分（见表2-2）。

另外，有学者认为学科教学知识（pedagogical content knowledge）是教师知识的核心，因为它确定了教学与其他科学不同的知识群，体现了学科内容与教育学科的整合，是最可能区分学科专家与教师不同的一类知识。也有不少学者从这个角度出发考察学科教学知识在不同学科教学中的作用等问题。

不同学者在考察教师实践知识内容、分类的划分时，首先，在研究方法论方面主要应用了民族志、生命史、叙事研究等质性研究方法，而搜集资料的方法主要有观察和访谈。对教师知识的研究者不再追求抽象的、脱离具体情境的研究，而是寻求在特定背景下教师教学生活的意蕴，开始认识到教师经验以及体现于其中的实践性知识在教育教学中的重要价值。

其次，不同学者对教师实践知识的内容和分类的考察，不再仅仅是对教师知识结构进行划分或分类，而是更加关注教师、教师知识作为一个整体存在的意义，强调教师所处的具体环境；教师个体过去的教育经历；教师个人经验对教师知识生成的影响；教师个体的信念、价值、动机等。

---

① Elbaz, F., "The Teacher's 'Practical Knowledge': Report of a Case Study," *Curriculum Inquiry*, 1981, 11 (1): 43-71.

② 陈向明：《对教师实践性知识构成要素的探讨》，《教育研究》2009年第10期。

表 2 - 2　　　　　　　　　　教师实践知识的内容、分类

作者	教师实践知识的内容、分类
Clandinin（1985）	教师在实际工作中发展出来的原则、规则、所形成的教学意象等①
Connelly & Clandinin（1995）	这种知识与个人的所有经验缠绕在一起，源于个体专业工作和私人生活的经验史，因此又可称为叙事知识，教师通过讲故事的方式来发现和建构这些知识。研究者需要通过再叙事、再讲述的方式来树立教师的知识，以帮助他们澄清和重构教学知识②
Duffee & Aikenhead（1992）	教师实践知识主要包括三个主要部分：过去的经验、当前的教学情境、心像（"教学情境应该是什么"的心理影像）③
Elbaz（1983）	关于自我的知识；关于环境的知识；关于学科的知识；关于课程的知识；关于授课的知识④
Gholami & Husu（2010）	教师知识由信念、洞见及教师工作习惯构成⑤
Meijer, Verloop, & Beijaard（1999）	学科知识（subject matter knowledge）；学生知识（student knowledge）；关于学生学习和理解的知识（knowledge of student learning and understanding）⑥

---

① Clandinin, D. J. , "Personal Practical Knowledge：A Study of Teachers' Classroom Images," *Curriculum Inquiry*, 1985, 15（4）: 361 – 385.

② Connelly, F. M. , & Clandinin, D. J. , "Teacher's Professional Knowledge Landscapes：Sceret, Scared, and Cover Stories," In D. J. Clandinin & F. M. Connelly（eds. ）, *Teacher's Professional Knowledge Landscapes*, New York：Teacher College Press, 1995, pp. 3 – 15.

③ Duffee, L, & Aikenhead, G. , "Curriculum Change, Student Evaluation, and Teacher Practical Knowledge," *Science Education*, 1992, 76（5）: 493 – 506.

④ Elbaz, F. , *Teacher Thinking：A Study of Practical Knowledge*, London：Croom Helm, 1983.

⑤ Gholami, K. , & Husu, J. , "How Do Teachers Reason about Their Practice? Representing the Epistemic Nature of Teachers' Practical Knowledge," *Teaching and Teacher Education：An International Journal of Research and Studies*, 2010, 26（8）: 1520 – 1529.

⑥ Meijer, P. C. , Verloop, N. & Beijaard, D. , "Exploring Language Teachers' Practical Knowledge about Teaching Reading Comprehension," *Teaching and Teacher Education*, 1999, 15: 59 – 84.

续表

作者	教师实践知识的内容、分类
Pavlin, Svetlik, & Evetts (2010)	所需要的专业能力（required occupational competences）；学习模式（modes of learning）；工作的理智性（intellectuality of work）①
Zanting（2001）	教师认知，如信念、价值、动机②
陈向明（2009）	教师实践知识主要包括六方面的内容：教师的教育信念、自我认识、人际知识、情境知识、策略知识、批判性反思知识③

最后，关于教师实践知识的内容和分类，实践、情境取向的教师知识研究者更多地关注教师的教学经验、教学意向、叙事、心像及批判性反思在教师实践知识中所起到的重要作用。这些因素涉及教师教学情境中及教师教学情境之外的各种其他因素，要想对这些因素及其关系有更全面、更接近本真的了解，就需要用一些质的研究方法，如民族志研究、叙事研究、生命史研究等。

本书在文献综述、分析的基础上，将教师实践知识的内容分为五个主要组成部分，即教师关于自我的知识、教师关于教学内容的知识、教师关于学生的知识、教师关于教学情境的知识、教师关于教育本质的信念。本书之所以将教师实践知识的内容分为这五个部分，主要是因为以下几个方面的考虑。首先，教师实践知识的这五个部分，在一定程度上较为完整地涵盖了其他学者对教师实践知识的分类内容，避免了对教师实践知识内容归纳方面的偏颇。其次，将教师实践知识的内容归纳为以上五个部分，使有关田野数据收集、整理、分析过程更具有操作性、可行性。最后，本书将教师实践知识的内容分为这样五个部分，每个部分又可分为不同的层次、水平，可以涉及的教

---

① Pavlin, S. , Svetlik, I. , & Evetts, J. , "Revisiting the Role of Formal and Practical Knowledge from a Sociology of the Professions Perspective," *Current Sociology*, 2010, 58（1）: 94 – 118.

② Zanting, A. , Verloop, N. , & Vermunt, J. D. , "How Do Student Teachers Elicit Their Mentors Teachers' Practical Knowledge," *Teachers and Teaching*: *Theory and Practice*, 2003, 9（3）: 197 – 211.

③ 陈向明：《对教师实践性知识构成要素的探讨》，《教育研究》2009 年第 10 期。

师教学的方方面面，为分析、探究教师实践知识与教师教学决策之间的关系提供了强大的解释力。

三 教师实践知识的特点

对教师实践知识特点的论述是不同学者在对教师的概念、内涵及内容、分类论述及研究的基础上提出的（见表2-3）。

表2-3 　　　　主要学者对教师实践知识特点的论述

学者	教师实践知识的特点
Connelly & Clandinin (1995)	强调教师知识的个人特点，即"个人的实践知识"，并认为这种知识源于个人的记述，旨在满足某一特定情境的需要，是实践性的，具有个体性、情境性、反思性、经验性、整体性与建构性等特点①
Gerber (2006)	认为相对于"知识"的概念，"实践知识"是另一种知识形式，在工作环境学习的过程中发挥着更加重要的作用。实践知识是一种最基本的形式或者可以依据具体工作行为进行复制。但是，我们用不同语言去描述它，或者列出参考指南。实践知识允许人们在过程中进行调整、改善，并且在应对调整的过程中形成一些适用的规则②
马克斯·范梅南 (2008)	教师实践性知识具有身体化、情境化、关系性和情绪性质。专业实践者的能力本身在很大程度上和直觉的知识联系在一起。教师实践性知识是直觉的，所以实践行为在很大程度上依赖于身体的感知、个人的在场、关系的觉察、在偶发情境中知道说什么和做什么的机智、关切的习惯和常规行为以及其他像知识的前反思、前理论、前语言等方面③

---

① Connelly, F. M., & Clandinin, D. J., "Teacher's Professional Knowledge Landscapes: Secret, Scared, and Cover Stories," In D. J. Clandinin & F. M. Connelly (eds.), *Teacher's Professional Knowledge Landscapes*, New York: Teacher College Press, 1995, pp. 3-15.

② Gerber, R., "Practical Knowledge in Workplace Learning," In G. Castleton (ed.), *Improving Workplace Learning*, Nova Science Publishers, Inc., 2006, pp. 123-134.

③ ［加］马克斯·范梅南：《教育敏感性和教师行动中的实践知识》，《北京大学教育评论》2008 年第 1 期。

续表

学者	教师实践知识的特点
刘良华 （2002）	1. 它是一种服务于实践的理论，随着探究的展开而逐渐出现，试图梳理出行动过程中各种现象之间的合理联系 2. 它是一种行动的理论，使用的是行动者的概念、范畴和语言，体现的是行动的意义和逻辑；它是在具体的时间、地点、人物情境下对独特教育问题进行探究的结果，只适合特殊情境，为其他类似情境提供案例和备择方案 3. 它放映了教师个人的愿望，是一种个人知识，但因其独立于个人的要求而超越了主客观的分离；它是不确定的、不完全的知识，具有无限的开放性 4. 它开始于问题，终结于问题，在行动的过程中不断地得到修正或证伪，从而有可能走向创新①
佐藤学 （2003）	1. 教师的"实践性知识"是依存于有限语脉的一种经验性知识，同研究者所拥有的理论知识相比，尽管缺乏严密性与普遍性，但它具有生动性，是功能性的、弹性的。这种"实践性知识"可以拥有借助重新发现或重新解释既知事件所获得的"熟虑的知识"（deliberative knowledge）的特征 2. 教师的"实践性知识"是作为"特定的儿童的认知"（cognition specific）、"特定的教材内容"（content specific）、"特定的课堂语脉"（context specific）所规定的"案例知识"（case knowledge）加以继续和传承的。因此，教学的案例研究方法有助于这种知识的形成。 3. 教师的"实践性知识"是不能还原为特定学术领域的综合性知识的；是旨在解决问题而综合多种学术知识的框架，深入研究不确定的状况，求得未知问题解决的知识；是洞察该情境所蕴涵的多种可能性，探求更好方向的知识 4. 教师的"实践性知识"不仅作为显性知识，而且作为德行知识发挥作用。事实上，在教师做出决策的情境之中，多数场合与其说是意识化了的知识与思考，不如说是无意思的思考和暗含知识、信念发挥着巨大的作用。因此，在教师的"实践性知识"的研究中，要求从多样的视点出发致力于阐明教学的深层性、复杂性、丰富性 5. 教师的"实践性知识"具有个性，是以每个教师的个人经验为基础的。因此，为了提高教师的"实践性知识"，仅仅进行知识的相互交流是不够的，必须保障相互共享实践经验的机会②

　　① 刘良华：《校本行动研究》，四川教育出版社 2002 年版。
　　② ［日］佐藤学：《课程与教师》，钟启泉译，教育科学出版社 2003 年版，第 228—229 页。

续表

学者	教师实践知识的特点
陈向明 (2009)	教师实践性知识通常在具体的问题解决过程中体现出来，具有价值导向性、情境依赖性、背景丰富性等特性 教师实践性知识还具有行动性、身体化、默会性的特性，必须被"做出来"①
钟启泉 (2001)	1. 它是依存于背景的经验性知识，是一种多义的、活生生的、充满柔性的功能性知识 2. 它是以特定教师、特定教室、特定教材、特定学生为对象而形成的知识，是作为案例知识而积累、传承的 3. 它是凭借经验主动地解释、矫正、深化现成知识而形成的综合性知识。在实践情境中总是直面某种判断和选择功能的知识，对即使在理论性知识中也未解决的问题，能够从多种角度加以整体把握，洞察多种可能性、促进选择的综合性知识 4. 它是无意识地运行的，包含隐性知识的功能 5. 教师的实践性知识是以教师的个人经验为基础而形成的，具有个性品格的知识②
张立昌 (2002)	认为教师实践知识具有假定性、实践性、智慧性、情境性、综合性、缄默性、不易传递性和保守性等特点，它既是公共知识的部分，也有个人独特的部分。在实际教育教学中，教师面对复杂多变的情境，迫使他们必须立刻做出反应，这种反应就是根据自我经验所做出的判断和决策。教师的行为方式主要是以教师个人的实践性知识为依据的③

　　教育领域中的经验主义哲学家④认为，教学是一种实践（practice），这个词与古希腊词——praxis——非常相近，而且可以在 phronesis 或 practice reasoning 的概念框架中得到很好的诠释。因此，在论

---

　　①　陈向明：《对教师实践性知识构成要素的探讨》，《教育研究》2009 年第 10 期。
　　②　钟启泉：《教师研修的模式与体制》，《全球教育展望》2001 年第 7 期。
　　③　张立昌：《"教师个人知识"：涵义、特征及其自我更新的构想》，《教育理论与实践》2002 年第 10 期。
　　④　Gholami, K., & Husu, J., "How Do Teachers Reason about Their Practice? Representing the Epistemic Nature of Teachers' Practical Knowledge," *Teaching and Teacher Education: An International Journal of Research and Studies*, 2010, 26 (8): 1520 - 1529.

证的背景系统中，实践智能（phronesis）是支持教师实践和教师知识的唯一方式。① 在此理论基础上，还有许多研究者强调了教师实践知识的实践特性。

实践性知识的大部分内容是无法言表的，是缄默的，但却是可以意会的。既意味着可以整合，也可以通过学习或感悟而习得。根据实践性知识决定采取的教学决策是及时的反应而非计划的，是直觉的而非理性的，是例行的而非自觉的。虽然不同学者从不同的侧重点对教师实践知识的特点进行了归纳，其观点也大同小异，主要反映了教师实践知识的实践性、情境性、综合性、经验性及个体性。教师实践知识是一种关于"怎么做"及"为什么这么做"的知识，只有在具体的教学情境下，教师在处理具体问题时，才会明显地表现出来；教师实践知识不是关于某一个问题或某些方面的知识，它是教师对所处环境的整体反映；教师实践知识与教师教学经验、生活经验密切相关，在教学情境中更多地体现为教师个体的教学特点。

四 小结

在教师知识研究中，很多学者把教师实践知识概念与教师信念、教师教学智能、教师缄默知识、教师个人理论等概念相互混淆，并没有明确地区分不同概念之间的内涵和外延，由此造成了不同研究者、研究成果之间难以有效沟通、借鉴。

（一）教师实践知识与教师信念

如表 2-1 所示，很多学者界定"教师实践知识"时包含"信念"这一关键词。教师信念是教师实践知识的组成部分，也是教师在课堂教学中"怎么做"及"为什么这么做"背后所包含的更深层次的教育意蕴。

然而，教师实践知识所强调的"信念"并非广义的教师信念。教师信念可泛指缄默的、无意识的关于学生、教学和教学内容的一种假设。教师实践知识具有实践性、情境性等特点，那些缄默的、教师没

---

① Kristjánsson, K., "Smoothing It: Some Aristotelian Misgivings about the Phronesis - praxis Perspective on Education," *Educational Philosophy and Theory*, 2005, 37 (4): 455 - 473.

有意识到的、自己所持有的假设,只有在具体的教育教学情境中才会发挥作用,并凸显出来。① 而只有那些显现出来的、被教师意识到的、在课堂教学情境中经常使用的并对课堂教学产生一定影响的教师信念,才是教师实践知识的组成部分。

(二) 教师实践知识与教学智慧

教学智慧也被称为教学机智。顾明远编纂的《教育大辞典》把教学智慧界定为教师面临复杂教育情境所表现出的一种敏感、迅速、准确的判断能力。② 由此可见,教师教学智慧更多地指向教师在课堂教学中的直觉性决策能力,它主要关注课堂教学中教学主体、教学内容和教学环境的复杂性。

教师教学智慧正是在这种复杂的教育情境中,为了应对课堂教学中所出现的"意外状况",教师"灵机一动"闪现在其脑海中的想法和决定。这种想法和决定是零散的、不成系统的。而教师实践知识不仅仅包括教师在课堂教学中面对突发状况时所表现出来的直觉性的、瞬间的、具有智慧性的行为和能力,而且包括教师有意识地、理性地做出的教学决策的能力。

在课堂教学中,教师教学智慧的运用一方面为教师实践知识的生成和发展提供了灵感和素材,另一方面教师实践知识是教师教学智慧生成、应用的基础。总之,教师教学智慧是教师实践知识在课堂教学中的一种表现形式。除此之外,教师实践知识还可以通过教学风格、格言、教学想象、教学互动等方式表现出来。

(三) 教师实践知识与教师个人理论

教师个人理论是通过教师个人实践而形成的,不同于书本上的公共教育理论及教育理念,是教师个体关于课程、教学及学生形成的一整套观念、价值、理解和假设。即教师个人理论是教师自我建构的,具有鲜明的个体特征、整合性,但却是不断变化的,是与教学实践相

---

① Kagan, D. M., "Implications of Research on Teacher Belief," *Educational Psychologist*, 1992, 27 (1): 65 - 90.

② 顾明远:《教育大辞典》(增订合编本·上),上海教育出版社1998年版。

关的知识、经验与价值系统。① 教师个人理论一般是以教师所教学科为基础的，在长期的教育教学实践中，通过教师自我学习、反思、感悟而内化形成自己独特的教学观念和理论，并在此基础上形成具有教师个体特征的实践操作体系和教学风格。

理论是通过归纳或演绎的方法所形成的抽象概括，且在一定的条件下适用。教师个人理论是教师在当时所处的教学内、外部环境之下形成的，一旦脱离教师熟悉的教学环境，教师个人理论就很难在课堂教学中发挥作用。除此之外，教师个人理论具有一定的稳定性、封闭性，教师一旦形成自己的个人理论就很难发生变化。现代建构主义知识观认为，知识不是对现实的纯粹客观的反映，它只是人们对客观世界的一种解释、假设或假说，它不是问题的最终答案，它必将随着人们认识程度的深入而不断变革、升华和改写，出现新的解释和假设。随着时间的推移，教师教学实践会随着情境的变化而不断发生变化，而教师实践知识也会随着教学实践的变化而不断被重新解释，呈现出一种开放的状态。

（四）教师实践知识与教师缄默知识

如表 2 - 3 所示，有学者认为，教师实践知识具有缄默的特征，但大部分其他学者认为，教师实践知识是教师在教育教学情境中面对具体的教育教学问题时"做出来"的一种知识。教师缄默知识是相对于教师显性知识而言的。波兰尼（Polanyi）认为，缄默知识是不能用书面文字、地图或数学公式来表达的，也是不能系统表述的。② 而教师实践知识是以教师个体的教学经验为基础的，并在教学中通过教师不断矫正、深化、生成意义及综合而形成的，具有实践性、情境性、综合性、经验性及个体性的特点，是一种显性知识。由此，只有教师教学反思、教学案例、同伴合作、隐喻、叙事等方式才能成为促进教师实践知识生成、发展的主要途径。

当教师在课堂教学中遇到具体的教育教学情境时，与其相关的部

① Handal, G., & Lauvas, P., *Promoting Reflective Teaching: Supervision in Practice*, Milton Keynes: SRHE and Open University Educational Enterprises, 1987, p. 7.

② Polanyi, M., *Personal Knowledge*, Chicago: The University of Chicago Press, 1957, p. 72.

分缄默知识就被启动了，并借助问题情境表现为教师可以意识到的显性知识。在教师长期的实践中，只有这些被教师明确意识到的作为学习者的经验、培训经验、在职经验等的知识才能成为教师实践知识生成的来源。虽然教师实践知识具有缄默的特征，但实践性是教师实践知识的本质特征，而处于教师潜意识中的缄默知识与教师实践知识是两种完全不同的知识类型。

综上所述，教师实践知识在一定程度上决定着教育教学工作的效率和质量及教师自身的专业发展。研究教师实践知识是为了描述在一定的教育情境中教育实践者如何建构日常教学的意义。通过探究相似情境中的教师思想、行为，可以为我们提供一个有效的教师实践模型。另外需要强调的是，若将教师知识简单地划分为教师理论知识与教师实践知识两类，研究者在强调教师实践性知识的决定、支配性地位的时候，也不应该忽略教师的教育理论知识。尽管对教师实践知识的研究提升了教师个人经验知识的地位，但如果因此忽视了理论性知识的价值，未免有简化和矫枉过正之嫌。在研究中强调教师作为实践知识的主动创造者，不应该排斥教师作为教育理论知识的使用者角色。

（五）教师实践知识与 PCK

在有关教师知识研究的初期，研究者从教师知识分类的角度出发，关注社会需要及教师专业发展的外部要求，探究实然的教师知识结构①，试图把教师知识分为不同的类别，然后分别界定其内涵，分析其所包括的内容等。这些看似具有普遍性的教师知识分类对教学实践场景中的教师来说可能毫无意义。

舒尔曼（Schulman）认为，教师知识必须包括七种成分：学科知识（content knowledge）；一般教学法知识（general pedagogical knowledge）；课程知识（knowledge of curriculum）；学科教学法知识（peda-

---

① Shulman, L. S., "Knowledge and Teaching: Foundations of the New Reform," *Harvard Educational Review*, 1987, 57 (1): 1 – 22. Grossman, P. L., "Teacher's Knowledge," In T. Husen & T. N. Postlethwaite (eds.), *The International Encyclopedia of Education*, Oxford: Pergamon Press, 1994, pp. 6117 – 6122. Berliner, D. C., "Teacher expertise," In L. W. Anderson (ed.), *International Encyclopedia of Teaching and Teacher Education*, Cambridge: Cambridge University, 1995, pp. 46 – 51. 刘清华：《教师知识的模型建构研究》，中国社会科学出版社2004年版，第161—166页。单文经：《教师专业知能的性质初探》，师大书苑1999年版。

gogical content knowledge）；学生知识（knowledge of students）；教育背景知识（knowledge of educational context）；有关教育宗旨、教育目的的知识等（knowledge of educational ends, etc.）。① 而格瑞斯曼（Grossman）认为，教师知识可以分为学科内容知识；学习者与学习的知识；一般性教学法知识；课程知识；相关背景知识；自身的知识。② 值得一提的是瑞诺斯（Reynolds）在《新教师的知识基础》一书中，在舒尔曼对教师知识分类的基础上，对教师知识进行了更加详细的分类。他认为，教师知识包括关于教学科目的知识；关于教学理念的知识；关于学生与学习的知识；关于管理的知识；关于教学的社会、政治、文化背景等知识；关于特殊儿童的知识；关于课程的知识；关于评价的知识；关于各学科特有的教学知识；关于阅读及写作的教学知识；关于教学方面的教学知识；关于教师的法定权利与义务的知识；关于教学的道德与伦理的知识。③ 与舒尔曼教师知识的分类相比，瑞诺斯关于教师知识的分类已经涉及教师教育生活方面及教学实践方面，如有关课堂管理的知识；教学的社会、政治、文化背景等知识；教学的道德与伦理知识等。

第二节　教师实践知识来源、生成方式及表现方式

一　教师实践知识的来源

艾尔贝斯（Elbaz）认为，个人实践知识是镶嵌在教师教学行为中的，而教师个人生活历史（生活背景、受教育经验等）则影响着教师每天的教学实践。④ 康奈利和克兰迪宁（Connelly & Clandinin）

① Shulman, L. S., "Knowledge and Teaching: Foundations of the New Reform," *Harvard Educational Review*, 1987, 57 (1): 1-22.

② Grossman, P. L., "Teacher's Knowledge," In T. Husen & T. N. Postlethwaite (eds.), *The International Encyclopedia of Education*, Oxford: Pergamon Press, 1994, pp. 6117-6122.

③ Reynolds, M. C., *Knowledge Base for Beginning Teacher*, Oxford, England: Pergamon Press, 1989, p. 316.

④ Elbaz, F., "Knowledge and Discourse: The Evolution of Research on Teaching," *Journal of Curriculum Studies*, 1991, 23 (2): 1-19.

两人将研究重点放在了探究教师个人实践知识、专业知识场景和教师专业身份之间的关系上。他们从教师的个人经验出发，强调教师"个人实践理论"在特定专业知识场景中的作用。① 对教师日常工作和叙述的分析表明，教师不会自动将教育理论和教育政策转化为教学实践，并转化为学生的学习效果。在这个过程中，教师的个人实践理论以及他们工作的知识场景对其教学实践具有决定性的影响。教师个人知识是教师对各种教育问题的看法和信念，它来自于教师经验。而范良火在对数学教师实践知识来源的案例研究基础上，认为影响数学教师知识发展的因素主要有三个方面：作为学习者的经验，包括在正式教育环境中的经验和在非正式教育环境中的资源；职前培训经验，包括一般教育学课程、教学教育课程、教学实习的经验；在职经验，包括在职培训、有组织的专业活动、非组织性的专业活动、教师自身的教学经验和自我反思。②

每个个体教师，不论是经验丰富的还是新手教师，都有他/她自己过去经验的个人叙事，这在很大程度上影响着他们会成为怎样的一位老师。这种教师个人实践知识的观念被定义为在教育情境中用一种道德的、情感的、艺术的方式来认识生活。③ 有研究进一步证明教师的实践知识是流动的，受个人的教学、经验之影响，教师实践知识的主要来源是教师的背景、特质、当前的教育情境以及教师的教学经验。④ 研究者通过使用课堂观察、访谈和回忆报告（stimulus recall reports），通过描述课堂中教师所面临的突发情况，分析两位教师个人实践知识的来源。⑤ 通过叙述、重构教师在教育教学中作为学习者、教师自身和参与者的经验，并在教师反思、对话的基础上，作者认

---

① Connelly, F. M., & Clandinin, D. J., *Teachers as Curriculum Planners: Narratives of Experience*, New York: Teachers College, 1988, pp. 2 – 14.

② 范良火：《数学教师知识发展研究》，华东师范大学出版社 2003 年版。

③ Connelly, F. M., & Clandinin, D. J., *Teachers as Curriculum Planners: Narratives of Experience*, New York: Teachers College, 1988, p. 59.

④ Duffee, L, & Aikenhead, G., "Curriculum Change, Student Evaluation, and Teacher Practical Knowledge," *Science Education*, 1992, 76 (5): 493 – 506.

⑤ Golombek, P. R., "A Study of Language Teachers' Personal Practical Knowledge," *TESOL Quarterly*, 1998, 32 (3): 447 – 64.

为，教师的个人实践知识来源有两个主要途径：一是经验筛选（filte-ring experience），有利于教师重构经验并对教学中所遇到的突发状况做出反应；二是教学实践中既定的反应形式（giving physical form to their practice），这是教师行动中的知识。

斯滕伯格（Sternberg）从教师学习的角度出发，认为教师实践知识的获得主要有三种模式：一是直接学习；二是中介学习（mediated learning）；三是无声的学习（tacit learning）。[①] 实践知识是一种程序性知识，并与其使用的情境密切相关，主要考虑如何组成学生头脑中的知识，因此相对于前两种模式，教师实践知识的获得更适合用无声的学习模式。还有研究者提出，实践知识是在不同学科和不同背景中产生的，这种生产过程目前正在发生变化，我们需要注意到这些变化及其对目前情况的影响。[②] 总之，这种变化是利用不同层次知识的同构型，从用来表达在不同学科中的科学理解观念、方法、价值和规范的复杂性向实际应用中跨学科的、相异的、更具有社会责任的和更加复杂的知识转变。研究者在专业社会学的研究中明确区分了教育中的实践缄默知识和显性正式知识，探究了实践专业知识的复杂性与教育等级之间的联系。[③] 作者将实践专业知识划分为三个部分：所需要的专业能力（required occupational competences）；学习模式（modes of learning）；工作的理智性（intellectuality of work），作者以 Slovenia 为例子，根据实践知识的水平形成了对职业的简单分类，并与相应的教育垂直阶段相对应，证明了实践专业知识高要求的复杂性与所需要的正式教育水平是密切相关的。

陈向明将教师知识分为理论性知识和实践性知识，前者通常通过阅读和听讲座获得，包括学科内容、学科教学法、课程、教育学、心理学和一般文化等原理类知识，而后者包括教师在教育教学实践中实

---

① Sternberg, R. J., & Caruso, R., "Practical Modes of Knowing," In E. Eisner (ed.), *Learning and Teaching: The Ways of Knowing*, Chicago: University of Chicago Press, 1985, pp. 133 – 158.

② Gibbons, M., Limoges, C., Nowotny, H., Schwartzman, S., Scott, P., & Trow, M., *The New Production of Knowledge*, London: Sage, 1994.

③ Pavlin, S., Svetlik, I., & Evetts, J., "Revisiting the Role of Formal and Practical Knowledge from a Sociology of the Professions Perspective," *Current Sociology*, 2010, 58 (1): 94 – 118.

际使用或表现出来的知识,是教师内心真正信奉的、在日常工作中实际使用的理论,支配着教师的思想和行为,体现在教师的教育教学行动中。① 之后,邹斌、陈向明又进一步说明了"内容知识"是教师通过有意识的学习内化而成的,是可以明确表述的外显性知识。在"内容知识"中,教师的学科知识、教学法知识与课程知识是主体,这些知识的获得主要通过学习外在已有的知识体系,其来源具有共同的知识基础,具有明显的教师职业群体的类知识特征。② 相比之下,"缄默知识"则是教师在个人经验基础上建构起来的、不能明确表述的内隐性知识,包括教师的个人信念,教师对自我的了解和调节意识,教师对学生的感知和沟通能力、教师应对多变的教育情境的教学机智,教师在教学活动中对"内容知识"的理解、把握和运用策略,教师在日常行动中所展现出的批判性反思精神等。从其来源上看,它不是产生于外在已有的知识体系,而是个人在实践过程中经过与环境的对话与交流,在不断反思的基础上逐渐形成的,是教师个人所拥有的独特性知识,具有较强的情境性与针对性。

另外,也有学者认为,在教学过程中教师受到个人实践知识的影响。在教师专业发展和成长的过程中,一些个人实践知识具有积极的影响作用,促进了教师信念、教学理论及教学格言的形成。③ 而有些实践知识会产生偏见,在一定程度上阻碍着教师改变他们的思想和行为。几位主要学者认为,教师实践知识的来源可以归纳为以下几个方面(见表2-4)。

此外,还有学者根据自己具体的研究问题认为,影响教师形成恰当的实践知识的要素有:教师主体(the teacher's agenda)、教师计划(teacher planning)、资源管理(resource management)、儿童行为的修正(correction of children's actions)、家长支持(supporting parents)。④

---

① 陈向明:《实践性知识:教师专业发展的知识基础》,《北京大学教育评论》2003年第1期。

② 邹斌、陈向明:《教师知识概念的溯源》,《课程·教材·教法》2005年第6期。

③ Tsang, W. K., "Teachers' Personal Practical Knowledge and Interactive Decisions," *Language Teaching Research*, 2004, 8 (2): 163–198.

④ Carol Anne Wien, *Developmentally Appropriate Practice in "Real Life"*, New York, NY: Teachers College Press, 1995.

表 2 - 4   教师实践知识的主要来源

学者	教师实践知识的主要来源
Connelly & Clandinin (1988)	个人实践理论；工作的知识场景；教师经验①
Duffee & Aikenhead (1992)	教师的背景、特质；当前的教育情境；教师的教学经验②
Elbaz (1991)	教师个人生活历史③
Golombek (1998)	经验筛选（filtering experience）；教学实践中既定的反应形式（giving physical form to their practice）④
Gibbons, et al. (1994)	不同学科和不同背景⑤
Pavlin, Svetlik, & Evetts (2010)	正式的教育水平；高等阶段的教育⑥
Sternberg & Caruso (1985)	无声的学习（tacit learning）⑦
Tsang (2004)	个人实践知识⑧

---

① Connelly, F. M., & Clandinin, D. J., *Teachers as Curriculum Planners: Narratives of Experience*, New York: Teachers College, 1988, pp. 2 - 14.

② Duffee, L, & Aikenhead, G., "Curriculum Change, Student Evaluation, and Teacher Practical Knowledge," *Science Education*, 1992, 76 (5): 493 - 506.

③ Elbaz, F., "Knowledge and Discourse: The Evolution of Research on Teaching," *Journal of Curriculum Studies*, 1991, 23 (2): 1 - 19.

④ Golombek, P. R., "A Study of Language Teachers' Personal Practical Knowledge," *TESOL Quarterly*, 1998, 32 (3): 447 - 64.

⑤ Gibbons, M., Limoges, C., Nowotny, H., Schwartzman, S., Scott, P., & Trow, M., *The New Production of Knowledge*, London: Sage, 1994.

⑥ Pavlin, S., Svetlik, I., & Evetts, J., "Revisiting the Role of Formal and Practical Knowledge from a sociology of the Professions Perspective," *Current Sociology*, 2010, 58 (1): 94 - 118.

⑦ Sternberg, R. J., & Caruso, R., "Practical Modes of Knowing," In E. Eisner (ed.), *Learning and Teaching: The Ways of Knowing*, Chicago: University of Chicago Press, 1985, pp. 133 - 158.

⑧ Tsang, W. K., "Teachers' Personal Practical Knowledge and Interactive Decisions," *Language Teaching Research*, 2004, 8 (2): 163 - 198.

续表

学者	教师实践知识的主要来源
邹斌、陈向明（2005）	个人在实践过程中与环境的对话与交流；不断反思。①
陈向明（2003）	教育教学实践。②
范良火（2003）	在职经验；职前培训经验；作为学习者的经验。③

而教师实践知识在工作学习背景中是非常重要的。当我们在工作中使用共识（common sense）时，人们试图清楚地表达一个实践的结果，在个体使用自己的策略处理事件的过程中，工作环境中这种特殊的知识就有可能从一种工作情形迁移到另一种工作情形上。④ 有研究者指出，之所以有些教师比其他教师更具有思想性，是因为受到以下四个因素的影响：教师信念和个人实践理论（teachers' belief and personal practical theories）；视域（vision）；归属感（belonging）；身份认同（identity）。⑤ 还有研究者认为，在科学教育中通过网上学习（learning in internet）、同伴互助（peer coaching）、合作性行动研究（collaborative action research）、运用案例（use of cases）这几个途径促使教师实践知识的发生变化。⑥

一般来说，我们认为教师实践知识来源于教师实践中的个人经验。教师实践知识不是客观的、独立于教师学习和知识传递的，恰恰相反，它是教师所有经验的总和。艾尔贝斯、康奈利、克兰迪宁等研究者更加强调教师实践知识的来源与教师的日常生活经验及教师对自

---

① 邹斌、陈向明：《教师知识概念的溯源》，《课程·教材·教法》2005年第6期。

② 陈向明：《实践性知识：教师专业发展的知识基础》，《北京大学教育评论》2003年第1期。

③ 范良火：《教师教学知识发展研究》，华东师范大学出版社2003年版。

④ Gerber, R., "Practical Knowledge in Workplace Learning," In G. Castleton (ed.), *Improving Workplace Learning*, Nova Science Publishers, Inc., 2006, pp. 123 – 134.

⑤ Fairbanks, C. M., Duffy, G. G., Faircloth, B. S., He, Y., Levin, B., Rohr, J. & Stein, C.. Beyong Knowledge: Exploring Why Some Teachers Are More Thoughtful Adaptive than Others," *Journal of Teacher Education*, 2010, 6 (1–2): 161–171.

⑥ Driel, J. H. V., Beijaard, D., & Verloop, N., "Professional Development and Reform in Science Education: The Role of Teachers' Practical Knowledge," *Journal of Research in Science Teaching*, 2001, 38 (2): 137–158.

己生活的叙述过程紧密相关。达菲（Duffee）、范良火、陈向明、邹斌、曾生、格鲁贝克（Golombek）等研究者则强调教师在课堂教学中实践经验的重要性。教师实践知识在一定程度上影响甚至主导着教师的日常教学生活，而教师实践知识恰恰来源于教师的日常教学生活。此外，还有学者强调教师无声学习的重要性及教师所受的正式教育水平的重要性等。教师实践知识是关于"怎么做"及"为什么这么做"的知识，归纳起来，其主要来源有：教师个人经验：其中包括教师个人受教育经验，教师个人价值观、情感等；教师教学实践经验是教师入职前、入职中、入职后教学经验的综合。

二　教师实践知识的生成方式

教师实践知识的构成要素在教师的教育教学实践中是如何形成一种动态关系，进而生成教师实践知识的呢？陈向明认为，教师实践知识的生成方式可以用图2-1表示。

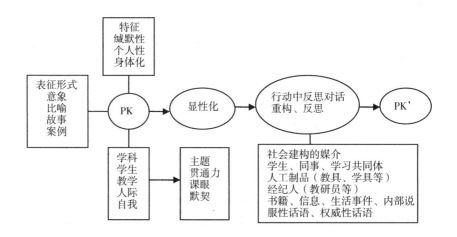

图2-1　教师实践知识的生成方式

资料来源：陈向明《对教师实践性知识构成要素的探讨》，《教育研究》2009年第10期。

在行动开始之前，教师有自己的实践性知识。该知识来自教师自己以往的经验，可能是明言的，但大多数是缄默的。它具有教师个人化的特征，通过教师身体化的行动表现出来。它表征的是实际指导教师行动的"使用理论"，而不是教师的"信奉理论"。这类知识可能涉及教师所教的学科、学生、教学、人际关系和自我概念，其主体可能有贯通力、形成课眼、产生默契等。这种知识的表征方式通常为意向、比喻、故事、案例等。当教师遇到一个问题情境时，形成了意识上的困惑和冲突。此时，教师的实践知识被启动了，被教师自己所意识到，成为显性知识。而且，当教师意识到原有的实践知识不再好用，就需要加以调整和改进。教师通过在行动中的反思，与情境对话，对问题情境进行重构。教师在行动反思的过程中，可供使用的实现文化建构的媒介有：学生、同事、学习共同体、人工制品（教具、学具等）、经纪人（教研员等）、书籍、信息、生活事件、内部说服性话语和权威性话语等。通过在行动中反思后所形成的教师实践知识是一个新的知识形态，并且因其运用所取得的教学效果而被确认为"真"的信念。它将实践知识作为母体，但已经有所发展。在该教师今后的教育教学中，其实践还会随着情境的变化而不断发生变化。不同教师在类似的教育情境中有可能借鉴这个实践知识，但由于作为主体的个体教师具有不同的个人特质、生活经历、教育背景，他们在使用该实践知识时仍会有自己个性化的创新和发展。①

另外，其他学者从不同的角度论述了教师实践知识的生成方式及其影响因素。如克兰迪宁认为，"个人实践知识"中的"知识"是指从经验中出现的和个人行动中表现出来的有意识或无意识的信念体。它的意义来自一个人的经验历史（包括专业历史与个人历史），并为其所理解。② 而故事在形成教师实践知识的过程中有其特有的力量，教师可以通过叙事的方式，呈现出已有的实践知识并生成新的实践知识。③ 同样，布莱克（Black）通过深入考察教师在实践中所应用的知

① 陈向明：《对教师实践性知识构成要素的探讨》，《教育研究》2009 年第 10 期。
② Clandinin, D. J., "Personal Practical Knowledge: A Study of Teachers' Classroom Images," *Curriculum Inquiry*, 1985, 15（4）: 361–385.
③ Clandinin, D. J., "Developing Rhythm in Teaching: The Narrative Study of a Beginning Teacher's Personal Practical Knowledge of Classrooms," *Curriculum Inquiry*, 1989, 19（2）: 121–141.

识，认为对话（conversation）、描写（drawing）、隐喻（metaphor）和故事写作（story writing）是教师日常教学中的复杂认知方式（ways to knowing）。①

研究者在研究同伴相互作用对职前中学数学教师专业知识发展的影响中，认为同伴合作（peer collaboration）和同伴合作反思（collaborative reflection）有利于教师专业知识的发展。② 也有研究者发现合作实践（coteaching practice）是影响职前教师实践知识形成的重要因素，并在资料分析的基础上，作者认为，在职前教师在学习教学的过程中有三个概念是与实践知识相关的：一是从文化适应到反思实践的转变过程；二是回想过去的教育知识和经验；三是在实践共同体中形成经验权威。③

在探究知识发展概念化过程如何影响学校教育以帮助青年教师获得知识的策略和结构的研究中，有研究者认为，教师知识的发展不仅与知识积累有关，而且与知识应用、知识整合及知识转化有关。从经验到知识的转化是对还未发生事情的自动组织过程。这个过程是以自动组织中的常识（common sense）为基础的。④ 还有研究者通过对教师如何试图解释他们的实践和实践知识这一问题的研究，关注到了教师实践知识的方法论。研究结果表明，教师会用实践争论（practical argument）来宣称他们所使用的实践知识。⑤ 在这一概念框架之下，他们根据不同的实践情境关注哪些事"应该做"或"不应该做"，而不是区分"什么是对""什么是错"。根据具体的实践情境，在认识

---

① Black, A. L. & Halliwell, G., "Accessing Practical Knowledge: How? Why?" *Teaching and Teacher Education*, 2000, 16 (1), 103–115.

② Manouchehri, A., "Developing Teaching Knowledge through Peer Discourse," *Teaching and Teacher Education*, 2002, 18: 715–737.

③ Eick, C. & Dias, M., "Building the Authority of Experience in Communities of Practice: The Development of Preservice Teachers' Practical Knowledge through Coteaching in Inquiry Classrooms," *Science Education*, 2005, 89 (3): 470–491.

④ Dixon, N., *Common Knowledge: How Companies Thrive by Sharing What They Know*, Boston: Harvard Business School Press, 2000.

⑤ Gholami, K., & Husu, J., "How Do Teachers Reason about Their Practice? Representing the Epistemic Nature of Teachers' Practical Knowledge," *Teaching and Teacher Education: An International Journal of Research and Studies*, 2010, 26 (8): 1520–1529.

论基础上教师实践知识可以被分为两种完全不同的状态：实用知识（practicable knowledge）和实践知识（praxial knowledge）。

从教师情感及反思的角度，有研究者认为，态度和价值影响着人们如何看待工作和如何处理工作中的调整，包括人们通过工作进行学习的方式。[①] 其中典型的价值和态度有：诚实（honesty）、责任（responsibility）、义务（accountability）、效率（efficiency）、激情（dissociating oneself from apathy）、自尊（self-esteem）、尊重别人（never discounting what people say）。邹斌、陈向明更强调反思的重要性，认为"反思性实践者"具有自己的思维和行动特征，其反思具有两种方式："对行动的反思"和"在行动中反思"。[②] 舍恩认为，当实践者进行反思时，就会成为实际情境中的研究者，并在这种过程中获得"正式的和严谨的专业知识"，而且这种知识是直觉的，是"缄默的""行动中的知识"。[③]

综上所述，教师实践知识是在教师行动的过程中形成的。教师实践知识是关于"怎么做"的知识，行动中的反思、重构、与环境的对话、合作实践、描写、隐喻、故事写作、同伴合作、知识的应用、整合、转化、教师态度、价值等因素影响着教师实践知识的形成。不同的要素对不同的教师在不同的环境中实践知识的形成发挥着不同程度的作用。

三　教师实践知识的表现方式

艾尔贝斯通过案例研究认为，可以用一个大致的层级结构方式来组织教师的实践性知识：实践的规则（具体的指示）；实践的原则（概括度居中）；意象（宽泛的、隐喻式的陈述）。[④] 这三方面形成了教师的"认知风格"，即教师的行动具有整体统一性、连贯性的特

---

① Gerber, R., "Practical Knowledge in Workplace Learning," In G. Castleton (ed.), *Improving Workplace Learning*, Nova Science Publishers, Inc., 2006, pp. 123 – 134.

② 邹斌、陈向明：《教师知识概念的溯源》，《课程·教材·教法》2005 年第 6 期。

③ Schön, D. A., *The Reflective Practitioner: How Professional Think in Action*, New York: Basic Books, 1983, pp. 46 – 49.

④ Elbaz, F., *Teacher Thinking: A Study of Practical Knowledge*, London: Croom Helm, 1983.

征。"认知风格"是教师在长期的教育教学实践基础上所形成的符合自己个性的教学艺术。教师"认知风格"的形成是建立在丰厚的教学经验基础上的，并通过实践知识表现出来。陈向明认为，教师的实践知识至少应该具备四个要素：主体——实践性知识的拥有者是教师，而不是理论工作者；问题情境——教师必须面临一个令其困惑的、有待解决的问题；行动中反思——教师必须采取行动来解决这个问题，形成一个杜威意义上的"经验"，具有"做"与"受"的关系（互动性），并对教师今后的教育教学具有指导意义（连续性）；信念——实践性知识虽然蕴含在这个整体的经验中，但可以被提升为一种信念，通过教师的后续行动被验证为"真"（可以视情况而不断调整），并指导教师的后续行动（见图2-2）。

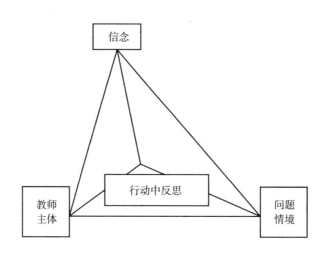

图2-2 教师实践知识的表现方式

资料来源：陈向明《对教师实践性知识构成要素的探讨》，《教育研究》2009年第10期。

上述四个要素之间是一个相互联系的整体，是以"打包"的形式呈现的。它不能像理论知识那样脱离情境、行动和直接经验，以纯命题、纯逻辑的方式呈现，也不能直接用语言传递，必须由教师自己亲历。虽然教师的实践知识仍旧被我们定义为"信念"，但这个信念只有与其他三个因素同时出场，才具有意义。

　　实践知识不仅区别于理论知识，它在人们的工作、学习中还有独特的作用，它区别于理论知识，是一种专业型的知识。它涉及在工作、学习中人们在使用实践知识时所表现出来的不同的价值观和态度；应用实践知识是否能成功解决问题；在工作、学习中促进实践知识发展的障碍等。① 克兰迪宁通过研究新手教师第一年的实践知识，认为教学节奏知识（rhythmic knowledge of teaching）在成长和改变的过程中重构了新手教师的经验。作者认为，在教师教育过程中需要新手教师进行重构反思。②

　　也有研究者认为，教师实践知识在一定程度上可以用格言（maxims）的形式表现出来，并进一步将格言定义为：教师格言反映了教师个人的教学哲学，它来源于教师教学经验和教师学习经验、教师个人受教育经验、教师个人信念和价值观体系。③虽然教师实践知识具有情境性、综合性、个体性等特征，但研究者在对教师及其课堂教学进行观察的基础上认为，教师实践知识还是可以通过不同的形式表现出来的。如认知风格、教学节奏知识、教师格言和在教师信念、教师主体、问题情境，是在行动中反思这几个要素相互作用的过程中体现出来的。

　　国内外不同学者从不同的角度对教师实践知识进行了不同层次的研究，但因为教师实践知识本身的特性，其研究也存在不可避免的缺点：第一，研究者必须脱离原有的背景；第二，专业实践研究若要获得实践者的思想，就要克服两个容易使我们混乱的因素：习惯和语言（routines and language）；第三，这种类型的研究需要花费大量的时间去选择个案，分析、整理数据。④ 但从更高一层的专业实践知识的角度出发，专业实践知识研究有五个方面的优势：其一，在专业实践知

---

① Gerber, R., "Practical Knowledge in Workplace Learning," In G. Castleton (ed.), *Improving Workplace Learning*, Nova Science Publishers, Inc., 2006, p. 126.

② Clandinin, D. J., "Developing Rhythm in Teaching: The Narrative Study of a Beginning Teacher's Personal Practical Knowledge of Classrooms," *Curriculum Inquiry*, 1989, 19 (2): 121 – 141.

③ Richards, J. C., *Beyond Traning*, Cambridge: Cambridge University Press, 1998, p. 60.

④ Coleman, L. J., "A Method of Studying the Professional Practical Knowledge of Service providers," *Journal of Early Intervention*, 1993, 17 (1): 21 – 29.

识研究中，研究者可以进入真实的情境场域中，与他们的世界进行对话；其二，强调描述的丰富性和对特定背景的关注；其三，专业实践知识研究的方法论加强了实践者对研究价值的考虑，因为研究结果所包含的信息与他们的研究实践息息相关；其四，专业实践知识的研究为实践者如何实践这一问题提供了一个更深入的视角，从而研究的结果可以被用来改善目前的一些干预措施；其五，专业实践知识研究的方法论加深了对早期干预复杂性的认识。①

四　小结

综上所述，教师实践知识具有实践性、情境性、反思性、综合性及个体性的特征。而教师实践知识的不同特征与教师实践知识的来源及其生成方式密切相关。

第一，实践知识不仅仅是区别于理论知识的一种知识类型，它还在人们的工作、学习中发挥了独特作用，涉及工作、学习中人们使用实践知识时所表现出来的不同的价值观和态度等。② 若把教师知识简单地分为教师理论知识和教师实践知识两大类，两者之间最明显的区别在于这两类知识的来源及其生成方式不同。相对于教学一线的教育工作者来说，教师理论知识一般来源于教师的间接经验。这类知识具有一定的概括性、抽象性，并以追求普适价值为目标。而教师实践知识来源于教师日常的教育教学经验，与教师的日常教学实践密切相关。来源于教学情境的这类情境性知识并不能以它的功能或普遍适用性而获得其正当性，然而，教师仍然需要证明他们宣称的实践知识是不会导致错误行为的。③

虽然，教师理论知识的形成也是以教学经验为基础的，但其主要通过归纳、演绎的方式获得，其中祛除了具体、生动的教师教学经

---

① Coleman, L. J., "A Method of Studying the Professional Practical Knowledge of Service Providers," *Journal of Early Intervention*, 1993, 17 (1): 21 – 29.

② Gerber, R., "Practical Knowledge in Workplace Learning," In G. Castleton (ed.), *Improving Workplace Learning*, Nova Science Publishers, Inc., 2006, pp. 123 – 134.

③ Gholami, K., & Husu, J., "How Do Teachers Reason about Their Practice? Representing the Epistemic Nature of Teachers' Practical Knowledge," *Teaching and Teacher Education: An International Journal of Research and Studies*, 2010, 26 (8): 1520 – 1529.

历、感受、判断。而教师实践知识是教师在日常的教学情境中,运用教育理论知识,并结合独特的教育教学情境,主要通过演绎的方式获得的。由此可见,从教师实践知识的来源及其生成方式上看,实践性是教师实践知识的本质特性,也是教师实践知识与其他教师知识类型相区别的主要特征。

第二,教师实践知识的情境性特征一方面表明了教师实践知识来源于具体的教育教学情境,另一方面决定了教师实践知识的生成和发展是以具体的教学情境为背景的。在每节课堂上、每间教室里,教师都会面临无数的问题:我该带着什么样的情绪走进教室?如何引起学生的兴趣?在这种情况下,是说些什么,还是保持沉默?该如何鼓励学生?对于具体的教学内容,什么样的教学方法更有效?如何评价不同的学生?……当教师在课堂教学中面对这些问题,并作出选择时,教师实践知识是与某个具体的教育教学情境相匹配的。

教师的教学实践总是在一定的教育教学情境中发生的。具有概括性、抽象性的教育理论知识并不能像教育理论研究者所期望的那样,在具体的教育情境中有效地帮助教师改善教学或解决教学问题。教育理论知识对教学实践的"简单化"处理,忽视了具体教学情境的复杂性、丰富性。教师实践知识是教师在具体的教学情境中,不断积累教学经验,通过反思而不断形成的。在此过程中,教师零散的、不连贯的教学经验,逐渐升华为有体系的、严谨的专业知识。这使教师在具体的教学情境中,能及时、准确地判断"该怎么做"。

第三,反思是教师实践知识的来源之一,也是促进教师实践知识生成的重要途径之一。反思是有意识的思考,是当人们遇到不确定的、复杂的、困惑的、惊奇的或有明确目的时发生的。① 李琼、倪玉菁认为,教师"教什么"的学科知识与"如何教"的教育与心理学方面的知识都是"学科性知识",除了"学科性知识"外教师知识中还包括大量的"实践性知识",它是教师在教育教学活动中实际运用与表现出来的知识。学科性知识并不能直接导致教师在实际教学中的

---

① Deway, J., "*How We Think: A Restatement of the Relation of Reflective Thinking to the Educative Process*," Boston: Heath, 1933.

正确选择与行动，教学中互动的情境性与复杂性，决定了教师并不是简单地运用所学的学科性知识，而是在长期的教育教学实践中，以一种"在行动中反思"的方式，不断发现问题、采取对策，借助于反思与批判来升华实践经验而形成的实践性知识。①

教师反思是在复杂的教学情境中进行的。通过反思，教师能及时发现课堂教学中的问题，并辨别各种教学现象的本质。教师反思是整合教师的实践、所持有的理论以及通过各种管道获得实践知识的过程。教师通过反思能深入理解课程实施和教学行为背后的意义，使教师的教学经验不再是独立于教师经验体系之外的固有程序，而是通过教师教学实践的反思，使各种经历成为有意义的体系，并在教学经验积累的基础上，不断完善、发展教师实践知识。由此可见，教师通过不断的反思，在日常教学中积累了丰富的教学经验。这些经验在教学实践中不断得到教师的认同，并转化为一种教师认为可信的、能有效解决课堂教学问题、处理课堂教学事件、做出教学决定的实践性知识。

第四，教师实践知识具有综合性的特征。教师实践知识主要来源于教师的个人经验和教师的教学经验。其生成过程受到行动中反思、重构、与环境的对话、合作实践、描写、隐喻、故事写作、同伴合作、知识的应用、整合、转化、教师态度、价值等因素的影响。在真实的教学情境中，教师总是根据"实践知识"做出自己认为合理的决策。教师实践知识的这种综合性一般体现为教师的教学风格及教学智慧。如艾尔贝斯通过案例研究认为，可以用一个大致的层级结构方式来组织教师的实践知识：实践的规则（具体的指示）；实践的原则（概括度居中）；意象（宽泛的、隐喻式的陈述）。② 这三方面整合起来就形成了教师的"认知风格"，即教师的行动具有整体统一性、连贯性的特征。"认知风格"是教师在长期教育教学实践基础上形成的符合自己个性的教学艺术。教师"认知风格"的形成是建立在丰厚

---

① 李琼、倪玉菁：《从知识观的转型看教师专业发展的角色之嬗变》，《华东师范大学学报》（教育科学版）2004年第4期。

② Elbaz, F., *Teacher Thinking: A Study of Practical Knowledge*, London: Croom Helm, 1983.

的教学经验基础上的，是教师实践知识呈现的一种方式。

另外，教学智慧是以教师在日常课堂上积极的、流动的过程为特点的及时性的反思意识。[①] 在具体的课堂教学中，教师要成为一个能有意识地、理性地做出教学决定的决策者。在现场的、立即的、策略性的课程、教学决策过程中，虽然教师决策受到各种因素的影响，但仍然需要教师做出合理的、实时的判断。能否迅速、准确地做出决定、判断是教师综合能力的反映。教师实践知识并不是关于某一个问题或某些方面的知识，它是教师对所处环境的整体反应。

第五，教师实践知识来源于教师个人生活史、教师的背景、特质、教师个人实践经历等，它不可避免地具有个体性的特征。教师实践知识在一定程度上影响甚至主导着教师日常教学生活。如陈向明认为，教师的实践知识至少应该具备四个要素，即主体、问题情境、行动中反思、信念。这四个要素之间是一个相互联系的整体，是以"打包"的形式呈现的。它不能像理论知识那样脱离情境、行动和直接经验，以纯命题、纯逻辑的方式呈现，也不能直接用语言传递，必须由教师自己亲历。[②] 因此，教师不同的生活经验及教学经验，对教师实践知识生成会产生不同的影响。

此外，教师实践知识的生成方式主要有反思、重构、与环境的对话、隐喻、故事写作等。不难发现，这些生成方式本身蕴含着强烈的主体意味。为什么具有相同学科知识和教育知识的教师，在教学实践中会有完全不同的表现？这种差距是如何形成的？形成这种差距的原因是什么？对这些问题的回答，充分体现了教师实践知识与教师教学经验、生活经验的密切相关性，在教学情境中更多地体现为教师个体的教学特点。

第三节　教师教学决策

随着教师专业化运动的兴起，人们意识到教师是在复杂的教育、

---

① Van Manen, J., "On the Epistemology of Reflective Practice," *Teachers and Teaching: Theory and Practice*, 1995, 1 (1): 33 – 50.

② 陈向明：《对教师实践性知识构成要素的探讨》，《教育研究》2009 年第 10 期。

教学情境中从事着解决复杂问题的实践活动。在课堂教学活动中，教师不仅是教学活动的引导者、学生学习的组织者，而且需要教师在课堂教学中成为优秀的教学决策者。事实上，决策是教师角色的一个重要特点。虽然教师在日常教学中，面临着学校组织结构的束缚，但在每次具体的课堂教学中，教师具有一定的教学决策自主权。在日常的教学生活中，教师需要面对各种各样的、数以千计的决策。这些决策不仅是不可避免的，而且是几周、几个月之内教师工作成败的关键。①其中有些教师决策是与学生的学习直接相关的，而有些是间接相关的。有些教师决策是与所有学生相关的，而有些只涉及一两个学生。在理论上，甚至从实践角度，课堂教学中的大部分活动都是教师决策的一系列结果。中国在新课程改革的背景下，实现了课程的中央、地方和学校的三级管理，《基础教育课程改革纲要（试行）》强调在课程实施方面重视教师对课程的再开发，这就为教师参与教学决策提供了一定的决策权力和决策空间。

一　教师教学决策的概念

赫伯特认为，任何实践活动无不包含着决策（deciding）和执行（doing）。在任何时候，都存在着大量（实际）可能的备选方案，当事人可从中选择，即通过某种过程，从这些大量的备选方案中选出实际采用的。②从某种程度上说，任何决策都是某种折中，最终选定的行动方案，绝不会尽善尽美地实现目标，它只是在当时条件下可以利用的最好的办法。判断与决策（decision making）是人类（及动物或机器）根据自己的愿望（效用、个人价值、目标、结果等）和信念（预期、知识、手段等）选择行动的过程。③类似地，学者庄锦英认为，广义的决策包含判断与决策两种成分。判断主要研究人们推知或

---

① Eggleston, J., "Editorial Introduction: Making Decisions in the Classroom," In J. Eggleston (ed.), *Teacher Decision-making in the Classroom*, London: Routledge & Kegan Paul, 1979, pp. 1 - 7.

② ［美］赫伯特：《决策制定与管理型组织》，钟汉青等译，华人戴明学院1997年版。

③ Hastie, R., "Problems for Judgment and Decision Making," *Annual Review of Psychology*, 2001, 52 (1): 653 - 683.

直觉尚不清楚事件及其结果或后果的过程，如研究人们是怎样整合复杂多样的、不完全的甚至是冲突的线索来推知外部世界的。[①] 由此可见，决策是一个动态过程。在这一过程中，个体需要运用自己的感知觉、记忆、思维等认知能力，对情境做出判断与选择。

教学就是对影响学生学习可能性的因素进行不断判断的过程，是在与学生互动的过程中做出决策的过程。[②] 有研究表明，教师每隔2—6分钟就需要做出一个互动性决策，而一个教师的成功在很大程度上取决于这些决策的质量。[③] 教师教学中所面临的不确定性，比我们能想到的还要多。[④] 康奈利在阐述教师的角色及功能的基础上，认为研究者、开发者和教师这一角色的关系相当密切，这种密切关系使得教师角色从实施者转变为决策者和独立自主的开发者。[⑤] 教师决策是一个实践的（praxis）、反思的行动过程。教师是一个具有能动性的主体，有自己的信念、价值观取向，因此教师所感知到的课程已经是经过筛选的课程。[⑥] 张朝珍进一步认为，教师教学决策本质上是一种选择性的认识活动，是教师对教学活动诸要素的判断与选择。教师在进行教学决策时，具体选择什么、怎么选择和为什么做出这样的选择，不仅仅是一个技术过程，更是教学认识论持续起作用的过程。[⑦]

杨豫晖、宋乃庆也认为，教学决策是教师的教学信念、教师知识、教学思维方式与具体情境交互作用的内隐性思维过程和相应的外在行为表现的统一，具有过程性和内隐性思维的整体特征，是影响教

---

① 庄锦英:《决策心理学》，上海教育出版社2006年版。

② Hunter, M., "Knowing, Teaching, and Supervising," In P. Hosford (ed.), *Using What We Know about Teaching*, Alexandria, VA: Association for Supervision and Curriculum Development, 1984, pp. 169 – 203.

③ Clark, C., & Peterson, P., "Teachers' Thought Processes," In M. Withrock (ed.), *Handbook of Research on Teaching* (3rd ed.), New York: Macmillan, 1986, pp. 255 – 296.

④ Jackson, P. W., *The Practice of Teaching*, New York: Teachers College Press, 1986.

⑤ Connelly, F. M., "The Functions of Curriculum Development," *Interchange*. 1972, 3 (2 – 3):161 – 177.

⑥ Brubaker, D. L., & Simon, L. H., *Teacher as Decision Maker: Real-life Cases to Home Your People Skills*, New York: SAGE, 1993, p. 57.

⑦ 张朝珍:《教师教学决策的认识论根源探析》，《河北师范大学学报》2010年第4期。

育教学质量的更深层因素。① 另外，有研究指出，教师课程决策是指教师在学校教学情境中承上启下地对教学的方向、目标及其实现方法、途径、策略所做出的个性决定。② 并进一步认为这一定义突出了教师决策在时间上的连续性，即教师的决策发生在实际教学之间、之中和之后；在内容上的连续性，即决策内容是针对实际教学的具体问题而提出的执行方案；在观念上的连续性，即决策是在众多可能性选择中对其中某一种所做出的决定或判断；在方案上的可行性，即教师考虑了多种教学主观影响因素后所形成的相对最佳解决途径；在形式上的个性化，即教师课程决策不是孤立的，是教师基于自己和所教学生的性格特征与学校文化乃至班级文化背景以及教学问题情境所做出的个性化决策。

成功或有效的教师是能够持续地做出与学生学习相关的完整、合适的教学决策，并达到令人满意的目的。③ 由此，教师教学决策是教师在专业地履行责任的过程中做出的决策。教师的决策能力是连接教师教学效率和教师教学行为的桥梁。教师、教学指导者、学校管理者都需要决定哪些机会和经验对学生的学习最有利。这些决策是复杂的，因为其中涉及很多变量，并需要很多相关信息。④ 另外，还需要保证教学决策具有哲学依据及精确性，因为学生作为学习者的成功很可能依赖于这些决策。

综上所述，首先，决策不同于判断（judge）。决策是一种行动，而判断关注特点及其品质。好的决策离不开合理的判断。⑤ 其次，教师教学决策是教师在教学过程中根据具体的教育情境及各种影响因素，进行判断与选择并在课堂教学中付诸实施的过程。最后，教

---

① 杨豫晖、宋乃庆：《教师教学决策的主要问题及其思考》，《教育研究》2010 年第 9 期。

② 何巧艳、皇甫全：《教师课程决策本性的文化分析》，《西北师范大学学报》（社会科学版）2009 年第 46 卷第 5 期。

③ Sutcliffe, J., & Whitfield, R., "Classroom-based Teaching Decisions," In J. Eggleston (ed.), *Teacher Decision-making in the Classroom*, London, 1979, pp. 8 – 37.

④ Sherman, T. M., *Instructional Decision-making: A Guide to Responsive Instruction*, New Jersey: Educational Technology Publications Englewood Cliffs, 1980.

⑤ Howell, K. W., & Nolet, V., *Curriculum-based Evaluation: Teaching and Decision Making*, Australia: Wadsworth, 1999, p. 13.

师教学决策的过程涉及教师个体的信念、价值观、教师知识等各种
因素。

二　教师教学决策的分类

课程决策根据不同的主体可以分为国家层面（national level）、
州层面（state level）、学区层面（school district level）、学校层面
（school level）、教师层面（teacher level）。① 其中除了国家层面的课
程决策之外，州和学区层面的课程决策都属于地方层面的，而课
堂层面上的课程决策主要是由教师来进行的。② 本书所涉及的教学
决策是广义上的学校、课堂层面由教师进行的各种决策行为、决
策现象。

根据不同的标准可以把教师教学决策区分为不同的种类。根据教
学的时间顺序，教师的教学决策可分为教学前、教学进行中和教学后
的教学决策。③ 也有研究者将教学决策分为教学前的计划决策阶段；
教学中的互动、观察和改进阶段；教学后的评价和反思阶段。④ 还有
研究者认为，教学决策是发生在控制、改善和评价教学领域中的一个
或多个决策，这些决策是教师专业责任的体现。⑤

根据教师教学决策的内容进行划分，教师教学决策存在于教学的
三个方面：教学的设计和准备，教学的互动和学习结果的评价。⑥ 有
研究者具体地指出，教师教学决策的内容主要包括课程内容、教学风
格、课堂管理、激励课堂中的积极因素、抑制课堂中的消极因素、所

---

① Tanner, D., & Tanner, L., *Curriculum Development: Theory into Practice* (2nd ed.), Englewood: Prentice Hall, 1995.

② Sowell, E. J., *Curriculum: An Integrative Introduction* (3rd ed.), Englewood: Prentice Hall, 2004.

③ Jackson, P. W., *Life in Classroom*, London: Holt, Rinehart and Winston, Inc., 1968.

④ Wilen, W., Ishler, M., Hutchison, J., & Kindsvatter, R., *Dynamics of Effective Teaching* (4th ed.), Boston: Allyn & Bacon, 2000.

⑤ Sutcliffe, J., & Whitfield, R., "Classroom-based Teaching Decisions," In J. Eggleston (ed.), *Teacher Decision-making in the Classroom*, London, 1979, pp. 8 – 37.

⑥ Darling-Hammond, L., & McLaughlin, M. W., "Policies that Support professional Development in An Era of Reform," *Phi Delta Kappan*, 1995, 76 (8): 597 – 604.

使用的课程资源、对课程内容的改变及教学空间等。① 而教师的课程决策项目包括教学的策略与方式、教学内容、目标优先级的决定、学习表现的测验与评定、资源的运用与分配、班级气氛的经营、教室活动的安排等。②

　　另外，根据人们日常决策的特点，将教师课程决策分为三种类型：第一种决策涉及大量的思考，辨别出可行的方案，估计可能的结果的反思性策略；第二种是立刻做出的决策，是面临突发事件时的及时性决策；第三种是常规性决策。③ 另外，研究者根据二元分类的方式，首先把教师教学决策分为反思性（reflection）决策和即时性（immediate）决策。在此基础上根据教师是否采取了行动，把教师教学决策分为行动决策和非行动决策（null decision）。然后，以教师能否意识到决策过程及部分决策过程为依据，把教师教学决策分为教师意识到决策过程的教学决策和教师没有意识到决策过程的教学决策两大类。另外，通过对课堂录像的分析，发现了第四种有价值的分类方式，即简单决策（simple decision）和综合决策（composite decision）。④ 由此，可以把教学决策分为以下十类，即无行动意识的简单反思决策（reflective simple no action aware）、有行动意识的简单反思决策（reflective simple action aware）、无行动意识的综合性反思决策（refelctive composite no action aware）、有行动意识的综合性反思决策（refelctive composite action aware）、无行动意识的即时性简单决策（immediate simple no action aware）、有行动意识的即时性简单决策（immediate simple action aware）、无行动无意识的即时性决策（immediate simple no action unaware）、有行动无意识的即时性决策（immediate simple action unaware）、无行动意识的即时性综合决策（immedi-

① Eggleston, J., "Teacher Decision Making in the Classroom," *European Journal of Education*, 1979, 14 (3): 273 –276.

② Walker, D. F., *Fundamental of Curriculum*, San Diego: Harcourt Brace Jovanovich, 1990.

③ Calderhead, J., "A Psychological Approach to Research on Teachers' Classroom Decision – Making," *British Education Research Journal*, 1981, 7 (1): 51 –57.

④ Sutcliffe, J., & Whitfield, R., "Classroom-based Teaching Decisions," In J. Eggleston (ed.), *Teacher Decision-making in the Classroom*, London, 1979, pp. 8 –37.

ate composite no action aware）、有行动意识的即时性综合决策（imme-diate composite action aware）。

还有研究者将教学决策划分为四种类型：部署决策（placement）、诊断决策（diagnostic）、管理决策（monitoring）、成就决策（attain-ment）。[1] 其中部署决策是在每学期开学时进行的，目的是了解学生之前的知识及其他们需要的学习条件，以把学生放在合适的教学水平序列中。诊断决策的基础是学生获得的或还没有获得的信息，是改进、完善教学的基础。而诊断教学决策的信息来自对学生学业成就的评价。管理决策是教师在对学生参与任务情况进行观察的基础上，以教学活动能否达到教学目标的数据为基础。成就决策是在某一单元或课程结束后对学生的最终评价。这类评价一般以正式的学生成就测试为依据。有研究者从教师信念和教师教学决策内容两个方面，对教师教学决策进行了分类（见图 2 - 3）。[2]

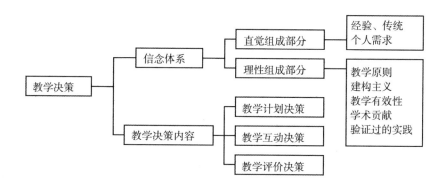

图 2 - 3 Wilen，Hutchison & Bosse 教学决策分类图

总而言之，根据以上文献所述，若是仅仅按照教学的时间先后顺序，把教师教学决策划分为教学前、中、后决策，这种划分似乎过于简单。另外一种较常使用的划分方式是按照教学决策的内容来划分教

① Nitko，A. J.，"Designing Tests That Are Integrated with Instruction，" In R. Linn（ed.），*Educational Measurement*（3rd ed.），New York：Macmillan，1989，pp. 447 - 474.

② Wilen，W.，Hutchison，J.，& Bosse，M. I.，*Dynamics of Effective Secondary Teaching*（6th ed.），New York：Allyn & Bacon，2008.

师教学决策种类。但教师在每天的日常教学中，面对各种与教学直接相关或间接相关的内容，需要做出数以千计的教学决策。所以不同的学者根据自己的研究，对教学内容的划分、理解各有不同，由此对教师教学决策的分类也不同。

除了这两种常见的分类方式外，还有学者根据教学决策本身的特点，对教师教学决策进行了分类，如反思性决策、立即性决策和常规性决策。① 也有学者以更加多元的标准，试图对教师教学决策进行较较为完整的划分。不可否认，这种划分标准有利于对教师教学决策进行深入理解、研究，但教师的教学决策是复杂的过程。②

在真实的教学情境中，教师的教学决策是一种综合能力的表现。教师教学决策是教师根据具体的教学内、外部情境做出的反应。因此，不能简单地用二元分类的方式作为教师教学决策划分的标准。另外，有研究者认为，所有的人类活动都涉及决策和决定，无论是显性的还是隐性的，似乎有两大主要的分类。第一类是关于未来的非立即的、慎思的决定，即反思性决定。第二类是立即的决策，是没有时间进行反思的实时性决定。但这种分类方式似乎只关注时间因素在决策行为中的作用，并没有关注到具体的情境对决策者的影响。③

另外，把教师教学决策分类中将教师信念体系分为直觉组成部分和理性组成部分的划分也有值得商榷的地方。显而易见，首先直觉和理性是思维方式的种类，而不是信念的种类。而直觉教学决策和理性教学决策是教师教学决策的两种不同类型。在此处难免有概念混乱之嫌。其次，它认为直觉组成部分包括经验、传统和个人需要。而理性组成部分包括教学原则、建构主义、教学有效性、研究、学术贡献、

---

① Calderhead, J., "A Psychological Approach to Research on Teachers' Classroom Decision – making," *British Education Research Journal*, 1981, 7 (1): 51 – 57.

② Brown, L., & Coles, A., "Complex Decision-Making in the Classroom: The Teachers as an Intuitive Practitioner," In T. Atkinson & G. Claxton (eds.), *The Intuitive Practitioner: On the Value of Not Always Knowing What One Is Doing*, Buckingham: Open University Press, 2000, pp. 165 – 181.

③ Sutcliffe, J., & Whitfield, R., "Classroom-based Teaching Decisions," In J. Eggleston (ed.), *Teacher Decision-making in the Classroom*, London, 1979, pp. 8 – 37.

验证过的实践。直觉是获得一种可能的或暂时的理论而无须经过逐步的逻辑推理的智力技能。它是理性与非理性的交融，是逻辑思维中非逻辑的跳跃与质变；它以逻辑为基础又超越于逻辑思维之上；它既是逻辑的中断，又是更高级逻辑的发展台阶。由此可见，直觉并不是教师随意的、毫无根据的判断。研究者通过访问 383 位教师，研究发现教育决策过程既是直觉的，又是系统的。其中直觉思维与整体性（holistic）和创造性（creative）有关，而系统性方法具有理论基础和准确性（accuracy）的优势。[①] 由此可见，这种划分方式需要进一步考虑直觉性教学决策与理性教学决策之间的关系。直觉性教学决策是在理性分析、判断基础上的一种更为高级的思维形式。若仅仅把直觉性教学决策等同于简单的、粗略的自卫式反射性行为，就失去了探究的意义与价值。最后，教学决策过程是一个复杂的现象，除了决策者自身的影响因素外，教学决策常常受到其他因素的影响。因此，教师的教学决策不仅包括深思熟虑的教学目标设定、教学内容选择、教学方法选用和教学评价外，还包括实时性并伴随着教学情境的变化而变化的课程执行力决定。与此同时，还需要教师将这种教学决策意识转变为教学决策行为，才能对学生产生影响。

综上所述，学者对教师教学决策分类的标准主要有：按教学顺序、时间进行分类；按教学内容进行分类；按教学决策本身的特点进行分类。但其共同点都在于这些分类方式没有考虑到教师教学决策发生的具体时空场域及具体教学情境。

因此，本书为了方便搜集数据，采用了按照教学时间顺序进行分类的方式。把教师教学决策分为教师设计决策、教师互动决策、教师评价决策三类。其目的是通过分析真实的教学情境中教师的教学决策过程，探究教师实践知识对不同阶段的教师教学决策有何影响，以及教师教学决策经验转化为教师实践知识的过程。

三　教师教学决策模型的比较、分析

在近十年的教育改革中，国家教育改革报告都倡导教师参与决

---

① Klein, J., & Weiss, I., "Towards an Integration of Intuitive and Systematic Decision Making in Education," *Journal of Educational Administration*, 2007, 45（3）: 265 – 277.

策，并认为这是促进学校改变的必然方式。这一观点的假设就是当教师在学校中越积极参与专业的决策，就越有利于学校发展的持续性。①然而，提倡教师有效地参与学校决策也引发了一些问题，如什么时候参与决策？在多大程度上参与决策？就哪些事件进行决策？

雷博曼（Lieberman）认为，教师赋权就是让教师参与团队决策，并在学校中能真正参与决策。② 研究者通过调查 12 所肯塔基州学校的教师，探究他们对学校决策（school-based DM）的态度。研究发现，参与校本决策项目学校中教师的态度比没有参与校本决策项目学校中的教师态度更为积极。③ 在近十年的教师专业发展和教师赋权过程中，教师参与决策与教师工资满意度密切相关；教师实际参与决策程度比预期的参与程度高；参与决策教师的兴趣水平和专业程度有所增加；参与决策有利于发展教师认知；教师对工资满意度也有所提升。④

然而，研究者通过访问 34 位农村高中教师发现，认知约束影响着教师教学决策的参与程度。⑤ 通过开放式访谈了解到教师的大部分决策是在认知约束的情况下做出的，并表明教师是在缺乏足够的信息和时间情况下参与学校决策的。由于时间限制和信息不足，教师不能完全确定他们的决策。从表面上看，教师被赋予决策权利，但事实上还是决策者做出决策。通过调查 87 所学校的 504 位教师，经研究发现，新教师参与学校管理的期望并没有得到实现。教师参与学校决策

① Rice, E. M., "A Decade of Teacher Empowerment: An Empirical Analysis of Teacher Involvement in Decision Making 1980-1991," *Journal of Educational Administration*, 1994, 32 (1): 43 - 58.

② Lieberman, A., "On Teacher Empowerment: A Conversation with Ann Lieberman," *Educational Leadership*, 1989, 46 (8): 24 - 28.

③ Daniel, R. W., & Shay, P., *Teachers Attitudes toward School Based Decision Making* (ED 391791), Kentucky: Educational Resources Information Center, 1995.

④ Rice, E. M., "A Decade of Teacher Empowerment: An Empirical Analysis of Teacher Involvement in Decision Making 1980-1991," *Journal of Educational Administration*, 1994, 32 (1): 43 - 58.

⑤ Case, K. I., *Rural School Reform: Teacher Decision Making and Cognitive Constraints*, Paper presented at the annual convention of the national rural education association, Burlington, VT., 1993.

的实际程度与期望程度之间存在着很大的差异。①

决策的模式包括以下几个阶段：假设（assumptions）、标准（criteria）、引发（evoked）、设置（set）、开始（start）。② 在个体和组织活动中，问题解决和决策是至关重要的。该研究认为，关于管理学生的解决方案可以通过以下途径得以提高：第一，学习一个问题表述模型；第二，在问题解决过程中，要求他们严格遵守决策的步骤。虽然不同的学者对问题解决步骤的描述各不相同，但主要的决策程序都包括：其一，问题表述；其二，整合观念；其三，观点评价；其四，对合适解决方案的选择和实施。③

问题解决的 IDEAL 模式被广泛使用，即发现问题（identifying a challenge），界定问题（defining a challenge），寻找策略（exploring alternatives），按计划行动（acting on a plan），审视、反思结果（looking at and reflecting on results）。④ 有研究者使用 IDEAL 模式讨论教师日常生活中普遍存在的教学决策，并期望不仅能给予教师一些实践知识，而且能鼓励教师形成对教学挑战具有个性化的、有思想的响应。⑤发现问题包括了解学生、分析课程；界定问题，包括设计教学单元、设计每节课；寻找策略包括掌握教学工具、整合教学资源和技术、积累教学策略、选择学习策略、设计评价策略；审视、反思结果包括评价学生成就、评价教学。

课堂教学中的教师和教案是阅读教学中教师进行教学决策的两个主要来源。在教学中，教师有资格就教学目标、学生学习机会、评价方式做出决策。但同时各州的教育目标和测试、校外学习活动、学习

---

① Turmbull, B., "High Expectations: Untenured Teacher Involvement in School Decision-making," *Teaching Education*, 2007, 15（3）: 311-318.

② Pate, L. E., "Using the 'Four ACES' Decision Making Technique in the Classroom," *Journal of Management Education*, 1988, 12（4）: 155-158.

③ Kahasakal, H. E., "Contribution of a Problem Formulation Model and Decision Making Steps to Solution Quality: A Classroom Experiment," *Journal of Management Education*, 1989, 13（4）: 68-77.

④ Bransford, J. D., & Stein, B. S., "*The IDEAL Problem Solver: A Guide for Improving Thinking, Learning, and Creativity*," New York: W. H. Freeman and Co, 1984.

⑤ Thompson, S. J., Benson, S. N. K., Pachnowski, L. M., & Salzman, J. A., "*Decision-making in Planning and Teaching*," New York: Priscilla McGeehon, 2000.

风格理论和教育哲学等都会影响教师的教学决策。[①] 研究者以来自62个不同国家的班级为研究对象，探究了科学教师教学前、中、后的教学决策。作者分析了每个教师的教学决策。研究发现，教师在教学决策过程中，并没有对学生的多元文化背景进行慎思。[②] 在数学学科领域越来越多地使用高风险的测试来管理系统性的改进，并期望教师根据这类测试的结果来调整其教学实践。[③]

职前教师必须提高自己的决策技巧，以提高其教学决策过程的成就感。教师决策可分为以下几个阶段：形成内容大纲、在研究的基础上完善、开展活动、与学生分享展示、让同事评价。研究还发现，教师通过参加教师决策训练课程，有助于提高其教学决策技巧。[④]

研究者经过与一线教师为期六年的合作研究项目，认为未来的学校将会被建设成需要赋权和进行反思性决策的学习共同体，并在研究教师教学情况的基础上，提出了教师成为反思性决策者的概念框架（见图2-4）。

由此可见，教师教学决策的过程是与教师的教学计划、教学实施、教师评价行动与教学内容、学生状况、教学背景、先前经验、个人观点、价值等因素相关的教师专业知识相互作用，进行知识建构和意义生成的过程。

我们意识到教师的教学决策总是通过"我是否应该……"这样的问题来呈现的。这些问题可以被区分为三种不同类型：第一，用来处理个体学生的决策和用来处理整个班级的决策。第二，用来处理课堂

---

① Ediger, M., *Reading Instruction*: *Decision Making by the Teacher* (No. ED478 825), New York: ERIC, 2002.

② McGinnis, J. R., *Science Teacher Decision Making in Classroom with Cultural Diversity*: *A Case Study Analysis*, Paper presented at the annual meeting of the national association for research in science teaching, Atlanta, GA., April 15 – 19, 1993.

③ Confrey, J., & Carrejo, D., *A Content Analysis of Exit Level Mathematics on the Texas Assessment of Academic Skills*: *Addressing the Issue of Instructional Decision – making in Texas*, Paper presented at the annual meeting of the North American chapter of the international group for the psychology of mathematics education, Athens, GA., 2002.

④ John, M. T., & Norton, R., *Practice Makes Perfect*: *Prospective Teachers Develop Skills*, Paper presented at the annual meeting of the American association of college for teacher education, New Orleans, LA, February 25 – 28, 1998.

行为的决策和用来处理学生努力程度的决策及用来处理学生成就的决策。第三，有些决策是立即性的，而有些决策需要更长的时间。那么，每个教师所做的教学决策都可以放在这个框架中。①

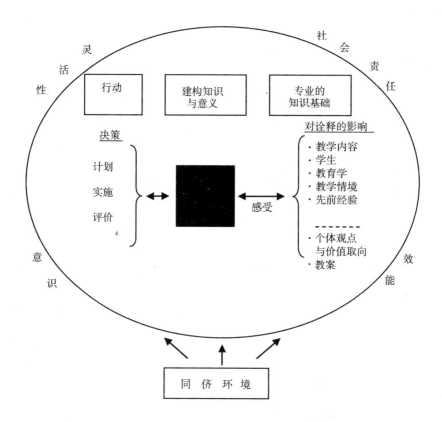

图 2 - 4　Colton & Sparks-Langer 教师成为反思性决策者的概念框架

资料来源：Colton, A., & Sparke-Langer, G., "A Conceptual Framework to Guide the Development of Teacher Reflection and Decision (making)," *Journal of Teacher Education*, 1993, 44 (1): 45 – 54.

综上所述，根据一般的决策模型，教师教学决策模型一般包括发现问题、界定问题、寻找策略、行动、反思结果这五个步骤。在此基

①　Anderson, L. W., "*Classroom Assessment: Enhancing the Quality of Teacher Decision Making*," London: Lawrence Erlbaum Associates, 2003.

础上，也有研究更加具体地分析了教师教学决策的模型，以期评价、改进教师的教学决策技巧，其中很多研究者引用了该教师教学决策模型。虽然该模型详细地列举了影响教师教学决策的六大因素及其具体内容，并分析了各个因素之间的关系，但也不难发现该模型只关注了教师在教学决策前（preactive）的状况，并没有关注教师在课堂教学中（interactive）交互性的教学决策，及教师教学前的决策如何在课堂教学中发挥作用这两个主要问题。

另外，安德森（Anderson）以教师教学决策的对象、内容和时间这三个维度，形成了教师教学决策的立体模型，并认为教师所做的每个决策都可以放在这个模型中。虽然该模型能包括教师所有的教学决策类型，但并没有关注教师教学决策背后的深层原因，也就无法回答教师为什么做出了这样的教学决策，影响教师教学决策的因素有哪些，对未来教学产生了什么影响等问题。

当一个教师在课堂教学中做出决定的时候，这绝不仅仅是采取一个行动或者按照某种特定方式去行动这么简单。决策的过程应该是理性的，这意味着教师（有意识或无意识地）要考虑与权衡不同的选择，并采用一定的标准去遴选可供挑选的决定与行动。[1] 然而，很多关于教师的交互式决策的研究表明，决策更多的是一种反应而不是一种反思，更多的是直觉而不是理性，更多的是理性地例行公事而不是自觉意识。舍恩就指出，教师重要的决策是在教师教学的同时做出的，在很多情况下，这些决策主要是在经验基础上以一种自发的、直觉的方式产生的。[2] 研究者通过对文献数据的研究表明，教育决策过程既是直觉的，又是系统的。似乎这两个方面是互相矛盾的，每个方面都各有其特点。[3] 直觉思维与整体性（holistic）和创造性（creative）有关，而系统性方法具有理论基础和准确性（accuracy）的优

---

① Reagan, T. G., Charles, W. C., & Brubacher, J. W. :《成为反思型教师》，沈文钦译，中国轻工业出版社 2005 年版。

② Schön, D. A., *The Reflective Practitioner*: *How Professional Think in Action*, New York: Basic Books, 1983.

③ Klein, J., & Weiss, I., "Towards an Integration of Intuitive and Systematic Decision Making in Education," *Journal of Educational Administration*, 2007, 45 (3): 265 – 277.

势。然而，直觉性决策的优势在于调和了在直觉性决策中的错误。

有研究分析揭示了教师直觉使用的丰富性和复杂性。不管新手教师是否意识到了引发直觉的线索及对当时情境的敏感性，这种情况还是经常被他们称为跟着"感觉"走。正是这种对教学的"感觉"帮助教师做出实时性、直觉性的教学决定。① 直觉性的决定即是不假思索、自然发生或立即式的决定，可能属于非理性或超理性的行为，二者之间的差异在于前者是粗略的自卫式反射性行为，或者是兼容反省与慎思的高层智慧形式。正式决定则是一种推理性的选择行动，也是一种考虑事件发生的背景、检查过去经验与事件、瞻前顾后的选择。教师直觉性决定依赖于教师知道是什么及为什么这一信心，直觉性技巧的使用和可解释的客观性在教师教学决策中起着重要作用。② 例如，在教学中设计一份结构完整的教学计划是必需的，但是在面对教学实际情况时，知道怎么做、为什么这么做却显得更加重要。对直觉性决策而言，"一切"都只是经验系统的运作，即经验系统是直觉性决策的支持系统。教师的不断反思、积累经验，为其在课堂教学中做出准确的直觉性决策提供了知识基础。③

研究者探究了教师在课堂教学中立即性教学决策的种类和数量。研究发现，一部分教学决策的发生与无法观察的刺激有关。这些教学决策是通过教师行为的变化表现出来的。在大多数情况下它都发生在流畅的或连续的课堂教学过程中。而有经验的教师在课堂教学中出现这类教学决策的机会和趋势比新手教师要多得多，很有可能是有经验的教师有足够的能力处理课堂管理问题。④ 然而，对一位优秀的教师来说，理性和非理性反思过程的整合是至关重要的。直觉性决策和反

---

① John, P. J. (2000), "Awareness and Intuition: How Student Teachers read Their Own Lessons," In T. Atkinson & G. Claxton (eds.), *The Intuitive Practitioner*, Buckingham: Open University Press, pp. 84 – 106.

② Atkinson, T., "Learning to Teach: Intuition, Reason and Reflection," In T. Atkinson & G. Castleton (eds.), *The Intuitive Practitioner*, Buckingham: Open University Press, 2000, pp. 69 – 83.

③ Epstein, S., *Intuitive from the Perspective of Cognitive Experiential Self-theory*, Paper presented at the 5th Heidelberg Meeting on Judgment and Decision Processes, 2004.

④ Sutcliffe, J., & Whitfield, R., "Classroom-based Teaching Decisions," In J. Eggleston (ed.), *Teacher Decision-making in the Classroom*, London, 1979, pp. 8 – 37.

思性实践帮助教师在课堂上能自信地做出教学决定，而不是在遇到困境、问题时不知所措。①

总而言之，教学决策的模型在定义教师角色的过程中有四个阶段：第一，环境刺激（可观察到的）；第二，个体感受到刺激，做出反应；第三，对环境的过滤或诠释，感觉是否要采取行动；第四，教师行为（如果做出的决策是采取行动）。② 这个序列可用于实时性教师教学决策和反思性教师教学决策。教师在教学结束后还必须进行决策。学习的初始目标和评价标准越明确，就越能对学生的学习情况做出明确而有效的评价。那些在教学之前经过深思熟虑所确定的教学目标和评价标准，会有助于教师做出教学决策。③

在日常教学工作中，教师在很大程度上是一个处在不断变化的社会环境中的教学决策者，能否在一个恰当的时刻或信息不充分的条件下做出教学决策，会影响课堂教学的氛围和效率。也许不仅会对当时的课堂教学有影响，也会影响将来课堂教学的方方面面。④ 在教学过程中，教师每小时可以做出 10 个交互性的教学决策，但是他们常常不太会考虑替换性的决策方案。⑤ 教师教学决策使教师根据自己的"感觉"及学生的反应，在课堂教学过程中及时做出调整。教学活动的动态性（dynamics）要求教师在一定的情况下处理复杂的教育难题。一些是通过直觉的方式做出决策的，而另一些是通过系统的程序做出决策的。在探究了教师价值观及其在面对危机事件（critical incidents）时的决策和真实的课堂行为之间的关系后，梳理出的教师教学

---

① Wideen, M., Mayer-Smith, J., & Moon, B., "A Critical Analysis of the Research on Learning to Teach: Making the Case for an Ecological Perspective on Inquiry," *Review of Educational Research*, 1998, 68（2）: 130 – 178.

② Sutcliffe, J., & Whitfield, R., "Classroom-based Teaching Decisions," In J. Eggleston（ed.）, *Teacher Decision-making in the Classroom*, London, 1979, pp. 8 – 37.

③ Wilen, W., Hutchison, J., & Bosse, M. I., *Dynamics of Effective Secondary Teaching*（6th ed.）, New York: Allyn & Bacon, 2008.

④ Sutcliffe, J., & Whitfield, R., "Classroom-based Teaching Decisions," In J. Eggleston（ed.）, *Teacher Decision-making in the Classroom*, London, 1979, pp. 8 – 37.

⑤ Shavelson, R. J., "Review of Research on Teachers' Pedagogical Judgements, Plans, and Decisions," *Elementary School Journal*, 1983, 83（4）: 392 – 413.

决策的相关概念、实验变量的关系充分表明了课堂教学决策的复杂性。[1]

虽然有大量的关于课堂互动（classroom interaction）行为的研究，事实上，我们对这些行为的引发机制，即教师的教学决策了解得很少。事实上，如果要改变教师的行动，那么先决条件是改变教师决策模式。[2]

综上所述，课堂层面的教师教学决策主要关注教师在课堂教学情境中的教学决策。其中对直觉性教学决策/反思性教学决策、立即性教学决策/反思性教学决策等概念及其之间关系的讨论，有利于深入探究在具体课堂教学情境中的教师教学决策，也有助于我们理解那些在课堂教学中真正影响学生发展的教师教学决策的内部机制。

四　影响教师教学决策的因素

从宏观来说，影响教师教学决策的因素大致可以分为外部因素和内部因素。外部因素主要指外在于教师个体的其他客观因素，而内在因素主要指教师个体在教学决策中的主观因素。

研究发现，影响决策的因素一是确定要达到的目的，即教学目标、期望的学习结果或愿景意识；二是资源，即作为决策者的教师要知道哪些资源是可以利用的，哪些是将来可以利用的；三是在做决策时，教师要意识到将来的进程和存在的障碍，并做出一种教育上的猜测，哪些障碍将是一直存在的，如教学中的政治空间，政治会进入任何决策的情境中去；四是可以利用的，达到目标的备选行动过程；五是时间的安排：在决策过程中，不同时间里应该用什么资源；六是对决策过程中不同阶段发生的事情进行评价；七是能变更或形成新的目标、行动内容和时间分配。[3] 研究发现，主要有六种知识影响教师的课堂决策，包括关于学生特点的知识、学科内容知识、一般教育学知

---

[1]　Sutcliffe, J., & Whitfield, R., "Classroom-based Teaching Decisions," In J. Eggleston (ed.), *Teacher Decision-making in the Classroom*, London, 1979, p. 36.

[2]　Ibid., pp. 8 – 37.

[3]　Brubaker, D. L., & Simon, L. H., *Teacher as Decision Maker: Real-life Cases to Home Your People Skills*, New York: SAGE, 1993, p. 57.

识、学科教学法知识、关于学校背景及教师自身特点的知识。① 影响教师参与决策的因素包括校长与教师、教师与教师之间的关系，教学对学生负责的态度，能否及时做出反应等。② 教师进行决策的三个前提条件是：了解教学原则、理论和相关因素以及教学程序本身；能够把上述知识应用于非常规的教学情境之中；为学生提供最佳指导的敬业精神。③

除了内容结构、学习活动、教学设计、课程审议等因素外，教师的教学决策还受到一些内在和外在因素的影响：现有的教学数据（教材等）、适合学生的最佳学习方法、同事的价值观以及所在小区的影响。除此之外，还受到教师的个人经历和职业经验等因素的影响。④ 从教师教学内容组织的角度出发，认为教师在教学内容分析、安排教学内容顺序时，需要考虑教材、课本、课程指导，与学生、社会及学科的相关因素。⑤

在借鉴教师判断和决策的影响因素模型的基础上，有研究者认为，影响专家教师前、中、后教学决策的因素主要包括关于学生的信息、教师个体差异、教师的归因、教学任务、教师判断、教学决策、制度因素的限制七个方面（见图 2 - 5）。

在 200 名数学和英语教师的自愿参与中，研究者选择了 60 位教师进行研究，并对 24 位教师做了访谈，探究了教师内在的信念和价值与课堂情境其他外部影响因素之间的张力，验证了假设模型的六个主题：第一，教师信念和价值观；第二，课堂情境；第三，外部因

① Bennett, C., "The Teachers as Decision Maker Program: An Alternative for Career Change Preservice Teachers," *Journal of Teacher Education*, 1991, 42 (2): 119 - 130.

② Mark, A. S., "Teacher Participation in School Decision Making: Assessing Willingness to Participate," *Educational Evaluation and Policy Analysis*, 1992, 14 (1), 53 - 67.

③ Darling-Hammond, L., & Berry, B., *The Evoluation of Teacher Policy*, Santa Monica: The RAND Corporation, 1988.

④ Kirkwood, T. F., "Teaching about Japan: Global Perspective in Teacher Decision Making, Context and Practice," *Theory and Research in Social Education*, 2002, 30 (1): 88 - 115.

⑤ Gunter, M. A., Estes, T. H., & Schwab, J., *Instruction: A Model Approach*, Boston: Allyn and Bacon, 1999.

素；第四，教师决策原理；第五，评价实践；第六，划分等级。① 研究表明，在教师评价和教师等级划分中，最内隐的内部因素是教师所持有的关于教与学的哲学。另外，研究还发现，教师需要持续不断地在他们关于教育及教学的信念与现实的课堂环境及外部背景之间维持一定的平衡。研究者通过对三所私立学校 5 位 4 岁孩子的教师的观察、访谈，探究了学前教师在形成创造性发展实践中的决策过程。该研究者通过研究形成了早期学前教师决策过程模型。该模型由课堂情境、判断和课程三要素组成。研究发现，教师对课堂情境意义的理解及教师认为对孩子来说什么是好的教育的判断，影响着课程实施的质量。其中教师知识和经验与教师认为对孩子来说什么是好的教育密切相关。②

通过半结构式的访谈收集数据，研究者探究了在复杂决策情境下影响校长决策的因素。研究发现，校长在决策过程中，受到四方面因素的影响：其他人、自己、背景、时间。论断、支持和政治压力也影响着校长的决策过程。另外，校长自己的经验、信念和直觉也扮演着重要的角色。环境因素通过小区期望和社会规范影响着校长决策。③还有研究者探究了语言教育学到底教了什么？如何教的？在课程和教学实施过程中发生了哪些变化？为什么？访谈了教三年级的一位有 5 年教学经验的优秀教师及该教师所教的 19 位学生。收集的数据包括课堂计划、教师设计的后续测试、田野日记、图形组织、录像和教师日记等。研究结果表明，在课程和教学实施过程中所发生的变化，是因为教师考虑到学生动机、他对课堂效率的感受、情绪状态等因素。④

---

① McMillan, J. H., & Nash, S., "*Teacher Classroom Assessment and Grading Practices Decision Making*, Paper presented at the annual meeting of the national council on measurement in education, New Orleans, LA., April 25 – 27, 2000.

② Chen, S. F., *Creating Developmentally Appropriate Curricula : Preschool Teachers' Decision-making Processes*, Paper Presented at the Annual Meeting of the American Educational Research Association, San Diego, CA., 1998.

③ Nolte, W. H., "*Making the Tough Call : Factors That Influence Principal Decision Making*, Doctoral Dissertation, Western Carolina University, 2001. ERIC, 2001.

④ Labbo, L., *Narrative Discourse as Qualitative Inquiry : A Whole Language Teacher's Decision Making Process*, Paper presented at the Annual Qualitative Research Conference, Athens, GA., June, 1995.

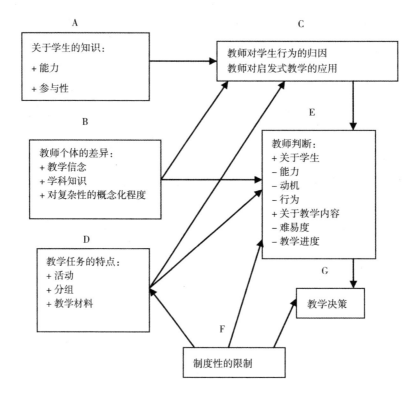

图 2 - 5   Putnam & Duffy 教师判断与决策的影响因素模型

资料来源：Putnam, J. , & Duffy, G. G. , *A Descriptive Study of the Preactive and Interactive Decision Making of an Expert Classroom Teacher*, Paper presented at the Symposium at the National Reading Conference, Austin, TX. , November 30, 1984.

另外，有研究则主要关注教师在不同决策情境中的真实参与程度与期望参与程度，并探究了在印度高等教育机构中教师参与有何不同。研究发现，教师参与决策程度与教师工作满意度、组织目标的实现、角色不清晰和角色冲突等变量有关。通过调查 281 位教师，研究得出，年龄、提名（designation）、教学经验、服务时间等与教师个体相关的变量对大学教师的决策参与程度有着密切的相关性。[1] 也有研

---

[1] Metha, D. , Gardia, A. , & Rathore, H. C. S. , "Teacher participation in the Decision Making Process: Reality and Repercussions in India Higher Education," *Journal of Comparative and International Education*, 2010, 40 (5): 659 – 671.

究者通过质性研究方法，比较分析了第一年环境教育课程中教师的教学决策。在追踪教师参与培训项目的过程中，发现教师在教学决策中的变化来自于培训项目刺激所产生的认知改变。① 还有研究发现，实习教师在实习期间，大学课程中所学的职业责任感对教学实践并没有起到很好的作用。他们更关心校园文化对他们的接纳。研究发现，影响教学决策的因素有实际教学经验、同龄人、个人教学经验和指导教师的关心等，其中并不包括大学课程。② 影响教师决策的因素有：教与学的具体情境、学生的需求和特点、教师信念和教学风格、教学方法、教学内容。③

研究者通过对民族志的研究认为，国家或地方强制执行的课程计划影响着教师的教学计划和教学内容的选择。④ 也有研究者追踪调查了一所公立初中为期 3 年的分享决策（shared DM）实施项目，探究支持、阻碍分析决策的因素及其对学校文化的影响。⑤ 研究发现，促进分析决策的因素包括学校团体中利益相关者的自信程度、可利用的资源情况、对民主规则和程序的创新程度、能否较早和集中地实施项目、校长的支持程度等。而影响分享决策发展的因素包括传统资源的需求、对民主改革的抵制、缺乏小组决策的经验、缺乏学区的支持等。研究结果也表明，分析决策可以改变教师信念和态度、打破权威和隔离之间的界限、产生新领导并能在学校共同体中重新定义领导的内涵。

---

① Winther, A. A., Volk, T. L., & Shrock, S. A., "Teacher Decision Making in the 1st Year of Implementing an Issues-based Environmental Education Program: A Qualitative Study," *The Journal of Environmental Education*, 2010, 33 (3), 27 – 33.

② Nagel, N., & Driscoll, A., *Dilemmas Caused by Discrepancies between What They Learn and What They See: Thinking and Decision-making of Preservice Teachers*, Paper presented at the annual meeting of the American educational research association, San Francisco, CA., April 20 – 24, 1992.

③ Sparks-Langer, G. M., Starko, A. J., Pasch, M., Burke, W., Moody, C. D., & Gardner, T. G., *Teaching as Decision Making: Successful Practice for the Secondary Teacher* (2nd ed.), New Jersey: Merrill Prentice-Hall, 2004.

④ Thomas, T. G., "Teachers' Decision-making about Place-based Education and State testing," *The Rural Educator*, 2005, 26 (3): 19 – 24.

⑤ Johnson, M. J., & Pajares, F., When Shared Decision Making Works: A 3-years Longitudinal Study," *American Educational Research Journal*, 1996, 33 (3): 599 – 627.

　　通过民族志研究，有研究者关注教师在教学决策的过程中，如何通过协商来平衡教师与学生之间的权利。通过质性分析，形成了描述协商的概念体系。研究发现，在成人教育教学决策过程中，缺乏同一的、显性的决策规则。而在某些主题讨论中，学生确实影响着教师的教学决策。① 还有对 14 位教师为期 3 年的研究，探究了小学教师在团队会议（team meeting）中的合作及决策过程。研究者观察了他们在课程计划和团队合作中的会议情况。在其会议期间收集了成员参与程度、关于讨论主题的笔记、决策和行动的一致性等资料。并就以下问题访问了教师对团队教学的感觉、团队的作用、他们在决策中的作用等问题。②

　　不同层次的社会结构，如各类教师团队、专业共同体、教师学习共同体等的建立都是为了促进教师之间的合作。③ 在调查和访谈的基础上，研究认为，不同学科之间的教师有四种交流形式：第一，个人主义的（preserving individualism）：重新协商个体的自主性和个体责任；第二，协调的（coordination）：保证工作的社会组织；第三，合作的（cooperation）：形成共享的目标和信心；第四，分享的：明确教育动机。研究发现，在教师合作模型中，教师教学决策发生在特定的交互性（interaction）教学决策过程中。

　　有经验的教师总是知道在什么时候、该怎样做出变化，才能满足学生的需求。教师教学决策主要关注两个方面：一是该教什么？二是如何教？④ 因此，信息是教师教学决策的关键，而不能仅仅强调赋予教师决策权利。在教学实践中，最好能区分教师的教学决策能力和教师教学决策权利。

---

① Larsson, S., *Initial Encounters in Formal Adult Education: On Decision Making in the Classroom* (ISSN-0282-2156), Goteborg: Department of Education, Goteborg University, 1990.

② Riley, J. F., "*Team Teaching in the Elementary School: A Long-term Qualitative Study of Teacher Planning and Decision Making*," Paper presented at the annual meeting of the mid-south educational research association, Little Rock, AR., November 14-16, 2001.

③ Havnes, A., "Talk, Planning and Decision Making in Interdisciplinary Teacher Teams: A Case Study," *Teachers and Teaching: Theory and Practice*, 2009, 15 (1): 155 – 176.

④ Howell, K. W., & Nolet, V., "*Curriculum-based Evaluation: Teaching and Decision Making*," Australia: Wadsworth, 1999.

事实上，课堂外的权威对教师教学决策的影响并不大，因为没有哪种外部因素能影响教师进行教学决策的根本目的。① 教师教学决策的根本目的是促进学生的发展，即需要在一定程度上把教师从外部的管理中解放出来，使教师掌握课堂教学的每个细节，了解每个学生发展、学习阶段的具体要求，并能对原本应有的课堂状态进行全面的把握。

综上所述，教师教学决策的过程受到各种因素的影响，是动态的、可生成的、可建构的过程。教师教学决策的地位不能仅仅依赖于外在的赋权，更需要教师群体树立教学决策者意识和伦理观念，提供教学决策能力，使教师实现从观望到参与、从被动到主动、从机械到自觉的思想转变，真正成为教学的领导者。② 教师是教学决策的主体。因此教师信念、教师所持的教与学的哲学等因素从根本上影响着教师的教学决策。除此之外，教师经验、教师知识直接决定了教师做出什么样的教学决策。

五　小结

教师教学决策研究是随着 20 世纪初期对有效教学（effective teaching）研究的深入而出现的。20 世纪 80 年代以来，研究者越来越认可"教学是一项复杂的认知活动"这一观点。③ 教师是这一复杂认知活动的主导者。教师教学是在复杂的情境中解决复杂问题的实践活动。因此在教师教学有效性研究中，不能忽视关于教师教学决策的研究。

综上所述，许多学者从不同角度对教师教学决策进行了研究，但这些研究也存在不足之处：

1. 许多关于教师教学决策的研究开始关注教师知识与教师教学决策之间的关系。但其中教师知识主要指教师理论知识及教师教学法

---

① Eggleston, J., "Editorial Introduction: Making Decisions in the Classroom," In J. Eggleston (ed.), *Teacher Decision-making in the Classroom*, London: Routledge & Kegan Paul, 1979, pp. 1 – 7.

② [美] F. 拉里斯、B. 罗斯曼：《动态教师：教育变革的领导者》，侯晶晶译，北京师范大学出版社 2006 年版，第 41 页。

③ Clark, C., & Peterson, P., "Teachers' Thought Processes," In M. Withrock (ed.), *Handbook of Research on Teaching* (3rd ed.), New York: Macmillan, 1986, pp. 255 – 296.

知识，并没有关注教师实践知识与教师教学决策之间的关系。

2. 在研究方法方面，许多学者是在认知心理学研究理念及基础上进行教师教学决策研究的。因此，关于教师教学决策的研究方法主要受到认知心理学研究结果的影响。但是在真实的教育教学情境中，影响教师教学决策过程的因素非常复杂，而教师的教学决策又受到教师实践知识的影响，因此用实验法来探究教师教学决策存在着一定的局限性。

中国新一轮的课程改革对教师角色的转变提出了更高的要求。一方面，教师不能只是课程、教科书或教学大纲的被动执行者，而应在教学设计、实施及评价的过程中不断进行各种选择、判断。另一方面，教学的多样性和变动性要求教师应该是真正的专业人员，是教学决策者而不仅仅是执行者。因此教师教学决策是教师教学活动的重要组成部分。

教育或课程改革的核心是能否更新或重塑教师教学行为。在日常教学实践中，教师教学行为的依据来自于教师实践知识。教师教学决策是教师思维与实践之间的桥梁和纽带，是教师在教学过程中实践知识的体现，并对教师行为起着组织和指导作用。成熟、恰当、实时的教师教学决策是教师日常教学工作专业性的体现，也是其成为研究型、专家型教师的关键所在。

因此，提高教师教学决策的水平是促进教师专业发展及提高教学有效性的重要途径。教师教学决策是教师专业发展和教学研究领域共同关注的问题。因此，提高教师的教学决策能力，不仅能促进教师专业发展，也能提高教师教学效率。教师的教学决策不仅蕴含着教师的智慧和激情，而且包含着责任和使命。教师教学决策对不断促进教师专业发展、更新教师实践知识以及改进教学实践等，都起到了关键性的作用。

第四节　本章小结

传统教育理念认为，一个好老师就是一个大容器，他拥有的知识、信息越多,他就越是一个好老师。① 然而,在新的教育理念下,教师不仅是知识的容器,还是"行为"的缔造者,教师最明显的特点不再是教师的知识容量,而更多地指向教师的行动(action)、表现(conduce)、行为(behavior)。

正如马克斯·范梅南所说:教学是一项复杂的事业,因为教师需要想法设法让学生学会独立思考并对学习保持一种批判性的态度。② 教学又是一项富有冒险精神的事业,为了吸引学生,教师需要在教学活动中展示脆弱的一面,但其结果不是总能够预见和控制的。在任何"真正的教学"时刻,教师都会面临着无数的问题:怎样才能对这个孩子有益?什么对他们不合适?这种情况下教师应该说什么?教师该如何走进教室?教师在不同的情境和场合里该如何调整其语调?教师该如何鼓励学生?教师应该站在教室的哪里、坐在哪里或如何在教室里走动?该建立什么样的说话气氛?教师什么时候该说话?什么时候该保持沉默?教师的手势传达了什么样的信息?在特定的情境中,什么样的教学方法更好?什么样的评价方式更富有教育意义?什么样的经验对这里的孩子是有益的?什么东西对他们不好?这种情况下应该要有什么样的纪律?什么样的期待可能不好?现在该怎么做?当教师在处理这些问题并做出选择时,教师实践知识就在更广阔的背景下发挥着重要的作用。

经验是一个历史的、开放的、不断获得的过程。尽管人的视界和他的经验不断变化和发展着,但是他们绝不会获得无限的理解和完全的知识。因此,真正的经验是有限的,是人自己的历史性的经验。教师实践知识是教师个体有限的经验的积淀和积累。因此这种知识也不是终极性的,可能是正确的,也可能是错误的。由于教师工作的特殊性,教师教学决策在时间上是紧迫的,具有紧张感,其决策的可能选项较少。教师在进行教学决策时,难以在较短的时间内仔细分析、判断。尤其是在课堂教学中,教师大部分的教学决策是在以往教学经验的基础上做出的实

---

① Bobbit, J. J., "The New Technique of Curriculum Making," *The Elementary School Journal*, 1924, 25 (1): 45 – 54.

② [加] 马克斯·范梅南:《教育敏感性和教师行动中的实践知识》,《北京大学教育评论》2008 年第 1 期。

时性的教学决策。

　　研究者提出了教师实践性知识的构想图（见图2－6），并认为教学实践可以被视为人类经验的所有组成部分，其中包括感觉、判断、意愿及行动之间的互动。这些组成因素之间的互动构成了教师的实践知识。关于教师实践知识的生成机制问题，他们认为，教师实践知识是在"知觉、感觉、判断、意愿及行动之间的互动"基础上形成的。如图2－6所示，教师实践知识需要通过教师对行动的决定才能在教学实践中发挥作用。由此可见，教师实践知识的生成是知行统一、知行互动的过程。

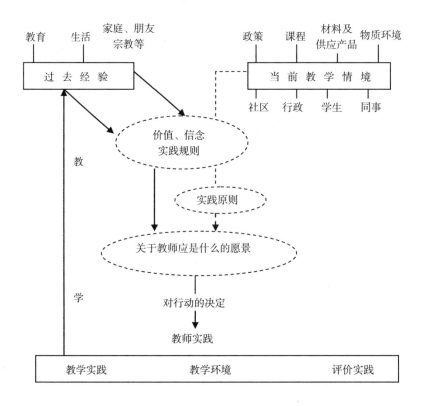

图2－6　Duffee & Aikenhead 教师实践知识构想图

　　资料来源：Duffee, L, & Aikenhead, G., "Curriculum Change, Student Evaluation, and Teacher Practical Knowledge," *Science Education*, 1992, 76（5）：493－506.

在进行教学的过程中，教师不断地整合着自己周围的信息，并对这些信息做出反应，通过自己实时的思考在课堂教学中不断地做出决策。在这个过程中，教师长期的经验积累和学习到的实践知识发挥着主要作用。有研究关注了教师实践知识在教师课堂决定中的角色作用。研究发现，首先在特殊的教育情境中，教师的部分实践知识是具有竞争性和条件性的。其次，在课堂教学中会形成新的教学知识，并使已有的教学实践知识得到更新。①

教师实践知识的结构具有三个层次：实践规则（rule of practice）；实践原则（practical principle）；意象（image）（见图2-7）。②

第一层次：实践规则。实践规则是关于实践中经常遇到的特殊情境下该做什么和如何做的简单的正式陈述。实践规则可以是非常特别的，与课堂上面对冲突时如何处理相联系的。第二层次：实践原则。实践原则是一个颇具包容性和不那么具体的表达方式。相比较而言，隐含在规则中的教师目的表现得更清晰。第三层次：意象。当诸种意象形成的时候，教师的情感、价值、需求和信念被综合起来，并集经验、理论方式、校园故事于一体，赋予意象以实质。这三个层次从实践规则、实践原则到意象体现了由具体到抽象的特点。③

这三个层次涉及教师实践知识的不同结构层面与教师行动的关系。如图2-7所示，教师行动贯穿于教师实践知识的三个层次结构中。从抽象的教师意象到较为具体的教师实践规则，教师的行动都发挥着重要的作用。

由此可见，教师教学决策与教师实践知识密不可分、相互促进。而教师实践知识、教师教学决策是教师专业成长所必备的核心要素，也是教师专业发展研究的重点。教师知识是一个整体，在真实的教育教学情境中，教师总是根据"经验"做出自己认为最合适的反应。在教师知识研究的后期，强调教师知识的情境性，关注在

① Tsang, W. K., "Teachers' Personal Practical Knowledge and Interactive Decisions," *Language Teaching Research*, 2004, 8（2）: 163-198.

② Elbaz, F., *Teacher Thinking: A Study of Practical Knowledge*, London: Croom Helm, 1983.

③ Ibid., pp. 132-134.

具体的教育教学情境中教师"怎么做?"及"为什么这么做"这样的问题，关注教师个体经验及教师教学经验对教师知识形成的影响。具有丰富实践知识的教师一方面有助于其在教学决策过程中考虑到更多的影响因素，对其所面临的教学情境有更全面的认识，会提高教师教学决策效率；另一方面也帮助教师从众多的影响因素中判断出起关键作用的因素，由此保证教师教学决策的质量。

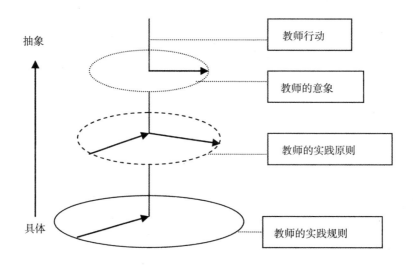

图 2-7 Elbaz 教师实践性知识的结构模型

虽然教师实践知识在日常教学实践中发挥着重要作用，但教师实践知识并不是关于真理的认识，教师个体的实践知识并不能保证其真实性、可靠性和正确性。如果一味固守自己原有的知识和经验，那么在变化的教学情境中，教师反而会受到原有知识、经验的束缚。有目的、有系统地反思有助于提高教师教学决策的意识与能力。与此同时，不断丰富的、正确的、恰当的关于教师教学决策的经验，有利于促进教师实践知识的生成、更新。因此，教师需要不断地通过反思、行动更新教师实践知识，从而对自己原有的知识与经验进行重构。

第三章 文献综述(二)

第一节 教师教学反思

一 教师教学反思的定义、内涵

自 20 世纪 80 年代以来,教师"反思"(reflection)成为教师教育及教师专业发展研究领域迅速兴起的概念,并由此形成了一簇与其相关的概念群,如教师教学反思、教师成为研究者、反思性实践者、反思性教学、批判性反思、教学问题解决、教师教学决定等。

反思是一种思考方式,主要指在处理教育问题(educational matters)时所进行的理性的(rational)判断和选择,并对所做出的选择承担责任。[1] 反思是调节过去的经历、行动、个人理论和公共理论的中介,通过反思重新探索过去的经验,挖掘其中隐藏的价值;反思也是个人知识意义建构的过程。[2] 而教学反思是对教师个人信念、经验、态度、知识、价值、环境的再认识、核对和沉思。[3] 其中反思对教与学赋予意义、对我们所处的环境及关系产生更多的自我意识;从中学习并对未来个人的行动产生影响的过程。[4] 反思是自己和他人对话的过程;是

---

[1] Ross, D. D., "Reflective Teaching: Meaning and Implications for Preservice Teacher Educators," In H. C. Waxman, H. J. Freiberg, J. C. Vaughan & M. Weil (eds.), *Images of Reflective in Teacher Education*, Virginia: Association of Teacher Educators, 1998, pp. 25 – 26.

[2] Solomon, J., "New Thoughts on Teacher Education," *Oxford Review of Education*, 1987, 13 (3): 267 – 274.

[3] Zeichner, K. M., & Liston, D. P., *Reflecting Teaching: An Introduction*, New Jersey: Lawrence Erlbaum Associates Publications, 1996.

[4] Ghaye, A., & Ghaye, K., *Teaching and Learning through Critical Reflective Practice*, London: Falmer Press, 1998.

识别问题、分析问题及情境中关键概念的过程，是通过反思获得新发现，在此基础上改善行动的循环过程。①

反思的本质就是对"理所当然"的假设进行质疑，从不同的视角透视自己的教学实践。② 教师的实践反思是慎重的思考过程；反思是一个耗费时间的事情，且学习的成效和洞见与时间呈正比；反思能够引起认知的增长；反思是一个价值负载的活动，应该引导未来的活动。③反思是寻求谨慎思维过程的运行和原则的一种方式。④

反思是有意识的思考，是当人们遇到不确定的、复杂的、困惑的、惊奇的事情时或在有明确目的时发生的。⑤ 研究者在综述了 20 世纪八九十年代关于批判性反思主要理论的基础上，认为教师反思过程是不断建构的结果，会因事件或经验的变化而变化，各个因素之间是相互依赖且具有优先次序的。⑥ 教师除非使用综合性的审议策略，否则就不可能导致有意义的、连续的概念发展过程。

学者一般从两层意义上使用反思（reflection）这一概念，第一层意义是作为思考经验、思想、感觉或行动的方式或途径；第二层意义是在第一层意义的基础上说明来自经验的创造性意义和概念，及以不同的方式看待问题，这层意义常被称为反思性实践。⑦ 反思性实践具有三个主要的概念取向：反思的内容、如何参与反思的过程、反思的

①   Jay, J. K., & Johnson, K. L., "Capturing Complexity: A Typology of Reflective Practice for Teacher Education," *Teaching and Teacher Education*, 2002, 18 (1): 73 – 85.

②   Loughran, J. H., "Effective Reflective Practice: In Search of Meaning in Learning about Teaching," *Journal of Teacher Education*, 2002, 53 (1): 33 – 43.

③   Wade, R. C., & Rarbrough, D. B., "Portfolios: A Tool for Reflective Thinking in Teacher Education?" *Teaching and Teacher Education*, 1996, 12 (1): 63 – 79.

④   Michael, K., & Richards, B. W., *Through the Looking Glass: Some Criticisms of Reflection*, Paper presented at the annual meeting of American Education Research Association, San Francisco, 18th – 22th. April, 1995.

⑤   Schön, D. A., *The Reflective Practitioner: How Professional Think in Action*, New York: Basic Books, 1983. Deway, J., *How We Think: A Restatement of the Relation of Reflective Thinking to the Educative process*, Boston: Heath, 1933.

⑥   Komf, M., & Bond, W. R., *Through the Looking Glass: Some Criticisms of Reflection*, Paper presented at the annual meeting of the American Educational Research Association, San Francisco, April 18 – 22, 1995.

⑦   Brockbank, A., & McGill, I., *Facilitating Reflective Learning in Higher Education*, London: McGraw-Hill, 2007, pp. 64 – 84.

目的。① 研究者论述了反思性实践实时的（immediate）、技术的（technical）、审议的（deliberative）、辩证的（dialectic）、超个人的（transpersonal）五种取向。② 每种取向所代表的观点不仅仅来源于特殊的社会科学范式，也来自于关于教育的基本理念和价值观。反思实践的这五个方面是相互影响、相互依赖的，为教育实践者和研究者提供了概念框架。

总而言之，教师教学反思是教师在复杂的教学情境中，对教学行为及其背后的理论和结果进行反复的、持续的、周密的思考，从而赋予教师实践以意义，寻求改善实践可能方案的过程。

首先，教师教学反思是在复杂的教学情境中进行的。反思秉持了实践理性的观点，认为追求经济的、标准的技术理性并不能有效地解决纷繁复杂的实践情境中的问题。③ 教师需要对课堂教学实践加以深入的思考，及时发现课堂教学中所存在的问题，并能辨别各种教学现象的本质，增强教师洞悉复杂教学情境的能力。

其次，教师教学反思是围绕教学决策行为展开的。虽然教师课堂教学反思是整合教师的实践、所持有的理论及通过各种管道获得知识的过程，但教师教学反思总是以学校为主要活动场域、以教学活动为主要反思对象、以促进教师实践知识发展为目的的。

再次，教师教学反思是教师有意识的思考活动，是教师慎思的过程。通过教师对教学的反思能够反映出教师的专业自觉程度，并形成教师实践理论。

最后，教师教学反思是生成意义、建构知识的过程。教学实践反思是教师深入理解课程实施和教学行为的的过程，使教师的教学经验不再是独立于教师经验体系之外的固定程序，而是通过教师教学实践反思，使

---

① Grimmett, P., MacKinnon, A., Erickson, G., & Riecken, T., "Reflective Practice in Teacher Education," In R. T. Clift, W. R. Houston & M. Pugach (eds.), *Encouraging Reflective Practice: An Analysis of Issues and Programmes*, New York: Teachers College Press, 1990, pp. 20 - 38.

② Wellington, B., & Austin, P., "*Orientations to Reflective Practice*," *Educational Research*, 1996, 38 (3): 307 -316.

③ Schön, D. A., *The Reflective Practitioner: How Professional Think in Action*, New York: Basic Books, 1983.

教师的各种经历成为有意义的体系，并在教师教学经验积累的基础上，不断完善、发展教师实践知识，成为教学实践的反思者。

近年来，越来越多的学者在探究教师反思的过程中开始关注教师批判性反思在教师教育及教师专业发展中的作用。

伊恩思（Ennis）把批判性反思定义为以决定思考什么和决定做什么为目标的合理的、反思性思考。[①] 批判性反思是有计划的、自主的思考，并是在特定的模式或思考领域内具体化了的较完善的思考。完善思考的具体化与特定的模式或思考领域相匹配。[②] 批判性思考是一种有利于做出合适判断的有技巧的、负责的思考，因为批判性思考首先依赖于标准，其次是自我纠正（self-correcting）的，最后对环境具有敏感性。[③]

由此可见，有研究者把批判性思考几乎等同于理性思考，也有研究者把批判性思考与创造性思考及问题解决相联系。还有研究者在讨论反思性教学概念时，把焦点集中在其对促进课堂教师反思与反思性实践起重要作用的因素上。通过文献综述可以发现，在教师教育中批判性反思实践主要在四个维度上使用：第一，学术的视角：强调对学科的反思和在促进学生理解如何呈现和转化知识方面的反思。第二，社会效率视角：对教学策略方面，既强调其使用技巧也关注其所表达的教育思想。第三，发展主义视角：认为教学对学生兴趣、思考和发展模式具有重要作用。第四，社会建构主义视角：强调对学校制度、社会、政治背景的反思，以及评价课堂行为对教学质量、公平、促进学校和社会人文性方面有何贡献。[④] 除了这四个维度之外，研究者又

---

① Ennis, R., "A Taxonomy of Critical Thinking Dispositions and Abilities," In J. Baron & R. Sternberg (eds.), *Teaching Thinking Skills: Theory and Practice*, New York: Freeman, 1987, pp. 1 – 10.

② Paul. R., "Critical Thinking in North America: A New Theory of Knowledge, Learning and Literacy," *Argumentation*, 1989, (3): 197 – 235.

③ Lipman, N., "Critical Thinking: What Can It Be?" *Analysis Teaching*, 1988, (8): 5 – 12.

④ Zeichner, K. M., "Research on Teacher Thinking and Different Views of Reflective Practice in Teaching and Teacher Education," In Carlgren, I., Handal, G. & Vaage, S. (eds.), *Teachers Minds and Actions: Research on Teachers' Thinking and Practice*, London: Palmer Press, 1994, pp. 9 – 27.

提出了第五个维度，即反思的类属性（generic version）：强调反思具有一般的类的属性。① 教师反思研究及其未来发展方向涉及以下三个主题：声音、普通教师和优秀教师、故事。声音主题被研究者用来说明教师赋权，暗含着教师研究中对教师工作简约化趋势和无视教师本身的教育理论的批判。主题普通教师和优秀教师涉及所谓好的教学中的一种张力，存在于专家教师优异的教学工作和普通教师工作有何特点上，而每一位教师对这份工作都是非常熟悉的。最后，研究者通过故事以权威的方式，包括解释、描述、叙事、自传、测写、对话等方式呈现出教师的工作和经验。②

　　虽然有学者不断地指出教学反思、教师反思性实践等相关概念在使用中存在界定不明确、使用不恰当的问题。③ 就不同学者对教师反思和教师批判性反思的定义分析来看，很难明确地区分两者的不同之处。另外，在教师教学实践中也很难将教师教学反思和教师批判性反思区分开来。在教师的教学反思过程中，其实已经包含了批判性反思的因素，学者们之所以更关注教师批判性反思，更多的是想强调教师反思的批判性特点。也有很多学者以自己的实证研究为依据，认为教师教学反思在教师教育、教师专业发展方面扮演着

---

① Zeichner, K. M., "Conceptions of Reflective Practice in Teaching and Teacher Education," In G. R. Harvard & P. Hodkinson (eds.), *Action and Reflection in Teacher Education*, New Jersey: Ablex Publishing Corporation, 1994, pp. 15 – 34.

② Elbaz, F., "Knowledge and Discourse: The Evolution of Research on Teacher Thinking," In C. Day, M. Pope & P. Denicolo (eds.), *Insights into Teachers' Thinking and Practice*, New York: The Falmer Press, 1990, pp. 15 – 43.

③ Calderhead, J., "Reflective teaching and teacher education," *Teaching and Teacher Education*, 1989, 5 (1): 43 – 51. Sparke-Langer, G., & Colton, A., "Synthesis of Research on Teachers' Reflective Thinking," *Educational Leadership*, 1991, 48 (6): 37 – 44. Eraut, M., "Schön Shock: A Case for Reframing Reflection-in-action," *Teachers and Teaching: Theory and Practice*, 1995, 1 (1): 9 – 22. Hatton, N., & Smith, D., "Reflection in Teacher Education: Towards Definition and Implementation," *Teaching and Teacher Education*, 1995, 11 (1): 33 – 49. Day, C., "Professional Development and Reflective Practice: Purpose, Processes and Partnerships," *Pedagogy, Culture & Society*, 1999, 7 (2): 221 – 233. Griffiths, V., "The Reflective Dimension in Teacher Education," *International Journal of Educational Research*, 2000, 33 (1): 539 – 555.

重要的角色。①

二 教师成为反思性实践者

(一) 杜威 (Dewey): 教师反思性思考

杜威把教师反思性思考 (reflective thinking) 定义为是在脑海中对某一主题进行认真的、持续不断的考虑的过程。反思意味着对个体经验的探究和寻找个体信念所蕴含的意义的相关知识。在此基础上，还区分了反思性思考和缺乏控制的意识流之间的差异，进一步认为反思性思想 (reflective thought) 不仅仅是一系列观念，而是一系列共同的、连续不断的次序 (con-sequence)，在序列中，每个结果的产生都与之前的决定密切相关，且影响着后续的结果。② 反思性思想的连续体 (successive portions) 来源于前者，又影响着后者；反思性思想并不是产生或消失于混乱 (medley) 中的，每一个思想的主题 (term of thought) 都为下一阶段的使用做着准备。这种趋势 (steam or flow) 变成了链条 (train or chain)。在任何反思性思想中，不同因素之间都

---

① Bullough, R. V., "Teacher Education and Teacher Reflectivity," *Jouranl of Teacher Education*, 1989, 40 (2): 15 – 21. Calderhead, J., "The Nature and Growth of Knowledge in Student Teaching," *Teaching and Teacher Education*, 1991, 7 (5 – 6): 531 – 535. Copeland, W. D., Bermingham, C., Cruz, E. D. L., & Lewin, B., "The Reflective Practitioner in Teaching: Toward a Research Agenda," *Teaching and Teacher Education*, 1993, 9 (4): 347 – 359. Craig, C. J., "Reflective Practice in the Professions: Teaching," In N. Lyons (ed.), *Handbook of Reflection and Reflection Inquiry: Mapping a Way of Knowing for Professional Reflective Inquiry*, New York: Springer, 2010, pp. 189 – 214. Dinkelman, T., "An Inquiry into the Development of Critical Reflection on Secondary Student Teachers," *Teaching and Teacher Education*, 1999, 16: 195 – 222. Hagon, L. K., "Reflection and Professional Knowledge: A Conceptual Framework," In C. Day, M. Pope & P. Denicolo (eds.), *Insights into Teachers' Thinking and Practice*, New York: The Palmer Press, 1990, pp. 57 – 71. Korthagen, F. A. J., & Wubbels, T., "Characteristics of Reflective Practitioners: Towards an Operationalization of the Concept of Reflection," *Teachers and Teaching: Theory and Practice*, 1995, 1 (1): 51 – 72. Mackinnon, A. M., & Grunau, H., "Teacher Development and the Struggle for Authenticity: Professional Growth and Restructuring in the Context of Change," In P. P. Grimmett & J. Neufeld (eds.), *Teacher Development and the Struggle for Authenticity: Professional Growth and Restructuring in the Context of Change*, New York: Teachers College Press, 1994, pp. 165 – 192. Lyons, N., "Reflection and Reflective Inquiry: What Future?" In N. Lyons (ed.), *Handbook of Reflection and Reflection Inquiry: Mapping a Way of Knowing for Professional Reflective Inquiry*, New York: Springer, 2010, pp. 571 – 578. Zeichner, K., & Liu, K. Y., "A Critical Analysis of Reflection as a Goal for Teacher Education," In N. Lyons (ed.), *Handbook of Reflection and Reflection Inquiry: Mapping a Way of Knowing for Professional Reflective Inquiry*, New York: Springer, 2010, pp. 67 – 84.

② Dewey, J., *How We Think*, Boston: D. C. Heath, 1910, pp. 3 – 4.

是相互联系的，以便维持这种运动直到结束（common end）。①

由此可见，反思性思考可以被定义为思想的一种优先（preferred）形式，与结构松散的意识流相比，是更加谨慎的、有目的的智力活动。杜威（1929）认为，观念（智识的和理性的过程）是由行动得来的，并因为要使行动有更大的控制力而演变。我们所称为的理性的思想，主要就是指有合乎次序和有效的行动。要进行理性的思想能力的发展，判断能力的发展，却不理会行动方法的选择和安排，这就是我们今日在处理事情方法上的基本谬误。

由此，杜威提出了反思性思维（reflective thinking）的必要性。他认为，逻辑理论与分析是对我们进行反思的一个概括，只有在"思考"（thinking about）对象的意义上，我们才能够对一整套的事物进行反思（reflect）。②不过，只有存在一个有待解决的真问题时，逻辑性或分析性的反思、反省才能发生。反思具有指导教师行动的先见，并能根据结果抓住机会。在此基础上，杜威提出了个体反思的三个特点：思维开放的（open-mindedness）、负责任的（responsibility）、热心的（whole heartedness）。③开放的心态要求教师能听到不同的建议，关注事情的不同侧面，并不断质疑甚至最坚定的信念。责任性要求教师能积极探究事实真相，并能不断地从问题情境中获得信息。全身心投入指教师能克服恐惧和不确定性，在课堂教学中做出有意义的改变，并能批判性地评价自己、学生、学校和社会。在杜威看来，教育的基本目的是说明人们获得反思的习惯，以便他们可以参与智力活动。

对杜威来说，只有当个体面临着一个他/她需要去解决的真问题并且寻求以一种理性的方式去解决那个问题的时候，真正的反思性实践才会发生。然而与杜威日常行动的观念相比，舍恩关于直觉实践或

①　Dewey, J., *How We Think*, Boston: D. C. Heath, 1910, pp. 4 – 5.

②　Deway, J., "*How We Think: A Restatement of the Relation of Reflective Thinking to the Educative Process*, Boston: Heath, 1933.

③　Ibid., pp. 7 – 8.

在行动中学习（knowing-in-action）的概念是通过非思考的方式获得的。① 他认为，教学是一个复杂的过程，在教学过程中，教师是积极的参与者，是形成、解释和改变情形的重要因素。

（二）舍恩（Schön）：在行动中反思、对行动的反思

施瓦布认为，与技术理性操纵的课程理论相比，由学科、学习者、学习环境和教师四个要素组成实践课程更符合现代学校、社会对课程的要求。② 与一般理论的普遍性、系统性不同，实践是具体的、特殊的。要解决课程理论与课程实践之间的落差，就需要发挥折中（eclectic）的艺术进行审议（deliberation）。③ 要想让课程成为实践的课程，就需要熟悉学生的教师在特定的时空背景下选择教材、教学方法，并对各种可能的方案（alternatives）进行深入的反思（serious reflection）。他所强调的对实践情境的分析及诉诸实践者的慎思来解决问题的思路与舍恩反思性实践者的观点有诸多相似之处。

在日常生活中凭借实时反应和直觉采取行动时，我们是以一种独特的方式展现自己的知识的。通常我们说不上来我们知道些什么，当我们尝试去描述时，却发现有时很难用语言表达，或给出的叙述显然和自己脑海中感知到的并不完全相符。④ 我们的认知通常是内隐的，内隐于我们行动的模式中，潜在于我们处理事务的感受里。可以说，我们的认识存在于行动之中。而专业的日常工作则依赖于内隐行动中的认识（knowing-in-action）。在日常实践工作中做出了无数优秀的判断，却无法陈述出恰当的判断原理；他表现出娴熟的技巧，却无法说出其规则和程序。甚至，当他有意识地使用基于研究的理论和技能时，他还必须依赖于那些内隐的认识、判断和熟稔的经验。若一个投球手对"球有某种特别的感觉"，一个指令会让你精确地做出并成功地证实某件事情；至少，你注意到一直以来你做的那件事情是正确

---

① Schön, D. A., *Educating the Reflective Practitioner: Toward a New Design for Teaching and Learning*, San Francisco: Jossey-Bass, 1987.

② Schwab, J. J., "The Practice 3: Translation in to Curriculum," *School Review*, 1973, 501 – 522.

③ Schwab, J. J., "The Practice: The Arts of Eclectic," *School Review*, 1971, 493 – 542.

④ Schön, D. A., *The Reflective Practitioner: How Professional Think in Action*, New York: Basic Books, 1983.

的，并且你的"感觉"允许你再次这样做。他们在反思行动本身（reflecting-on-action），有时，他们在行动中反思（reflecting-in-action）。

一般人与专业实践工作者都常常思考自己的所作所为，有时甚至边想边做。在意外经验的刺激下，他们会将注意力集中到行动上以及行动中所隐含的认识上。他们可能会扪心自问："当我认识到这些时，我注意到哪些特点？我做出判断时，我的判断原则是什么？当我采纳这些技巧时，我采取了哪些程序？我如何确定要解决的问题？"当一个人试图处理令自己困惑、麻烦或有兴趣的问题时，他同时也会对其中隐含的理解进行反映，这些理解被他揭露、批判、重组并融入未来的行动中。行动中反思的整个过程可被称为一种"艺术"，借此，实践者有时能处理好不确定的、不稳定的、独特的与价值冲突的情境。

舍恩认为，反思性实践是思想和行动之间的对话，并提出了行动中反思（reflection-in-action）和对行动的反思（reflection-on-action）两个概念。[1] 对行动的反思是一种事后的再理解，目的是处理最近经历的事件、困难，或者也是更顺利地反思、寻找具有特点的经验。在行动中反思涉及在处理紧急状况时，需要实时反映的心智活动（mental activities）。杜威认为，反思这一概念与一系列的思想或观念的次序有关，导致了一个结构或者是未来行动的过程。[2] 从这一意义上看，似乎更强调为了行动的反思（reflection-for-action）。由此区分了三种不同的反思类型：对行动的反思；行动中的反思；为行动的反思，并认为反思是以结果为目的的，我们进行反思，主要不是为了重温过去，也不是为了对一个人所经历的元认知过程有所认识，而是为了指导将来的行动，这是一个更加实际的目的。[3] 但在教师职业生涯发展过程中，这三种反思性实践的相对重要性会有所变化。对于新手教师

---

① Schön, D. A., *The Reflective Practitioner*: *How Professional Think in Action*, New York: Basic Books, 1983.

② Deway, J., *How We Think*: *A restatement of the Relation of Reflective Thinking to the Educative Process*, Boston: Heath, 1933.

③ Killion, J., & Todnem, G., "A Process for Personal Theory Building," *Education Leadership*, 1991, 48（6）: 14–16.

来说，能够将他们的实践区分开来的最明显的方式就是为实践反思和实践后的反思，而对那些专家型教师而言，则最好通过他们在实践中的反思来观察其反思能力。

舍恩也认为，行动中的反思是专业实践的重心。他解释道，当专业工作者在工作中遇到让他们惊讶的经验时，行动中的反思就发生了。① 不是以直接的方式应用理论和过去的经验，专业工作者使用他们的案例经验知识形成该问题的大致情形，并寻找新的解决方案。在这个过程中，形成了新的在行动中反思的螺旋过程。舍恩强调行动中反思有三个特点：

其一，有意识的：但思想需要用语言表达出来。

其二，批判的：涉及质疑和重建。

其三，实时的：产生立刻的经验和新的行动。②

这些特点并不是相互区别的或分离的，可以根据所遇到的问题将其整合在一起，然而，行动的实时性却是关键。研究者在对其他专业工作者反思进行研究的基础上认为，舍恩从三个维度再度概念化了教学反思：反思是工具化的中介行动（reflection as instrumentally mediating action）；反思是不同教学观点之间的审议（reflection as deliberating among competing views of teaching）；反思是经验的重建（reflection as reconstructing experiences）。③

舍恩把专业工作者的实践知识称为"行动中的知识"（knowledge-in-action），教师的实践知识是教师个体在教育情境互动中所产生的经验的积累和升华，与此同时，经验又影响着教师个人自我建构与教师知识的形成。这类知识只有在其生成的具体情境中才具有深刻的意义。教师实践知识用以处理实时性（improvisation）问题或行动的知识结构，充满了经验的实践导向意味。舍恩发现，教师和学生对于实

---

① Schön, D. A., *The Reflective Practitioner: How Professional Think in Action*, New York: Basic Books, 1983.

② Schön, D. A., *Educating the Reflective Practitioner: Toward a New Design for Teaching and Learning*, San Francisco: Jossey-Bass, 1987.

③ Grimmett, P. P., "A Commentary on Schön's View of Reflection," *Journal of Curriculum & Supervision*, 1989, 5 (1): 19 – 28.

践的反思有助于他们的学习，因此也发展了其教学实践及实践知识。教师参与实践反思的过程不应该被看成是线性的，而应该被视为循环往复的螺旋式过程，其中，反思性实践的每一个要素都以一种变化、发展的交互性过程不断地被纳入进来。①

虽然舍恩关于对行动的反思及行动中反思的论述，在教师反思的研究中被广泛引用，但也有学者对其论述提出了一些质疑。

有研究者指出，舍恩的批判性案例及证据是基于教师参与问题解决的过程，而不是对日常教学实践的分析。教师问题解决过程和对日常教学实践的分析之间的区别被忽略了。还指出，舍恩在论述的过程中，并没有明确地说明时间结构的问题，并认为其所说的反思过程是很难同时发生的。② 由此，研究者还区分了实时性的反应和迅速做出决定、行动之间的差别。前者更多地强调了直觉的方面，是有意识的、立刻的。后者更加强调是一个长期的慎思过程，甚至是一个批判性思考的过程，一般发生在当学生安静地学习时，教师可以决定如何进行干预。③

在对教学和教师教育中反思性实践（reflective practice）的研究进行总结、比较分析的基础上，质疑了反思性实践及其概念使用的混乱性，认为在教学、学习、学校和社会秩序的研究中所使用的反思性教学概念存在巨大差异，并在此基础上认为，尽管反思性实践的概念试图加强教师在学校改革中的地位，但事实上却在这个过程中破坏或限制了教师地位和教师角色。④

舍恩在很大程度上强调了反思的时间性及反思中所隐含的可能性，而杜威更关注反思的目的及追溯性反思。虽然舍恩区别了发生在行动中的反思，并不是一个停止然后思考的过程，而是一个连续的过

---

① Schön, D. A. , *Educating the Reflective Practitioner*: *Toward a New Design for Teaching and Learning*, San Francisco: Jossey-Bass, 1987.

② Eraut, M. , "Schön Shock: A Case for Reframing Reflection-in-action," *Teachers and Teaching*: *Theory and Practice*, 1995, 1（1）: 9 – 22.

③ Ibid.

④ Zeichner, K. M. , "Conceptions of Reflective Practice in Teaching and Teacher Education," In G. R. Harvard & P. Hodkinson（eds.）, *Action and Reflection in Teacher Education*, New Jersey: Ablex Publishing Corporation, 1994, pp. 15 – 34.

程，哪怕是对行动的反思及行动后的反思。然而，行动中反思这一概念对教师来说肯定是发生在课堂教学中的。似乎课堂是一个繁忙的、复杂的环境，而不像建筑师、医生等处于一个安静的环境中，关于课堂教学可能需要更高层次的反思。另外，舍恩并没有意识到反思所涉及的知识范围和由个体带入环境中的东西，正是个体所固有的经验影响、促使教师发展和教师个体观念、视角及实践过程的重组。

(三) 教师教学反思的维度

舍恩把反思分为两个维度：行动中反思和对行动的反思。研究者在舍恩论述的基础上，描述了教师在五个不同的维度上如何进行反思。他们研究指出，教师的反思是在不同的速率水平上行动、观察、分析和计划的循环中进行的。同时需要意识到对于反思性实践而言，每一阶段都是有价值和必要的。① 因此，他们认为，如果教师在整个教学生涯中都能在不同的水平上进行反思，一定能使自己的实践形成系统的理论体系，并在此基础上不断地批判和验证这些理论，与其他理论进行比较并得到不断的修正。他们还认为反思有以下五个维度 (dimensions of reflection)：

第一，快速反应：这种反思多是一种个体的或私人的行为，是教师在课堂教学中的一种，直觉的和本能的反思行为。一个学生向教师提出一个问题，教师本能地决定是否回答或回答到什么程度。尽管这种反思是一种常见的或无意识的教学行为，然而所有的教师在面对这样的情况时都能恰如其分地处理好。

第二，修正：主要指教师在遇到问题时不是马上做出决定，而是稍微思考一下再做决定。在这种情况下，教师会以对过去类似问题的处理经验为依据，结合对当时情境的观察，再调整他们的教学行为。

第三，评论：主要是指教师行动完成之后所发生的行为。评论经常是在个人之间和同事之间。时间可以是在工作期间，也可以是在工作之后。在这个过程中，教师可以思考或探讨一些问题，如特殊学生

① Griffiths, M., & Tann, S., "Using Reflective Practice to Link Personal and Public Theories," *Journal of Education for Teaching*, 1992, 18 (1): 69 - 84.

的进步、学生小组学习和课程发展等问题，由此对教师个体的教师教学产生影响。

第四，研究：处于研究阶段的教师对问题的思考和观察会变得更加系统，会更加关注教学中的一些特殊问题。对某一问题的观察和分析以及根据其结果对行动计划做出修改的过程可能要持续几周或几个月。

第五，更新理论和专题研究：这种反思比其他维度的反思更抽象、更严密。它需要几个月或几年的时间。教师根据一些公开的学术理论进行思考，对自己的理论进行批判性反思。有经验的教师认为，学术研究对于解决他们教学实践中所遇到的实际问题非常有帮助。教师们会感到在实践基础上的反思，能丰富和发展已有的学术理论。通过调查研究，也能使一些问题更理论化和系统化，这有助于教师个体专业发展和教师群体的专业化进程。[1]

教师对每一个维度偶尔进行反思，或仅仅关注某一个方面而忽视其他方面，对教师的个人理论和实践来说，这种反思必将是一种肤浅的反思。[2]

另外也有学者从其他不同的角度对教师反思维度进行了划分。有研究者指出，要培养教师的反思能力，教师教育者必须明确反思的两个维度：一是社会学维度，即反思的内容或范围；二是心理学维度，即反思的品质。[3] 反思的这两个维度可以被用来确定和判断什么是优秀的教学，也可以帮助教师确定他们是否做出了明确的决策。通过对倡导反思型教学的有关文献和教师教育计划进行考察及分析之后，总结出五种模式：技术性反思模式（technical reflection）；行动中反思模式（reflection-in-action）；缜密性反思模式（deliberative reflection）；人格性反思模式（personalistic reflection）；批判性反思模式（critical reflection）。[4]

---

[1]　Griffiths, M., & Tann, S., "Using Reflective Practice to Link Personal and Public Theories," *Journal of Education for Teaching*, 1992, 18（1）: 69 – 84.

[2]　Ibid.

[3]　Valli, L., *Reflective Teacher Education: Cases and Critiques*, Albany: State University of New York Press, 1992.

[4]　Ibid.

范梅南认为，反思性实践者需要经历三个认知阶段的发展：技术合理性水平（technical rationality）；实践行为水平（practical action）；批判性反思水平（cirtical reflection）。还认为教师教学反思应该是由低级水平向高级水平不断发展。[①] 研究者在综合教师的实践理论及对他们的日常教学实际进行观察和研究之后认为，教学反思实践可分为三个层次：常规的教学行为；计划和反思；对教学实践的伦理思考。[②]

通过分析师范生所写的日记，根据教师对教学事件的描述方式以及对事件做出解释的方法和准则，将教师的教学反思水平划分为以下七个维度：

第一，没有描述性的语言，对事件不会解释。

第二，用简单的话对事件进行描述。

第三，用教育学的术语给事件贴上标签。

第四，用传统的、具有个人偏好的语言对事件进行解释。

第五，用似乎合理的教育规律或理论进行解释。

第六，解释时考虑到各种背景因素。

第七，解释时考虑到了道德、伦理、政治等方面的因素。[③]

综上所述，不同学者根据不同的标准对教师反思维度进行了划分。本书为了在收集及分析田野数据、数据过程有更强的操作性，选择将教师反思划分为快速反应、修正、评论、研究、更新理论五个维度。之所以选择这种对教师反思维度的划分，是因为其他学者对教师反思维度的划分过于抽象或过于具体。考虑到本书的三个主要研究问题及搜集资料的方法，教师反思五维度的分类不仅具有一定的概况性，而且不同维度之间的界限较为明确，更便于搜集、分析资料。

三　小结

运用教师教学反思和教学决策的概念框架，有利于在教师教育中促

---

① ［加］马克斯·范梅南：《教学机智——教育智慧的意蕴》，李树英译，教育科学出版社2001年版。

② Handal, G., & Lauvas, P., *Promoting Reflective Thinking: Supervision in Action*, Boston: Open University Press, 1987.

③ Sparke-Langer, G., & Colton, A., "Synthesis of Research on Teachers' Reflective thinking," *Educational Leadership*, 1991, 48（6）: 37–44.

进教师教学的有效性。① 张朝珍审视了教师教学决策的实际运行过程，认为低效或无效的教学决策过程表现在教学决策的经验固化、教学决策异化、教学决策依赖三个方面。② 教师通过参与课程决策，可以更好地理解教育目的、解释教学方案，并能建议使用新的教学方法。③

首先，反思性的教学决策有助于提高教学效率与教学质量。西蒙（Simon）以"有限理性"④ 取代了"全面理性"，用"满意性原则"取代了"最优原则"，⑤ 并认为"有限理性是考虑限制决策者信息处理能力的理论"。因为客观环境是复杂的、不确定的，信息是不完全的，或者说获得信息是有成本的。其实，人的认知能力是有限的，人不可能洞察一切，找到全部备选方案，也不可能把所有参数综合到一个单一的效用函数中，更不可能计算出所有备选方案的实施后果。因此，现实生活中的人是介于完全理性与非理性之间的"有限理性"个体。在教师教学决策中，我们不追求完全理性的分析、选择与判断，而是期望教师能根据具体的教育、教学情境做出当下最合适的、最有效的教学决策。

批判与反思精神使教师得以控制自己的专业以及这一专业运作于其中的环境，并在教师参与学校事务决策权和教师专业发展方面深刻地体现出来。⑥ 教师教学决策的自主性主要体现在对课程目标的介绍以及关照学生方面。⑦ 教师通过反思不断地积累经验，可以

---

① Colton, A., & Sparke-Langer, G., "A Conceptual Framework to Guide the Development of Teacher Reflection and Decision Making," *Journal of Teacher Education*, 1993, 44 (1): 45 - 54.

② 张朝珍：《教师教学决策的认识论根源探析》，《河北师范大学学报》2010 年第 4 期。

③ McNeil, J. D., *Curriculum: A Comprehensive Introduction*, Boston: Harper Collins College Publishers, 1996.

④ Simon, H. A., "A Behavioral Model of Rational Choice," *Quarterly Journal of Economics*, 1955, 69: 99 - 118.

⑤ Simon, H. A., "Rational Choice and the Structure of the Environment," *Psychological Review*, 1956, 63: 129 - 138.

⑥ Bruce, R., *Enpowering Teachers Restructuring Schools for the 21st Century*, Lanham: University Press of America, Inc., 1991.

⑦ 杨明全：《革新的课程实践者——教师参与课程变革研究》，上海科技教育出版社 2003 年版，第 111 页。

更好地确定教学目标、安排教学内容、选择教学方法、进行教学评价，并能在具体的课堂教学中做出实时的、切合的教学决策。"教师在课堂中不断地面临挑战，在意想不到的情景中表现出积极的状态。正是这种在普通事件当中捕捉教育契机的能力和对看似不重要的事情进行转换使之具有教育意义的能力才使得教学的机智得以实现"。① 反思是教师成为研究型、专家型教师教学决策者的关键所在。反思性的教师教学决策不仅蕴含着教师的教学智慧和激情，而且还包含着责任和使命。教师教学决策对不断提高教师教育教学质量、转换教师教学思维方式以及改进教师教学实践等，都起到了关键性的作用。

其次，反思性的教学决策关注教学的复杂性。教师教学决策受人文主义价值取向的影响，教学过程被看作教师与学生互动的过程，是一个不断建构的过程，而不是预先设定好的。教学是教师与学生之间互动的、主动建构意义的一个过程。这一过程所表现出来的最主要的特点就是其复杂性。

教学的复杂性主要体现在以下三个方面。首先，教学主体具有复杂性。教学的主体——教师和学生作为社会的人，在课堂上表现出来的可能不仅仅是教师身份和学生身份。主体双方的不同经历、体验等各种因素都会在课堂教学过程中或隐性，或显性地表现出来。其次，教学内容的复杂性。根据教学目标，不同的教师可能会选择不同的教学内容。另外，对相同的教学内容不同的学生也会有不同的认识、理解和体验。最后，课堂教学环境的复杂性。课堂为教学活动的组织、实施提供了空间和时间。但课堂为教师和学生提供的时间只占教师和学生日常生活的一部分，课堂为教师和学生提供的空间也只占教师和学生社会空间中的一部分。在这个有限的时间和空间中所进行的教学活动，不免会受到外界社会中各种因素的影响。这些因素一方面是课堂教学活动的主要内容，另一方面为课堂教学活动的意义生成创造了无数的可能性。

---

① ［加］马克斯·范梅南：《教学机智——教育智慧的意蕴》，李树英译，教育科学出版社 2001 年版，第 246 页。

这就需要教师在教学过程中，不仅要对教学目标的设定、教学内容的安排、教学方法的选择、教学评价标准的设定等具有理性的决策过程，而且需要教师在具体的课堂教学过程中做出及时的、有效的、直觉性的教学决策。虽然直觉性决策并不能明确地说明判断的过程，对判断方法也缺乏信心，但直觉性决策是一种加工速度极快的、对结果信心百倍的决策。① 直觉分析的任务特点和认知特点与教师在课堂教学中所要面对的复杂的教学基本一致。而教学过程中教学主体、教学内容、教学环境的复杂性，为教师的直觉判断提供了适切的环境。教育、教学的真正价值在于体味教育的情境性、复杂性、教育对人心灵的启发、教师与学生的情感共鸣等。

综上所述，在教学情境中，教师面对教学的复杂性，通过反思不仅有助于他们做出恰当的、实时的教学决策，而且有助于使教师教学决策经验转化为教师实践知识。除此之外，在教师实践知识与教师教学决策互动的过程中，教师反思更是发挥了重要的桥梁作用。

第二节 教师教学反思、行动的桥梁作用

一 教师教学反思有利于促进教师实践知识的生成发展

（一）教师教学反思有助于教师学习如何教学，是教师实践知识生成的基础

从学生教师（student teacher）经过教育实习（practicum）到走进教室成为一名在职教师的过程，也是教师不断学习如何教学的过程。从教师学习的角度出发，教师实践知识的获得主要有以下三种模式：一是直接学习；二是中介学习（mediated learning）；三是无声的学习（tacit learning）。② 教师学习如何教学是一个复杂的和多维度的过程，

---

① Hammond, K. R., *Human Judgment and Social Policy: Irreducible Uncertainty, Inevitable Error, Unavoidable Injustice*, New York: Oxford University Press, 1996.

② Sternberg, R. J., & Caruso, R., "Practical Modes of Knowing," In E. Eisner (ed.), *Learning and Teaching: The Ways of Knowing*, Chicago: University of Chicago Press, 1985, pp. 133 – 158.

研究者通过与一位职前教师和教师教育者（teacher educator）为期 2 年的合作，追踪研究了职前教师的发展和成长过程，该研究向我们揭示出教师学习教学的过程是复杂的，并且帮助职前教师成为一位真正教师的过程也受到多种因素的影响。①

教师学习如何教学是教师在职期间的一种主动的学习经历，在一定程度上具有成人学习的特点。有研究者就明确提出成人学习的关键在于反思，并分析了反思在教师学习和改变过程中的可能性及局限性。② 研究者通过对 7 位教龄在 1—2 年的小学教师进行了为期 2 年的合作研究，进一步探究了反思在教师信念和实践中的作用及变化状况。其研究发现，反思使得教师能够持续地进行学习，且教师学习是在以下三种情形下发生的：第一，当个人能够与他们所持有的观点进行反思性的思考时；第二，在困惑的、复杂的和模糊的情境中当个人能够通过提问和推理的方式对所面对的情境赋予意义时；第三，当有冲突发生个体试图批判性地对情境进行总体评估和证明自己的现场理论时。该实证研究还发现，反思性教师经常引导自己的学习过程，对学习具有责任感，而且具有很强的自我意识。③ 赵昌木通过对 200 位教师的调查发现，在"讲完课后，根据教学效果，不断审视，修正自己的教案"问题上，优秀教师和一般教师存在着显著性差异。也就是说，优秀教师比一般教师更多地在课后反思自己的教学理念与实践，并在课堂教学过程中实践反思的结果。④

研究者以哈贝马斯（Harbermas）关于反思的论述为依据，⑤ 从技术的、慎思的和批判的三个维度分析了教师教学反思对教师学习的作用：

① Freese, A. R., "Reframing One's Teaching: Discovering Our Teacher Selves through Reflection and Inquiry," *Teaching and Teacher Education*, 2006, 22 (1): 100 – 119.

② Day, C., *Developing Teachers: The Challenges of Lifelong Learning*, London: Falmer Press, 1999.

③ Korthagen, F., & Wubbels, T., "Leaning form practice," In F. Korthagen, J. B. Koster, Lagerwerf & T. Wubbels (eds.), *Linking Practice and Theory: The Pedagogy Of Realistic teacher Education*, New Jersey: Lawrener Erlbaum Associates Publications, 2001, pp. 32 – 50.

④ 赵昌木：《教师成长：实践知识和智能的形成及发展》，《教育研究》2004 年第 5 期。

⑤ Habermas. J., *Knowledge and Human Interests*, Boston: Beacon Press, 1972.

1. 使教师分析、讨论、评价和改善他们的实践,用分析的眼光看待教学。

2. 使教师认识到教学处于社会、政治环境中,有助于教师分析和判断他们工作的社会和政治环境。

3. 有助于教师分析隐含在教学中的道德话题和理论话题,包括批判性地分析他们的教学信念。

4. 鼓励教师对自己的专业成长负责,有助于教师获得更多的专业自主权。

5. 有助于教师发展自己的实践性理论,发展教师教学工作的主导性原则。

6. 有助于教师赋权,使教师对教育的未来发展有更大的影响力,并在教育决策过程中扮演更加积极的角色。

7. 有助于教师成为知识建构者,从而能较顺利地建立专业自尊及专业意识。

8. 有助于教师个体经验及实践知识的系统化整理,有利于教师实践知识的保存、分享、创新和传播,提升教师个体知识的应用价值。[1]

由此可见,教师的教学反思无论是从技术的、慎思的,还是批判的视角分析,在教师学习过程中都扮演着重要的角色。而教师的学习结果一般体现在教师课堂教学中的表现及学生的学习成就上。一位"好"教师一方面在课堂上能游刃有余,将教学内容娓娓道来,合理安排教学时间,选择有效的教学方法,做出正确、及时的评价,营造充满活力的课堂氛围,充分发挥教师在课堂教学中的主导作用。另一方面能充分了解学生的身心发展特点及具体教学情境中学生的特色,还能最大限度地照顾到不同学生的学习差异,为学生学习提供合适的机会和条件,充分发挥学生在课堂教学中的主体作用。

反思性教师把教学和学习看成是一个不确定的过程。[2] 他们经常

---

[1] Calderhead, J., & Gates, P., *Conceptualizing Reflection in Teacher Education*, Washington, D. C.: The Falmer Press, 1993.

[2] Henderson, J. G., *Reflective Teaching*: *Becoming an Inquiring Educator*, New York: Macmillan Publishing Company, 1992, pp. 1 – 26.

以创造性的方式理解复杂的学习问题，而不是依赖于那些技术的程序。反思需要教师以丰富的知识为基础，但这类知识是个人化的、自我建构的、不断发展的。教师过去经验和个人目的在建构教师个人知识过程中起着重要的作用。学校和课堂被认为是教师教学活动的主要场域，也是教师在合作、质疑和丰富实践理论过程中最有效地获得知识的来源。① 反思的过程是思想和行动、理论和实践之间对话的过程。② 教师通过对学校和课堂教学进行反思的方式整合理论和实践知识。新的理解、观念总是产生于期待与反思探究的过程中。③ 舍恩从教师专业发展的角度明确指出教师的发展和学习需要通过不断的反思和对实践专业的探究，在明确问题和解决问题的过程中加以开展。④

从教师实践知识的功能角度考虑，教师在与不同环境互动的过程中总是需要各种知识的，为了满足实践和具体教学情境的要求，这种知识便会转换为对教学具有指导意义的实践知识。当教师反思其在这种情景下该怎么做时，教师实践知识的功能就是指导实践。⑤ 实践知识是一种由下而上形成的认知形式，即意味着如果教师刚开始从事教学工作，他们可能需要一位教学导师（tutor，mentor）去指导他们该怎么做，在这个过程中他们会积累教学经验，而教师的实践知识正是从这些帮助和经验中产生的。⑥ 如果没有实践经验，教师可以从理论上解决问题但会经常发现，这种问题的解决对他们的课堂教学实践的帮助是很小的。教师学习如何教学的过程就是教师不断观察、模仿优

---

① Cochran-Smith, M., & Lytle, S. L., "Relationship of Knowledge and Practice: Teacher Learning in Communities," *Review of Research in Education*, 1999, 24: 249－305.

② Pedretti, E., "Facilitating Action Research in Science, Technology and Society Education: An Experience in Reflective Practice," *Educational Action Research*, 1960 (4), 307－327.

③ Deway, J., *Experience and Education*, New York: MacMillan, 1929.

④ Schön, D. A., *The Reflective Practitioner: How Professional Think in Action*, New York: Basic Books, 1983. Schön, D. A., *Educating the Reflective Practitioner: Toward a New Design for Teaching and Learning*, San Francisco: Jossey-Bass, 1987.

⑤ Gholami, K., & Husu, J., "How Do Teachers Reason about Their Practice? Representing the Epistemic Nature of Teachers' Practical Knowledge," *Teaching and Teacher Education: An International Journal of Research and Studies*, 2010, 26 (8): 1520－1529.

⑥ Gerber, R., & Wells, K., "*Using Practical Knowledge to Promote Working together in Australian Society*," Paper presented at the post-compulsory education and training conference : volume one. Gold Coast, Australia, December, 2000, pp. 82－87.

秀教师、调整自己教学行为、积累教学经验的过程,在此过程中,教师不断生成实践知识,并根据具体教育情境不断调整、完善教师实践知识。如果没有教师学习及积极的反思,就会阻碍教师实践知识的发展,其自身也很难成长为优秀的教师。

(二)教师教学反思有助于教师积累教学经验,是生成教师实践知识的主要来源

教学具有复杂性、不确定性、情境性,就像舍恩所说的是一片"沼泽地"(swampy lowland),[1] 在课堂教学场域中教师所面临的问题大部分时候是不明确的,且伴随着复杂的内、外部环境因素。在具体的每节课堂中教育理论并不能作为普遍的"真理"来解决教学中所产生的具体问题。教师实践中具有巨大的可以挖掘的价值,而挖掘这种价值的主要工具就是反思,[2] 正是教师个体对自己教学实践的不断反思,使教师日常教学经验不断得到积累和提升,从而促进了教师实践知识的发展。

教师反思的一个重要特征就是必须把教师的经验作为反思的背景。[3] 教师教学反思的本质是发展、积累教师经验的活动,是从经验中学习的活动。[4] 这类活动可以从两个维度,即过去、未来的时间维度和理论、实践的归属维度来分析。在归属维度上,教师的教学实践反思起始于过去的实践情境,但却要着眼于未来的改善。教师反思以动态的形式,把过去、现在和未来联系在一起。[5] 研究表明,专家教师在处理课程的变化以及教室中的异常状况时之所以比新手教师更成功,一是因为很多惯例和内容就像自动脚本一样保存在专业教师的记忆中;二是因为他们丰富的经验、图式允许其迅速地按图索骥,采用

---

① Schön, D. A., *The Reflective Practitioner*: *How Professional Think in Action*, New York: Basic Books, 1983.

② 陈惠邦:《教师行动研究》,台北师大书苑 1998 年版。

③ Rodgers, C. R., "Seeing Student Learning: Teacher Change and the Role of Reflection," *Harvard Educational Review*, 2002, 72 (2): 230 – 253.

④ Calderhead, J., & Gates, P., *Conceptualizing Reflection in Teacher Education*, Washington, D. C.: The Falmer Press, 1993, pp. 8 – 9.

⑤ Michael, K., & Richards, B. W., *Through the Looking Galss*: *Some Criticisms of Reflection*, Paper presented at the annual meeting of American Education Research Association, San Francisco, 18th – 22th. April, 1995.

合适的策略。① 这里所说的图式是不断建构起来的，教师的反思性教学可以说明教师加速形成教师实践知识，并起到不断完善已有图式的作用。哈格瑞斯（Hargreaves）和弗兰（Fullan）也指出，教师通过对自己、他人教学实践的不断反思，从而获得教师个体的成长。②

教师正是在教学经验不断积累的基础上，从新手教师成长为专家教师的，范梅南（van Manen）指出，成长为专家型教师需要经历三个不同的反思性实践阶段。③ 第一阶段与在课堂环境中有效利用技术、技巧有关。在这一层次上，反思仅仅需要在教室中合适地选择与利用一些诸如教学策略、教学方法等。第二阶段包括对课堂实践中的特殊因素、假设及一些特殊策略、课程实施后的结果进行反思。换言之，在这一层次上教师开始在教育实践中运用一些教育标准、教育理论对教育事件（pedagogical matters）做出独立的个人决定。第三阶段的反思有时也被称为批判性反思，要求对直接或间接与课堂相关的道德、伦理以及其他类型的常规标准进行质疑。处于这一层次的教师不仅需要做出对他们班级中的学生长远利益发展有利的决定，还需要为社会、学校的发展做出贡献。教师实践反思是行动导向的，是为了在课堂教学中做出更好的专业判断，更有效的教学设计等。④ 教师通过反思可以重新清楚地界定问题，并以行动的改变和心理倾向的改变为基础。这是一个不断发现问题、不断解决问题的螺旋上升的循环过程。⑤

反思是教师建构指导实际行动的意义和生成知识的方式。⑥ 因为在教学情境中，知识常常不能以直线性的方式反映出来，而必须依赖

---

① Sparke-Langer, G. , & Colton, A. , "Synthesis of Research on Teachers' Reflective thinking," *Educational Leadership*, 1991, 48 (6): 37 – 44.

② Hargreaves, A. , & Fullan, M. G. , *Understanding Teacher Development*, New York: Teachers College Press, 1992.

③ Van Manen, J. , "Linking Ways of Knowing with Ways of Being Practical, *Curriculum Inquiry*, 1977, (6): 205 – 208.

④ Ghaye, A. , & Ghaye, K. , *Teaching and Learning through Critical Reflective Practice*, London: Falmer Press, 1998, p. 21.

⑤ Jay, J. K. , & Johnson, K. L. , "Capturing Complexity: A Typology of Reflective Practice for Teacher Education," *Teaching and Teacher Education*, 2002, 18 (1): 73 – 85.

⑥ Schön, D. A. , "*The Reflective Practitioner: How Professional Think in Action*," New York: Basic Books, 1983.

知识的转换和创造。教师实践知识具有高度的情境取向，因为它来源于各种特定的情境之中。马克斯·范梅南指出，教师实践性知识"是"对教师的感觉，是对作为一名教师的感情，是对学生的察觉性理解，是对所教事情的感知性把握以及对学校、走廊、办公室及教师世界的情绪。[1] 教师的"实践性知识"是依存于有限语脉中的一种经验性知识，同研究者所拥有的理论知识相比，尽管缺乏严密性与普遍性，但其具有生动性，是功能性的、弹性的，这种"实践性知识"可以拥有借助重新发现或重新解释既知事件所获得的"审议的知识"（deliberative knowledge）特征，并以案例知识（case knowledge）的方式加以延续和传承。教师的"实践性知识"具有个性，是以每个教师的个人经验为基础的。因此，为了提高教师的"实践性知识"，仅仅进行知识的相互交流是不够的，必须保障相互共享实践经验的机会。[2]

教师实践知识是教师以其个人的价值、信念统整其所有专业理论知识，并且按照实践情境为导向的知识。[3] 康奈利和克兰迪宁明确指出，教师实践知识不是客观独立的，不是交互式地习得或传递的东西，而是教师经验的综合。它存在于教师以往的经验、现时的身心、未来的计划和行动中，贯穿于教师实践的全过程，有助于教师把握现在、重构过去和未来。[4] 教师教学经验为教师实践知识生成、发展提供了资源，教师通过不断的反思，在日常教学中积累丰富的教学经验，这些教学经验在教学实践中不断获得教师的认同，转化为一种教师认为可信的，能有效解决课堂教学问题、处理课堂教学事件、做出教学决定的实践性知识。教师的教学经验越丰富，为教师实践知识的发展提供的资源就越多，也越有利于教师实践知识的生成、发展。

---

① ［加］马克斯·范梅南：《教育敏感性和教师行动中的实践知识》，《北京大学教育评论》2008 年第 1 期。

② ［日］佐藤学：《课程与教师》，钟启泉译，教育科学出版社 2003 年版。

③ Elbaz, F. , "The Teacher's 'Practical Knowledge': Report of a Case Study," *Curriculum Inquiry*, 1981, 11（1）: 43 – 71.

④ Connelly, F. M. , & Clandinin, D. J. , *Teachers as Curriculum Planners: Narratives of Experience*, New York: Teachers College, 1988, pp. 2 – 14.

二　教师教学反思有利于提高教师教学决策质量

（一）教师教学反思有助于提高教师教学决策的能力

教师是课堂教学活动的主导者，对教学活动持有最后的决定权，好的教学有赖于高质量的教学决定。为提升教学效能，教师必须反思教学中所发生的事，以批判和分析的观点正确察觉各种可行的途径，并做出合理、有意义的决定，以改进教学。[①]

研究者在对 60 位成年人进行研究的基础上，认为反思判断是最高的推理形式。批判性思考是关于问题情形的思考，其中包括该相信什么、思考者计划如何行动、是否能够体现出优秀思考者特定的、合理的判断。[②] 并提出了批判性思考的三个维度：首先强调了处理任务、问题及问题情境的批判性挑战，为批判性思考提供了动力和背景。其次是与背景知识和批判属性相关的智力资源（intellectual resources）。最后涉及与对特殊批判性挑战相关的批判性思想。[③] 批判性思考是通过做出正确选择的方式来响应特殊状况的挑战。教师在教学中需要做出三种类型的决定：第一，与教育结果相关的决定（教育经验的目标与结果）；第二，与教育内容相关的决定（教什么？能够教什么？应该教什么？）；第三，与教育方式相关的决定（教学应该如何展开）。[④]

成功的或有效的教师特点是为了实现与学生学习相关的一系列预期的目标，能够持续地做出合理或适合的决策。[⑤] 教师的基本教学技巧是决策，优秀教师和一般教师的区别不在于提问和讲述的能力，而

① 林进材：《教师教学反思——理论、研究与应用》，高雄复文图书出版社 1997 年版。

② Kitchener, K. S., & King, P. M., "Refelective Judgement: Concepts of Justification and Their Relationship to Age and Education," *Journal of Applied Develelopmental Psychololgy*, 1981, (2): 89 – 116.

③ Bailin, S., Case. R., Coombs, J., & Daniels, L., *Operaitionalizing Critical Thinking: A Curriculum, Instruction and Assessment Model*," Paper presented at the Canadian Learned Societies Annual Conference, University of Alberta, 1994.

④ Fitzgibbons, R., *Making Educational Decisions: An Introduction to Philosophy of Education*, Orlando: FL: Harcourt Brace, 1981.

⑤ Eggleston, J., "Teacher Decision Making in the Classroom," *European Journal of Education*, 1979, 14 (3): 273 – 276.

在于知道何时提出一个问题的能力。① "感知的本质就是具有选择性。"② 教师的这种感知能力是教师在教学实践中长期反思的结果。

反思性教师首先是一个能够理性、有意识地做出决定的决策者。其次，反思性教师必须把其决定与判断建立在坚实的知识基础上，其中包括教师的实践知识、技术知识和内容知识。③ 为了做出教学决定，反思性/分析型的教师必须拥有大量的知识：关于教学内容、教学法与理论选择、个体学生的特征、教室的具体限制、他们工作所在的学校与社会的知识等，并在此基础上做好合理的、实时的判断。

反思性教师勇于承担决定的责任，并能经常反思他们行为的结果。反思性教师是专家型的教师，他们经常以不同的方式处理教学实践。你可以在课堂上找到他们与众不同之处。教师重要的决策是在教师教学的同时做出的，在很多情况下，这些决策主要是在经验基础上以一种自发的、直觉的方式产生。④ 尽管反思是一位有效决策型教师身上很有价值的质量，而且这种反思是建立在对事件的偶然观察、不成系统的记忆基础上的。但如果教师能在此基础上进行有意识的观察，形成系统的实践知识，那么教师反思的价值将得到进一步的提升。⑤

反思性教师在决策时会受到学校环境（collegial environment）中各种因素的影响，如效率（efficacy）、社会责任（social responsibility）、灵活性（flexibility）、意识（consciousness）。⑥ 教师教学决策的过程是教师的教学计划、教学实施、教师评价行动与教学内容、学生

---

① Shavelson, R. J., "What is the Basic Teaching Skill: Decision Making," *Journal of Teacher Education*, 1973, (14): 141–151.

② ［美］斯科特·普劳斯：《决策与判断》，施俊琦、王星译，人民邮电出版社2004年版。

③ Reagan, T. G., Charles, W. C., & Brubacher, J. W.：《成为反思性教师》，沈文钦译，中国轻工业出版社2005年版。

④ Schön, D. A., *The Reflective Practitioner: How Professional Think in Action*, New York: Basic Books, 1983, pp. 46–49.

⑤ Lederman, N. G., & Niess, M. L., "Action Research: Our Actions May Speak Louder than Our Words," *School Science and Mathematics*, 1997, 97 (8): 397–399.

⑥ Colton, A., & Sparke-Langer, G., "A Conceptual Framework to Guide the Development of Teacher Reflection and Decision Making," *Journal of Teacher Education*, 1993, 44 (1): 45–54.

状况、教学背景、先前经验、教师个人观点、价值等因素相关的教师专业知识的相互作用，进行知识建构和意义生成的过程。教师在成为反思性决策者的过程中需要经历以下几个阶段：学徒阶段（cognitive apprenticeship）；处理人际关系阶段（interpersonal skills）；合作问题解决阶段（collaborative problem solving）；合作教学和监管阶段（coaching and supervision），但教师作为反思性决策者是一个内在思想丰富的人，可以积极地分析情形、设定目标、进行计划并展开行动、评价结果及反思自己的专业思考，会时刻考虑到自己的决策对学生所造成的实时的、长期的影响，以及自己的决策是否符合教学伦理及主流道德规范的要求。而且教师成长为反思性决策者的这几个阶段，在真实的教育教学情境中，并不是严格按照作者所说的次序进行的，有可能是几个方面在同一时期得到发展，也有可能会跃过某个阶段。

教师实践反思是聚焦于实际问题的；是不断询问"应该是什么"的道德问题；是行动取向的；是寻求多元视角和行动方案的；是考虑已经采取和即将采取方案的可能或现实的后果的；是一个螺旋的而非线性的过程；是切合特殊背景需求的。[1] 学校中、课堂上教师们各种各样的决策不仅影响着学生的学习成就，而且潜移默化地影响着学生的学习风格、对学习的情感、态度及价值观等。一位专业教师在做出每一个教学决策前都应该深思熟虑，并在自己决策实施过程中及实施之后进行不断反思，反思在相似的情况下该如何做出正确的决策。范梅南把这种情况表述为日常课堂上以积极的、流动的过程为特点的实时性的反思意识（immediate reflective awareness），并把这种及时的反应称为行动智慧（tactful action），并认为其与教师感知、洞见（insight）有关。[2]

教师教学决策的过程受到各种因素的影响，是动态的、可生成的、可建构的过程。教师教学决策的地位不能仅仅依赖于外在的赋权，更需要教师群体树立教学决策者意识和伦理观念，提供教学决策

---

① Hannay, L. M., "Strategies for Facilitating Reflective Practice: The Role of Staff Developers," *Journal of Staff Development*, 1994, 15 (3): 22 - 26.

② Van Manen, J., "On the Epistemology of Reflective Practice," *Teachers and Teaching: Theory and Practice*, 1995, 1 (1): 33 - 50.

能力,使教师实现从观望到参与、从被动到主动、从机械到自觉的思想转变,真正成为教学的领导者。① 因为具有敏锐洞察力的、反思性的教师往往能够做出及时、果断的决策,并进行适当的调适,而且这种洞察力又能促成及时的反思。

那么,在课堂教学中,一个专业的决策者和一个新手决策者之间到底有什么不同呢?面对教育外界因素的影响及教育内部因素的变化,专业的决策者和新手决策者会有什么不同的表现呢?反思在教师教学决策中到底扮演了一个什么角色?研究者使用内容分析法,分析了访谈录像、课堂录像、刺激响应访谈、课后访谈、延迟自我报告(delayed self-reports)等具体的研究方法,考察了专家教师和新手教师在课堂教学决策中的异同。② 研究表明,专家教师在备课时显示出较多的自主性,尽管他们也按照课程大纲来设计自己的教学,但他们会根据学生的需要和自己的目标做出调整。换言之,在教学前的备课过程中,新手教师倾向于根据权威设定的规则和指南行事,而专家教师却依靠自己的判断行使自主权。反思因素是新手教师和专家教师在教学决策过程中最重要的差别。正因为新手教师缺乏反思,才不能像专家教师那样在教学目标和教学之间形成良性的循环、互动。

教学过程是动态的、复杂的,充满了挑战和突发状况。教师的教学决策是一个复杂的、非线性的过程,课程方案只是一种理想化的课程设想,在具体的课程实施过程中,需要不断补充与修正,一个真正好的教学决策者不仅需要有计划的、系统的教学决策,也需要实时的、灵活的直觉性教学决策。其中,反思是促进教师教学决策能力和教师直觉性决策能力发展的重要途径之一。

(二)反思有助于促进教师的直觉性教学决策能力

当一个教师做出决定的时候,这绝不仅仅是采取一个行动或者按照某种特定方式去行动这么简单。决策的过程应该是理性的,这意味着教师(有意识或无意识地)要考虑与权衡不同的选择,并采用一

---

① [美] F. 拉里斯、B. 罗斯曼:《动态教师:教育变革的领导者》,侯晶晶译,北京师范大学出版社 2006 年版。

② Westerman, D. A., "Expert and Notice Teacher Decision Making," *Journal of Teacher Education*, 1991, 42 (4), 292–305.

定的标准去遴选可供挑选的决定与行动。① 然而，很多关于教师交互式决策的研究表明，决策更多的是一种反应而不是一种反思，更多的是直觉而不是理性，更多的是理性地例行公事而不是自觉意识。

对文献数据的研究表明，教育决策过程既是直觉的又是系统的。② 似乎这两个方面是互相矛盾的，每个方面都具有其特点。直觉思维与整体性（holistic）和创造性（creative）有关，而系统性方法具有理论基础和准确性（accuracy）的优势。然而，直觉性决策的优势在于调和了直觉性决策中的错误（evidence of errors）。出现这种情况的原因有三：受限于自己的认知（self-deception）、信息处理过程中的错误（heuristic simplification）、社会互动方式（social interactive）。一般在复杂的情形中会使用直觉性决策，在这种情况下大量的信息通过启发式思考（heuristic thinking）被简单化处理了（simplified）或被限定了（delimit）了，有时候决策者仅仅是忽视了一些数据。而新手教师在分析教学活动的策略时，需要关注他们的缄默知识和直觉行为（intuitive behaviour），因为在新手教师的反思写作中常常体现出这两方面的因素。③

邹顺宏在分析各种直觉定义的基础上将其划分为以下几类：第一类是本能直觉，也称原始直觉，它根源于生物遗传，是人类在漫长的进化过程中通过种群基因库的信息积累而代代相传的。第二类是生活直觉，它是人们在后天的社会化过程中基于生活环境及其经验积累的、非理性的思维形式。它具有当下性、个别性、情境性等特点，介于本能与理智之间。第三类是科学直觉，它是理性与非理性的交融，是逻辑思维中非逻辑的跳跃与质变；它以逻辑为基础又超越于逻辑思维之上；它既是逻辑的中断，又是更高级逻辑的发展台阶。④ 直觉性决策也叫全面的（holistic）和非补偿性决策（non-compensatory），具

① Reagan, T. G., Charles, W. C., & Brubacher, J. W.：《成为反思性教师》，沈文钦译，中国轻工业出版社 2005 年版。

② Klein, J., & Weiss, I., "Towards an Integration of Intuitive and Systematic Decision Making in Education," *Journal of Educational Administration*, 2007, 45 (3): 265-277.

③ Spilková, V., "Professional Development fo Teachers and Student Teachers through Reflection on Practice," *European Journal of Teacher Education*, 2010, 24 (1): 59-65.

④ 邹顺宏：《直觉思维探析》，《哈尔滨学院学报》2004 年第 3 期。

有灵活性 (flexibility)、可理解性 (comprehensiveness) 和创造性 (creativity),不会受到规定的解决程序的限制,并能对不确定 (unconventional) 的情形及时做出反应。因为这种决策在潜意识记忆中处理信息,有利于解决信息密集型问题。[①]

直觉不同于其他思维:直觉是不需要分析的思维;直觉会产生不同于分析的结果;直觉不同于日常生活中的思维;直觉不会犯错误;直觉是一种还没得到充分开发的对解决方案的感觉;直觉是一种确定感。直觉是个体处理相似任务所表现出来的特点:直觉来得既快又容易;直觉是一种认知方式;直觉是认知的专家模式;直觉是习惯性或自动化的思维;直觉产生于运用符号规则的复杂系统;直觉是一种非符号性思维;直觉涉及功能性推理。[②] 有研究者认为,直觉是获得一种可能的或暂时的理论而无需经过逐步的逻辑推理的智力技能,而这种理论在经过逻辑推理的研究后一般都是正确和有效的。[③]

教师教学决策使教师在教学过程中根据自己的“感觉”及学生的反应,在课堂教学过程中及时地做出调整。教学活动的动态性 (dynamics) 要求教师在一定情况下处理复杂的教育难题。一些是通过直觉的方式决策的而另一些是通过系统的程序做出决策的。

John (2000) 的研究揭示了教师直觉使用的丰富性和复杂性。不管新手教师是否意识到了引发直觉的线索及对当时情境的敏感性,这种情况还是经常被他们称为跟着“感觉”走。正是这种对教学的“感觉”帮助教师做出实时性、直觉性的教学决定。[④] 直觉性的决定即是不假思索、自然发生或立即式的决定,可能属于非理性或超理性的行为,二者之间的差异在于前者是粗略的自卫式反射性行为,或者

① Klein, J., & Weiss, I., "Towards an Integration of Intuitive and Systematic Decision Making in Education," *Journal of Educational Administration*, 2007, 45 (3): 265 – 277.

② Abernathy, C. M., & Hamm, R. M., *Surgical Intuition: What It Is and How to Get It*, Philadelphia: Hanley & Belfus, 1994.

③ Bruner, J. S., *Actual Minds, Possible World*, Cambridge: Harvard University Press, 1986.

④ John, P. J., "Awareness and Intuition: How Student Teachers Read Their Own Lessons," In T. Atkinson & G. Claxton (eds.), *The Intuitive Practitioner*, Buckingham: Open University Press, 2000, pp. 84 – 106.

是兼容反省与慎思的高层智慧形式。正式决定则是一种推理性的选择行动，也是一种考虑事件发生的背景、检查过去经验与事件，瞻前顾后的一种选择。教师直觉性决定依赖于教师知道是什么及为什么这一信心，直觉性技巧的使用和可解释的客观性在教师教学决策中起着重要作用。例如，在教学中设计一份结构完整的教学计划是必需的，但是在面对教学实际情况时，知道怎么做、为什么这么做却显得更加重要。① 对直觉决策而言，"一切"都只是经验系统的运作，即经验系统是直觉决策的支持系统。正是不断反思、积累经验，为教师在课堂教学中做出准确的直觉决策提供了知识基础。②

　　通过与 17 位新手教师的合作，研究者探究了新手教师在课堂教学中反思的本质及他们在课堂教学中如何使用直觉。通过使用刺激回忆法，建立了教师在课堂教学中使用直觉性思考的五种情形：问题避免（problem avoidance）；教师解释（teacher interpretation）；创造机会（opportunity creation）；自由即兴（improvization）；情绪评估（mood assessment）。③ 反思性的教师教学需要同时具备推理性与知觉性的本质，是基于教育活动本身的复杂性和实时性的特征。教师必须从事不断的推理与判断，预测可能的改变，以及如何达成改变，并验证行动中的种种暂时性假设。然而，对一位优秀的教师来说，理性和非理性反思过程的整合是至关重要的。直觉性决策和反思性实践帮助学生教师在课堂上能自信地做出教学决定，而不是在遇到困境、问题时不知所措。④

　　在具体的教学过程中，任何一种教育情境都是独特的，是具有多

---

　　① Atkinson, T., "Learning to Teach: Intuition, Reason and Reflection," In T. Atkinson & G. Castleton (eds.), *The Intuitive Practitioner*, Buckingham: Open University Press, 2000, pp. 69 – 83.

　　② Epstein, S., *Intuitive from the Perspective of Cognitive Experiential Self-theory*, Paper presented at the 5th Heidelberg Meeting on Judgment and Decision Processes, 2004.

　　③ John, P. J., "Awareness and Intuition: How Student Teachers Read Their Own Lessons," In T. Atkinson & G. Claxton (eds.), *The Intuitive Practitioner*, Buckingham: Open University Press, 2000, pp. 84 – 106.

　　④ Wideen, M., Mayer-Smith, J., & Moon, B., "A Critical Analysis of the Research on Learning to Teach: Making the Case for an Ecological Perspective on Inquiry," *Review of Educational Research*, 1998, 68 (2): 130 – 178.

重意味的，教育中真正有价值的就是把握这些意义与矛盾。教师教学决策需要其根据具体的教学情境，就突发状态做出实时的、恰当的反应，这就需要通过反思不断地积累经验。好的教学需要教师做出反思性的、例行的与直觉性的教学决策。在这个过程中，一个重要的方面是我们能够合理地要求教师证明他/她在课堂中的决定与行为的正当性。为了提供这样的正当性证明，教师不能仅仅依靠直觉或预先打包好的技术工具。相反，他/她应该以一种批判与分析的方式去思考发生了什么，提供的选择是什么，等等。在这种情况下，教师在课堂中的直觉往往能给教学带来意想不到的收获，也能触动学生的心灵，真正促进学生的发展。换言之，教师必须参与到对自己教学行为的反思中去，成为反思性教学决策者。

三　教师教学反思行动的桥梁作用

（一）教师行动在教师实践知识与教师教学决策互动关系中的作用

关于探究教师实践知识在教师课堂决定中发挥着怎样的作用这一主题的研究发现，首先在特殊的教育情境中，教师的部分实践知识是具有竞争性和条件性的。其次，在课堂教学中会形成新的教学知识，并使已有的教学实践知识得到更新。[①] 舍恩把专业工作者的实践知识称为"行动中的知识"，教师的实践知识是教师个体与教育情境在互动中产生的经验的积累和升华，与此同时，经验又影响着教师个人自我建构与教师知识的形成。[②] 这类知识只有在其生成的具体情境中才具有深刻的意义。教师实践知识用以处理实时性（improvisation）问题或行动的知识结构，充满了经验的实践导向意味。

教师和学生对于实践的反思有助于他们的学习，因此发展了其教学实践及实践知识。教师参与实践反思的过程不应该被看成是线性的，而应该被视为循环往复的螺旋式过程，其中，反思性实践的每一

---

① Tsang, W. K., "Teachers' Personal Practical Knowledge and Interactive Decisions," *Language Teaching Research*, 2004, 8 (2)：163 – 198.

② Schön, D. A., "*Educating the Reflective Practitioner*：*Toward a New Design for Teaching and Learning*," San Francisco：Jossey-Bass, 1987.

个要素都以一种变化的、发展的交互性过程不断被纳入进来。① 马克斯·范梅南认为教师实践性知识具有身体化、情境化、关系性和情绪性的特征。专业实践者的能力本身在很大程度上和直觉的知识联系在一起。教师实践性知识是直觉的，所以实践行为在很大程度上依赖于身体的感知、个人的在场、关系的觉察、在偶发情境中知道说什么和做什么的机智。② 陈向明也认为，教师实践性知识通常在具体的问题解决过程中体现出来，具有价值导向性、情境依赖性、背景丰富性等特性。教师实践性知识还具有行动性、身体化、默会性的特性，必须被"做出来"。③ 钟启泉就认为，实践性知识是在教师实际情境中支撑具体选择与判断的知识。④

由此可见，根据舍恩的反思性实践理论，无论是在行动中的反思还是对行动的反思，其关键是教师行动。即教师行动是教师反思的对象，也是教师教学决策的外在表现。在教师进行教学的过程中，教师不断地整合自己周围的信息，并对这些信息做出反应，通过自己实时的思考在课堂教学中不断地做出决策。另外，在这个过程中，教师经过长期经验积累和学习到的实践知识发挥主要作用。

（二）教师反思在教师实践知识与教师教学决策互动关系中的作用

反思是有意识的思考，教师的实践反思是慎重思考的过程；反思是一个耗费时间的事情，且学习的成效和洞见与时间成正比；反思能够引起认知的增长；反思是一个价值负载的活动，应该引导未来的活动。⑤

反思实践是一个决策理论，它界定了在解决独一无二的、复杂问

---

① Schön, D. A., "*Educating the Reflective Practitioner: Toward a New Design for Teaching and Learning,*" San Francisco: Jossey-Bass, 1987.

② ［加］马克斯·范梅南：《教育敏感性和教师行动中的实践知识》，《北京大学教育评论》2008 年第 1 期。

③ 陈向明：《对教师实践性知识构成要素的探讨》，《教育研究》2009 年第 10 期。

④ 钟启泉：《教师研修的模式与体制》，《全球教育展望》2001 年第 7 期。

⑤ Wade, R. C., & Rarbrough, D. B., "Portfolios: A Tool for Reflective Thinking in Teacher Education?" *Teaching and Teacher Education*, 1996, 12（1）: 63 - 79.

题时应具有的一系列专业成分。① 通过观察特殊教育中专家型教师的
课堂教学，通过内容分析法，分析了 124 位反思实践者的学科教学决
策，研究结果表明，教师在管理课堂教学问题时，在一定程度上使用
反思性实践。② 当一个教师做出决定的时候，绝不仅仅是采取一个行
动或者按照某种特定方式去行动这么简单。决策的过程应该是理性
的，这意味着教师（有意识或无意识地）要考虑与权衡不同的选择，
并采用一定的标准去遴选可供挑选的决定与行动。

教师通过对自己、对他人教学实践的不断反思，从而获得教师个
体的成长。③ 教师教学反思的本质是发展、积累教师经验的活动，是
从经验中学习的活动。④ 所有的教学行为都涉及选择，包括不做出选
择的选择。条件反应和无意识的习惯性行为是教师典型的无选择性行
为。而在教学决策的连续体中，行为具有意识因素，也具有一定程度
的自发性。⑤ 在连续体的最后，教学决策具有反思的特征，即目的性
反思（purposeful reflection）。目的性反思行为的最典型例子是单元设
计教学，对特定学生提供额外帮助或补救，按问题难易程度在课堂讨
论中设置疑问等。反思性决策是教师从教学环境中获得教学改进建议
的基础。事实上，教师培训的主要内容就是如何让教师成为一个有效
的决策者。⑥

另外，当教师反思在这种情景下该怎么做时，教师实践知识的功

① Bartelheim, F. J. , District, W. C. S. , Reno, N. , & Evans, S. , "The Presence of Re-flective-practive Indicators in Special Education Resource Teachers' Instruction Decision Making," *The Journal of Special Education*, 1993, 27 (3): 338 - 347.

② Reagan, T. G. , Charles, W. C. , & Brubacher, J. W. :《成为反思性教师》，沈文钦译，中国轻工业出版社 2005 年版。

③ Hargreaves, A. , & Fullan, M. G. , *Understanding Teacher Development*, New York: Teachers College Press, 1992, pp. 1 - 19.

④ Calderhead, J. , & Gates, P. , *Conceptualizing Reflection in Teacher Education*, Washing-ton, D. C. : The Falmer Press, 1993, pp. 8 - 9.

⑤ Darling-Hammond, L. , & McLaughlin, M. W. , "Policies that Support Professional Devel-opment in an Era of Reform," *Phi Delta Kappan*, 1995, 76 (8): 597 - 604.

⑥ Sutcliffe, J. , & Whitfield, R. , "Classroom-based Teaching Decisions," In J. Eggleston (ed.), *Teacher Decision-making in the Classroom*, London, 1979, pp. 8 - 37.

能就是指导实践。① 教学决策对教师有效教学和教师赋权有一定的影响作用。赋权包括教师自我效能感，即教师在工作环境中做出决策的知识。教师的所作所为影响着学生的学习。② 一个被赋权的教师即是一位反思决策者、积极的反思教学和反思实践的教学设计者。在每天的教学中，教师做出的习惯性反应和实时性选择数以百计，而教师应对表现在其教学风格中的教学决策保持清醒的认识。因此，曾经是反思教学决策的教师行为或反应，到后来可能变成一种纯粹的实时性教学选择。教师的思考过程影响着教师行动。而有效教师的思考过程不同于低效教师的思考过程。③ 教师通过反思可以重新清楚地界定问题，并以行动的改变和心理倾向的改变为基础。这是一个不断发现问题、不断解决问题的螺旋式上升的循环过程。④

实践者在专业活动中的反思，认为这种知识是在实践活动中通过教师的反思来澄清、验证和发展的；教师知识就是这种默会、直觉、正式且严谨的专业知识。⑤ 教学实践知识可被视为人类经验的所有组成分子，其中包括直觉、感觉、判断、意愿、行动及其之间的关系。⑥ 佐藤学把教师职业视为在复杂的语脉中从事复杂问题解决的文化设定的实践领域，主张专业能力在于主体参与问题的情境，同儿童形成活跃的关系，并且基于反思与推敲，提炼问题，选择、判断解决策略的实践性学识（practical wisdom）。⑦

---

① Gholami, K., & Husu, J., "How Do Teachers Reason about Their Practice? Representing the Epistemic Nature of Teachers' Practical Knowledge," *Teaching and Teacher Education: An International Journal of Research and Studies*, 2010, 26 (8): 1520 –1529.

② Sparks-Langer, G. M., Starko, A. J., Pasch, M., Burke, W., Moody, C. D., & Gardner, T. G., "*Teaching as Decision Making: Successful Practice for the Secondary Teacher*", New Jersey: Merrill Prentice Hall, 2004.

③ Udvari-Solner, A., "Examining Teacher Thinking: Constructing a Process To Designing Curricular Adaptations, " *Remedial and Special Education*, 1996, 17 (4): 245 –254.

④ Jay, J. K., & Johnson, K. L., "Capturing Complexity: A Typology of Reflective Practice for Teacher Education," *Teaching and Teacher Education*, 2002, 18 (1): 73 –85.

⑤ Schön, D. A., "*The Reflective Practitioner: How Professional Think in Action*," New York: Basic Books, 1983, pp. 46 –49.

⑥ Duffee, L, & Aikenhead, G., "Curriculum Change, Student Evaluation, and Teacher Practical Knowledge," *Science Education*, 1992, 76 (5): 493 –506.

⑦ ［日］佐藤学：《课程与教师》，钟启泉译，教育科学出版社 2003 年版。

尽管反思是一位有效决策型教师身上很有价值的质量,而且这种反思是建立在对事件偶然观察的、不成系统的记忆基础上的。但如果教师能在此基础上进行有意识的观察、形成系统的实践知识,那么在此基础上的教师反思价值将得到进一步的提升。① 反思性教师勇于承担决定的责任,并能经常反思他们行为的结果。反思性教师是专家型的教师,他们经常以不同的方式处理他们的教学实践。你可以在课堂上找到他们与众不同之处。

教师实践反思是聚焦于实际问题的;是不断询问"应该是什么"这样的道德问题的;是行动取向的;是寻求多元视角和行动方案的;是考虑已经采取和即将采取方案的可能或现实的后果的;是一个螺旋式的而非线性的过程;是切合特殊背景需求的。② 学校中、课堂上教师们各种各样的决策不仅影响着学生的学习成就,而且潜移默化地影响着学生学习风格、对学习的情感、态度及价值观等方面。一位专业的教师在做出每一个教学决策前都应该深思熟虑,并在自己决策实施过程中及实施之后进行不断反思,在相似的情况下该如何做出正确的决策。范梅南把这种情况表述为日常课堂中以积极的、流动的过程为特点的实时性的反思意识(immediate reflective awareness)。并把这种及时的反应称为行动智慧(tactful action),并认为它与教师感知、洞见(insight)有关。③

在教师专业发展过程中,真正值得强调的是"教学决策对于教学目标的恰当性和教学与学生需要之间的关系"。教学决策过程是非常微妙的,它涉及一些并不是直接获得的技巧。教师必须具有某种先天的意识和态度,只有这样才有可能形成进行教学决策的能力。④ 反思性教师首先是一个能够理性、有意识地做出决定的决策者。其次,反

---

① Lederman, N. G., & Niess, M. L., "Action Research: Our Actions May Speak Louder than Our Words," *School Science and Mathematics*, 1997, 97 (8): 397 – 399.

② Hannay, L. M., "Strategies for Facilitating Reflective Practice: The Role of Staff Developers," *Journal of Staff Development*, 1994, 15 (3): 22 – 26.

③ Van Manen, J., "On the Epistemology of Reflective Practice," *Teachers and Teaching: Theory and Practice*, 1995, 1 (1): 33 – 50.

④ Darling-Hammond, L., & McLaughlin, M. W., Policies That Support Professional Development in an Era of Reform," *Phi Delta Kappan*, 1995, 76 (8): 597 – 604.

思性教师必须把其决定与判断建立在坚实的知识基础上，其中包括教师的实践知识、技术知识和内容知识。[①] 为了做出教学决定，反思性/分析性的教师必须拥有大量的知识：关于教学内容、教学法与理论选择、个体学生的特征、教室的具体限制、他们工作所在的学校与社会的知识等，并在此基础上做好合理的、实时的判断。

反思性的教学决策关注教学的复杂性。教师教学决策受人文主义价值取向的影响，教学过程被看作教师与学生互动建构的过程，而不是预先设定好的。教学是教师与学生之间互动的、主动建构意义的一个过程。这一过程表现出来的最主要的特点就是其复杂性。教学的复杂性要求教师在教学过程中，不仅要对教学目标的设定、教学内容的安排、教学方法的选择、教学评价标准的设定等有理性的决策过程，而且需要教师在具体的课堂教学过程中，能做出及时的、有效的、直觉性的教学决策。

总而言之，教师教学反思是教师在复杂的教学情境中，对教学行为及其背后的理论和结果进行反复的、持续的、周密的思考，从而赋予教师实践以意义，寻求改善实践可能方案的过程。

首先，教师教学反思是在复杂的教学情境中进行的。反思秉持了实践理性的观点，认为追求经济的、标准的技术理性并不能有效地解决纷繁复杂的实践情境中的问题。[②] 教师需要对课堂教学实践加以深入的思考，及时发现课堂教学中所存在的问题，并能辨别各种教学现象的本质，增强教师洞悉复杂教学情境的能力。

其次，教师教学反思是围绕教学决策行为展开的。虽然教师课堂教学反思是整合教师的实践、所持有的理论及通过各种管道所获得知识的过程，但教师教学反思总是以学校为主要活动场域、以教学活动为主要反思对象、以促进教师实践知识发展为目的的。

最后，教师教学反思是生成意义、建构知识的过程。教学实践反思是教师深入理解课程实施和教学行为的过程，使教师的教学经验不

---

① Reagan, T. G., Charles, W. C., & Brubacher, J. W.：《成为反思型教师》，沈文钦译，中国轻工业出版社2005年版。

② Schön, D. A., *The Reflective Practitioner*: *How Professional Think in Action*, New York: Basic Books, 1983, pp. 46–49.

再是独立于教师的经验体系之外的固定程序，而是通过教师教学实践反思，使教师的各种经历成为有意义的体系，并在教师教学经验积累的基础上，不断完善、发展教师实践知识，成为教学实践的反思者。

（三）教师实践知识与教师教学决策的互动关系

任何时候的教室情境都是由许多动态变量的相互作用形成的，而且教师教学的条件不断发生着变化。[①] 教师在进行教学决策时尽量对影响变量进行控制，并且对那些不可控制的变量做出明确的反应。因此，要成为一名有效的教学决策者，与其说教师所凭借的是训练，不如说是知识和经验。

教师是课堂教学活动的主导者，对教学活动持有最后的决定权，好的教学有赖于高质量的教学决定。为提升教学效能，教师必须反思教学中所发生的事，以批判和分析的观点正确察觉各种可行的途径，并做出合理、有意义的决定，以改进教学。[②] 教师专业工作有别于其他专业性工作，即教师每天需要做出一连串的课程、教学决定，而在这种现场的、立即性的与策略性的决定过程中，教师的实践理论则是具有普遍性指导原则的作用。[③]

通过为期一年对专家型教学教师的研究，研究者试图探究其交互性教学决策（interactive decision making）过程。研究表明，对一些教师来说，交互性教学决策不仅仅是维持已建立的、让课堂顺利进行的惯例（routines），也不仅仅是从以教学内容和教学方法为主要内容的教学计划中衍生出来的活动。[④] 该研究使用了交互式教学决策模型去描述专家型教师在课堂教学中的真实行为表现。[⑤] 分析了反思性教师在行动前和行动中的交互性决策与教师知识、价值观和信念之间的关

① Wilen, W. , Hutchison, J. , & Bosse, M. I. , *Dynamics of Effective Secondary Teaching*, New York: Allyn & Bacon, 2008, pp. 1 – 29.

② 林进材：《教师教学反思——理论、研究与应用》，高雄复文图书出版社 1997 年版。

③ 陈美玉：《教师专业学习与发展》，台北师大书苑 1996 年版。

④ Putnam, J. , & Duffy, G. G. , *A Descriptive Study of the Preactive and Interactive Decision Making of an Expert Classroom Teacher*, Paper presented at the Symposium at the National Reading Conference, Austin, TX. , November 30, 1984.

⑤ Shavelson, R. J. , & Stern, P. , "Research on Teachers'Pedagogical Thoughts, Judgements, Decisions, and Behavior," *Review of Educational Research*, 1981, 51（4）: 455 –498.

系。研究发现，教师在教学中经常使用交互性教学决策。交互性教学
决策并不是静态（static）的现象，恰恰相反，根据教学活动的功能
和教师的关注点不同，它在不同的教学里呈现出不同的形式。

　　有效教学理论及其研究成果主要体现在营造学习氛围、民主课堂
管理和课程审思等方面。① 虽然有效教学决策并不是三言两语就可以
说清楚的，但它们拥有一些共同的特征。在教学实践中，这些特征是
以教师独特的个人方式表现出来的。在真实的教学环境中，立志教学
的教师必须根据其知识、信念、感觉和个人特色，在不同条件下与学
生互动，从而实现有效教学的目的。对部分教师和教学指导者来说，
成为一个好的决策者并不是一件容易的事情。为了使教学满足学生的
需求，教师需要知道学生的兴趣、态度、教学内容及教学环境中的变
量等。② 教师需要把所有的信息整合在每一个教学决策中，即需要非
常有效地处理大量复杂的情况。因为教学决策的复杂性，要在一定程
度上保证决策的有效性，就需要把这种复杂性简化为可操作性。但真
实的课堂教学中所充斥的复杂性，是不能也不应该简单地将其简化为
可操作的变量，更不应该根据这些被简单化处理后的可操作变量做出
教学决策。

　　除此之外，教师信念在教师实践知识与教师教学决策互动过程中
扮演着重要的角色。很多学者关注教师信念与教师教学决策的关系，
认为教师思维方式和教学决策对教师行为起着组织和指导作用，并构
成了教与学的背景。③

　　对于一名教师而言，信念体系是教师决策合理性的最可靠基础。④
教师信念体系可分为直觉和理性两部分，直觉部分包括经验、传统及
个人需求等；理性部分包括教学基本原理、先进的教学理论、科研成

---

① Wilen, W. , Hutchison, J. , & Bosse, M. I. , *Dynamics of Effective Secondary Teaching*, New York：Allyn & Bacon, 2008, pp. 1 – 29.

② Sherman, T. M. , *Instructional Decision-Making：A Guide to Responsive Instruction*, New Jersey：Educational Technology Publications Englewood Cliffs, 1980.

③ Westerman, D. A. , Expert and Novice Teacher Decision Making, *Journal of Teacher Education*, 1991, 42（4）, 292 – 305.

④ Wilen, W. , Hutchison, J. , & Bosse, M. I. , *Dynamics of Effective Secondary Teaching*, New York：Allyn & Bacon, 2008, pp. 1 – 29.

果及验证过的实践经验等。教师教学过程中所持有的信念、观念及假设，将会直接影响教师做出重要的教学决策及其随后的教学行为，从而使得学生在一定的教师行为影响下进行学习和生活。因此，要成为一名有效的教师，首先要有意识地了解构成信念系统的假设和观念。其次，根据这些信念假设和观念，形成个人教学风格，并以此来发展个体独特的教学态度和习惯，如决策方式等。最后，在对教学活动、教学互动和教学结果做出评价时，所建立的这些思考参数就会有效地拒斥那些似是而非的和不合理的推理。

通过对 14 位科学课教师数年的研究发现，教师关于学科方面的信念直接影响着他们在课程教学中对特定教学措施和教学方法的选择。[①] 研究表明，教师教学决策的不同概念与教师不同的教学设计密切相关。在一般情况下，教师几乎没有机会去理解、反思或组织（align）其教学实践。而在项目实施中，教师被认为是一个专业个体，有能力做出恰当的教学决策。结果表明，教师有更多的机会去获得知识和技能，并在此基础上调整教学以满足学生的不同需求。[②]

教师在长时间的教学实践活动中积累了一些与教学有关的观点。这些泛化了的信息、态度和假设经内化构成了教师的信仰体系。教师的教学决策是由一系列相互联系的观点所构成的信仰体系的产物，而不是根据某一条教学原则做出的。[③] 如果构成信仰体系的观点是经过慎重选择的，那么，一般来说，根据这些观点所做出的教学决策也是正确的。如果教育者把他们的信念与其教学实践联系起来，则可能会改进教学。

教师实践知识是教师以其个人的价值、信念统整其所有专业理论

---

① Roehrig, G., & Luft, J., "Constraints Experienced by Beginning Science Teachers in Implementing Scientific Inquiry Lessons," *International Journal of Science Education*, 2004, 26 (1): 3 – 24.

② Tatto, M. T., "The Socializing Influence of Normative Cohesive Teacher Education on Teachers' Beliefs about Instructional Choice," *Teachers and Teaching: Theory and Practice*, 2006, 5 (1): 95 – 118.

③ Darling-Hammond, L., & McLaughlin, M. W., Policies That Support Professional Development in an Era of Reform," *Phi Delta Kappan*, 1995, 76 (8): 597 – 604.

知识，并且将实践情境作为导向的知识。① 实践知识由信念、洞见及教师工作的习惯构成。② 教师实践性知识是构成教师实践行为的所有知识和洞察力，是隐含在他或她背后的知识和信念。③ 教师实践知识是教师真正信奉的，并在其教育教学中实际使用的和/或表现出来的对教育教学的认识；教师实践知识必然包含理想、信念、态度等规范意义。④

由此可见，教师信念直接影响着教师的教学决策。同时，教师信念也是教师实践知识的重要组成部分。陈向明认为，教师的实践性知识至少应该具备四个要素，即主体、问题情境、行动中反思、信念；并认为实践性知识虽然蕴含在这个整体的经验中，但可以被提升成为一种信念，通过教师的后续行动被验证为"真"（可以不断视情况做出调整），并指导教师的后续行动。这四个要素是一个相互联系的整体，是以"打包"的形式呈现的。它不能像理论知识那样脱离情境、行动和直接经验，以纯命题、纯逻辑的方式呈现，也不能直接用语言传递，必须由教师亲历。⑤

另外，虽然很多学者强调教师信念对教师教学决策的影响，但不可否认的是，教师信念也是教师教学实践的依据。在教师课堂教学实践中，教师信念并不是独立存在的。它通过教师的教学决策体现出来，在教师实践知识形成、发展中起关键作用。

根据教学决策模型，有效教学的教师很有可能需要具有以下特点：第一，一个稳定的价值系统，能在相似的环境下形成相对一致的行为；第二，具有认知灵活性，在那些表现相似、本质上却有很大不同的触发决策的情境中能做出不同的选择；第三，具有热心和同情

---

① Elbaz, F., *Teacher Thinking: A Study of Practical Knowledge*, London: Croom Helm, 1983.

② Gholami, K., & Husu, J., "How Do Teachers Reason about Their Practice? Representing the Epistemic Nature of Teachers' Practical Knowledge," *Teaching and Teacher Education: An International Journal of Research and Studies*, 2010, 26 (8): 1520 – 1529.

③ Verloop, N., Driel, J. V. & Meijer, P., "Teacher Knowledge and the Knowledge Base of Teaching," *International Journal of Educational Research*, 2001, 35: 441 – 461.

④ 陈向明：《实践性知识：教师专业发展的知识基础》，《北京大学教育评论》2003年第1期。

⑤ 陈向明：《对教师实践性知识构成要素的探讨》，《教育研究》2009年第10期。

心；第四，能灵敏地使用学生的观点；第五，具有创造课堂活动的能力和动力；第六，根据学生意图及学习内容，对学生做出正确的要求。教师决策是教师一项基本技能，教师通过对行动的反思和在行动中的反思等途径，积累决策经验，不断形成教师实践知识。[1] 教学实践是复杂的、不确定的。如何进行合理、有效的决策应该成为职前和在职培训中教师专业发展的重要组成部分。教师教学决策的合理性是教学成为一项职业的可靠标准。[2] 康奈利和克兰迪宁强调教师知识的个人特点，即"个人的实践知识"，并认为这种知识源于个人的记述，旨在满足某一特定情境的需要，是实践性的，具有个体性、情境性、反思性、经验性、整体性与建构性等特点。[3] 教师实践知识通常在具体的问题解决过程中体现出来，具有价值导向性、行动性、情境依赖性、背景丰富性等特性。通过教学反思，教师可以在课堂教学中有效组织、应用教师教学基本知识，而对这些知识的整合能力是教师实践知识获得发展的体现之一。[4]

成功或有效教师的特点是为了实现与学生学习相关的一系列预期的目标，能够持续做出合理或适合的决策。[5] 教师的基本教学技巧是决策，优秀教师和一般教师的区别不在于提问和讲述的能力，而在于知道何时去问一个问题的能力。[6] "感知的本质就是具有选择性。"[7] 教师的这种感知能力是教师教学实践知识不断积累的结果。

"教师在课堂中不断地面临挑战，在意想不到的情景中表现出积

---

[1] Sutcliffe, J., & Whitfield, R., Classroom-based Teaching Decisions," In J. Eggleston (ed.), *Teacher Decision-making in the Classroom*, London, 1979, pp. 8 – 37.

[2] Clark, C., "Asking the Right Questions about Teacher Preparation: Contributions of Research on Teacher Thinking," *Educational Researcher*, 1988, 17 (2): 5 – 12.

[3] Connelly, F. M., & Clandinin, D. J., "Teacher's Professional Knowledge Landscapes: Scret, Scared, and Cover Stories," In D. J. Clandinin & F. M. Connelly (eds.), *Teacher's Professional Knowledge Landscapes*, New York: Teacher College Press, 1995, pp. 3 – 15.

[4] 陈向明：《对教师实践性知识构成要素的探讨》，《教育研究》2009 年第 10 期。

[5] Eggleston, J., "Teacher Decision Making in the Classroom," *European Journal of Education*, 1979, 14 (3): 273 – 276.

[6] Shavelson, R. J., "What Is the Basic Teaching Skill: Decision Making," *Journal of Teacher Education*, 1973, (14): 141 – 151.

[7] ［美］斯科特·普劳斯：《决策与判断》，施俊琦、王星译，人民邮电出版社 2004 年版。

极的状态。正是这种在普通事件当中捕捉教育契机的能力和对看似不重要的事情进行转换使之具有教育意义的能力才使得教学的机智得以实现。"① 教学过程是动态的、复杂的，充满了挑战和突发状况。教师的教学决策是一个复杂的、非线性的过程，课程方案只是一种理想化的课程设想，在具体的课程实施过程中，需要不断的补充与修正，一个真正好的教学决策者不仅需要有计划的、系统的教学决策，也需要实时的、灵活的直觉性教学决策。其中，教师反思、行动是促进教师教学决策能力和教师直觉性决策能力发展的重要途径之一。而通过反思生成的教师实践知识是教师教学决策的知识基础。

四　小结

人是主动的存在（active being），知识是主体意义的呈现，个人可以据此进行反省和辨认，再借助行动转化为真实；也是一个不断探索、再创造之过程。② 所以，真正的知识是超越限制的，使个人得以掌握事物的本质，透过情境中的行动与反思，能更客观地看待真实、掌握意义。③ 弗莱雷（Freire）的知识观强调了知识的开放性，个体可在不断反思与理性批判下，促成知识的发展。④

教师知识的生成旨在解释及处理教学生活的真实情境，是一种行动导向的知识。⑤ 当在课堂教学实践中出现以下两种情况时，教师就会产生反思的意识。第一种情况是教师在课堂教学中遇到困惑和问题，不能顺利开展工作，在完成教学任务时，教师需要思考工作的情

---

① ［加］马克斯·范梅南：《教学机智——教育智慧的意蕴》，李树英译，教育科学出版社 2001 年版。

② Freire, P. , "Education for Critical Consciousness, New York: The Continuum Publishing Company, 1973.

③ Ibid. , pp. 101 – 105.

④ Elbaz, F. , "Critical Reflectionon Teaching: Insights from Freire," Journal of Education for Teaching: International Teacher Education, 1988, 14（2）: 171 – 181.

⑤ Calderhead, J. , "Reflective Teaching and Teacher Education," Teaching and Teacher Education, 1989, 5（1）: 43 – 51. Francis, D. , "The Reflective Journal: A Window to Preservice Teachers' Practical Knowledge," Teaching and Teacher Education, 1995, 11（3）: 229 – 241.

境、出现问题的原因，此时教师便会产生反思的需要。① 第二种情况是当教学中出现意想不到的情况时，认真的教师会思考到底发生了什么事情？是什么原因导致这种事情发生的？以后如何做才能达到同样的效果，或者做得更好？② 实践反思是慎思的过程，通过影响界定问题和解决问题的方法，来提高结果的质量，在实践反思中知识、思想和行动是整合的。③ 实践者认为，在专业活动中所形成的知识是在实践活动中通过教师的反思来澄清、验证和发展的，而教师知识就是这种默会、直觉、正式且严谨的专业知识。④

教师在课堂中针对教学状况做出教学决策所必备的知识在教师反思中起到了重要的作用。研究发现，一般教师所掌握的知识在数量上差异不大，但在如何组织利用知识、如何融会贯通方面却有很大差异。在理解和应对一个教学中出现的问题时，专家教师往往比新手教师更迅捷、更成功。⑤ 由此可见，舒尔曼（Shulman）提出的教师教学所应具备的七种知识，即学科知识（content knowledge）、一般教学法知识（general pedagogical knowledge）、课程知识（knowledge of curriculum）、学科教学法知识（pedagogical content knowledge）、学生知识（knowledge of students）、教育背景知识（knowledge of educational context）、有关教育宗旨、教育目的等的知识（knowledge of educational ends etc.）⑥，以及格瑞斯曼（Grossman）所提及的学科内容知识、学习者与学习的知识、一般性教学法知识、课程知识、相关背景知识、自身的知识，都不约而同地强调了学科教学法知识（PCK）是教

---

① Schön, D. A., "*The Reflective Practitioner: How Professional Think in Action*, New York: Basic Books, 1983, p. 56.

② Schön, D. A., *Educating the Reflective Practitioner: Toward a New Design for Teaching and Learning*, San Francisco: Jossey-Bass, 1987, p. 26.

③ Hart, A. W., "Effective Administration through Reflective Practice," *Education and Urban Society*, 1990, 22 (2): 153 – 169.

④ Schön, D. A., *The Reflective Practitioner: How Professional Think in Action*, New York: Basic Books, 1983.

⑤ Sparke-Langer, G., & Colton, A., "Synthesis of Research on Teachers' Reflective Thinking," *Educational Leadership*, 1991, 48 (6): 37 – 44.

⑥ Shulman, L. S., "Knowledge and Teaching: Foundations of the New Reform," *Harvard Educational Review*, 1987, 57 (1): 1 – 22.

师知识的核心，因为它决定了某学科和其他学科教师知识的不同之处。① 学科教学法知识体现了学科知识和教育学知识的整合。但与学科教学法（PCK）相比，教师实践知识具有更强烈的实践性、情境性，也是最有可能区分专家型教师和一般教师的知识类型。这种知识是教师个体所拥有的，是与教学实践密切相关的知识、经验和价值整合起来的不断变化的系统，具有强烈的实践性。②

教师实践知识是个人在实践过程中经过与环境的对话与交流，在不断反思的基础上逐渐形成的。③ 教师教学反思的过程由自我驱动的目的（ego-driven purpose）、建构能力（restructuring capability）、转变的视角（transforming perspective）三个部分组成。④ 善于反思的教师能够不断检验实践中"理所当然"的假设，他知道自己为什么要做所做的事情，知道为什么要思考所思考的事情。在专业实践中也能够更好地运用自己从实践中总结出来的基本原理，在困惑的情境中找到决策的依据。教师教学反思的功能是把经验中含糊的、可疑的、矛盾的、失调的情境变为清楚的、有条理的、安定的以及和谐的情境，并在此基础上，把那些被验证过的观念和经验组织起来，作为在不确定条件下行动的向导和依据。⑤

教师教学反思是信念与经验之间的互动，⑥ 而寻找教师行动背后的理论并根据理论行动是教学的专业性和自主性的要求。⑦ 正如斯腾豪斯（Stenhouse）所说，判断教师发展的最好办法并不是申明教师应

---

① Grossman, P. L., "Teacher's Knowledge," In T. Husen & T. N. Postlethwaite (eds.), *The International Encyclopedia of Education*, Oxford: Pergamon Press, 1994, pp. 6117 – 6122.

② Handal, G., & Lauvas, P., *Promoting Reflective Teaching: Supervision in Practice*, Milton Keynes: SRHE and Open University Educational Enterprises, 1987, p. 9.

③ 邹斌、陈向明：《教师知识概念的溯源》，《课程·教材·教法》2005 年第 6 期。

④ Silcocka, P., "The Process of Reflective Teaching," *British Journal of Educational Studies*, 1994, 42 (3): 273 – 285.

⑤ Brookfield, S. D., *Becoming a Critically Reflective Teacher*, San Francisco: Jossey-Bass Publishers, 1995, pp. 22 – 26.

⑥ Newell, J., "Practical Inquiry: Collaboration and Reflection in Teacher Education Reform," *Teaching and Teacher Education*, 1987, 12 (6), 567 – 576.

⑦ Fenstermacher, G. D., "A Philosophical Consideration of Recent Research on Teacher Effectiveness," In L. Shulman (ed.), *Review of Research in Education*, Itasca: F. E. Peacock, 1978, pp. 157 – 185.

该发展到什么程度,而是批判性地审视教师的实践。①

在考察知识和教师反思之间的关系时,指出反思是教师实践知识的主要来源。② 徐碧美用一年半的时间对香港一位中学英语教师的教学做了研究,研究发现,在专家教师知识的发展中,有意义的思考和对经验的反思是很重要的,是专家知识得以发展的关键。在这位教师的专业发展过程中,实践知识是通过教师的反思和有意识的思考得以发展的,在此过程中公共知识会转化为教师的实践知识。③ 教师实践知识与教师反思之间这种互动都以教师个体的工作环境为基础,并以教师实践经验为主要内容。由此可见,教师实践知识的发展在于其是否具有反思的能力及经常反思的意识,通过自我评估和向同事学习,对其专业智能中直觉的部分保持一种批判性控制,还在于其所学习的公共知识对其实践知识的启示。有研究证明,新手教师关于合作教学实践的思考是为了促进教师实践知识的发展。反思是教师获得实践性知识的重要途径,是教师作为主体批判性地考察自己教学实践及其行动的能力。④ 教师借助回忆、教学录像带、教学档案、同事之间的相互交流等手段,对自己的教学经验进行交流、总结、评价、回馈和完善,并将教学"灵感"内化生成教师实践知识。

教师教学反思源于实践中的困惑和惊奇。Michael & Richards(1995)在对78位教育工作者进行研究的过程中发现,他们普遍会使用以下词语来描述、反思活动中的心智过程:沉思(ponder, ruminate, wonder)、仔细思考(mull over)、慎思(deliberate)、反复思考(revolve)、检验(examine)、默想(contemplate)、反思(meditate)、

① Stenhouse, L., *An Introduction to Curriculum Research and Development*, London: Heinemann Education Boos Ltd., 1975, p. 83.

② Grimmett, P., MacKinnon, A., Erickson, G., & Riecken, T., "Reflective Practice in Teacher Education," In R. T. Clift, W. R. Houston & M. Pugach (eds.), *Encouraging Reflective Practice: An Analysis of Issues and Programmes*, New York: Teachers College Press, 1990, pp. 20 – 38.

③ 徐碧美:《追求卓越——教师专业发展案例研究》,人民教育出版社2003年版,第269—273页。

④ Eick, C. & Dias, M., "Building the Authority of Experience in Communities of Practice: The Development of Preservice Teachers' Practical Knowledge through Coteaching in Inquiry Classrooms," *Science Education*, 2005, 89 (3): 470 – 491.

检查（inspect）、熟思（muse）、详查（sift）、探究（inquire，probe，look into）、探索（explore）、调查（investigation）、研究（study，research）、分析（analysis）、内省（introspect）、细查（scrutinize）、质疑（question）等。① 教师反思具有生成意义的作用，是经验不断改组而获得意义的过程。因为教育是经验的改组和重构，为经验赋予意义，从而提高引起后续经验的能力。经验的改组与重构表现在两个维度：经验之间横向的互动和纵向的连接。具有互动性和连接性的经验便是教育性的经验（educative experience），这种经验能够扩大知识的范围，带来自我意识的觉醒，导向建构主义的方式，并最终产生有智慧的行动。② 因此，反思在意义重构的过程中能够使经验中的各个部分之间、经验与经验之间、经验与其相关知识之间产生有意义的联系。经常反思的教师不仅仅寻求问题的答案，也不仅仅从事整日忙忙碌碌的工作而不去反思自己行动的理由和结果，而是从他们自己的实践和学生的学习中不断建构其中的意义，创造与此相应的理论。③

反思的过程就是当在实践情境中遇到困惑和感兴趣的事情时，首先需要将其概念化，然后再根据过去的知识和经验对其再概念化，最后为未来的行动制定计划。对困惑和感兴趣的事情反复概念化的过程，其实是把当下的实践经验和先前的经验理论化，把他人知识实践化的过程，也是理论和实践转化的过程。④ 教师应用实践知识解决在课堂教学中所面临的困境及问题，这种实践知识是通过教师教学经验的积累和升华而形成的。反思具有探究的特征⑤，如果教师所应用的实践知识已经不能有效地解决他所面临的教育问题时，就需要积极地

---

① Michael，K.，& Richards，B. W.，*Through the Looking Galss：Some Criticisms of Reflection*，Paper presented at the annual meeting of American Education Research Association，San Francisco，18ᵗʰ 22th. April，1995.

② Deway，J.，*How We Think：A Restatement of the Relation of Reflective Thinking to the Educative Process*，Boston：Heath，1933.

③ Rodgers，C. R.，"Seeing Student Learning：Teacher Change and the Role of Reflection，" *Harvard Educational Review*，2002，72（2）：230 – 253.

④ Schön，D. A.，"*The Reflective Practitioner：How Professional Think in Action*，"New York：Basic Books，1983.

⑤ Osterman，K. F.，& Kattkamp，R. K.，*Reflective Practice for Educators*，California：Corwin Press，2004.

通过反思,对原有的实践知识进行检验、修正、提炼,并最终建构新的教育实践理论。而教师的实践理论并不是以解释教师可见行为为目的的,也不是一个理论的、符号逻辑的,能科学解释、理解或预测的结构。[①]

教学既被理解为一种艺术活动,又被理解为包含着一系列技巧的、类似于医药技术人员所从事的活动。[②] 前者把教学看成是一种艺术形式,体现为教师的一种本能(instinctive),而后者把教学看成是一套科学的专门技能,但好老师都会意识到教学同时包含着艺术的感动力与专门技能多种要素。有效的教学实践离开了这两个方面都会成为空中楼阁。

教师教学反思过程就是统整教师实践、理论和知识的过程。[③] 有研究者通过关注教师个人理论的发展、使用想象(image)和隐喻、理解教师不同反思水平之间的关系及教师经历的不同反思水平这几个方面,把教师实践、理论及知识发展的过程联系起来。[④] 在教师教学反思中,教师所获得的不仅仅是对自己行动的理解、对课堂教学实践的改善、对实践知识的发展,还有助于教师重新认识自己所持有的教育信念、学生观、教学观,使教师成为反思性实践者,提高教学效率,促进教师的专业发展。

通过对 302 名台湾实习教师的研究发现,教学反思与教师成长有着密切的关系,教师专业成长的各个层面也可由教学反思来预测。有效的反思是对实践及其环境的不断建构,并在后续的行动中响应和发展先前的建构过程。正是对行动不断建构的过程,提高了教师在实践中的行动智慧,相应的教师实践性知识也得到了发展。陈美玉通过对台湾五所高职学校教师的研究发现,通过教师专业经验的合作反思有

---

① Handal, G., & Lauvas, P., *Promoting Reflective teaching: Supervision in Practice*, Milton Keynes: SRHE and Open University Educational Enterprises, 1987, p. 9.

② Gage, N. L., *The Scientific Basis of the Art of Teaching*, New York: Teachers College Press, 1985.

③ Hart, A. W., Effective Administration through Reflective Practice, "*Education and Urban Society*, 1990, 22 (2): 153–169.

④ Griffiths, M., & Tann, S., "Using Reflective Practice to Link Personal and Public Theories," *Journal of Education for Teaching*, 1992, 18 (1): 69–84.

助于强化教师的自信心和成就感。[1] 研究者探究了反思在教师成为反思性实践者过程中的作用,作者通过访谈了解教师课前、课中、课后的反思,研究发现,教师积极思考他们的教学实践并改进他们的教学行为和学生学习的过程,有利于促进教师专业发展。另外,大部分教师在研究中都提到了反思或者在教学行为过程中的反思,是富有弹性的,是试图从解决问题和经验中学习的过程。[2]

通过对日常教学经验的反思可以促进教师专业的发展,通过这种反思使那些自认为所从事的劳动是平凡的体力劳动的教师升华为具有潜力的教育实践反思者,并由此转变并改善了他们的教学实践。[3] 在职前教师教育中帮助教师成长为反思性教师的策略有行动研究、民族志研究、写作训练和反思性教学训练等。[4] 其中,教师的自我报告(report)展示了在课堂教学中教师如何建构实践或与教学工作有关的知识(work-related knowledge)。[5] 每个教师在教学和教师教育中都有自己独特的反思性实践。[6] 研究者以挪威一所初级学校的发展研究项目为背景,在探究参与项目的研究者和教师团体如何鼓励教师对教学过程进行反思及反思的形式和内容时发现:当教师质疑教学实践时,他们能够超越目前的教学状况、所能想到的意义及所看到的事情。[7] 所以作者认为,教师展示了如何在行动前使用理论对先前的经验进行

---

[1]　陈美玉:《教师专业学习与发展》,台北师大书苑1996年版,第32—50页。

[2]　Freese, A. R., "The role of Reflection on Preservice Teacher's Development in the Context of a Professional Development School," *Teaching and Teacher Education*, 1999, 15: 895 – 909.

[3]　Neufeld, T., & Grimmett, P. P., "The Authenticity for Struggle," In P. P. Grimmett & J. Neufeld (eds.), *Teacher Development and the Struggle for Authenticity: Professional Growth and Restructuring in the Context of Change*, New York: Teachers College Press, 1994, pp. 205 – 232.

[4]　Zeichner, K. M., "Preparing Reflective Teachers: An Overview of Insturctional Strategies Which Have Been Employed in Preservice Teacher Education," *International Journal of Educational Research*, 1987, 11 (5): 565 – 575.

[5]　Minott, M. A., "Reflective Teaching as Self-directed Professional Development: Building Practical or Work-related Knowledge," *Professional Development in Education*, 2010, 36 (1 – 2), 325 – 338.

[6]　Feiman-Nemser, S., "Teacher Preparation: Structural and Conceptual Alternatives," In W. R. Houston (ed.), *Handbook of Research on Teacher Education*, New York: Macmillan, 1990, pp. 212 – 233.

[7]　Postholm, M. B., "Teachers Developing Practice: Reflection as Key Activity," *Teaching and Teacher Education*, 2008, (24), 1717 – 1728.

反思，如何对行动和在行动中进行反思，从而把理论概念与他们的实践联系起来。教师教学实践反思的最终目的是经过教师个体的自我反省，来改善教学。教师只有意识到自己对专业发展的责任感，才会细心观察、体会教学实践中的成败，并积极积累教学经验，寻求改进途径，教师教学反思才会贯穿于其专业实践过程中。

反思性实践者的一个重要特征是批判性反思。批判性反思的内涵包括批判性探究、对于伦理和教学实践结果的有意识关注、自我反思、对个人信念的反省、对人的潜力和学习的假设及对教学实践的反思，是批判性的思考过程。[1] 反思性实践具有以下特征：第一，假设的质疑；第二，对实践性质和目的的质疑；第三，通过内省和与他人对话而使实践外显化；第四，反思与行动是相互关联的。[2] 在此理论基础上，反思性实践者的特征体现在以下四个方面：其一，考察课堂中存在的矛盾，形成问题框架，并努力加以解决；其二，意识到自己带到课堂中的前提假设与价值偏好，并进行质疑；其三，注意自己教学的制度与文化背景；其四，对自己的专业发展负责。[3] 因此，反思性实践者具有高度的自我意识；多元的思考方式；行动和终身学习的意识。

教师改变有表层改变和深层改变之分，[4] 表层改变如新的教学技能、教学方式、教学风格和策略的改变；深层改变如价值观、信念、情感和伦理道德的改变。优秀的教师总能发现课堂教学中所存在的各种问题。一般教师总是年复一年、日复一日地重复同样的工作，他们不善于观察，也不善于思考他们行动背后的意义。

但是那些具有自我意识及反思能力的教师则总是能够发现专业

---

① Larrivee, B., "Transforming Teaching Practice: Becoming the Critically Reflective Teacher," *Reflective Practice*, 2000, 1 (3): 293 – 307.

② Ashbaugh, C. R., & Kasten, K., "Educating the Reflective School Leader," *Journal of School Leadership*, 1993, 3 (2): 152 – 164.

③ Zeichner, K. M., & Liston, D. P., "*Reflecting Teaching: An Introduction*, New Jersey: Lawrence Erlbaum Associates Publications, 1996.

④ Thompson, M. D., *Teachers Experiencing Authentic Change: The Exchange of Values, Beliefs, Practices and Emotions in Interactions*, Paper presented at the Discussion paper submitted to experiencing change, exchanging experience virtual conference, 25 June – 13 July, 2001.

实践中的问题，捕捉专业实践中那些细微的变化，并积极思考变化所产生的环境及原因，所以能在较短的时间内积累丰富的教学经验，并把这些经验结构化，从而不断地完善教师个体已有的实践知识。以技能为本的教师教育，热衷于向教师传输特定的知识与技能，以使教师能够按照特定的教学流程顺利地完成教学任务，但是疏于考虑教师的信念与价值以及其他可能的行动方案。成为一名反思性实践者意味着教师不仅要学会如何教学，也要明白为什么教学，有助于教师根据教学目标和实践在教学环境中进行有智慧的决定，从而促进教师深层的改变。[①] 教学反思者所关心的是知识如何在行动中浮现出来，以及这种知识在实践中的作用。[②] 因此，通过反思能够促进教师从经验中获得知识，也是教师提炼与提取实践性知识的内在机制。

第三节　新手教师和专家教师的例证

从 19 世纪 80 年代开始，很多学者从认知心理学的角度研究教师的教学决策。[③] 关于教师如何做出决策和判断这一议题，在过去十年中对教师课堂教学行为的研究，主要有两种思路：一是描述/解释的方法（descriptive / interpretative set of approach），以详细的课堂观察、分析为基础；另一种是发展/评价的方法（development/evaluation approaches），它不完全关注教师课堂教学行为，而是更多地分析学生的行为及其成就。[④] 对有效教学的研究和建构主义教学理论就是反思性教师进行理性决策的基础。它们既不是相互排斥的

① Valli, L., "Listening to Other Voices: A Description of Teacher Reflection in the United States," *Peabody Journal of Education*, 1997, 72 (1): 67 - 88.

② Fenstermacher, G. D., "A Philosophical Consideration of Recent Research on Teacher Effectiveness," In L. Shulman (ed.), *Review of Research in Education*, Itasca: F. E. Peacock, 1978, pp. 157 - 185.

③ Baron, J., & Brown, P. V., *Teaching Decision Making to Adolescents*, New Jersey: Lawrence Erlbaum Associates, 1991, p. 20.

④ Eggleston, J., "Editorial Introduction: Making Decisions in the Classroom," In J. Eggleston (ed.), *Teacher Decision-making in the Classroom*, London: Routledge & Kegan Paul, 1979, pp. 1 - 7.

关系，也不是相互对立的关系。[①]

　　研究者进一步提出为什么具有相同学科知识和教育知识的教师，在教学实践中会有完全不同的表现？这种差距是如何形成的？形成这种差距的原因是什么？受到了哪些因素的影响？如何促进教师实践知识的发展？[②] 同样，中国也有学者带着相似的疑问，探究为什么教师在学了教育理论、教学方法后，还是不能成为一个好老师这一问题。研究者开始关注课堂教学究竟是如何运行的？教师在课堂上究竟是怎样处理教学内容的？如何处理突发状况？如何管理课堂氛围？研究发现，起决定作用的是教师的实践知识，它决定着教师的日常教育教学行为。

　　教师发展可分为五个阶段：新手教师（novice），高级新手教师（advanced beginner），胜任教师（competent），熟练教师（proficient），专家教师（expert）。[③] 该研究通过教师的方法适应水平（the method acceptance scale of teachers，MAST）工具，试图检测在教师发展不同阶段的教学决策水平、教师个体之间的差异。有不同教龄的120位职前教师和768位在职教师参与了调查。研究发现，在促进学生理解和动机、教师个体教学哲学和成功经验之间的兼容程度这两个方面，专家教师高于熟练教师及非专家教师。

　　有经验的教师会根据不同类型的学生、不同类型的任务、对任务结果的不同期待及不同解决方法，在不同的教学阶段（课前、课中、课后）采用与其相适应的教学设计、教学态度、课堂氛围、教学方法及教学评价等。经验丰富的教师所拥有的知识是在数以千计的教学及数以万计与学生互动的过程中形成的。新手教师在学科知识、教学方法、教学环境方面的掌握比有经验的教师略逊一筹，而且他们也缺乏

---

① Good, T., & Brophy, J., *Looking into Classroom*, Boston: Pearson, Allyn & Bacon, 2003.

② Fairbanks, C. M., Duffy, G. G., Faircloth, B. S., He, Y., Levin, B., Rohr, J. & Stein, C., "Beyong Knowledge: Exploring Why Some Teachers Are more Thoughtful Adaptive than Others," *Journal of Teacher Education*, 2010, 6 (1-2): 161-171.

③ Henry, M. A., *Differentiating the Expert and Experienced Teacher: Quantitative Differences in Instructional Decision Making*," Paper presented at the annual meeting of the American association of colleges for teacher education, Chicago, IL., February 16-19, 1994.

有经验教师所拥有的心智地图和行为习惯的技能。① 除了有限的教学经验之外，新手教师有一些关于他们自己的知识。这种知识在很大程度上来源于他们过去的教育经验和学校生活经验。通过对 43 位新手教师的研究，研究者试图进一步回答三个问题：新手教师学习经验的本质范围是什么？新手教师对他们的经验采用哪种类型的评价？这些新手教师的特点是否会影响他们继续学习？研究表明，在初期的实践中新手教师非常脆弱，而且他们每个人的实践模式都是独一无二的。在教学初期，新手教师花费大量的时间用来学习。资料还表明，最有能力的教师总是那些最热衷于学习的教师。② 另外，研究者在对教师实践者进行重新思考时，认为相对于教学的有效性而言，语言课堂中教师和学生的生活质量更为重要。③

　　随着教师研究的视角从"教师怎么做"向"教师为什么这么做"转变，开始强调教师从事教育教学工作具有一定的知识基础，教师专业发展的过程是教师知识不断积累、熟练应用的过程，也有越来越多的学者关注教师知识在教育专业发展中的重要作用，并认为教师实践知识是教师专业发展的知识基础。如有研究者认为，要真正地促进教师发展，就必须对教师知识的构成形成新的认识，而其中最为核心的要素就是确立"实践科学"（practical science）的转向，即重视教育实践在教师自主专业发展中的特殊地位与作用，特别是要关注教师在教育实践中实践性知识的形成与发展。④

　　有研究比较了职前教师和入职教师在理解技术整合（technology integration）和在课堂教学决策中应用这类知识方面的异同。研究发现，在职教师在标准测验（criteria measuring）和在技术整合中的教

---

① Berliner, D. C., "Ways of Thinking about Students and Classrooms by more and less Experienced Teachers," In Calderhead, J. (ed.), *Exploring Teacher's Thinking*, London: Cassell, 1987, pp. 60 – 83.

② Arends, R. I., "Beginning Teachers as Learners," *Journal of Educational Research*, 1983, 76 (4): 235 – 242.

③ Allwright, D., "Exploratory Practice: Rethinking Practitioner Research in Language Teaching," *Language Teaching Research*, 2003, 7 (2): 113 – 141.

④ Eliott, J., "A Model of Professional and Its Implications for Teacher Education," *British Educational Research Journal*, 1991, 17 (4): 308 – 318.

育内容知识都比职前教师更为丰富。[①] 总而言之，在职教师在进行技术性的整合决策时，对课堂和学校层面各种因素的考虑范围更宽。

以一位具有典型教学内容知识的优秀教师的教学决策为个案，研究结果表明，教师通过控制教学以达到其教学目的，并使其教学与教学目的相一致。[②] 有研究者通过文献综述，分析了研究者是如何确认谁是专家教师的。通过考察 29 项研究，发现研究者们都不可避免地使用了以下标准：(1) 教龄；(2) 社会认知；(3) 专业或社会成员；(4) 其他以表现为基础的标准。文献综述的结果也表明，鉴定专家教师的标准具有可变性。[③] 还有研究者通过研究 20 位教学经验从 2 年到 13 年不等的埃及英语教师，发现教师根据领导的特点、领导风格及课堂内外教师领导者的言行来定义教师领导。[④] 也有研究探究在课堂教学决策中教师如何使用评价数据，并探究了评价的使用情况和学生成就之间的关系、高成就学校和有效评价频率之间的相互关系及评价在改进学校成就中的作用。参与访谈的 126 位教师及管理者中有93% 的人认为使用评价会产生重要的影响。研究结果表明，在利用在职培训发展教师关于评价决策的知识和技巧的过程中，教师个体是一个关键的影响因素。[⑤]

有研究试图描述教师是如何理解和解释课堂教学与学习中所使用知识的。通过分析 28 位教师课堂生活的录像及对其解释的记录，发

---

① Greenhow, C., Dexter, S., & Hughes, J. E., "Teacher Knowledge about Technology Integration: An Examination of Inservice and Preservice Teachers' Instructional Decision-making," *Science Education International*, 2008, 19 (1): 9 – 25.

② Van Hover, S., & Yeager, E., "I want to Use My Subject Matter to…": The Role of Purpose in One U. S. "Secondary History Teacher's Instructional Decision Making," *Canadian Journal of Education*, 2007, 30 (3): 670 – 690.

③ Palmer, D. J., Stough, L. M., Burdenski, T. K., & Gonzales, M., "Identifying Teacher Expertise: An Examination of Researchers' Decision Making," *Educational Psychologist*, 2005, 40 (1): 13 – 25.

④ Emira, M., "Leading to Decide or Deciding to Lead? Understanding the Relationship between Teacher Leadership and Decision Making," *Educational Mangement Administration & Leadership*, 2010, 38 (5): 591 – 612.

⑤ Mitchell, S., *Improving Instructional Decision Making: The Relationship between Level of Use of Evaluation and Student Achievement*, Paper presented at the annual meeting of the American educational research association, New Orleans, LA., April 5 – 9, 1988.

现当教师获得教育和教学经验时，他们对所观察到的课堂表现的解释主要包括：出现了大量增加的观点之间的复杂联系；教师从对这些联系的关注转向对课堂教学本身的关注，其中包括教学内容、教学过程、经验和教育目的。① 还有研究发现，新手教师与专家教师在解决问题的方式上有所不同。专家教师会花更多的时间来分析问题，对问题有较深入的理解，因而解决问题的速度更快，也更准确。② 有研究者通过分析 7 名优秀教师的教学计划，认为教师在备课时应该是一位反思性的决策者。这些优秀教师都有足够的能力和经验，他们通过观察、询问、诊断和评价等方式及时处理课堂上的各种问题。处理这些问题的经验又将成为他们进行下一次教学决策的重要信息。③

　　这就意味着教师必须在教学实践中不断分析教学材料和教学对象，分析如何教学会使效果更好，分析如何使得学生积极参与、保持学习的积极性。新手教师虽然经验不足，但是聪明的教师在做出教学决策之前会仔细思索可能遇到的各种情况。在情况出现时，不至于感到过分诧异，并会及时予以处理。教师不可能就课程中出现的所有问题进行准备，如果出现突发状况，有以下几种策略可以应用：停一停，稍作反思，即使可能会产生短暂的尴尬；坦率地向全班学生承认这些问题需要做进一步思考；如果结果可以逆转，就作为教学决策案例，以供日后参考。④

　　教师决策质量取决于教师的思考及教师知识。本书在探究两位经验丰富的幼儿园教师课堂决策的行为及原则的基础上，分析了教师观念是如何与教师行为联系在一起的。研究发现：第一，在研究中，教师能成

　　① Copeland, W. D., Brimingham, C., Demeulle, L., Emidio-Caston, M. D., & Natal, D., "Making Meaning in Classrooms: An Investigation of Cognitive Processes in Aspiring Teachers, Experienced Teachers, and Their Peers," *American Educational Research Journal*, 1994, 31 (1): 166–196.

　　② Hmelo-Silver, C., Nagarajan, A., & Day, R., "It's Harder than We Thought It would be': A Comparative Case Study of Exper-novice Experimentation Strategies," *Science Education*, 2002, 86 (2): 219–243.

　　③ Darling-Hammond, L., *Powerful Teacher Education*, San Francisco: Jossey-Bass, 2006, p. 83.

　　④ Wilen, W., Hutchison, J., & Bosse, M. I., *Dynamics of Effective Secondary Teaching*, New York: Allyn & Bacon, 2008, p. 388.

功地使用教育原则再概念化教师教学实践知识；第二，指导实践者决策和行动的教育原则都来源于教师自己作为教师的视域（images）、其关于儿童学习和发展的信念、教师价值观及在教学过程中教师课堂管理的知识等；第三，教师对他们作为教师角色的理解，在解释其行动和课堂事件中起着重要的作用；第四，教师个体经验和专业经验逐渐转化为教师实践知识。① 通过对 152 位职前教师和 153 位在职教师的问卷调查，研究者探究了新手教师和专家教师如何根据教学内容决策教学策略。研究结果表明，新手教师和专家教师都会根据教学内容改变教学策略，而职前教师关于教学的隐性知识（tacit knowledge）对教师决策有影响作用。②

有效的决策是优秀教师的基本技能，而来自于教学心理学的研究、理论、模型、科目和技术都有助于教师成为一个好的决策者。③ Sparke-Langer & Colton（1991）认为，教师在课堂上针对教学状况做出教学决策所必备的知识在教师反思中起到了重要的作用。研究发现，一般教师所掌握的知识在数量上差异不大，但在如何组织利用知识、如何融会贯通方面却有很大差异。在理解和应对一个教学中所出现的问题时，专家教师往往比新手教师更迅捷、更成功。④ 通过对具有十年教学经验的一位小学教师、一位高中英语教师和一位数学教师的研究发现，教师主体和教师决策在教师发展中扮演着重要角色。虽然有很多因素和背景影响着教师的发展过程，但其中最重要的是教师在反思学生学习问题的过程中所做出的复杂决策。研究发现，经过十年的教学，这些教师发展形成一个强有力的循环圈，使教师工艺知识

① Heish, Y., & Spodek, B., *Educational Principles Underlying the Classroom Decision-Making of Two Kindergarten Teachers*, Paper presented at the annual meeting of the American educationalresearch association, San Francisco, CA, April 18 – 22, 1995.

② Klimczak, A. K., *Teacher Decision Making Regarding Content Structure: A Study of Novice and Experience Teachers*, Paper presented at the annual national convention of the association for educational communications and technology, Anaheim, CA., October 17, 1995.

③ Greenwood, G. E., & Fillmer, H. T., *Educational Psychology Cases for Teacher Decision – making*, New Jersey: Prentice-Hall, Inc., 1999.

④ Sparke-Langer, G., & Colton, A., "Synthesis of Research on Teachers' Reflective Thinking," *Educational Leadership*, 1991, 48（6）: 37 – 44.

（craft knowledge）与课堂提问、合作、反思和决策等结合起来。①

康奈利和克兰迪宁更明确地指出，教师实践知识不是客观独立的，不是交互式地习得或传递的东西，而是教师经验的综合。② 因此，教师教学决策经验为教师实践知识生成、发展提供了资源，教师通过不断的反思，在日常教学中积累了丰富的教学决策经验，这些经验在教学实践中获得了教师认同，转化为一种教师认为可信的、有效的解决课堂教学问题，处理课堂教学事件，做出教学决策的实践性知识。

从另一个角度来说，教师专业化发展的过程在一定程度上就是教师知识获得正当性、合法性及权威性的过程。许多教育哲学家强调知识的正当性（justification）在教育或教学中深深嵌入在个人工作和社会背景中，且认为这种正当性是一种解释的过程。另外，对这种解释的有效性维护根据情境的变化而变化。来源于教学情境的情境性知识并不能以它的功能或普遍适用性获得其正当性，然而，教师仍然需要证明他们宣称的实践知识是不会导致错误行为的。③ 如果在一定程度上把教师的正式知识（formal knowledge）和教师实践知识称为知识的话，那么两者都需要证据来证明自己。④ …… 教师宣称自己具有实践知识并不意味着他们就没有义务去展示要信服它们的较客观的原因。⑤ 并进一步论述认为这种正当性形成具有充分的理由（good reason-approach），并且认为当提供的原因是十分合理的时候，行动对于行动者和观察者都将变得敏感起来，这时自我正当性论证成为一种合理化的方式。这种合理化的方式也展示了一种行动是有理由去做的事，是

---

① Sawyer, R. D., "Teacher Decision-making as a Fulcrum for Teacher Development: Exploring Structures of Growth," *Teacher Development*, 2006, 5 (1): 39 – 58.

② Connelly, F. M., & Clandinin, D. J., *Teachers as Curriculum Planners: Narratives of Experience*, New York: Teachers College, 1988, pp. 2 – 14.

③ Gholami, K., & Husu, J., "How Do Teachers Reason about Their Practice? Representing the Epistemic Nature of Teachers' Practical Knowledge," *Teaching and Teacher Education: An International Journal of Research and Studies*, 2010, 26 (8): 1520 – 1529.

④ Fenstermacher, G. D., "The Knower and the Known: The Nature of Knowledge in Research on Teaching," In L. Darling-Hammond (ed.), *Review of Research in Education*, Washington, DC: American Educational Research Association, 1994, pp. 44 – 48.

⑤ Ibid., pp. 27 – 28.

理所当然的事,是在这种情景下唯一能做的事。①

综上所述,许多关于教师教学决策的研究都将教师专业发展阶段作为一个重要的变量进行考虑。那是因为在不同专业发展阶段的教师教学决策水平存在着明显的差异,尤其是新手教师与专家型教师之间的差异就更为显著。另外,到目前为止,虽然很少有研究者在关于教师实践知识的研究中把教师专业发展水平作为一个重要的因素进行考虑,但是教师实践知识的内涵、内容、特点及教师实践知识的来源、生成方式、表现方式的不同,也可以证明教师实践知识差异是新手教师与专家型教师之间的本质区别。因此,本书将选取新手教师和专家型教师为研究个案,探究教师实践知识与教师教学决策之间的互动关系。

---

① Fenstermacher, G. D. , "The Knower and the Known: The Nature of Knowledge in Research on Teaching," In L. Darling-Hammond (ed.), *Review of Research in Education*, Washington, DC: American Educational Research Association, 1994, pp. 44 – 48.

第四章　研究方法与研究设计

第一节　研究分析框架及研究问题

一　研究分析框架及相关概念界定

综上文献所述，教师通过对教师教学决策经验的持续反思，将不断积累的教学经验升华为教师实践知识。与此同时，教师实践知识又是教师在教学情境中进行教学决策的知识基础。另外，教师在持续不断的反思、行动的过程中把教师教学决策和教师实践知识连接起来。由此，一方面有利于提高教师教学决策的效率，另一方面有利于促进教师实践知识的生成、发展。

在对教师实践知识研究及对教师教学决策研究的文献分析、整理基础上，形成了教师实践知识与教师教学决策关系的分析框架（见图4－1）。

本书分析框架中所涉及的概念有教师实践知识、教师教学决策、教师反思、行动及教学情境。除此之外，还有两个涉及本书取样的重要相关概念是专家型教师与新手教师。这些概念的操作性定义如下。

（一）教师实践知识

在本书分析框架中教师实践知识的内容包括五个方面：教师关于自我的知识；教师关于科目的知识；教师关于学生的知识；教师关于教育情境的知识；教师关于教育本质的信念。教师实践知识具有实践性、情境性、综合性、经验性及个体性的特点。在厘清教师实践的内容及特点的基础上，本书在整理、分析资料的过程中，将重点关注教师实践知识的来源、生成方式等。

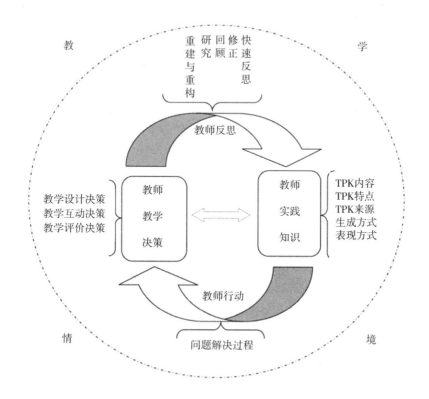

图4-1　教师实践知识与教师教学决策互动关系分析框架图

本书把教师实践知识理解为教师在具体的日常教学实践情境中，通过体验、沉思、感悟等方式来发现和洞察自身实践与经验的意蕴，并融合了自身的生活经验及对教育教学的认识。它主导着教师的教育教学行为，有助于教师重构过去的经验与未来的计划，以至于把握现时的行动。在此基础上将教师实践知识定义为：在教育教学情境中，教师对自己的教育教学经验进行反思和提炼后所形成的，并通过自己的行动做出来的对教育教学的认识。

（二）教师教学决策

教师教学决策是指教师为了实现教学目标与完成教学任务，根据自己的教师实践知识，通过对教学实践的预测、分析和反思，从而决定最有效的教学方案等一系列发挥教师主观能力的动态过程。如第二章关于教师教学决策的文献综述，根据不同的标准对教师教学决策的分类也有所不同。本书分析框架将按照教学的时间先后顺序，将教师教学决策分为教师设计决策、教师互动决策、教师评价决策三个方面。

（三）教师反思、行动

在文献综述及初步田野调查的基础上，在本书的分析框架中，教师反思、行动在教师实践知识与教师教学决策的互动关系中起桥梁作用。

在文献综述的基础上，从资料搜集、分析的角度，本书分析框架将从五个维度解释、分析教师教学反思。这五个维度分别为快速反思、修正、回顾、研究、重构与重建。其中快速反思具有情境性、实时性及个人化的特点。修正是因为思考而中断或暂停，是对自己行动的修正或调整。回顾除了发生在教师个体身上外，还发生在教师群体之间。研究是教师在较长的时间内对某教学问题进行思考与观察，使反思更加系统化和敏锐化。重构与重建是更加抽象、理性和严谨的反思结果。该分析框架中的行动并不是指一般意义上的教师行动或特指教师行动研究，而是专指教师在教育教学情境中，在问题解决过程中教师教学决策行动。

如本书框架所示，在教师教学决策经验转变为教师实践知识的路径中教师反思是主要途径。与此同时，教师实践知识对教师教学决策的影响是通过教师在问题解决中的教学决策行为而发挥作用的。在这两个路径中，似乎分别强调了教师反思和教师行动，采取这种方式是从能准确、聚焦地搜集和分析资料的角度出发考虑的。然而在真实的教育教学情境下，在教师教学决策与教师实践知识的互动关系中，教师反思、行动是作为一个整体发挥作用的。

（四）教学情境

本书分析框架中的教学情境主要指影响教师教学的微观、中观、宏观三个层面的情境因素。这三个方面的教学情境在不同程度上影响着教师教学决策行为；教师实践知识的生成、发展；教师实践知识与教师教学决策之间的互动关系。

（五）中国课程改革

本书以中国课程改革为研究大背景，其中课程改革主要指以《基础教育课程改革纲要（试行）》文件的颁布为标志的中国自 2001 开始实施的第八次课程改革。另外，伴随着全球教育改革浪潮及中国社会发展的现状，本书中的课程改革还涉及社会现状、社会发展对人才的要求与学校教育之间的张力。这种张力切实地影响着课堂教学中的每个学生和教师。

另外，除了在文献综述及理论分析基础上归纳出教师实践知识与教师教学决策之间的互动关系路径之外，在真实的教学实践中，教师教学决策和教师实践知识之间可能存在着另外的互动关系。这种互动关系有可能是以一种更直接、更有效的方式在教师教学实践中发挥作用的。这种互动关系也有可能是一种消极的状态，阻碍了教师教学决策和教师实践知识之间的互动。当然，将两者之间可能存在的这种关系加入研究分析框架中，并不是毫无根据的，而是作者在文献阅读、田野观察基础上的创见，也是在对研究问题不断考虑及田野调查过程中的一种"感觉"。

二　研究问题的陈述

本书研究问题主要包括三个方面：教师教学决策经验如何转变为教师实践知识？教师实践知识对教师教学决策有何影响？教师教学决策与教师实践知识之间存在怎样的互动关系？第三个大问题下面又包括与其相关的几个小问题。

教师教学决策经验如何转变为教师实践知识这一问题包括：教师实践知识的来源有哪些？教师实践知识的生成方式有哪些？

教师实践知识对教师教学决策有何影响这一问题包括：教师实践知识对教师教学设计决策的影响？教师实践知识对教师教学互动决策的影响？教师实践知识对教师教学评价决策的影响？

教师实践知识和教师教学决策之间存在怎样的互动关系这一问题包括：教师实践知识与教师教学决策的互动过程如何？

如何形成教师实践知识与教师教学决策之间的良性互动关系？

第一个大问题关注教师教学决策经验向教师实践知识的转化过

程。其中涉及两个子问题：第一，探究教师实践知识来源于哪些教学决策经验；第二，在此基础上分析教师实践知识的生成方式。第二个大问题关注教师实践知识对教师教学决策的影响。其中分别讨论了教师实践知识对教师教学设计决策、教师教学互动决策、教师教学评价决策的影响。第三个大问题关注教师教学决策和教师实践知识之间存在怎样的互动关系。在对第一个问题和第二个问题分析、探讨的基础上，试图勾勒教师实践知识与教师教学决策之间互动的全景图，及教师反思、行动在此过程中的桥梁作用。由此尝试解释教师实践知识与教师教学决策之间如何才能建立起良性互动的过程。

第二节 研究方法

研究方法是从事研究的计划、策略、手段、工具、步骤以及过程的总和，是研究的思维方式以及程序和准则的集合。① 本书计划采取以"质性研究"为主的"个案研究"策略进行设计。

一 质性研究思路

质的研究是指研究者本人作为研究工具，在自然情境下采用多种数据收集方法对社会现象进行整体性探究，使用归纳法分析数据和形成理论，通过与研究对象互动而对其行为和意义建构获得解释性理解的一种活动。② 陈向明根据相关文献认为，质的研究具有自然主义的探究传统，是对意义的"解释性理解"（interpretive understanding），它是一个演化发展的过程，具有使用归纳法、重视研究关系等特点。③

质的研究必须在自然情境下进行，对个人的"生活世界"以及社会组织的日常运作进行研究。质的研究认为，个人的思想和行为以及社会组织的运作是与所处的社会文化环境分不开的。如果要了解和理解个人和社会组织，就必须把它们放置到丰富、复杂、流动的自然情

---

① 陈向明：《质的研究方法与社会科学研究》，教育科学出版社 2000 年版，第 5 页。
② 同上书，第 12 页。
③ 同上书，第 14 页。

境中进行考察。注重社会现象的整体性和相关性，对所发生的事情进行整体的、关系型的考察。对部分的理解不仅依赖于对整体的把握，而且对整体的把握又必然依赖于对部分的理解——这便形成了一个"阐释的循环"。质的研究认为，研究是一个对多重现实（或同一现实的不同呈现）的探究和建构过程。

本书以某高中教师为例，关注教师实践知识与教师教学决策之间的互动关系。其中对教师教学决策经验如何生成教师实践知识、教师实践知识又会对教师教学决策产生怎样的影响等问题的探讨，正是期望在自然情境中探究和建构教师实践知识与教师教学决策之间的互动关系。

质的研究的归纳方法决定了质的研究者在收集数据和分析数据时，走的是自下而上的路线，在原始数据的基础上建立分析类别。分析数据与收集数据同时进行，以便在研究现场及时收集需要的数据。数据呈现的主要手法是"深描"（thick description），透过缜密的细节表现被研究者的文化传统、价值观念、行为规范、兴趣、利益和动机。研究的结果需要通过相关检验等方法进行证伪，其效度来自研究过程中各个部分之间的相互关系，与特定的时空环境密切相关。在质的研究中研究者将自己投入实地发生的各种过程之中，注意了解各方面的情况；寻找当地人使用的本土概念，理解当地的文化习俗，孕育自己的研究问题；扩大自己对研究问题的理解，在研究思路上获得灵感和顿悟；对有关人和事进行描述和解释；创造性地将当地人的生活经历和意义解释组合成一个完整的故事。研究者本人就是一个研究工具，需要在实地进行长期的观察，与当地人交谈，了解他们的日常生活、他们所处的社会文化坏境、记忆这些环境对其思想和行为的影响。

相对于量的研究而言，质的研究比较适合在微观层面对个别事物进行细致、动态的描述和分析；擅长于对特殊现象进行探讨，以求发现问题或提出新的看问题的视角；质的研究使用语言和图像作为表述的手段，在时间的流动中追踪事件的变化过程；强调从当事人的角度了解他们的看法，注意他们的心理状态和意义建构；研究十分重视研究者对研究过程和结果的影响，要求研究者对自己的行为进行不断的反思。①

　　本书以教师个体为研究合作者，在与教师长期合作、建立信任关系的基础上，在真实的自然教育情境中考察教师实践知识和教师教学决策之间的互动过程。在研究过程中需要了解在真实教育教学场景中教师个体的所思所想，并探究教师在日常教学中如何把教师教学决策经验转化为教师实践知识，及教师进行教学决策的过程、依据。

　　在研究过程中，研究者与研究参与者之间是一种平等、互惠、相互学习的关系。另外，教师教学决策与教师实践知识之间互动关系的形成、发展是一个持续、不断变化的过程。除了教师自身之外，还受到很多外部因素的影响，很难用量化的研究方法进行分析。基于以上因素的综合考虑，本书更适合采用质性研究思路。

二　个案研究策略

　　本书将以质性研究思路为基础，选择个案研究策略。选择个案研究策略主要基于以下几个方面的考虑。

　　（一）对研究问题本身的考虑

　　研究方法的选择主要考虑的因素是所研究的问题。个案研究最适合于谈论关于"怎么样"以及"为什么"的问题，它关注正在发生的、研究者不能控制或极少能控制的事件。②

　　本书主要关注教师实践知识与教师教学决策之间的互动关系。不仅涉及"怎么样"的问题，还涉及"为什么"的问题。另外，本书主要关注教师教学决策和教师实践知识之间的互动过程。个案研究的优势就在于可以解释各种因素之间所存在的复杂联系。这种联系是如此复杂，以至于实验或调查都无法加以解释。由此可见，个案研究是最适合本书的研究策略。

　　（二）对个案研究特点的考虑

　　个案研究旨在分析个案单位生活中的现象，及其背后所隐藏的意

① 陈向明：《质的研究方法与社会科学研究》，教育科学出版社 2000 年版，第 10 页。
② Yin, R. K., *Case Study Research: Design and Methods*, California: SAGE Publication Ltd., 1994.

义。个案研究试图在自然情境中深入理解个案的复杂性和整体性。个案研究能够对研究现象或研究问题有一个全面且立体的了解。[①] 另外，个案研究能够形成一个完整、深入的详细描述与分析框架，并能够对现实情境中同期发生的现象形成理解，而不是一个松散的、割裂的事件集合。

个案研究可以分为三类：第一，本质性的个案研究（intrinsic case study）。在进行个案研究的从头至尾，研究者只想更好地理解所选择的特殊个案，因为最初选择的个案并不因为其特殊性而能代表其他的个案，恰恰相反，正是因为这个个案十分特殊或十分平常，其目的不是建构理论，而是仅仅对个案本身感兴趣。第二，工具性的个案研究（instrumental case study）。这种类型的个案如果是一个特殊案例，那么我们期望能够对事件有深入的见解或者重新获得一般化的结论。另外，这类个案研究所发挥的支持性作用，有利于我们对事情的理解。这类案例还关注深度问题，详细考察其背景和各种活动的细节都是为了帮助我们获得对其他案例的理解。第三，综合案例研究（collective case study）。当对某个案例没有那么强列的兴趣时，我们会通过多个案例，考察一个现象、一类群体、一般情况等。综合案例研究中的个案可以是相似的，也可以是不相似的。之所以选择这种个案研究，是因为我们相信对这些个案的理解可以获得对其更深入的理解，也许在对大量案例解释的基础上可以进行理论化。[②]

本书根据研究问题，主要选择综合案例为研究取向。通过综合案例研究，考察教师教学决策经验如何转化为教师实践知识；教师实践知识对教师教学决策又有什么样的影响作用；以及教师教学决策和教师实践知识之间的互动关系这三个主要的问题。

---

① Sturman, A., "Case Study Methods," In Keeves, J. P. & Lakomski, G. (eds.), *Issues in Educational Research*, Pergamon, 1999, pp. 103 – 112.

② Stake, R. E., "Qualitative Case Studies," In N. K. Denzin & Y. S. Lincoln (eds.), *The SAGE Handbook of Qualitative Research*, London：SAGE publisher, 2000, pp. 443 – 467.

第三节 研究设计

一 取样问题

质的研究中使用最多的"非概率抽样"方式是"目的性抽样"即按照研究的目的抽取能够为所研究问题提供最大信息量的研究对象。[1] 这种研究方法也被称为"理论性抽样",即按照它所设计的理论指导进行抽样。由于质的研究注重对研究对象(特别是他们的内在经验)获得比较深入细致的解释性理解,因此研究对象的数量一般都比较小。[2] 而制约抽样的因素有样本与研究问题之间的关系;样本的个人条件;样本与研究者之间的关系等。[3]

本书关注教师教学决策和教师实践知识之间的互动关系,在研究中以能收集到丰富、多样、多层次地呈现两者之间互动关系的数据为首要考虑标准。

首先,教育地区、城市选取。不同地区的教育发展水平及状态,为本书提供了一个大的社会背景及教育情境。在研究中需要保证所选案例处于同一教育地区,使外部社会环境对研究结果的影响降到最小。

其次,学校选择。除了教育地区、城市因素之外,学校因素对教师教学决策行为和实践知识的生成、发展也有重要影响。本书以某市S高中教师为例,之所以选择S高中为研究案例学校,主要有以下几个方面的考虑。第一,基于对研究问题的考虑,本书优先选择教师教学决策与教师实践知识之间互动关系较为多样化的学校。S高中的新手教师、熟练教师、专家型教师三类教师的分布结构合理,在田野数据搜集的过程中,有利于提供充足的案例以供选择,也有利于提高田野研究数据的丰富程度。第二,面对新课程改革的推行,S高中教师在教师实践知识发展、教师教学决策改进过程中所遇到的问题也是大

---

① Patton, M. Q., *Qualitative Evaluation and Research Methods*, Newbury Park, Calif: Sage Publications, 1990.

② 陈向明:《质的研究方法与社会科学研究》,教育科学出版社2000年版,第103页。

③ 同上书,第114—116页。

部分高中教师在教学情境中所遇到的问题。相对于一些具有特殊情况的学校，S高中教师所面临的教师教学决策与教师教学实践之间的互动情形与该市大部分高中教师所面临的情形的相似度较高。由此，通过本研究可以最大限度地了解该市高中教师教学决策与教师实践知识之间的互动情形。第三，S高中是一所接受田家炳教育基金资助的学校。在研究者进入该学校之前，S高中参与了省、市级别的很多教学研究项目。S高中的校长与副校长的教育理念、管理理念相对较为开放、民主，也很重视教学和教学研究。这些条件为研究者长期驻扎在S高中，收集研究数据提供了有力的帮助与支持。

最后，教师选取。本书选取了S高中各个学科的34位教师，分别涉及数学、语文、英语、化学、物理、地理、政治七个教学科目。虽然不同学科的教师，因为教学内容的不同，在教师教学决策和教师实践知识两方面存在差异。但是本书主要关注一般意义上由教师教学决策行为所体现出来的教师教学决策能力、由教师教学经验所形成的教师实践知识及两者之间的互动关系。

由此，本书将不再考虑不同学科教师实践知识是否存在差异的问题，其原因有三方面。首先，根据之前的文献综述，关于教师实践知识的研究都没有提及不同学科的教师实践知识有何异同问题。相反，有学者通过对某一子学科教师实践知识的探究，得出了一些关于教师实践知识的相对普适的理解，被学界广泛接受。其次，根据教师实践知识的定义及内涵，它是教师在教学实践中逐渐形成的。虽然学科知识是教师实践知识的一个组成部分，但在教育教学实践中教师实践知识的生成、发展还受到其他很多因素的影响。最后，本书关注教师教学决策经验转化为教师实践知识的过程，以及教师在问题解决过程中教师实践知识如何影响教师教学决策等问题。在教师实践知识和教师教学决策过程中，教师反思、行动起到了桥梁作用。由此，本书将不再关注教师学科知识所造成的差异。当然，不可否认，学科知识是教师实践知识的组成部分，它也可能在一定程度上影响教师实践知识的生成、发展。但此种状况可以作为另一个研究焦点或后续研究的关注点。为了保证数据分析结果的可靠程度，本书凡是涉及不同教师专业发展水平之间的比较分析，例如对新手教师、熟练教师、专家型教师的比较分析，都会选择同一科目的教师为例，以尽量减少因科目知识不同而造成的差异。

另外，为了保证研究数据的丰富程度及数据分析的可靠程度，根据教师教龄、教研组长推荐、校长推荐、教师教学实际情况等因素，本书尽量确保不同专业发展水平的教师比例协调。综上所述，本书的教师个案选取情况如表4-1所示。

表4-1　　　　　　　　个案教师取样情况

教师编号	教龄（年）	所教学科	性别	备注
FJH	7	数学	男	由初中转入高中部，2年
ZWB	7	数学	男	由初中转入高中部，2年
SXL	7	数学	女	
WXA	8	数学	女	
WHM	9	数学	女	
WXF	9	数学	女	初中转入高中部教师，2年
LYP	12	数学	女	
FYX	16	数学	女	
XP	18	数学	女	教研组长
LXL	18	数学	女	
GCF	20	数学	女	
SAM	21	数学	男	
DYP	5	英语	女	
JYX	15	英语	女	
LM	18	英语	女	教研组长
XWP	20	英语	女	
ZWJ	30	英语	男	语文组教研员
FMY	1	化学	女	

续表

教师编号	教龄（年）	所教学科	性别	备注
GL	1	化学	女	
PR	5	化学	女	
JY	24	化学	女	教研组长
YTC	1	语文	男	
SJ	5	语文	女	
WJ	9	语文	女	
DX	12	语文	女	
LWY	24	语文	男	教研组长
YLP	26	语文	女	由初中转入高中部，2 年
CP	30	语文	女	
LSF	35	语文	男	特级教师
YXP	1	政治	男	
MM	26	政治	女	
LGF	19	地理	男	
LZW	20	地理	男	
WYG	26	物理	男	教研组长

二　资料收集

在质的研究中，收集数据的方法可以有很多种。这是因为任何东西只要可以为研究的目的服务都可以成为"数据"，所以几乎任何方法都可以成为质的研究中收集数据的方法。在收集资料的时候最重要的问题是：如何从被研究者那里获得能够表现他们的所思所想、所作所为的资料？如何从他们的视角理解他们的行为和意义建构？质的研究中最主要的收集资料的三种方法是访谈、观察、实物分析。访谈的主要问题是："我如何了解被研究者的所思所想?"观察的主要问题是："我如何了解被研究者的所作所为?"实物分析问题主要是："我如何解释自己所看到的物品的意义？"①

笔者于 2012 年 3 月与 2012 年 9 月、10 月分别进入 S 高中收集研究数据。在 S 高中研究数据的收集过程中，研究者将教师个体作为研究合作者，在与教师长期合作、建立信任关系的基础上，在真实的自然教育情境中考察教师实践知识和教师教学决策之间的互动过程。在数据收集间隔期间，研究者与研究参与者之间也保持着紧密的联系，就研究中出现的相关问题，研究者随时通过网络、电话等形式与研究参与者进行联系。在此过程中，与研究参与者建立了良好的信任、合作关系。本书主要采用访谈、观察、实物分析三种方法收集资料。

（一）访谈

"访谈"就是研究者"寻访""访问"被研究者并且与其进行"交谈"和"询问"的一种活动。"访谈"是一种研究性交谈，是研究者通过口头谈话的方式从被研究者那里收集第一手数据的一种数据收集方法。② 访谈形式本身可以使研究者控制双方的交谈方式，包括交谈的内容、谈话的风格以及信息的类型和容量。访谈是建立在信任之上的，即通过语言交流，人可以表达自己的思想，不同的人之间可以达到一定的相互"理解"；通过提问和交谈，人可以超越自己，接近主体之间视域的融合，建构出新的、对双方都有意义的社会现实。访谈的过程由访谈情形和问题的目的所决定。③

根据本书的主要研究问题，半结构型访谈和开放型访谈将作为搜集资料最主要的方法。一方面，因为教师实践知识具有情境性、缄默性等特点，在实际课堂教学中教师有时候甚至意识不到实践知识的存在，这就需要研究者和研究参与者在完全信任、互助的基础上，通过访谈进行有意义的建构和对话。另一方面，通过访谈可以及时、有效地了解教师在具体教育教学情境中采取行为、做出决定背后的深层意义，为研究提供丰富的第一手资料。

另外，刺激性响应（stimulated recall）在本书中也将发挥很大的

---

① 陈向明：《质的研究方法与社会科学研究》，教育科学出版社 2000 年版，第 163 页。
② 同上书，第 165 页。
③ Coleman, L. J., "A Method of Studying the Professional Practical Knowledge of Service Providers," *Journal of Early Intervention*, 1993, 17 (1): 21–29.

作用。在刺激性响应方法的使用中田野笔记、录音磁带、录像都会回放给教师看，以便他们可以谈论当时他们在想些什么。也有学者使用刺激性响应访谈方法（Video-stimulated interviews）分析了12位教师在多元文化背景的课堂管理中分享实践知识的策略。①

本书总共访谈 S 高中的 24 位教师，其中涉及数学、语文、英语、化学、物理、地理、政治七个教学科目，每次访谈大约持续 50 分钟。为了通过访谈搜集到丰富、全面的数据，本书在课后对教师的访谈采用了刺激性响应的访谈方法。另外，在教研组活动中也采用了团体访谈的方法，以便用这部分田野数据对半结构式访谈所收集的田野数据进行三角验证。

（二）观察

观察是人类认识世界的一个最基本的方法，也是从事科学研究的一个重要手段。观察不仅是人的感觉器官感知事物的过程，而且是人的大脑积极思维的过程。质的研究认为，观察不只是对事物的感知，而且取决于观察者的视角和透镜。观察者所选择的研究问题、个人经历和前设、与所观察事物之间的关系等都会影响观察的实施和结果，需要认真进行分析。②

质的研究中的实地观察可以分为参与性观察和非参与性观察。在参与性观察中，观察者和被观察者一起生活、工作，在密切的相互接触和直接体验中倾听和观看他们的言行。这种观察的情境比较自然，观察者不仅能够得到对当地的社会文化现象比较具体的感性认识，而且可以深入被观察者文化的内部，了解他们对自己行为意义的解释。在操作层面上，研究者可以随时问自己想了解的问题，并且可以通过观看被研究者的行为而发问。这种观察具有开放、灵活的特点，允许研究者根据研究问题和情境的需要不断调整观察的目标、内容和范围。由于其参与性质，观察者具有双重身份，既是研究者又是参与者。观察者不仅要和当事人保持良好的关系，而且在参与当事人活动

---

① Tartwijk, J. V., Brok, P. D., Veldman, I., & Wubbels, T., "Teacher's Practical Knowledge about Classroom Management in Multicultural Classrooms," *Teaching and Teacher Education*, 2009, (25): 453–460.

② 陈向明：《质的研究方法与社会科学研究》，教育科学出版社 2000 年版，第 227 页。

的同时必须保持研究所必需的心理和空间距离。观察者和被观察者之间的关系比较灵活，不是一方主动、一方被动的固定关系，研究的过程也不完全先入为主地由某种外在的、机械的模式所决定，而是融入了参与双方的决策、选择和互动。① 为了理解实践者的思想，研究者必须成为实践者生活中的一部分，所以会使用参与式观察的方法。②

　　观察是一种主体之间的互动活动。它不仅使我们"看"到了观察的对象，而且促使我们对观察的对象进行"思考"和"建构"。质的研究要求研究者在自然情境中与被研究者一起工作和生活，通过自己亲身的体验来获得对对方的理解。因此，如果我们真正将自己放到所研究的现象之中，在注意被研究者的同时也注意自己的思想和情感方面，我们应该可以比较深入地进入对方的生活世界。③

　　参与式观察的核心是写田野笔记。这些笔记对实践者背景的理解非常重要，并为探究个人实践模式提供了基础。④ 研究者在场域中记述什么人说了什么，做了什么，并详细记录物理环境。这些跟踪为明确问题提供了宝贵的机会。在观察的总结阶段，需要花费时间重新叙写田野笔记。对于在哪里观察，什么时候观察，观察多长时间取决于研究的目的。关于观察频率的第一原则是：不断持续直到在那个环境中发生的正常事件变成人人都熟悉的事件。

　　本书将以参与性观察为主。研究者将参与到教师教学的具体环境中，通过自己亲身的体验获得对教师教学外部环境的感性认识，对教师所处的学校环境进行深入了解，更有利于理解、分析问题。此外，在观察的过程中并不拒绝研究者情感的流露，但要求研究者以开放的心态记录、分析所看到的现象，不受自己偏见的影响。最后，为了保证搜集数据的真实性和研究的质量，除了保证观察足够长的时间外，还需要不断进行反思。

----

① 陈向明：《质的研究方法与社会科学研究》，教育科学出版社2000年版，第228页。

② Coleman, L. J., "A Method of Studying the Professional Practical Knowledge of Service Providers," *Journal of Early Intervention*, 1993, 17 (1): 21 – 29.

③ 陈向明：《质的研究方法与社会科学研究》，教育科学出版社2000年版，第237页。

④ Coleman, L. J., "A Method of Studying the Professional Practical Knowledge of Service Providers," *Journal of Early Intervention*, 1993, 17 (1): 21 – 29.

本书在田野数据收集过程中，总共参与观察课堂教学 28 节。其中数学 9 节、语文 5 节、化学 5 节、英语 3 节、政治 2 节、地理 2 节、物理 2 节。在数据收集的过程中，一方面对教师课堂教学进行观察，再辅以半结构式访谈；另一方面在半结构式访谈的基础上，再对教师课堂教学进行观察。在田野数据收集的过程中，半结构式访谈与课堂教学观察相互配合，以获得更为可靠、丰富、完整的田野数据。

（三）实物分析

"实物"包括所有与研究问题有关的文字、图片、音像、物品等，可以是人工制作的东西，也可以是经加工过的自然物。这些数据可以是历史文献，也可以是现时的记录；可以是文字数据，也可以是影像数据；可以是平面的数据，也可以是立体的物品。实物属于一种物品文化，有其自身的特点。对实物的分析与对语言的分析是很不一样的，遵循的是一种十分不同的逻辑。语言主要依赖于概念的使用，而实物更加依赖于形象的召唤和联想以及物品本身的使用方式。语言分析受到语言规则的制约，是一种以规则为基础的认知，依靠的是人们对语言本身的理性知识；而物品分析依赖的是一种联想模式，其意义主要来自人们日常生活中的"实践理性"[1]。

由于实物的制作是和特定的社会文化环境密切相关的，我们在对实物进行分析时应该将其放回到其被生产、被使用、被重复使用或者被抛弃的历史文化背景中加以考虑。实物通常是在自然情境下生产出来的产品，可以提供有关被研究者言行的情境背景知识。由于研究者的直接干预相对于其他研究方式比较少，实物所提供的这些背景知识往往比研究者使用人为的方式所获得的数据更加"真实""可信"。此外，实物在一般情况下可以比访谈中受访者使用的语言更加具有说服力，可以表达一些语言无法表达的思想和感情。从研究的"可靠性"方面考虑，实物分析还可以用来与从其他管道获得的材料进行相互补充和相关检验。[2]

研究现场要搜集的实物主要有：现场笔记、访谈记录、观察记

---

[1]　陈向明：《质的研究方法与社会科学研究》，教育科学出版社 2000 年版，第 257 页。
[2]　同上书，第 265—266 页。

录、日记、自传、信件、口述数据、年鉴、历史记录、教师故事、照片及其他个人或家庭资料。① 自传通过教师讲述他\她的故事或历史，在反思个人实践知识中发挥了重要作用。② 还有一类资料出现在研究场域中的文字材料里，包括教师教案、教学反思笔记、教师写给家长的信、来自校长的通知、学生的作业等。③

综上所述，本书主要关注教师实践知识和教师教学决策之间的互动关系。教师实践知识是教师在教育教学情境下，教师对自己的教学经验进行反思和提炼后所形成的，并通过自己的行动反映出来的对教育教学的认识。因此研究者与研究参与者保持作息时间一致，且在同一办公室里相处，以期望融入教师所在的教学情境，并能了解教师言行背后的深层意义。另外，需要注意研究问题与数据收集方式之间是相互联系、相互影响的。两者之间的匹配程度也关系到本书研究内容的可靠性与真实性。

最后，本书关注教师实践知识与教师教学决策之间的互动关系，实物搜集将在很大程度上丰富田野资料。本书所涉及的文件材料主要分为官方资料与个人资料两大类。其中官方资料包括学校课程安排时间表、学校各种规定说明等。基于对主要研究问题的考虑，本书以教师个人资料收集为主，其中既包括与教师相关的各种文本，也包括研究者在田野调查中所撰写的文本。由于学校中实物大都以文本的方式呈现，本书将主要关注教师课时计划、教案、反思日记、教学研究文章（发表的或未发表的）、评课记录、课表等。另外，研究者自己的田野日记、观察日记、反思日记等也成为本书田野资料的重要组成部分。

① Connelly, F. M., Clandinin, D. J., & He, M. F., "Teachers' Personal Practical Knowledge in the Professional Knowledge Landscape," *Teaching and Teacher Education*, 1997, 13 (7): 665 – 674.

② Connelly, F. M., & Clandinin, D. J., *Teachers as Curriculum Planners: Narratives of Experience*, New York: Teachers College, 1988, pp. 2 – 14.

③ Coleman, L. J., "A Method of Studying the Professional Practical Knowledge of Service Providers," *Journal of Early Intervention*, 1993, 17 (1): 21 – 29.

三　资料整理与分析

资料整理和分析是根据研究的目的对所获得的原始资料进行系统化、条理化，然后用逐步集中和浓缩的方式将数据反映出来，其最终目的是对数据进行意义解释。研究者之所以能够理解被研究者，是因为前者在与后者的互动过程中对所发生的事情进行了意义上的解释。所以，任何收集到的数据都经过了研究者视域的扫描，对其进行整理和分析只不过是将这个理解进一步深化、具体化、可操作化而已。整理和分析资料是意义解释的必由之路，是保证研究结果"严谨""确切"的一个重要手段。在质的研究中，资料的整理和分析也没有一套固定的、适用于所有情境的规则和程序。意义阐释既是一项研究活动，又是一门艺术，不可能机械地、按照一套固定的程序来进行。[①]

在概念上，整理数据和分析数据这两个活动似乎可以分开进行，我们可以分别对它们进行辨析。但是，在实际操作中，它们是同步进行的，整理必须建立在一定的分析基础上，而任何整理行为又受制于一定的分析系统。[②] 在个人实践知识研究中，总会收集到很多数据，所以有必要将数据收缩到一个可以操作的层面。数据收缩的过程贯穿于数据收集和数据分析阶段，但主要发生在资料分析阶段。[③] 数据收集和数据分析在研究过程中并不是可以完全区分开来的。两者之间相互联系、相互影响，形成一个循环的资料收集和分析过程。[④]

分析质性数据是一项艰巨的工程，需要耗费大量时间和体力劳动。研究者需要通读田野笔记、叙写人工收集的资料。在阅读的过程中还需要进行开放思考，等待一个主题的浮现。在重新整理资料的过

---

① 陈向明：《质的研究方法与社会科学研究》，教育科学出版社2000年版，第269页。

② 同上书，第270页。

③ Goetz, J. , & LeCompte, M. , "Ethnographic Research and the Problem of Data Reduction," *Anthropology and Education Quarterly*, 1982, 12：51 - 70.

④ Coleman, L. J. , "A Method of Studying the Professional Practical Knowledge of Service Providers," *Journal of Early Intervention*, 1993, 17（1）：21 - 29.

程中，一定的思想和行动会引起我们的关注，并不断地重复，从而形成一个模式。①

　　本书采用的质性分析软件 Nivivo 8 对转录后的田野数据进行分类、整理。与传统的纸笔手工操作相比，Nivivo 8 作为质性研究分析软件，其主要作用在于提高资料分析的效率。质性研究的挑战性在于从大量的资料中寻找背后的意义、减少信息量、辨别出对研究具有重大意义的类型，并为展示资料所揭示的实质内容建构框架。② 在这个意义上，Nivivo 可以帮助研究者快速地以研究为支撑点，对田野数据进行分类、整理、归纳。

　　为了方便对田野数据的分析、整理，需要先给每一份数据编号，然后在这个基础上建立一个编号系统。数据分析的基本思路是按照一定的标准将原始数据进行浓缩，通过各种不同的分析手段，将资料整理为一个有一定结构、条理和内在联系的意义系统。这个过程主要有两种模式：一是线性的、自下而上对数据进行抽象分析的模式；二是循环往复、分析部分相互互动数据的模式。

　　为了保护研究参与者的个人信息及方便对田野数据资料的分析与整理，本书对所搜集到的田野数据进行了编码。本书的数据来源主要涉及访谈数据、观察数据、文本数据三大类，其中访谈数据用 I 表示、观察数据用 O 表示、文本数据用 D 表示。

　　本书的研究参与者——教师的编码以教师汉语拼音的首字母大写组合为准，例如王小明教师的编码就为 WXM。教师性别编码以 F 代表女性，M 代表男性。因本书探究教师实践知识与教师教学决策之间的互动关系，教师教龄具有很大的参考价值。由此，本书在编码的过程中用阿拉伯数字表示教师教龄。例如某教师的教龄为九年，那就用阿拉伯数字 9 代表。

　　另外，本书在田野数据收集的过程中涉及数学、语文、英语、化学、物理、地理、政治七个教学科目。每个科目的编码以该科目的汉

　　① Coleman, L. J. , "A Method of Studying the Professional Practical Knowledge of Service Providers," *Journal of Early Intervention*, 1993, 17（1）: 21 − 29.

　　② Patton, M. Q. , *Qualitative Evaluation and Research Methods*, Newbury Park, Calif: Sage Publications, 1990.

语拼音第一个大写字母组合为准，例如语文科目的编码为 YW、数学科目的编码为 SX、英语科目的编码为 YY、化学科目的编码为 HX、物理科目的编码为 WL、地理科目的编码为 DL、政治科目的编码为 ZZ。田野数据收集时间在质性研究中具有非常重要的参考价值，本书中用阿拉伯数字表示田野数据收集时间，例如 2012 年 9 月 24 日就用 20120924 表示，以此类推。

本书所采用的编码顺序为：教师编码—性别—教龄、所教科目—资料来源类型—资料收集时间。以王小明为例，WXM‑F‑12YW‑I‑20120921 编码所代表的意义就是：王小明教师、女性，具有 12 年语文教学经验，资料来源于访谈数据，田野数据的搜集时间为 2012 年 9 月 21 日。

第四节　研究伦理及研究局限

一　研究伦理及反思

质的研究对研究者与被研究者之间的关系非常重视。质的研究不可能设想研究者可以脱离被研究者展开研究，因为正是由于双方之间的互动，研究者才可能对对方进行探究。因此在研究报告中，研究者需要对自己的角色、个人身份、思想倾向、自己与被研究者的关系以及所有这些因素对研究过程和结果产生的影响进行反省。质的研究对伦理道德问题（ethical issues）非常关注，研究者需要事先征求被研究者的同意，对他们提供的信息实行严格保密。研究者需要公正地对待被研究者和研究的结果，恰当地处理敏感数据。此外，研究者需要与被研究者保持良好的关系，并合理地回报对方所给予的帮助。①

在质的研究中，研究者的伦理道德行为至少涉及五个方面的人或社会机构，他们相互作用，对研究者的伦理道德原则和行为规范产生不同程度和不同方式的制约。

---

① 陈向明：《质的研究方法与社会科学研究》，教育科学出版社 2000 年版，第 7—9 页。

1. 研究者本人：研究者是作为一个个体在从事研究活动的，其自身在研究过程中所有的行为举止都对自己具有道德的意义。

2. 被研究者群体：研究者对待被研究者的态度、处理与被研究者有关的事物的方式以及研究双方的关系都反映出研究者的伦理规范。

3. 研究者的职业群体：质的研究者群体享有一些共同的道德信念和行为规范，研究者所做的一切都来自于这一集体规范或形成于这一集体规范。

4. 资助研究的人、财团和政府机构：研究者需要对这些人和机构做出一定的承诺，而且在研究的过程中与他们频繁接触。研究者与他们的互动关系可以反映研究者本人的道德规范和行为准则，而且对他们的伦理道德观念产生影响。

5. 一般公众：研究者所做的一切事情都发生在社会文化的大环境中，研究者可以通过自己的具体工作推进或减弱社会公德的影响力。①

研究者需要遵循"自愿不隐蔽、尊重隐私和保密、公正合理以及公平回报"等伦理原则。② 质的研究领域里的伦理道德问题是一个十分复杂的问题，特别是当涉及文化差异时情况就更加微妙。在实际操作中，对考虑伦理道德问题需要随机应变，不可能事先设定固定的法则和规范。因此，对研究者来说，最重要的不是牢记有关的原则和法规，丝丝入扣地遵守这些原则和法规，而是对有可能出现的伦理问题保持足够的敏感，当场敏感地加以识别，意识到自己应该承担的责任，采取相应措施适当地加以处理。

研究者需要清楚地说明研究的性质、研究者的身份。受访者也需要在一定程度自愿的前提下，才能进一步进行访谈或收集与受访者有关的其他资料。并在征得受访者同意的情况下，对谈话内容进行录音，并说明录音数据仅供研究使用。当涉及研究者的个人隐私时，将

① 陈向明：《质的研究方法与社会科学研究》，教育科学出版社2000年版，第426—427页。

② 同上书，第427—444页。

严格按照学术规范采用匿名化处理的保密措施。另外，在访谈中不询问与研究问题无关的事情及受访者不愿意谈论的事情。

对于个人实践知识研究的评价与之前所使用的那些熟悉的标准如信度、效度和可推广度完全不同，[①] 因为个人实践知识研究的方法论基于完全不同的另外一种假设和完全不同的资料收集与分析的范式。真实性（trustworthiness）是评价质性研究方法（如个人知识研究）的一个最重要标准。在这种类型的研究中，特殊的情形和处理具体情境中的个体在另外一个研究中并不能被完全再现，因此，传统研究中的持续性和稳定性概念（信度），并不适合用来判断教师个体实践知识的研究。

二 研究可靠性及局限

与量化研究不同，质的研究强调研究结果的"表述"是否"真实"地反映了在某一特定条件下研究者为达成某一研究目的而使用某一研究问题和研究方法来对这一现象进行研究的活动。[②]

质的研究的可靠性主要体现在研究结果与特定条件下某些现象的匹配程度方面。[③] 为了最大限度地保证研究的可靠性和真实性，研究者将采取一些措施：第一，三角验证法（triangulation）。三角验证法是将同一结论用不同方法、在不同情景中，对不同的参与者进行验证，旨在多渠道地对已形成的研究结果进行验证，从而实现研究的真实性。个人实践知识研究总有一个形成的过程。想法并不能从资料中凸显出来，而是在不断收集资料的过程中慢慢形成的。研究者必须决定哪些是主题，哪些不是。当思想和行动的模式从一般程序上浮现出来时，研究者需要知道究竟发生了什么，然后回到所收集的资源上，如田野笔记、访谈记录、文本数据等，寻找哪些数据符合这一模式，哪些数据不符合，这一过程的关键是三角验证（triangulate）。第二，

---

① Coleman, L. J., "A Method of Studying the Professional Practical Knowledge of Service Providers," *Journal of Early Intervention*, 1993, 17 (1): 21 – 29.

② 陈向明：《质的研究方法与社会科学研究》，教育科学出版社2000年版，第403页。

③ Merriam, S. B., *Qualitative Research: A Guide to Design and Implementation*, United States: Jossey-Bass, 2009, p. 213.

参与者检验（member checks）。参与者检验主要是指研究中的参与者对研究结果的反馈。本书在得出初步研究结论以后会将研究结论广泛地呈现给被访谈者，从他们那里获得反馈信息，从而判断研究者是否有误解参与者的语言所包含的信息和意义，且判定研究者是否在观察中存在偏见和误解。第三，资料饱和（adequate engagement in data collection）。资料饱和是指在研究某种现象的过程中，研究者在资料收集的过程中发现同一研究问题的答案重复出现，且没有其他更具特色的信息出现。第四，研究者的个人反思（reseacher's reflexivity）。质的研究强调将研究者个人看作研究工具，研究所获资料需要经过研究者大脑、眼睛和耳朵的过滤，因此，它对研究者个人反思能力提出了较高的要求。作为研究者，在整个过程中要保持反思性，减少主观性、偏见以及自身受个体经验影响的默认性价值判断。[1] 本书将在个人反思的基础上，将个人难以消除的价值假设、个人经验和主观世界在研究中呈现出来，以确保读者判断研究的相对真实性。[2]

本书主要关注课程改革背景下中国教师实践知识与教师教学决策之间的互动关系。作为以质性研究为基本理念的个案研究，本书可以预期的局限有研究者个人知识结构及能力的限制、研究时间相对较短等。

---

[1] Carbtree, B. F. , & Miller, W. F. :《质性方法与研究》，黄惠雯等译，韦伯文化国际出版有限公司 2007 年版，第 365 页。

[2] Merriam, S. B. , *Qualitative Research: A Guide to Design and Implementation*, United States: Jossey-Bass, 2009, p. 219.

第五章　教师教学决策经验如何转变为教师实践知识

S中学创建于1956年，提出的校训为"勤奋、求实、团结、进取"，校风为"好学、深思、严谨、求实"，教风为"严谨治学，面向全体，因材施教"。S高中校园大约占地32亩，建筑面积10817平方米。学校设有理、化、生实验室和教学仪器室，还有自己的图书馆、阅览室、多功能电教室、计算机室等。1998年、1999年连续两年由于学校高考上线人数翻番，被市委、市政府确定为应建的示范性学校，并被列为市属四所骨干学校之一，先后获得"某市初中教学质量进步奖"和"某市高中教学质量优秀奖"。学校现共有教职工127人，其中高级教师24人，中级教师56人，任课教师学历平均几乎在本科以上。学校每年都会有年轻教师参加"某青年教师新秀奖"的评比，先后共有二十几位教师在各类评比中获胜。到目前为止，有两人受到国家级表彰，18人受到省、市级表彰，教师在报纸杂志上发表教学论文200余篇。

S高中现有各类课外活动小组17个，开展的课外活动有歌咏比赛、文艺汇演、书法、绘画等。另外，学校组织的"英语角"口语训练小组、合唱队、田径队、男子排球队、蓓蕾文学社、芳草地文学社等也小有名气，学生作品在各类竞赛中多次获得国家及省市级奖励。虽然不是每个课外小组都获得了充分的发展，但走进S高中，学校的教学楼道内挂满了各个年级学生获奖的书法、绘画比赛作品。

2012年，S高中发生了两件大事。第一件是某市教育局提出了某市区学校自愿组合的实施方案。由此，S高中由一所完全中级学校，变成了只有高中部的独立高中。第二件是S高中开始在学校层面全面推行新课改。在这两件事发生时，只有个别教师能做到"临危不惧""胸有成竹"。对大部分S高中的教师来说，他们的教学面对着各种危机与挑战。他们一方面在表面上维持着自己原来的上课模式，但另一方面却感受到了深深的不确定感。

目前，S高中的教师组成中有一部分是从初中部转入高中部的原初中教师。这部分教师虽然已经有几年甚至十几年的教学决策经验，但面对高中的教材、高中生及高中评价标准，他们仍然感觉那么多年的教学决策经验似乎突然归零，一切都要从头开始。他们需要重新理解教材、重新备课、重新了解学生、重新评价自己的教学、重新找到在课堂上"抓住学生心"的感觉，因为只有这样才能在教学中"心安"。

对这部分教师来说不仅要能够拿下高中教学，让领导满意，学生有所学，不"耽误"学生，而且要面对新课改对教师的新要求。另一部分是那些对教学已经驾轻就熟，并在教学中早已开始享受"舒适感"的教师。他们的教学几年、几十年如一日，教学没有发生任何大的变化。虽然新一轮的课程改革，在中国轰轰烈烈地推行了十年有余，对这部分教师来说新课程的理念并不陌生。他们甚至也能侃侃而谈新课程改革的可取之处，但在具体的教学实践活动中却是你改你的、我教我的。因为之前学校层面的小环境并没有对他们提出新的、具体的要求。没想到这一年这些具体的要求就摆在他们的面前，比如要用新的教材、新的教学方法、备课要体现新的教学目标、使用新的评价方式，甚至连他们熟悉的高考也有了新变化。面对这些新要求，部分教师无所适从、不知道该怎么做才能在自己的教学与新课改新要求之间找到平衡。

这种危机感、不确定感在每个教师的内心不断积累、徘徊、酝酿。如何备课才能实现新课改所提倡的三维教学目标、如何组织课堂教学、如何评价自己教学等问题重新摆在了他们面前。在新课改各种新理念的冲击下，连他们最熟悉的学生似乎也慢慢变得更加多面，课堂上如何才能抓住学生的心这一问题需要在教学实践中重新不断摸索。在这种情况下，每当学校走进外来评价者时，教师们眼中总闪烁着不安、紧张之态。当然这种不安、紧张感是不能让学生在课堂教学中感受到的。在课堂上，他们还是能够"娓娓道来"，但面对新要求、新标准，课后走下讲台的教师心里却没底。

2012年3月，研究者第一次走进S高中时，学校只有最后一级的初三学生和高中部学生。原来教初一、初二的教师已经陆续转入高中部进行高中教学。到2012年9月，研究者再一次来到S高中的时候，初三的那届学生已经毕业，学校完全成为一所独立的高中。主管教学的刘副校长，为了让这部分由初中部转入高中部的教师迅速提高教学质量，加强了之前推行了两年的同课异构教学活动。学校除了开学第一周、考试周、期末最后一周之外，每周都会安排一个学科的同课异构活动。所谓同课异构就是指相同的教学内容，让不同的教师在不同的班级进行教学。以教研组教师为主体，在由教研员、教研组长参加、主持的教研会议上，讨论每位教师教学的优缺点，以及如何处理教学内容、如何设计教学方法、如何提高教学效果等问题。每周安排的同课异构的教学内容、教师的名字、班级、上课时间等信息都写在一个小黑板上，放在校门口以供其他教师选择。

同课异构活动常常从早上第一节课开始一直持续到下午第七节课。在同课异构期间，全校教师都可以提着板凳去同课异构教师处听课，但每周同课异构学科的教师是必须参加的。学校张校长和刘副校长希望通过加强同课异构教学活动，一方面提高教师的教学质量，并能够开发出一些精品课程；另一方面期望通过同课异构活动，发挥教研组的功能，并让教师之间加强交流，甚至希望教师能丰富教学研究等。总之，在改进学校教学效率方面，两位校长都对同课异构活动寄予了很大期望。

本章主要讨论教师在日常教学实践中的教学决策经验是如何转变为教师实践知识的问题，其中包括两个子问题：一是教师实践知识来源于哪些教学决策经验？二是教师实践知识的生成方式如何？

第一节　教师实践知识的来源

对教师来说，学习教学的过程就是一个不断积累、完善教学经验的过程。在多年教学中、在不断改进过程中，对自己的教学进行总

结、完善。(LWY – M – 24YW – I – 20120911)

学习教学的过程，就是解决教学过程中的一个个问题，然后不断积累这些经验的过程。虽然这个过程用一句话就好像说完了，但走起这个过程来，确实是很漫长的，也不是很容易的。(CP – F – 30YW – I – 20120917)

正如两位教学长达二十几年的教师所言，学习教学、学会教学的过程也是教师不断积累、完善经验的过程。从一位刚进入学校的大学毕业生到成长为一位富有经验的教师的过程中，教师作为个体所接触到的教学决策经验可大致分为两类。第一类是教师个体亲身参与并做出教学决策的决策经验；第二类是教师个体在自己具体的教学情境中，以旁观者身份参与的各类教学决策经验。如此划分是与教师实践知识的身体化特性密切相关的，即教师实践知识是关于教师在教学实践中"如何做""为什么这么做"的知识。

以学游泳为例，在游泳池边学游泳与在游泳池中学游泳的感受、体验是完全不同的。这两种学游泳的经验与真正会游泳的经验又是不同的。大学还未毕业进入课堂听课的大学生、大学刚毕业在课堂上学习如何教学的大学生、具有多年教学经验的教师，三者具有完全不同的教学决策体验及经验。那么，在这三种情境下，是否亲身参与教学决策并做出教学决策就显得十分重要了。仍以学游泳为例，要想学会游泳，就需要在游泳池里完成动作要领。在感受身体与水互动的过程中，不断地调整身体动作，只有这样才能真正学会游泳。由此，本书将教师实践知识的来源区分为两大类：一类是教师亲身参与的（embody）的教学决策经验；另一类是教师没有亲身参与的（un-embody）教学决策经验。

一 教师亲身参与的教学决策经验

每位教师在日常教学中，每天都要面对各种各样、难以计数的教学决策。在教师教学决策的过程中，有些决策是正确的、成功的，而有些决策是不恰当的、失败的。那些由于各种原因而造成教师没有意识到或有意识放弃的，甚至是错误的教学决策经验，在这里都被统称为失败的教学决策经验。在日常教学实践中，成功的教学决策经验与失败的教学决策经验是根据教学情境相对而言的，并无绝对的划分界限。

（一）教学决策中成功的经验

如果一节课效果好，立马就会转变为你的经验，你会记住。不好的经验你也会记住，下次你就会知道你这么做会产生一个不好的效果，可能就会避免这么做了。这就是一个教师不断进步的过程。（WYG - M - 26WL - I - 20120923）

比如说，这节课导入之后，你不能再介绍作者了，因为介绍作者会让课显得很生硬。你会先讲课文主题，然后再讲作者。通过这样的顺序调整，你会发现，这个方法很好使。下一次的时候，你碰到这样的文章，你就会这样做了。（DX - F - 12YW - I - 20110109）

……但是有时候，你在讲课的时候，就会感觉到非常兴奋。这种时候你就要尽量按照备课的内容来进行，课后你就会感觉很轻松、很满足。这是一种成功的体验，也是一个成功的总结。（WXA - F - 8SX - I - 20120913）

教师教学决策中的成功经验，是新手教师入职前几年获得教师实践知识的主要来源。教师通过这种成功的体验，在入职后的几年里迅速积累并巩固由这种成功决策经验所形成的教师实践知识。让教师在课堂教学中明白且坚信在某些情境中应该采用什么样的教学决策是恰当的、有效的，是能解决问题的。从 WYG, DX, WXA 三位教师的访谈中可以看出，经过一段时间后这些成功的教学决策经验所形成的教师实践知识会逐渐达到稳定的状态，并成为教师进行日常教学决策的主要依据。

成功的教学决策经验是教师实践知识的重要来源之一。教师在日常教学实践中通过对成功教学决策经验的"总结""归纳"，会为教师在面对教学决策问题时，提供解决问题的实践"知识库"，也为教师教学决策提供了决策依据。在这个过程中，教师在日常教学决策中"检验"过的有用的教学决策经验就会转化为教师实践知识。由此，教师获得了粗具规模的教师实践知识。

（二）教学决策中失败的经验

除了由成功的教学决策经验所形成的教师实践知识之外，教师实践知识的另一个重要来源是那些失败的、不成功的教学决策经验。

> 课堂一旦出现问题，就会让你刻骨铭心。但在教学中犯过的错，永远是可以弥补的。若我上课时打了死结，你就会觉得这节课没衔接上，我预想的教学效果没有达到。我就会对之印象非常深刻，这种印象会一直留在心里。直到我知道如何解决这个问题，并在课堂上顺利地解决了这个问题。……相比那些成功的经验，失败的经验让人体会更深刻。……这种经验教训是很惨痛的，但经过这样的教训之后，以后遇到此类情况就不会出错了。（XP-F-12SX-I-20120918）

> 我觉得失败的经验给我的印象更深刻。作为老师好事不一定都记得，但坏事一定是记得很清楚的。如果这节课学生配合得不太好、教学任务完成得也不太好，这时就会想想原因是什么了，有什么解决的方式。以后就会让这种事情尽量少发生、尽量避免。（XWP-F-20YY-I-20120920）

在新手教师入职前几年的教学实践中，除了积累成功的教学决策经验之外，还需要处理很多不成功的教学决策经验。正如 XP，XWP教师所言，从教师教学的"感觉"出发，失败的教学决策经验总是很明显的。

在日常教学实践中，相比那些成功的教学决策经验，这些失败的教学决策经验不仅让教师印象深刻、刻骨铭心，而且激励着教师反思、尝试改变、解决问题。

> 一般课上得比较顺的话，我就会比较高兴。但如果课上得不太顺

畅的话，课后我会立马写在我的教案后面。我卡到哪个地方了？哪个地方没有讲清楚？应该怎么讲会比较好？这些我会在课后立马就记下来，这是我的习惯。因为这样做的话，等下一轮再上的时候，就会轻松很多，因为你也积累了很多经验。在这里犯过的错误，就不会再犯了。（PR－F－5HX－I－20120920）

如果第一个班的课上得不顺的时候，我就会在课间调整思路，想想应该怎么做。这样印象就比较深刻了，下一次再碰到这种问题我就会想到我当时是怎么想的、怎么做的，就会尽可能改正之前不合适的做法。不顺的时候就会想自己哪里做得不好，为什么会这样。（WXF－F－9SX－I－20120921）

对 PR，WXF 等教师来说，每节课都在追求那种成功的教学决策体验。但真正让教师刻骨铭心的却是那些不成功的、失败的教学决策经验。因为一旦在教学中出现问题，教师的主观感受就好像失去了对教学的掌控力，由此引发的恐慌、危机感是教师不愿承受的，也是想要极力避免的。正是在这种情境下，教师会对自己的教学进行不同程度的反思，由此引发教师教学决策行为的转变。

每个班和每个年级的情况都不同。因为某个问题的解决办法适用于这个地方，但不一定适用于另外的地方。如果他们也碰到这样的问题，就可以用同样的方法处理了。以后再碰到这个问题我可以用这个办法事先预防。不是说要等到学生出现了错误或学习困难时，我再用这个办法，而是要提前用这个办法预防出现相似的错误，所以在下次上课的时候我就会告诉学生要特别注意哪些方面，哪些地方是最容易出错的。（XWP－F－20YY－I－20120920）

如果老师在教学中碰到一个问题，那么之前成功地解决问题的那个办法是最佳选择。如果用这个办法，没有成功地解决这次相类的问题，那么老师会想其他的办法。这就是教师在体验中成长的过程。（ZWJ－M－30YY－I－20120917）

相对于那些成功的教学决策经验来说，这些失败的教学决策经验是教师实践知识的另一个重要来源。这些失败的教师教学决策经验之所以让教师如此的刻骨铭心，是因为在教学中哪怕一个小小的衔接问题，都会破坏或影响教师的教学节奏，让教师感受到这不是一节"很顺""很成功"的课，就像 XWP，ZWJ 教师的教学感受一样。然而，在教师实践知识生成的过程中，这些失败的教师教学决策经验不仅有利于教师实践知识的积累，而且是促进教师实践知识不断丰富、完善的一个重要因素。

刚开始时教学就是摸着石头过河，边走边看、边走边积累。跟学生待的时间长了，就会了解他们……除了你说的教学经验外，还有业务经验方面，比如教英语方面的一些经验。刚开始教学的时候可能会没有把握，可是当你带完这么一轮（从高一到高三）的话，经验就有了。你的知识积累就多了，上课也有把握一些了。教学经验就是如何教学的问题。那就是时间长了，觉得这个经验有用，就留下来。没有用的经验就 PASS 掉。要是觉得以前那个经验好，再结合现在加以改进。(DYP - F - 5YY - I - 20120919)

教师成功的教学决策经验与失败的教学决策经验之间并不是截然分离的。当教师面对失败的教学决策经验时，就需要教师在课堂教学中即时做出新的决策，调整教学节奏或讲解方式，或问题呈现方式，或教师语气、语调等。由此引发的教师在课堂教学中处理突发状况的决策经验，会在教师下一轮备课过程中做出相应的预设，以便在以后的教学中不会出现相似的问题。如果在以后的教学中还是出现了相似的问题，那么教师就会根据之前的决策经验做出判断。由此，失败的教学决策经验就转变为一种成功的教学决策经验。总而言之，两者之间随着教师的反思与行动，在教师日常教学中那些失败的教学决策经验会不断地转化为教学中成功的教学决策经验。正如 DYP 教师总结的那样，教师教学的过程是不断把失败的教学决策经验转化为成功的教学决策经验的过程。

二　教师没有亲身参与的教学决策经验

教师没有亲身参与的教学决策经验指教师虽然身处教学情境中，但并没有真正独立地做出教学决策，也没有亲身体验其教学决策实施后的教学效果。对于教师没有亲身参与的教学决策经验又可分为两大类。第一类是教师在任职学校情境中以教学"局内人"的角色获得的教师教学决策经验，如同在水中学习游泳的经验一样。例如在听评课活动、教研组活动、公开课活动、教学实习活动中所获得的教学决策经验。第二类是教师在更广泛的教育情境中，以教学"局外人"的角色获得的教学决策经验，如同在游泳池边学习游泳的经验一样。例如教师在高等教育阶段学习教育理论的过程中所"设想""预想"的教师教学决策经验；教师自己在接受初等教育阶段以学生角色"体验"到的教师教学决策经验。

（一）"局内人"的教学决策经验

教师作为"局内人"主要通过校内听评课活动、教研组活动、公开课活动来获得教师教学决策经验。这三类活动是教师以具体学校情境、教学情境为基础亲身参与、进行的教学决策活动。

1. 校内听评课活动

我听课回来之后，就会把听课过程中觉得其他老师做得好的地方想一想。我记得有位语文老师上的那节课非常好，以后我在上课时对很多问题的处理，就学着借鉴那个老师的一些方法。再加上之前我自己上课的风格，我觉得这种听课的经验对我的课堂教学改变还是挺大的。（YXP - F - 1ZZ - I - 20120910）

听别的老师的课，我觉得对我的教学是有一定帮助的。我听课主要是学习其他老师在课堂上对课堂的掌控能力。……其实我刚刚开始工作时，有时候听化学课，我也听不出门道来，就感觉不错呀，挺好的。但是老教师在听课的过程中就能看出很多问题，还知道这节课需要改善的地方在哪里，等等。有时候就算我很努力地听，但真的不一定能听出问题在哪里。（FMY - F - 1HX - I - 20120918）

对于像 YXP，FMY 教师一样刚刚进入工作岗位、只有 1 年左右教学决策经验的教师来说，听评课活动是他们"观察""借鉴"其他教师教学决策经验，并试图将之转变为自己教学经验的重要途径。这一阶段的新手教师主要通过模仿的方式，快速获得、积累教师教学决策经验。新手教师最先"观察""借鉴"到的是熟练教师上课时的一种整体感觉，然后在此基础上才开始关注教学中的其他细节问题。如熟练教师在课堂教学中的肢体语言、板书方式、教学方法、讲课语调、处理教学内容的方式、管理学生的方式，甚至与同事相处的方式、对待学校领导的态度等，都是他们"观察""借鉴"的对象、目标。

在听课的过程中，我发现毕竟每个老师都各有千秋，对有些内容的处理方式也是仁者见仁智者见智。有时他觉得这样不好，可我觉得好。有时某个老师对某个细节的处理方式，对我很有启发。（DYP－F－5YY－I－20120918）

学校的同课异构活动，就同一个教学内容，不同的老师根据自己的性格和教学风格，教学方法完全不一样。我觉得听课的过程就是吸取精华的过程。也许上不同的内容可能还体现不出来，但同一节课由不同的老师上，我听了之后觉得每节课都有精彩的地方。（WXA－F－8SX－I－20120913）

我听课的时候，关注更多的是老师和学生互动的方法。比如语文同课异构的时候，达老师走进教室第一句话就是："刘邦走了，我来了。"我觉得这就挺好的。她很快就把自己融入了那个环境，和学生一下子就亲近了。一开始就能把自己和学生融入课堂教学内容中……（PR－F－5HX－I－20120920）

对于那些已经具有多年教学经验的教师来说，如 DYP，WXA，PR 教师等，他们在参与听评课活动中的目标更为明确、具体。在多年的教学经验中，这些教师已经具有了大量的教学决策经验。所以，在听评课活动中，他们会根据自己的教学决策风格、学生状况等因素，明确地知道自己的教学中需要改进的地方在哪里。如 PR 教师就非常关注教师和学生互动的方法等。

笼统地讲，我听其他老师的课主要关注的方面有教学评价、教学效果、课堂气氛，还包括老师和学生的互动。但在听课的过程中我也会跟着讲课老师的思路走，就会细化到所讲的知识点的处理情况、内容的衔接、过渡等这些比较细致的地方。（FMY－F－1HX－I－20120918）

讲完课之后，大家都把精华的地方抽取出来。我们把所有的精华设计成一节课，让一个老师去讲，看看会是什么效果。我觉得这样做，就起到了同课异构的作用。我们的有些新秀课就是这么拼出来的，所有的优点全体现在一节课当中了。（WXA－F－8SX－I－20120913）

我觉得学校同课异构活动开展得特别好，虽然从形式上来说不丰富，但对我们年轻老师特别有帮助。比如同一节课，你可以听不同的版本。吸收了精华后，对自己的教学就有了启发，以后我也应该这么做。（DYP－F－5YY－I－20120918）

另外，这部分教师在听评课活动中会批判性地借鉴其他教师的教学决策经验，不是像新手教师一样只关注其他教师的整体教学决策风格，而是像 WXA，DYP 教师所言，每个教师的课堂都各有千秋、见仁见智。但他们能结合更为具体的教学情境，有选择地取其"精华"，目的是让自己的教学更加有效。因为他们深知对其他教师"管用"的方法、措施，在自己的班级里用起来就不一定合适。通过参与听评课活动，这部分教师更加明白、确定自己在教学中应该怎样进行教学决策，或应该做出什么样的教学决策。总而言之，教师在听评课活动中，通过模仿、借鉴其他教师教学中成功的教学决策经验，来改进、提高自己的教学决策效率、质量。

2. 教研组活动

虽然通过听评课活动，教师可以观察、学习不同层面、不同侧面的教师教学决策，但对每个教师个体而言，对其真正"有用"并使其"受启发"的教师教学决策主要来自于教研组的活动。S高中的教研组活动主要有教研组集体备课、同课异构活动两大类。

关于集体备课，其实有些人觉得这只是喊的一个口号而已，但是我参加过我们整个片区（教育片区）的一两次集体大备课，对我来说还是很有帮助的。（YXP - F - 1ZZ - I - 20120910）

比如，今天我们要讲这节课的内容了。老师们也聚在一起讨论说，这个课应该怎么上？上哪些内容？老师们之间会进行简单的交流，他们可能有自己的想法，有些老师通过这种交流会有所收获、启发。也有些老师通过这种简单的交流，会改变自己的教案和上课的过程。但非常正式的集体备课，比如大家一起备课，交流完之后再修改教案，我们并没有这样做。（DX - F - 12YW - I - 20110109）

如同 DX 教师所说，学校中正式的集体备课往往容易流于形式。那些非正式的、发生在教研组办公室里的、不定时发生在教师之间的关于教学决策的讨论，反而对教师的教学决策产生了更为直接、深远的影响。然而，对于刚刚入职的 YXP 教师来说，教研组的集体备课活动还是有很大帮助作用的。之所以这两位教师对教研组集体备课有如此不同的感受，是因为两位教师所拥有的实践知识在质、量方面存在着差异。对于新手教师来说，他们在集体备课活动中能学到很多新的教学决策经验，也急需将这些教学决策经验通过自己的教学实践转化为教师实践知识。但对于像 DX 教师这样具有多年教学决策经验的骨干教师来说，就很难在集体备课过程中学到新的经验了。在教研组活动中，他们往往充当了教学决策经验分享者的角色。

同课异构的听评课活动对我的教学帮助还是很大的。我觉得听其他老师的课，主要是听他们的教学方法。例如对新课程我不是不懂，但我要看他是怎样体现，怎样应用的，这方面听得比较多。如果要听数学课，我可能关注的面更多一些。一方面就是听新课程、新课改、新理念的体现。另一方面就是听教学目标的实现。还有一个方面就是听重点、难点的突破。再一个就是听数学课的教学效果怎么样。如果现在我要听高二的数学课，那么我关注的点就比较多、比较细，因为我马上也要讲到这部分内容了。希望能从听课的过程中，多学习别人好的经验。（ZWB - M - 7SX - I - 20120917）

教研组活动对教师教学决策的影响最为直接，因为教研组活动是以同一学科教学为基础的。同一学科教师之间，因为科目内容的相同，其教学决策经验的传递、习得更为有效、迅速。正如 ZWB 教师所言，教师在教研组活动中面临着相同的教学内容、教学目标，那么该如何进行教学设计、实施教学，就成了判断教师教学决策水平高低、体现教师教学决策风格的一个重要评价指标，这也是学校开展教研组同课异构活动的目的。在教研组活动中，教师对教学决策的关注点更为具体、详细，对教学决策经验借鉴的成功率也更高。由此可见，通过参加教研组活动，可以有效地促进教师教学决策经验的积累，提高教师教学决策效率。

3. 公开课活动

我们以前做的公开课，可能在教学的过程中就会注意这个教学环节如何设计、如何设计导入、问题情境如何设置等，是很注重这些问题的。但是，其实在平时上课过程中，这些比较烦琐的环节都会尽量减少，一般都会言简意赅地进入主题、开始教学。……在上过公开课后，我才发现其实那些部分是很重要的，通过公开课，在这些方面多花些心思，平时上课时也会轻松一些。　（WXA - F - 8SX - I - 20120913）

公开课之所以如 WXA 教师所言，被大部分教师认为是"作秀"，是因为公开课所呈现的教学理论、教案设计、教学方法的选取、教学内容的处理、问题的呈现方式、教学活动安排等各个方面都与日常教学中的课堂存在明显差距。在优秀的公开课中所呈现出的各种教学决策，更接近教育理论研究者、教育行政管理者倡导、提倡的课堂实践。为此很多教师、学校在进行公开课评比之前都会进行一遍一遍地提前演练，也就不足为奇了。

去年我刚来的时候，参加了大学区的集体备课。这些活动对我的教学影响很大，特别是对一个像我这样的新教师来说。不管是在一些细节方面还是对课堂的整体把握上，这种备课、听课活动对我的改变都是很有作用的。（YXP – F – 1ZZ – I – 20120910）

听同课异构这些大型的公开课，或外校举行的评课比赛什么的，也是对自己很好的锻炼。虽然讲课之前准备的时间很长，但是只要你做了，就是一个很好的锻炼，成长得就很快。比如我以前做课件能力不是很好，就是在公开课备课的过程中不断尝试着做。我觉得现在效果就好多了。（WHM – F – 9SX – I – 20120921）

但公开课活动对 YXP 这样的新手教师来说，确实是一个很好的学习机会。如 WHM 老师在准备公开课的过程中，迫使自己提高了制作课件的水平；WXA 教师在上过公开课之后，意识到原来自己觉得浪费时间的那些教学决策，在教学中其实发挥了重要的作用。通过参加公开课活动，他们了解了一节"理想中"的好课应该是怎么样的。优秀的公开课的教学决策及教学决策经验将是新手教师为之奋斗的目标。对于那些有机会亲身参加公开课的教师来说，他们被迫"跳脱"自己所在学校的教学情境进行教学决策。与此同时，还要兼顾新课改对课堂教学各个方面的新要求。经过公开课的挑战，教师获得了另外一种弥足珍贵的教学决策经验。在公开课中教师获得的教学决策经验，在一定程度上也会影响教师在日常教学实践中的教学决策。

（二）"局外人"的教学决策经验

教师作为"局外人"获得教学决策经验的途径主要有在高校情境下的教育理论知识学习经验、教师个体作为受教育者的学习经验、教育实习经验三个方面。教师作为"局外人"获得的教学决策经验是教师在入职前就已存在脑海中的经验。所谓新手教师第一次站在讲台上的本能教学决策反应，基本上来源于教师作为"局外人"所获得的教学决策经验。

1. 在高校情境下教育理论知识学习经验

因为我觉得那些理论是死的，而面对的学生是有思想的。所以，用那些理论去套学生是不行的。要根据具体的情况判断是什么事情，该怎样处理。（FMY－F－1HX－I－20120918）

我觉得我们在本科阶段所学到的所谓的一些教育理念都是扯淡，真的是觉得实践出真知。当我踏上工作岗位的时候，我才真正地意识到理论仅仅是理论。那些理论你学了、理解了，但是你在用的时候，就会发现用不上。比如我现在担任班主任，针对的是鲜活的人，而每个鲜活的人都有自己独有的个性。按照理论的条条框框去做就会在实践中出错。（GL－F－1HX－I－20120912）

我觉得那些纯理论的东西在实际教学中完全没有意义，最多就是有个理念。理念说这个课应该怎样上比较合适，但一到实际教学中，按照理念中的那种上法还真得不行。　（XWP－F－20YY－I－20120920）

由此，在真实教育情境中的教师几乎完全不相信教育理论对教学有指导作用。教师在高等教育阶段学习教育学、心理学理论的过程中，对教学情境中的教师教学决策实践有着自己的"想象""预想"。当他们进入真实的教师教学决策情境中时，才发现教学决策比他们想象得要复杂得多。此时，面对教学实践中各种各样的教学决策，在高等教育阶段，习得的教育理论却显得"无能为力"。即使是刚刚从大学毕业的 FMY，GL 两位教师，都觉得教育理论在教学实践中完全无用。他们更关注从有经验的教师那里学习、积累的教学决策经验，而不是以教育理论为指导，做出教师教学决策。

上大学的时候，教育学和心理学作为公共课，考完就过了。但当了老师之后，具体的处理问题的知识还是跟有经验的老师请教、学来的。比如课堂上出现了问题该怎么办，课堂教学的秩序如何维持，怎么样上课让学生听得效果更好一些等，我都是多向有经验的老师请教，弥补自己的不足，而不是去看理论书。（WXA - F - 8SX - I - 20120913）

我觉得那些教育理论不是实在的东西。我读研究生之后，记得几位上课的老师，他们都是有多年基层教学经验的老师，也是带过中学的。他们能结合自己的经验谈一些教育理论。反而他们讲的一些理论对我来说更受用一点。我觉得理论要基于实践，只有基于实践的理论才能反过来指导我们的实践。（GL - F - 1HX - I - 20120912）

以前看书上说，教师要发挥主导作用，以学生为主体，我就是很不理解，怎么才能发挥学生的主体性呢？具体表现在一个课堂互动中该如何引领学生呢？这些都不是很清楚，但是随着教学经验的增加，慢慢就明白了在课堂上该怎么做。（XP - F - 12SX - I - 20120918）

在师范院校，也学了一些教育学、心理学理论。但对于如何提高高中生的英语学习兴趣，如何提高高中生的英语学习质量，就需要老师自己在实践中想办法了。（ZWJ - M - 30YY - I - 20120917）

在日常教学情境下，WXA，GL，XP，ZWJ四位教师虽然分别具有不同的教龄，但当谈及教育理论在教学实践中的作用时，他们一致认为只有那些在实际教育、教学情景中"管用"的教育理论才会引起他们的注意。与此同时，他们认为，那些具有多年教学决策经验的教师就是他们最好的教学师傅，也是新手教师模仿的对象。有经验教师所掌握的那些在教学中真正发挥作用的"实用理论"，才是新手教师想要学习的内容，想要达到的目标。因为这些"实用理论"会对他们的教育教学决策给出明确的指引，或给出明确的建议。

　　积累教学经验的过程，是教师职业的需要。比如说进入教师这个职业的时候，你就必须具备一定的教育学、教育心理学知识。不是说我就得爱这个教育学、教学论或者心理学，但是作为这样一个职业的特殊性，应该具备一定的教育理论知识。在实际教学中，一些教学方法来自哪里？就来自在大学里所学习的知识结构。（LWY－M－24YW－I－20120911）

　　在实际备课中，如何使用那些理论？这个问题我也想过。事实上，在备课的过程中，我不去想理论的问题。原因是那些理论已内化为你自己的东西了，你在做这件事情的时候，它完全起着潜移默化的作用。在潜意识里就会指导你这么做，就变为一种教师"素养"了，不是表面的。（SAM－M－21SX－I－20120106）

　　我们的教学现在如果没有理念或理论的指导，仅仅在课堂上积累经验，我觉得这样发展的空间还不是很大。但书本上的理念还不能完全照搬，还要根据自己的实际情况进行调试。比如有时候在使用某个教育理论的时候，还是要跟自己的实践结合起来。（WJ－F－9YW－I－20120105）

　　教师在日常教学中也是有一些理论的成分在里面的。但是对这些理论的东西，不读书而仅仅靠自己的经验来提高、拔高或升华，肯定是不够的，是有障碍的。还是要看相关的理论的东西，要找到自己教学的依据。实践是理论的基础，理论反过来也会指导实践，两者是相辅相成的。（ZWJ－M－30YY－I－20120917）

　　在教学过程中，部分教师在教学实践中完全放弃了教育理论的指导作用。只有极少数教师能正确地理解、处理教育、教学理论与教师教学实践之间的关系。本书田野数据也表明，这部分教师在教学中是较为成功的。例如 LWY 教师就非常明确地指出教育理论知识是教师知识结构中很重要的一部分。SAM 教师认为，在教师教学决策的过程中，就算没有明确地意识到使用了哪些教育理论，但理论的部分还是会潜移默化地被融合进自己的教学决策中。WJ，ZWJ 教师也很清楚地意识到仅仅依靠经验的积累是不够的，此时就需要教育理论的帮助才能更好地总结教学决策经验。

2. 教师个体作为受教育者的学习经验

因为现在的教学内容和我上学时候学得不一样了，况且现在社会发展得很快。学生跟我上学时候的同学不一样了。有些东西已经不能按照我上学时候的方法教了。特别是政治课，它有很多内容也许是学生常见的，但又是他们不感兴趣的东西。所以怎样才能把这些知识讲得让他们喜欢。在备课的过程中，你就需要在把这些知识的重点理解清楚的同时，还要注意怎么才能引起学生的兴趣。（YXP – F – 1ZZ – I – 20120910）

首先，教师在初等教育阶段以学习者的角色参与教师教学决策的经验，是新手教师在任职学校教学情境中判断如何进行教学决策的对比"参照物"。如 YXP 教师根据自己上学时老师的教学方法及自己作为学生的学习经验，判断出"不能按照我上学时候的方法教了"。在此教学决策基础上，他根据自己所教学科的特点，了解到在当下的教学情境中，他的教学决策的重点就是如何在把教学知识点解释清楚的同时还要照顾到学生的学习兴趣。

我在英语教学中，对遗忘定律的印象特别深。因为我当时背单词的时候就是按照这个定律做的，所以我现在对他们（学生）背单词、背课文方面，就特别强调这个定律。（DYP – F – 5YY – I – 20120918）

其次，教师在自己作为学生时期所体验到的教学决策经验，也对教师当下的教学决策产生着深刻的影响。如 DYP 教师在自己英语学习的过程中，发现遗忘定律特别适合用来记诵单词。在目前教学情境下，DYP 教师也会要求自己的学生按照这一定律来记诵单词，因为教师以自己的学习经验为基础，认为有用的、实用的学习经验，会在教师进行教学决策时成为首选。

　　因为我在上学时是相对比较优秀的学生，但同时我也是一个爱玩的人。我以前的老师就会因为我成绩好，而不惩罚我。而和我一起玩的同学就经常被老师骂。所以现在我尽量在自己的教学中做到不偏不倚。……我会把我上学时，认为老师不好的行为改掉……我上高中时候一个政治老师，一提到某个知识点，他就能把知识点之间的关系串起来。现在在我的教学过程中，也希望能做到他那样的程度。虽然我在接受高等教育的过程中，也接受了自己老师的影响。人的一生都会受到老师的影响。（YXP－F－1ZZ－I－20120910）

　　除此之外，教师在学生时期所经历的其他与教学有关的经验，也会对目前教师教学决策产生一定的影响。比如 YXP 教师根据自己上学时的经验，明白教师不能因为某个学生学习好，就偏袒其错误行为，作为教师应该一视同仁、不偏不倚。他的目标就是"把不好的地方改掉，把好的地方学过来"。

　　总而言之，教师在自己的教学中对自己上学时"好老师"的那种整体感觉记忆犹新，由此会有意或无意地模仿其教学决策，期望自己的学生也有类似的感觉。除了学生的学习成绩之外，这是教师成就感的另外一个重要来源。

3. 教育实习活动

　　我实习的时候，才开始留意如何成为一个好老师的这些事情。带我实习的那位老师，我觉得他就是发自真心地关心学生、爱学生。他对学生的处罚方式也比较特别，不像一般的老师。比如有学生迟到了，他就罚学生唱歌，学生也很接受。……我在自己的教学中，也在尝试这种方法。比起其他方式，我觉得这种激励性的方式比纯惩罚性的方式要好一些。但那位老师还有很多办法，由于各种原因，我还没有尝试。（FMY－F－1HX－I－20120918）

　　就我而言，我在实习的时候接触到很多好老师。那时候他们给我一种感觉，觉得好课就应该是那样的一堂课。我觉得我也应该像他们那样做一个好老师。我觉得实习时候的那种经历对我现在的教学影响特别大……在教学中经常会想这个老师怎么会这样设计？怎么会这样做？（LM‒F‒18YY‒I‒20120918）

教育实习活动对每个教师的成长都至关重要。在教育实习期间积累的教师教学决策经验就像第一次下水学游泳的经验一样。虽然在教育理论知识学习阶段，教师对教育实践中的教学决策有各种"想象"；自己在学生期间，对教师的教学决策有着自己的亲身体验，但只有在教育实习期间，教师才能够真正地、第一次完整地感受到教师教学决策的全过程。也只有在进行教师实习期间，新手教师才有机会在真实的教学情景中做出教学决策，并亲自实施该教学决策。

教师没有亲身参与的教师教学决策经验对教师实践知识有深远的影响，是教师在任职初期无意识、本能地进行教学决策的依据。在此基础上，教师通过在教学实践中积累的教学决策经验，使教师实践知识的结构更加完善、内容更加丰富。

第二节　教师实践知识的生成方式

教师实践知识的生成方式主要分为两个阶段。第一阶段是以模仿为开始的教师实践知识积累阶段；第二阶段是以反思为动力的教师实践知识完善阶段。其中第一阶段是第二阶段的基础，而第二阶段是第一阶段积累达到质变的关键。

一　以模仿为开始的教师实践知识的生成、积累

以模仿为开始的教师实践知识的生成、积累是新手教师入职后，迅速获得教师实践知识的主要方式。新手教师以模仿的方式生成、积累教师实践知识的对象主要分为两大类：第一类是模仿自己的同事教学；第二类是模仿自己印象深刻的教师的教学。其中模仿同事教学又可区分为模仿有经验教师的教学与模仿同伴教师的教学两种情况。

（一）模仿同事教学

1. 模仿有经验教师的教学

我觉得经常去听其他老师的课，听别人的课对自己也是有提高的。听同学科老师的课，以及有经验老师的课，我觉得挺有用。学校把新老师的课都安排成一帮一的形式。一进校就会有师傅带新老师，新老师也经常去听师傅的课。师傅手把手地教你，对我们的成长也是有很大帮助的。（WXA－F－8SX－I－20120913）

我的师傅是张老师，我跟他学到很多十分管用的东西。比如我刚开始上课时，每一节课我都是一个知识点、一个知识点地讲。在这节课上我讲的东西学生都能掌握，但是一单元结束之后，学生对知识点的掌握情况并不好。但张老师的做法是以提问的方式，直接问学生："通过咱们上一单元的学习，前面这一个同学你把上一单元你认为重点的内容向大家综述一下好不好？"这样学生就有自己的东西，况且也能锻炼学生自己整理归纳知识的能力。这种做法和我作为老师说出来之后再让学生重复的效果就不一样。……反正每个老教师都有一些值得学习借鉴的地方，他们有二十多年、三十多年的经验积累，新老师的确有很多要向他们学习的地方。（YXP－F－1ZZ－I－20120910）

对于刚刚入职的新手教师来说，模仿有经验教师的教学是他们学习如何教学的一个重要步骤。学校也会为新入职的教师安排教学师傅。担任师傅职责的教师一般为教研组组长或教研组教学骨干。

我慢慢地从老教师那里知道，这个问题学生是如何理解的。老师的理解和学生的理解是有差距的。面对学生，我们在设计问题的时候能不能更口语化一点，能不能更符合学生的思维，让学生听懂，能不能在讲这个问题的时候，多问问学生自己的想法。教学的这些经验都是我后来工作的时候学的……那时候对我帮助最大的还是老教师，因为老教师的那些办法真的是非常好。比如管理学生的、管理课堂的、如何让你的课更吸引学生呀。（CP－F－30YW－I－20120917）

　　刚开始听我师傅讲，觉得也就那样，该讲的我都讲了。但是过了一段时间之后我就发现，他带的班上的学生很多题目都会做，而我的班上的学生不会做得就多。我就想这是为什么呢？我得出的结论就是：我当时是就题去讲题，人家是在讲完之后再回头帮学生整理，然后让学生慢慢地自己去理解。在这个过程中学生就把东西变成自己的了，相反我是把东西（教学内容）灌给学生了，人家是把东西（教学内容）输给学生了，就产生出不同的效果了。后来我就开始听其他老师的课，也不是说在这节课上要学什么东西，就是听听其他老师在这个知识点上是怎么处理的。（WXF－F－9SX－I－20120921）

　　模仿有经验教师教学的过程，也是新手教师将自己的教学决策与有经验教师的教学决策进行比较、分析的过程。在这个过程中，当遇到相似、类似的教学决策情境时，新手教师就会把间接教学决策经验转变为自己亲身体验过的直接教学决策经验。又由于他们处在同一教学情境里、面对同样的教学内容、同样的学生学习基础等因素，新手教师的这种"借鉴"活动成功的概率很大。

　　我原来学习教学的方式就是看课堂视频。网上也有，课本上也有，我们的课本也附带了课堂教学的光盘。但如果把光盘上的东西直接搬过来用在我们的平行班还是不行的，因为那里面老师讲的一些内容、设计的问题，甚至语言的表达方式等，不一定适合于我的学生。尤其我看到讲函数的概念那节课，从头到尾都是学生在讲，教师只起引导的作用。包括举出的例子、分析是不是函数的过程、总结出函数的概念，几乎从头到尾都是学生自己总结的。那天我在上指数函数这节内容时，我把那种做法也搬到平行班试一试。……结果那节课就没上成功。（ZWB－M－7SX－I－20120917）

　　另外，对于ZWB教师所提到的网络上优秀的教学视频或课本所附赠光盘上的经典教学录像，无论是新手教师还是有经验教师都很少采用这些教师的教学决策经验。

　　首先，因为这些以光盘、网络作为载体的教师教学决策，发生在教师自己完全不了解的教学情境中。这种不确定感、未知感让教师对这类教师的教学决策总是保持一定的距离。对于这些教师教学方法的运用形式、对教学内容的处理方式、教学活动的组织方式，访谈教师都表示说可以看一看，但不会在自己的教学中真正实践这些方法。其次，访谈教师几乎都认定这些优秀教学视频中的学生与自己真实教学中所面对的学生是不同的。正如 ZWB 教师所说，优秀视频教学中的学生与教师的配合度极高，让他在自己教学中模仿优秀教学视频中的教学决策几乎是不可能的。

2. 模仿同伴教师的教学

新手教师之所以会模仿同伴教学，是因为他们刚刚入职，在教学中很有可能面临着相同或相似的教学决策困境。然而，新手教师对同伴教学的模仿，因为互联网的介入，所涉及的范围更广。如 CP 教师对同伴教学的模仿主要发生在相同的教学情境中，而 YXP 教师已经借助网络，通过交友平台，不仅获得了自己熟悉的同学、朋友的教学决策经验，而且获得了陌生人的教学决策经验。

我会在人人网上写一些教学中的事情，因为人人网上有很多大学的同学。我们的大部分同学都是教政治的。我会写一些关于教学的东西，然后大家在下面讨论。特别是讲政治学的东西，学生会说："老师你讲的这些和现实中的那些不一样……对某节课的某些内容比较纠结的时候，我会就这些问题上天涯网或者人人网搜一下，都会有相关的话题。在网络中我也会看别的老师是怎么说、怎么想的。（YXP - F - 1ZZ - I - 20120910）

另外，就如 GL 教师所言，除了教学决策经验之外，同伴之间还分享类似的情感体验。与有经验的教师相比，同伴之间成功的教学决策经验更容易在新手教师之间传递。而同伴教师教学决策中的失败经验，也更容易引起新手教师的警惕。

例如我在校内网上认识了一些同学，因为我们都是新老师，而且还是免费师范生，有很多共同话题。我们会经常就上课、课堂上的一些困惑进行讨论。我觉得有几位老师思考问题还是比较有深度的，和同辈间的交流还是很有帮助的。（YXP‐F‐1ZZ‐I‐20120910）

我一般就教学中的一些事情，喜欢和我差不多的同辈教师进行交流。在聊的时候，可能同辈之间更能关注到你的情感变化，更关注情感上的一种起伏。（GL‐F‐1HX‐I‐20120912）

新手教师对同伴教学的模仿主要基于他们处于同一教学情境中，面临相似的、类同的教学决策问题。在刚刚进入真实的教学情境中时，新手教师对同伴教学的模仿使他们在教学中处于相对"安全"的位置。这也是新手教师在入职初期的"生存"策略之一。

（二）模仿自己受教育期间印象深刻的教师的教学

每位教师脑海中总有一位或几位让自己印象深刻的教师。当他们走上工作岗位，自己成为一名教师的时候，这些教师的教学决策风格将会影响新手教师的教学决策。如 WXA 教师不仅模仿高中数学教师的教学决策风格，甚至连黑板板书、上课时所表现出来的态度都一一进行了模仿。WYG 教师在一位教师的帮助下，改掉了写字潦草的习惯。WYG 教师在自己的教学过程中，碰到类似情况时，就会用自己教师的办法来解决其学生的问题。正如他自己所说："这是一脉相承的！"同时他自己也希望他的学生会把这个经验再传授给他们的学生。

我感觉我的教学风格和高中数学教师很像，他就是板书特别整齐，上一节课黑板基本不擦，但列在黑板上的内容却很有条理，所以我特别欣赏他这点。但因为我个子不高，只能写满黑板的 2/3，没有办法像他那样写满整个黑板。他教学严谨，在课堂上基本不开玩笑，所以导致我现在在课堂上也不开玩笑，潜意识里是受到了他的影响。（WXA‐F‐8SX‐I‐20120913）

比如我记得曾经有位老师对我的影响。因为我上学的时候字写得比较差，也可能因为我自己不喜欢写字造成的。……后来在高中时有位老师跟我说，你写的字太难看了，要多练练字才行。他说："你要把字写大，写大之后你就会知道哪个笔画写得不好，或不在位置。"我就是按照这个方法，逐渐把字写得越来越好。所以，我在教学中看到有些学生的字写得不好，我就会说："你可以先把字写大，然后就能写好啦。"有些学生也会这样去做，会有一些改变。这些就是一脉相传的，也许我的学生会把这个告诉给他的学生，因为这是最有效的方法。(WYG－M－26WL－I－20120923)

我上高中的时候，我的化学老师是位优秀教师。他那时候是大专毕业，但他真的教得特别好。好在哪儿呢？我印象特别深刻的是有一节课是讲有机物的，他对这节课的引入是用上节课的一道习题。由这道习题引入了下节课的一个新的内容。当时我们班的男生很激动，拍着桌子大声地喊道："郑老师，你太经典了！"我觉得他的教学风格给我留下的印象很深。……所以我在教学中就比较注重教学的引入。每次上新课我对引入部分的琢磨都比较多一点儿。我觉得一节课的引入如果很顺利的话，那么整节课上得都会比较顺利。　(PR－F－5HX－I－20120920)

在访谈中，当问及教师自己上学时印象最深刻的教师时，发现一个有趣的现象。教师所描述的自己作为学生时印象深刻的教师，往往都是与自己所教学科相一致的教师。例如 WXA 是一位数学教师，让他印象深刻的是初中、高中的数学教师；PR 是一位有着 5 年教龄的化学教师，让她印象最深刻的教师是自己的高中化学教师。

以 PR 教师为例，她谈及高中化学教师在教学导入方面有自己独到的见解。在对 PR 教师的访谈中也发现，她在自己的教学中对教学导入非常关注，认为一个好的导入可以让整节课上得很顺利，而一个差的导入就会影响她自己上课的情绪。由此可见，教师对自己印象深刻教师的模仿，一开始是从非常具体的某个教学决策开始的。尤其是新手教师在模仿的过程中，希望能从自己曾经以旁观者的身份经历过的某个成功的教学决策开始。经过一段时间的教学之后，教师的教学决策会从这个点扩展到一个面，再由不同面组成教学决策的全景。

原来我自己最喜欢老师的那种教学方式，我现在都记得。但是在我自己的教学中不一定学的来，虽然印象很深刻。那位老师讲课非常干脆，我也尝试着像他一样做过。但是做起来好像一个人一种风格，又不是我想的那样简单了。（WXF - F - 9SX - I - 20120921）

虽然，新手教师一开始对自己受教育经验中印象深刻的教师的模仿是局部的、不全面的，因为对以前教师的这种印象是教师自己作为学生时的一种体验。但让他们印象深刻的教师却给了他们一种整体的教学体验或感觉。这是一种满意的、成功的教学决策体验，对这种感觉的追求或再现过程，也是教师积累教学决策经验、形成实践知识的过程。

二 以反思为基础的教师实践知识的完善、更新

教师实践知识的生成、积累，虽然是以模仿开始的。但以模仿为策略的教师实践知识的生成、积累，仅仅是新手教师在刚入职阶段采取的主要方式。虽然新手教师通过模仿，会在较短的时间内快速地习得教师教学决策经验，但若要在此基础上形成丰富的、全面的教师实践知识，就需要教师在教学中进行持续不断的反思。

我觉得反思对老师自己实践知识的增长非常有帮助。有时候一节课你上失败了，但对老师自己来说，你要是不反思这节课也就过去了。但如果教师自己有反思的话，反思的成果比上一节好课的收获还要多。（WJ - F - 9YW - I - 20120105）

一般作为具体的学科教学的反思是教师教学环节规范度的体现。具体体现在教师的教案中，规范在课堂教学中教案的最后一项就是教学反思。教学反思是教案格式的一种，反思的内容既包括学科背景、教学方式，也包括教师教学的一些心得，还包括教学过程中失当的地方。这样通过经常性地反思，教师能在此基础上形成一种对教学的认识。最后还能把这些反思写成有一定水平的教学经验总结，甚至是教学研究，反思是每一刻都要进行的。 （LWY - M - 24YW - I - 20120911）

根据 Schön（1983，1987）关于行动中反思与对行动的反思的论述，Griffiths & Tann（1992）将教师教学反思分为五个阶段：快速反思、修正、回顾、研究、重构与重建。其中前两个反思层次是与教师个体相关的（personal）；后三个反思层次是与他人相关的（interpersonal）。

本书通过对田野数据的分析，发现教师教学反思是一个持续不断的过程。从时间上来说，教师教学反思有可能发生在课堂教学中、课堂教学外；也有可能发生在教师在校工作期间，或下班后的路上等。所以不能仅仅按照时间标准做出简单的判断。

另外，教师在教学中与学生、同事、上级的互动随时随地都会发生。与他们的互动引发教师进行教学反思的因素是不尽相同的。有可能是学生的课堂表现，或同事的某句话，或校长的某种态度等。事实上，在教师日常教学实践中很难区分哪些、哪部分教学决策是完全个人的；哪些、哪部分教学决策是人际的。但不管是教师个体独自的，还是与同事合作进行的教学反思，都需要经历教师个体内心的对话阶段，才能对教师教学决策产生影响。

由此，本书从教师反思与教师实践知识的关系出发，将促进教师实践知识发展的教师教学反思分为两个阶段。第一个阶段是教师实践知识的扩充阶段，其中包括教师教学反思的前三个层次：快速反思、修正、回顾。第二个阶段是教师实践知识的完善阶段，其中包括教师反思的后两个层次：研究、重构与重建。

（一）教师实践知识的扩充阶段

1. 快速反思

在教师教学反思的快速反思层次，教师会迅速地、即时地对教学问题、现象做出教学决策。甚至有时教师这种迅速的决策反应，看起来似乎是教师在教学中本能的、自动的反应。教师在教学中的快速反思不仅发生在课堂教学中，也发生在教师教学后。

（1）课堂上的快速反思

你觉得应该上得很顺利的课，突然在课堂上就卡那儿了。你就会想，我哪出问题了？当然在课堂上你不可能坐下来写下这些问题。但你再次碰到这类问题的时候，就会想起："喔，上次我在这出错了，应该要怎么做才不会犯上次一样的错误。"（XP‐F‐12SX‐I‐20120918）

在课堂上要看学生的表现、反应、表情等。如果学生没有掌握、理解你所讲的内容，他们的表情就会很疑惑，而且也会说出来。……在讲例题的过程中就能看出学生有没有掌握。在每节课的总结中，还要不断地询问学生是否明白了、理解了。如果他们没有掌握，那么在下一节课上还要加进去一些相关知识。这样一个过程是在课上不断调整、改变的过程，我觉得有时候就需要教师随机应变的能力。（LXL‐F‐18SX‐I‐20120917）

教师在课堂教学中的快速反思，是教师根据当时教学情境随机应变的过程。教师在教学过程中，如果出现在教学设计决策阶段没有预设到的问题，就需要教师在较短的时间内快速地做出尽可能恰当、有效的教学决策。

如果在上课时觉得他们（学生）也在全神贯注地听，那么效果就是比较好的。比如讲到一道题的时候，你问什么，学生都能回答，那就很顺利地解决了。如果你在解题的过程中，只有几个学生在下面回答你、回应你的思路，那么这节课的效果就不是很好。（WHM‐F‐9SX‐I‐20120921）

因为在课堂教学的每个环节都可能有成功的地方，也有失败的地方。我在每个环节都是很努力地、很重视地去做，但是结果总是有遗憾。我也经常反思在教学中出了什么问题，或者是选择的内容出了问题，再或者就是你的教学方法有问题。有时候每节课的问题都不太一样，需要你根据情况进行判断。（WJ‐F‐9YW‐I‐20120105）

课堂上的快速反思是教师进行频率最高的教学反思类型，教师对课堂教学中所出现的问题，经过快速反思都能做出高质量的、恰当的教学决策。因为课堂教学中的快速反思是教师在大量的教学决策经验基础上，在短时间内做出的教学决策，往往表现为教师的教学"智慧"。

上课的过程中顺或者不顺，教师对此的感觉是非常清晰的。流畅、顺的时候，你的课堂就是有问有答；不顺、磕巴的时候，就意味着你的问题不被学生理解。学生没有在你预想的节奏上，所以学生理解起来就有困难。这种时候就要先把问题反映出来，若有大面积的错误反应，那就说明要么是因为你设置的问题不够合理，要么是问题之间的衔接跳跃性太大。这时教师在课堂上就要迅速意识到这些问题，还要及时地做出调整。否则这节课的效果肯定不会很好。（XP - F - 12SX - I - 20120918）

在课堂上的快速反思层次，并不是每个教师都能做出恰当的、高效的教学决策。然而教师教学效率在一定程度上就取决于教师在课堂教学中的教学决策。相比新手教师，熟练教师在课堂上的快速反思、教学决策的质量、效率更高。

（2）课后的快速反思

我刚参加工作时，节节课反思，每次反思的时间不一定很长，可能就下课的几分钟，或者是在和其他老师的交流过程中。总体来说，我现在是对效果比较好或比较差的课，才会进行反思。（SAM - M - 21SX - I - 20120106）

另外，例如我们昨天发了一张小测验试卷，学生做后交上来了。从试卷中你就会发现问题。比如学生哪些方面掌握得不太好、哪些内容还没有掌握等。那么你就要想是不是你讲得快了，或是你讲得慢了，没有跟上他们的思维？通过反思，这些问题就能在以后的教学中有所改进了。（WHM - F - 9SX - I - 20120921）

如果我作为一名新手教师，当在课堂上遇到问题时，我课后会想这个问题出在哪里？我该怎么改进？或者说我作为新教师上了三周课，觉得今天这节课上得非常成功，我也会想想这节课我做得好的地方在哪里？下次好的地方我会继续用、继续这样做，可不可以？我相信老师就是在想的过程中经验才不断积累起来的。（LM－F－18YY－I－20120918）

教师课后的快速反思，可以用来弥补那些教师在课堂上来不及处理、被忽视的教学决策问题、现象。教师通过课后的快速反思，有助于教师总结、积累成功的教学决策经验。在课后快速反思的过程中，教师会更清晰地意识到在某种教学情境下应该做出什么样的教学决策，会达到什么样的教学效果等问题。当教师在教学中再次碰到类似、相似的决策问题、决策现象时，就会根据之前的经验做出决策。

我课后一般都会想一想，虽然不能立刻改进，但会逐步改进。如果是自己的原因，我可以做到立刻改进。但如果是其他原因，就需要考虑其他的因素了。比如说，这节课我准备得很好，但在教室里学生配合不起来。那是为什么呢？可能是因为我高估了学生的水平。那么我在设计下面课的时候，就可能会相对地调整得低一点，速度慢一点等。（XWP－F－20YY－I－20120920）

你那天听的那节课，即奇函数偶函数，我上的是有点遗憾的。这是这节课的教案，你看我设计了三道例题。但那天上课我只讲到了例题1。我觉得我在课堂上的时间分配是不合理的，我现在也在反思。我当时叫了两个学生到黑板上做题，这个环节特别浪费时间。还有个问题就是前面我讲解的部分也花费了不少时间。按照教学内容，我是一节课一节课地上。但如果按照我带的是重点班的学生，我就只讲偶函数，奇函数可以让学生自学。因为对比着偶函数，学生绝对就能掌握。……当我讲到关于 Y 轴对称，大多数学生能理解。但讲到中心对称时候，他（学生）连中心对称的定义都不知道。……而例题 2 就没有时间讲了，后面还有练习题。（ZWB－M－7SX－I－20120917）

教师课后的快速反思层次会直接影响教师的教学决策。教师课后的教学快速反思是教师在对整节课进行回想的基础上，再思考课堂上成功的和失败的教学决策经验的过程。在一般情况下，那些失败的教学决策经验往往会使教师花更多的时间思考。在教师课后快速反思的基础上，教师会在教学设计决策阶段对教案做出相应的调整。如XWP教师对教学难度的调整；ZWB教师对教学时间分配的调整。

　　我一般在上完课之后会写一个课后记，我觉得这个很重要。因为现在我讲了一节课，可能备课前我想了很多东西。那课后也想了一些东西，比如这节课我哪些地方做得比较好？哪些地方做得不够好？问题出在哪里？我以后要注意哪几点？我会在教案后面大概写一写，下次备课的时候一看就知道之前犯的错是什么了。（WHM - F - 9SX - I - 20120921）

　　那个地方（教学内容知识）学生的学习难点在哪里？那个地方还需要多安排几个课时？为什么今天的课时有点超了？在哪个地方有浪费时间的问题存在？一般在课后，我就是这样写一些细节上的东西，可能就两句话。……比如这一段是需要背诵的，有作文要求的。比如这篇课后的作文比较难，暂时不让学生写了。这个单元上完之后，我就讲了讲这篇作文应该怎么写，涉及的语法有什么。这算是我的课后反思了。（XWP - F - 20YY - I - 20120920）

　　我们在备教案的时候就有反思，这对教学肯定会有帮助。因为在课后我们不仅要反思自己，还要反思学生。除了找一找自己在哪一部分的处理中存在问题外，还要反思学生在这节课上的各种表现及对知识点的理解情况。（LXL - F - 18SX - I - 20120917）

　　与教师在课堂教学中的快速反思不同，教师课后的快速反思一方面拥有相对充足的时间，另一方面教师会借助媒介。不像教师在课堂教学中那样，只能在很短的时间内做出教学决策，教师课后的快速反思可以有相对较为充足的思考时间，在当时的教学情境下应该做出什么样的教学决策。也不像教师在课堂教学中的快速反思那样，只能依据当时掌握的信息做出教学决策。教师课后的快速反思，可以在获得充分、详细的信息基础上进行教学决策。在这种情况下，教师做出的教学决策质量会更高，在教学中的效率会更好。

另外，与课堂上教师的快速反思不同，教师课后快速反思不仅需要教师在脑海中以思考的形式对自己的课堂教学进行反思，而且需要教师借助语言表达出来，将自己的反思结果记录下来。如 WHM，LXL 教师的课后反思笔记等，也许只有短短的几个词、几句话。但在教师下次进行教学设计决策的过程中，之前关于如何改进教学决策的记录就具有很高的参考价值了。

最后，在课后快速反思过程中，教师可以比较自己在课堂上的快速反思过程。尤其对于新手教师来说，当再次遇到相似、类似的教学决策情境时，不仅能做出最优教学决策，而且能在较短时间内确定自己的教学决策，提高教学效率。由此，大大扩充了新手教师的实践知识。

2. 修正

在每节课上完之后，我会总结这节课有哪些不足。因为每节课肯定有自己没有发挥好的地方，有让自己不满意的地方。……我觉得应该把自己的想法记录下来，有什么问题在下节课尽量改正过来，对自己的教学也会有很大的帮助。第一个班上完了，可能时间没把握好，或者出现了什么问题。那么在第二个班上课时，就会注意这些方面的问题，并及时调整，希望上得好一些。如果有第三个班，我会把前面的缺点克服了，问题解决了，肯定后面的课比前面的课会上得好一些。其中的问题有时间上的把握、习题上的处理、学生的反应等，有机会的话我会尽量把中间出现的问题改正过来，期望尽量做得完美一些。（WXA - F - 8SX - I - 20120913）

因为这是我第一轮教高中，需要做得细致一点。上完课后，我觉得这节课、这个内容没有讲到的地方，我会列出来、记在备课本子上。……这样下一年再讲的时候，我就可以进行参考了。另外还有一种情况是，比如这个问题我在二班讲的时候没有讲好，那么在四班讲的时候，我就会调整原来的讲法，讲得会好一些。（PR - F - 5HX - I - 20120920）

在经验积累过程中，比如说这节课我用的某个教学方法很管用，我就留下来继续用。如果这节课哪个环节出现了问题，我就会想应该怎样改进。刚开始上课的时候，每节课之后我都会想一想。……因为我以前带两个班的课，两个班我都用 PPT 教学。在这个班上完课以后，下个班我就想如果在那个地方改一下，效果会不会更好？上完课就会想，这节课上得怎么样，孩子吸收了没有？还有哪些问题处理得不好？（DYP - F - 5YY - I - 20120918）

教师教学反思的修正层次是教师在教学反思的基础上对教学决策进行调整、再思考的过程。在这个过程中，教师教学反思有一个明显的停顿、调整、再思考过程。例如，负责三个班数学教学的 WXA 教师，就相同的教学内容，她会在对第一次教学进行反思的基础上，对下一个班的教学设计做出调整，直到进行第三个班的教学时，这种调整过程还在持续。教师教学反思的修正层次，其持续的时间相对较长。例如 WXA 教师对教学内容处理方式的调整，可能会持续 3—4 天；PR 教师对教学方法的调整，至少会持续 2—3 天；DYP 教师对同一内容教学方法的调整会持续一周。

有时候在学生练习的过程中，会发现学生在某个地方错得最多。然后我就会单独问学生，为什么在这个地方错了。虽然每个人都有不同的原因，但总会有一些相同的原因。那么当你再次讲这些内容的时候，你就知道哪些地方需要重点强调，哪些地方要用什么方法讲了。这样一来，效果就好多了。……在平时的上课中，我也会捉摸，为什么这个问题学生总是搞不清楚？哪个地方学生最容易犯错？原因是什么？还是应该找到原因，之后再找方法，这样就容易多了，因为解决问题的方法总是针对原因的。（WP - F - 20YY - I - 20120920）

有时候也会有这样的感觉，我的课讲得很扎实，我也很认真地准备，但是在课堂操作中就是感觉很不流畅。这时你就要反思问题出在哪呢？是在课堂理论上，在内容知识逻辑上，还是在学生、教学过程、教学方式上？在这几个方面或多或少存在这样或那样的问题。所以，需要在长期的教学过程中不断地总结和反思，不断地改进。（LWY－M－24YW－I－20120911）

我在听谢老师的课之前，也备好了自己的课。在听课的过程中，我就默默地把我和她的课进行比较。看我的差距在哪里？我的不足在哪里？然后才能更好地把握教学的重点、难点。（WHM－F－9SX－I－20120921）

反思是要解决问题的。你不能把问题积累起来，把前面一节课的问题留到下一节课。反思是好的老师在每节课之后都必须做的事情，因为反思的过程直接为下一节课的质量服务。比如在这节课上这个问题没有交代清楚，学生掌握的情况不好，那么，下节课的首要任务就需要解决这个问题，而且还要想出好几种方法和思路。（WYG－M－26WL－I－20120923）

教师在教学反思的修正层次主要关注教师教学中所出现的不成功的教学决策经验。如 XWP 教师面对的如何突破教学难点的问题；LWY 教师提到的在课堂教学中感觉不顺畅的问题，等等。在日常教学实践中，当遇到教学决策现象、教学决策问题时，教师都会通过教学反思的修正层次对教学决策进行调整。教师教学反思的修正层次是大部分教师在日常教学中都能做到的层次。教师通过教学反思的修正层次，不断调整自己的教学决策，避免失败的教学决策经验。

3. 回顾

相对于教师的快速反思、修正层次的反思，教师反思的回顾层次在时间上更具有持久性，且发生的空间更为广阔。教师教学反思的回顾层次发生在教师教学的各个决策阶段，甚至发生在教学情境外。

有时候你所带的两个班的学生学习水平不同，就需要对你的教案做适当的调整。不同的班讲的内容是稍有不同的。刚开始的时候最好能写一写，哪些地方是可以简单讲的，哪些地方是可以省略的。对不同班的教学目标是不同的。……有可能这个点是高考不考的，或者这个点高三复习的时候会再次提到。那我就先提一下，让他们有缓冲的时间。在这种情况下，这个知识点简单提一下就可以了。（XWP - F - 20YY - I - 20120920）

记得以前我带的那个班的班长站起来作自我介绍的时候，就说："我是、是、是……叫、叫、叫……"连自己的名字都说不出来。这个经历我记得特别清楚，这是很多年前的事情了。从此以后，我就感觉上课不让学生说话，老师若只是自己讲、满堂灌，是很有问题的。当时我教的课还是汉语口语表达，我根本就没有重视表达的问题。从此以后，我就改变了自己的教学理念。（CP - F - 30YW - I - 20120917）

在教师教学反思的回顾层次，哪怕教师教学活动结束后，教师的反思过程仍在继续。在这个层次上，教师会回想课堂前后所做出的各类教学决策。就某个教学决策问题或现象，教师经常长时间地进行思考、观察，通过教学实践中的比较、尝试、再评价方式，形成一个较为成熟的教学决策策略。在这个过程中，教师不仅会重新考虑关于教学方法选择、教学内容选择、教学活动设计等与教学直接相关的决策，而且会重新思考教学中与学生的互动方式、与同事的关系、领导的态度、学校情境等与教学间接相关的决策。

对教材的不适应也会反映到课堂上，我们到底该怎么教学？新课程提出，学生处于主体地位，老师处于引导地位。教师的任务是组织学生，引导学生，进行合作、交流性的学习。事实上以学生为主体已经不算是新课程了，学习本身就是学生在学嘛。真正新的观念是合作、交流。说到合作、交流就存在另外的问题，试想在我们60人的班级里，怎么开展合作、交流学习？也有专家提出小组合作学习。但是在教材改变很大的情况下，在教材量这么多的情况下，是没有时间进行分组合作教学的。首先，我们进行分组教学，一个班里面有学习基础好的，也有学习基础差的。在个过程中学习基础差的学生就几乎不参与合作教学的过程。还有不愿意参与的学生。所以，我觉得这个合作、交流的前提，是学生的学习程度是相对等或相当的，且乐意的。其次，学生必须有一定的学习兴趣。但是，我们面对的学生并不是这样子的。学生学习毕竟有好有坏。……教师在课堂上一个人没有办法保证他们都能参与学习过程。新课程强调的这些理念，在教学中我们也要慢慢尝试，比如合作教学的实施。我们需要一个阶段一个阶段实验，新的方法到底怎么样？到底该怎么用？……新教材是需要你改变原有的教学理念的。按照我的理解，新教材的实施需要老师有处理教材的能力。知道怎么把教材内容传授给学生。虽然新课改课本改了，可是教参的形式没有改。根据新课改的理念，要求老师具有高屋建瓴的本领，然后向学生传授。但老师的素质到底有多高？……再加上在选修课上，需要老师找一个课题来和学生一起进行研究。即便一个大学教授都很难做到。这对老师的要求很高。教材对于老师改变的理念，就从这一点上说，并不成功。　（DX－F－12YW－I－20110109）

相对于教师教学反思的快速反思层次、修正层次，在教师教学反思的修正回顾层次上，教师的关注点不在很具体的、关于课堂上"该怎么决策"这类技术性、技巧性的决策问题上。在教师教学反思的回顾层次上，教师将问题放在更大、更广的教学情境中进行反思。如DX教师对新教材在教学中适应问题的分析，不仅涉及了新教材在课堂操作层面所遇到的问题及原因，而且分析了教师作为课程实施者，在处理新教材内容的过程中应该发挥的作用。由此可见，DX教师对这一问题的回顾，是在中观层面的学校情境及宏观层面的课程改革情境中进行反思的。

现在学生的学业水平主要取决于两个方面。一是教师的水平。二是学生自己的努力程度。可能对于层次比较高的学生，主要取决于教师的水平，而对于层次比较低的学生，主要取决于学生的努力程度。有的学校分了快、慢班。可能在快班、重点班中，教师的水平对学生的影响比较大，因为学生的认知水平本来就高，教师的作用不仅在于讲清楚问题，而且在于更有开放性。对教师经验、素养要求更高，也很重要。对于学生水平比较低的班级，主要关注学生管理问题。对教师的专业素养要求不是很高，但是对教师的责任心、人格魅力、性格这方面要求可能高一点。(SAM - M - 21SX - I - 20120106)

　　传统教学主要是教学知识的传授，老师总是面面俱到，甚至是满堂灌。现在新课改强调要将以老师为主体转为以学生为主体的教学。但是在培养学生自觉性和自主探索的学习观念、习惯方面还有很长的路要走。当然这个困惑主要来自几个方面的原因。首先就有来自老师认识不到位的原因。当教师教到一定时间时，就会产生职业倦怠，这是主观方面的原因。其次就是来自客观方面的因素。比如说新课改提倡自主课堂，但就硬件而言，我们无法满足新课改的要求。传统教学中的讨论也主张课堂活动。启发式教学、自主性学习不是什么新鲜的教学方式，只是我们以前的教学中没有形成这么具体的理论体系，新课改着重强调了这几点而已。其实，这些方法老师一直在做，只是现在新课改特别强化了它。……比如探讨性学习，我们班有 65 个学生，这一客观条件就限制了探讨性学习的有效性。我们的教学必须是注重整体、注重全面的。所以正是因为班额大，要使用这样的教学形式，客观上就决定了课堂上有效的互动和交流无法实施，这就是现状。那么，从这个意义上说，我们的课可能没那么多讨论。从形式上说，课堂环境不是老师站在讲台上，下面学生排排坐，而是围桌式的场景，那样的场景只适合二三十人的课，小班级的教学才能够实施。(LWY - M - 24YW - I - 20120911)

　　教师经过教学反思的回顾层次，往往会对某个教学决策问题、教学决策现象形成自己相对稳定的看法、见解。如 SAM 教师对影响学生学业成绩因素的分析，是他在自己多年教学决策经验及对教学观察的基础上总结出来的。通过教师教学反思回顾阶段得出的关于教学决策的结论，已经具有一定的抽象性，且可以在一定程度上适用于相似、类似的教学情境中。如 LWY 教师对课改中提倡使用的教学方法的回顾，其中不仅涉及了教师对教学方法的认识问题，学校硬件支持方面的问题，而且从微观层面分析了在课堂教学中运用新教学方式所遇到的困难。不可否认 LWY 教师分析的情况，也是大部分教师在新课改中运用新教学方法时所遇到的问题。

由此可见，在教师教学反思的回顾层次，教师就教学中的某个问题进行长期的思考与分析，且根据自己所处的教学情境就这个问题形成自己相对稳定却认为正确的看法与观点。通过教师在教学反思的回顾层次所形成的教师实践知识已具有相对的稳定性、情境性。新手教师经过教学的快速反思、修正、回顾三个层次不断扩充教师实践知识，此时在教学中已经能做到独当一面。但要想继续完善、丰富已形成的教师实践知识，就需要教师达到教学反思的研究、重构与重建层次。

（二）教师实践知识的更新阶段

1. 研究

在教师教学反思的研究层次，教师开始关注某个更为具体、明确的、具有严谨价值的教学决策问题、现象。在这个层次上，教师对某个问题的观察是全面的、系统的，且持续的时间较长。教师收集观察信息、处理观察信息、评价观察信息的过程，将伴随着教师的教学决策过程。在教师教学反思的研究层次，教师将不仅依靠大脑思考进行反思，而且会借助于语言，表达自己的反思过程。此时，反思笔记、教案反思记录、教育日记等方式将是教师最好的选择。

我第一周的课基本上是节节拖堂，我备的内容总是讲不完。第二周这个问题就有所好转，第三周渐渐就好了。因为在第一周这个问题出现以后，我在第二周就改变了教学方法。在第一周我基本不用多媒体教学，在第二周开始用多媒体。当我发现在教学中使用多媒体有个问题，因为对于我们平行班的学生来说，程度相对低一些，多媒体教学内容进行得太快，反而学生的学习效果一般。如果将这两周的做法中和起来，我觉得就能解决这个问题了。既要让上课的速度快一些，又要达到第一周的那种效果，虽然直到目前为止，我还没有寻求到更好的方法。……在这种情况下，我只能少用多媒体，上课基本上用板书。我在第二周上完课的礼拜五做了一个小的问卷调查，90% 的学生认为用多媒体教学之后，什么都不知道。当然，这个可能也跟我处理教学内容的方式有关系。我思考过，不光是学生的问题，我也有问题。但是从第一周内容讲不完的情况来看，我认为，当然平行班的学生也很努力，这与学生的基础有很大关系。同时我们跟实验班的老师也进行了交流。……另外我发现，实验班老师上课时例题的写法（黑板上例题的板书）跟我们（平行班老师）也不一样。他只写关键数据，不像我们（平行班老师）一笔一画地抄，时间就过去了，这就是目前的一些总体感觉。……就目前的这些观察与分析，我正在写一篇关于多媒体教学的文章，虽然还没有想得很清楚。……我觉得我要是解决了这个问题，那我的教学就真的又上了一个台阶、一个层次了。（ZWB – M – 7SX – I – 20120917）

ZWB 教师刚刚从初中转到高中，开始高中教学大约一年，他在教学中所遇到的第一个难题就是不能按照教学计划、按时结束教学内容。为此，ZWB 教师想到的解决办法是适应多媒体教学，以节省课堂教学时间。但在随后的教学中，他很快就发现使用多媒体教学中存在教学效果难以保证的问题。那么如何才能既提高教学速度又能达到较好的教学效果呢？如何才能提高多媒体教学的教学效率呢？这就成了 ZWB 教师这一年来不断探索、思考、想要解决的问题。ZWB 教师就这个问题在自己的反思日记中写下这么一段话：

那应该怎样评价这节课（多媒体教学课）的教学效果呢？

1. 不管是多媒体教学还是小组合作教学，就算没有用这些方式，他/她的教学效果还是达到了一定的程度。这堂课就是优秀的，就是好的。

2. 我在自己平时的教学中发现多媒体有时候不仅没有帮助到我的教学，反而成负担了。多媒体的使用其实是要减轻老师的负担，减轻学生的记忆负担。

3. 使用多媒体的目的应该是让教学内容更流畅，或者是让学生更容易理解，但在现在的教学中反而成了旁边的点缀，效果反而不好。

4. 其实，不应该要求老师每节课都用多媒体教学。有时候我把教学内容打到大屏幕上，学生看大屏幕的效果远远不如看课本的效果。

5. 在以后的教学中我宁可让学生翻开课本去看，但如果是公开课教学，可能还是需要使用多媒体的，它的作用就是把内容显示出来，让评委看见你讲的是啥概念。这时候多媒体教学就是给评委看的，而不是给学生看的。（ZWB – M –7SX – D –20121004）

由此可见，ZWB 教师对在课堂教学中使用多媒体教学及提高课堂教学效率问题进行了自己的研究。从 ZWB 教师的这段话里，可以看出教师的教学研究是以总结实践情境中的教学决策经验为基础的，其中还包括教师自己对这个问题的观点及看法。但在此基础上 ZWB 教师并没有得出完全清晰的认识。在何种教学情境下使用多媒体教学会有效？为什么？在何种情境下使用多媒体教学会无效？为什么？

ZWB 教师虽然就使用多媒体教学效率问题进行了研究，但其研究结果呈现出来的是零散的观点和经验总结。高质量的教师教学研究还需要进一步对这些零散的初步研究结果进行总结、抽象。究其根本是因为 ZWB 教师的研究没有教育理论知识的指导。从他的教师教学实践到其对教学实践的研究，完全没有教育理论知识在其中发挥应有的作用。直到研究者对其进行访谈为止，ZWB 教师也不能完全清晰地、确切地知道这两个问题的解决策略。在教研组活动中，他听从教研组长的建议，除了总结自己的教学决策经验之外，还开始积极地阅读一些关于教育研究的杂志、期刊，希望能从中找到答案。

比如说定语的位置，学生容易把汉语中定语的位置迁移到英语中。这就影响了学生的英语学习。所以我在定语从句教学中，就下了一些功夫，研究如何才能让学生掌握得更快。因为英语的定语从句大部分在后面，但汉语的定语无论多长都在前面。但有时候容易混淆，因为学生只能通过英语阅读、大量练习、体验才能慢慢进行转化。关于定语从句教学这部分，我还有自己的一些心得，写了一篇文章在学校的刊物上发表过。教了这么多年，在定语从句教学上我已经有了自己的特点。另外在英语阅读教学中，我也有一些心得。这就是我这30年教学的两个收获。学生从中受益了多少我不好说，但是根据学生高考的成绩来看，应该还是发挥了很大作用的。就我教定语从句的经验，我写了个豆腐块的文章发表在学校期刊上。（ZWJ－M－30YY－I－20120917）

同样 ZWJ 教师对英语教学中定语从句的教学问题进行了一定的研究。在总结多年教学决策经验的基础上，ZWJ 教师除总结了英语教学中定语从句教学的技巧、方法外，还将自己的研究成果进行了发表，供其他教师参考。由此可见，教师在教学反思的研究层次上，对某个教学问题、现象的研究是一种自上而下的、"扎根式"的研究。

参加论文交流会，对我的教学，如果仔细想一想，还是有一点点益处的。……我在与别人进行论文交流的过程中，突然感觉到我的文字特别苍白。说实话，对很多老师的做法、观点，我也有同样的感受。……我想了一些东西，也希望能写下来。或许是教学中的某些东西，你想到了，你也经历过，可是你没有想如何把它表达出来，或者也没有尝试把它表达出来。（SXL－F－7SX－I－20120107）

如果从某个教育教学的理论出发，我们也会考虑开这门课程的目的是什么？比如说，我们开一个写作教学课，那就要考虑现在开写作教学课的目的是什么？其作用不仅仅是面向高考，而是要教会学生写东西，这是最基本的要求。教会学生怎么写作，然后再考虑和高考挂钩的事情，这样才能有长远的效果。所以，语文课的教学不会有一种立竿见影的效果。如果立竿见影的话，就变成一种急功近利的东西了。所以，我们关注的是一个人长期的发展，将来你（学生）一个人走出校门的发展。如果你有良好的阅读习惯、你有倾听的能力、有与别人交流的能力、有良好的写作习惯，那么我的语文课教学就成功了。否则的话，你高中阶段接受的语文课，那仅仅是一门课而已。（DX－F－12YW－I－20110109）

在教学中，一边工作一边学习是一种无形中的学习，但如果在教学中你遇到一些问题，你不是太清楚。你就去查一些资料、看一些理论，再思考这个问题我怎么解决、与其相关的问题怎么解决。只有这样，在教学中才会有格外的收获。时间长了就能把一个点发散到一个面，把每个面的东西都搞清楚，这样进步就很快。（XP - F - 12SX - I - 20120918）

虽然，教师在长时间系统观察、探究某个决策问题、决策现象的过程中，收集到了丰富的教学决策经验。但要想对所研究问题有着更深入的分析、理解，仅仅靠对教学决策经验的总结是远远不够的，而是需要教育理论知识的帮助的。如果没有教育理论知识的介入，教师这种自下而上、"扎根式"的研究就只能停留在经验总结阶段。教师应学会应用教育理论来解释、阐释自己的教学决策，或解决教学决策问题。SXL 教师在论文交流会上了解到该如何运用教育理论语言来表达研究问题、研究结果；DX 教师借助教育理论知识来重新审视其教学目标；XP 教师运用教育理论知识来解决教学中所遇到的问题。这三位教师在这个过程中受益匪浅。在教师教学反思的研究层次，教师会遇到解释、剖析问题的困境，而教育理论知识在这个阶段将扮演重要的角色。

2. 重构与重建

在教师教学反思的重构与重建层次，教师能够很好地把教育理论和教育实践结合起来。在此基础上，教师一方面对教育实践有了更深刻、清晰、深层次的认识，另一方面教师能结合自己的教学实践更好地理解、运用教育理论。教师教学反思的重构与重建阶段，是教师在对某个教学决策现象、教学决策问题进行系统观察、探究的基础上，重新理解教育实践，丰富教育理论知识的过程。

LSF 教师在自己多年教学经验的基础上，结合一定的教育理论，探讨了语文教学中现代文的教法问题，并在学术期刊上发表了《整讲与散讲——现代文文章教法简叙》一文。该文总结了现代文教学中的整讲与散讲的规律，且论述了两者之间的关系。

所谓整讲，就是从全篇立足，讲清文章的结构或文章的层次，若有必要，还可以结合学生的写作实践，讲清作者的构思。因为不同文体的文章架构方法不同。所以，教者必须让学生掌握一定的文体知识，分清不同的文体载体，然后根据不同的文章载体特点，讲清文章的结构或层次，讲清作者的写作构思。……此外，还可根据学生在写作实践中存在的问题，尤其是针对学生习作中反映出来的问题，对学生观察事物的方法与能力，材料的取舍、安排等方面的问题，要适当地讲一些作者的写作设想或写作前的写作设计，这对学生学会构思文章是大有益处的。……

所谓散讲，就是从局部立足，从基础知识点立足，讲清文章的语言特色以及字、词、句运用的知识，讲清写作方法及技巧等方面的知识。不同文体在处理上述基础知识的侧重方面与内容方面均有所不同。……在散讲中，一方面要紧密地结合学生的写作实践，讲好文章的写作方法或技巧；一方面要根据不同文体文章的学习，不断丰富学生在写作方法与技巧方面的知识。……

一般来说，在讲授文章时应先整后散，尤其是讲授长篇文章时更应如此。首先，这是由时下中学课程的安排现状所决定的。……其次，学生的接受能力、连贯能力的局限性也是先整后散的原因之一。……而先整后散的讲授方法、学习方法，却恰恰是避免上述不利局面的一种较好的授课方式。它的优势是整体下的分散，每一个零碎知识点的讲授，有时是一个相对的小整体；整讲的是大整体，散讲的是点，这种点虽是一个相对的小整体，但在学生的记忆中确实是大整体中的组成部分；这样既使学生学到了完整的文章，又引导学生进行了分散的深入；使学生便于在间断的课时安排下，形成既是阶段的记忆，又是联系较紧的记忆；无论在整体性、系统性方面，都可使学生易于掌握重点，整而有散，散而不乱。教者也易于驾驭教材，在较紧的课时里，突出重点，使学生更从容地接受知识。

但是，对待文章的讲授方法不能一成不变。…… 在具体操作整讲与散讲的方法时，先整体讲，课时的安排可以是一课时，也可以两课时，一般情况为一课；如若以篇章结构、作者思路为讲授重点，即可为两课时，每课时都应是完整结构或构思的讲授，区别是第一课时粗讲、第二课时细讲。在散讲时，知识点的多与少，一定要按学生的实际接受能力来确定，可多可少。①　（LSF - M - 35YW - D - 20120927）

　　LSF教师对现代文教法问题的论述，不仅仅是对自己多年教学决策经验的总结，而是以学生记忆特点为依据进行的分析。LSF教师在教师教学反思的重构与重建层次，将教育理论知识与具体的教学实践结合起来。在长期的教学实践中，一方面将教育理论知识作为其教学决策的理论依据，另一方面在多年教学决策经验的基础上，对教育理论知识有了更深刻的理解。这也是成为专业型教师的必经之路。在重新理解教育理论、教育实践的过程中，教师所获得的实践知识将发生质的变化。

　　对于教学内容顺序的变化，专家可能有自己的角度，有他们自己长期的经验。但每个教师经过多年的教学，也有自己的长处。专家只是一个人或几个人，专家并不能归纳所有教师的特点、长处、所处的情境等。只是相对来说，专家认为的大多数教师会怎样，但不能代表各个地域、各种情况下的教学。中国很大，上海的教学情况并不能代表甘肃的教学情况、宁夏的教学情况。根据学习基础比较好的学生得来的经验，可能不能代表学习基础差的那部分学生的经验。在教学中我的目标可能只有一个，但方法可能是各式各样的。教育理论虽然来自于实践，以实践为基础，但理论还是不能概括实践中所有的可能性。因为通过归纳法得出的理论，可能归纳了99条，但其中一条并没有归纳进去。（WYG - M - 26WL - I - 20120923）

　　我曾经写了一篇关于学习和做人关系的文章。学习好就一定是好学生吗？就像我前面所说的一样。这篇文章发表在《甘肃日报》上的一个栏目中，其实也就是一个豆腐块文章。这是我当老师的一种看法，也是对培养什么样的学生这个问题的想法，是我一种理念的表

① http://wenku.baidu.com/view/4022e02acfc789eb172dc826.html。

达。现在的教学一切围绕着高考，学生只关注学知识，但做人怎么样？思想、情感、态度怎么样？对这些东西考虑得很少。学生需要了解他们认识世界的态度、对待个人的态度、对待一生的态度，在这个基础上再去学习，才能对你所学到的东西有新的理解。应该关注个人的体验、对生活的品味如何。（ZWJ - M - 30YY - I - 20120917）

在教师教学反思的重构与重建阶段，像 WYG，ZWJ 这样的专家型教师并不会一味地在教学实践中排斥教育理论，而是试图应用教育理论知识将自己重构与重建的结果系统地表达出来，并在教学实践中身体力行。他们在日常教学实践中借助自己丰富、完善的教学决策经验重新理解教育理论。那些被他们重新理解了的教育理论就会成为教师实践知识的组成部分。由此，在教师教学实践中，才能真正达到教育理论与教育实践之间的融合。只有这样才能在教育教学实践中消除教育理论与教育实践之间的鸿沟。

对于一线教师来说，教师实践知识的表达主要有两种方式：一是借助教育理论语言进行表达；二是它镶嵌在教师教学实践中，以教师教学决策行动来表达。对于专家型教师来说，这两种表达方式兼具。另外，虽然大部分教师对自己所获得的教师实践知识并不能进行清晰的说明，但在教师日常教学实践中，教师实践知识却切切实实地发挥着作用。教师实践知识具有缄默性，但并不意味着教师实践知识是混沌的。恰恰相反，在教师日常教学实践中教师实践知识是非常具体的，是能解决教学决策问题的。

其中，造成教师无法清晰言说、表达教师实践知识的原因，是由教师实践知识的情境性造成的。因为脱离了教师所熟悉的日常教学情境，不仅是一线教师就连教育研究者也无法清晰地表达什么是教师实践知识。而一线教师能够言说、表达教师实践知识的机会远大于没有任何教学决策经验的教育研究者。

虽然在教师教学反思的研究、重构与重建层次存在着教学一线教师能否用教育理论研究的话语来表达实践知识的问题。但除此之外，教师在教学反思的研究、重构与重建层次通过长期对某些教学问题的观察、思考、分析、解释，对这些问题有了更为系统的、深刻的认识与了解。教师教学反思的研究、重构与重建层次，是完善教师实践知识、更新教师实践知识的主要动力。

　　教师教学反思的五个层次是快速反思、修正、回顾、研究、重构与重建，在教师日常教学中，其发生的概率依次降低，持续时间依次增加。教师快速反思在课堂教学中、课堂教学结束后随时随地都会发生。在这个层次教师反思的内容是不确定的、各种各样的。而在教师教学反思的研究、重构与重建阶段，教师会关注某个具体的教学决策问题，或对现象进行长时间的系统观察、分析。

　　教师教学反思的五个层次之间是螺旋上升、不断循环的过程。教师教学反思的研究、重构与重建层次，是为了教师能够在快速反思层次上做出高质量、高效率的教学决策。而教师的快速反思层次是教师在日常教学中时时刻刻都需要面对的，它不仅为教师反思的研究、重构与重建层次提供了丰富的教学决策经验，而且是在教学实践中对教师重构与重建层次上所形成的教师实践知识进行再一轮反思的开始。

　　在日常教学实践中，教师反思并不是按照快速反思、修正、回顾、研究、重构与重建的顺序进行的，而是几乎同时发生的。其中在教师教学反思的每个层次上，教师的反思都有水平高低、质量好坏、效率快慢之分。例如，在快速反思层次上新手教师的教学决策质量低于熟练教师的教学决策质量；在重构与重建层次上教研组教学研究型教师的教学决策质量高于教研组的其他教师等。

第六章　教师实践知识对教师
教学决策的影响

　　教师在课堂教学中需要面对各种复杂的、动态的教学决策情境。教师在自己实践知识的基础上，对教学中的各种教学决策进行考量。教师实践知识是教师进行教学决策的知识基础，即教师在教学中理解、分析、决定、实施、评价教学决策的依据。教师在教学决策经验基础上所形成的教师实践知识，不仅能帮助教师在教学情境中做出即时的、恰当的教学决策，而且会帮助教师形成关于教学的概念或理论框架，有助于教师在教学中对教学决策进行预测或调整。实践知识丰富的教师能体察到教学中的复杂因素，根据对这些因素的分析，综合考虑在教师教学决策的不同阶段设计、调整教学决策。

　　本章主要分析教师实践知识对教师教学决策的阶段性影响。其中将教师教学决策分为三个阶段，分别为教师教学设计决策、教师教学互动决策、教师教学评价决策；本章主要分析教师实践知识如何影响不同教学决策阶段的教师教学决策，在此基础上探究教师实践知识对教师教学决策的影响。

第一节　教师实践知识对教学设计
决策阶段的影响

　　教师在教学前的教学设计决策阶段，都会考虑这节课、这个单元的教学重点是什么？教学难点有哪些？如何确定这节课、这个单元的教学目标？应该选择哪种教学方法？需要准备哪些教学工具？教学知识点之间应该如何衔接？教学环境变化对自己的教学会产生哪些影响？教师的这个思考过程就是教师进行教学设计决策的过程。在这个过程中教师进行反复推敲、规划、决定教学细节。由此形成的教师教学设计决策，在课堂教学实施中指导着教师教学的方向。教师教学设计决策的质量是能否保证课堂教学顺利开展、成功完成的关键。

我虽然有二十几年的教学经验，但教案还是必须要写的。其一是教学规范的要求，上课要做到心中有数，手中有案例，这是教学规范的基本要求。其二就是尽管对教学内容比较熟悉，然而在教学过程中无论对内容，还是对教学方法、教学形式的操作都要不断修正和改善。其三是整体的教学状况发生着改变，比如说教材的变化，传统大纲版的教学与新课程标准是有所不同的，以及学生的变化。这些都是在备课的过程中需要想到的。（LWY - M - 24YW - I - 20120911）

学校为了保证教研组整体备课的质量维持在一定的水平上，最常采用的方式就是以教研组为单位进行集体备课。随着学校正式开始推广新课程改革，集体备课形式的重要性又被提到了另一个高度。正如 LWY 教师所言，目前学校中的集体备课形式更加多样化，涉及的时间更广、范围更大、次数更多。

学校有集体备课的形式，像这两年大概有三种方式。一种方式是在近两年的新课程改革中，为了适应新课程的要求，所有的教师都要重新学习。首先，教育局和教科所组织了集体教课，不定期地抽调各学校的老师参加。其次，学校之间分区域进行合作。其中集体备课分不同的教学阶段进行，这种大备课一般是在开学的时候举行，对整个教学体系的规划、认识、整个学期教学计划大纲的制定都有帮助，当然是比较粗略的。最后是各年级组的小组备课。这一般都由专人负责，关注对整个教材的解析、整个教材的安排以及具体的课堂操作。这种集体备课有时候也有形式化的痕迹，具体做法就是要求至少每两周必须进行一次。备课之后，形成一种共同的认识，拿出一个相同的设计，进行总体把握（教学）。（LWY - M - 24YW - I - 20120911）

　　虽然学校不断指出集体备课的好处以及集体备课在教师教学研究、建立教师合作共同体、形成教师学习共同体中的积极作用，但从田野数据中发现，无论是教研机构组织的集体备课，还是以学区为单位组织的集体备课，抑或是以教研组为单位进行的集体备课，对教师教学设计决策的帮助、改进都是有限的。因为教师工作在很大程度上还是以个体劳动为主，学校内外教师之间的合作、交流非常有限。不同层次的集体备课活动，在一定程度上为教学提供了一个在职学习、与同事交流的平台，但要想真正改变教师教学决策行为，仅仅依赖集体备课是远远不够的。

　　我们学校具有集体备课的特色，但这种备课也是在个人先备过之后，再集体交流，主要采用这种形式。其实，我在备课、写教案的过程中主要还是看自己的思路，这样在和其他教师交流的过程中，你才会有所取舍……明白自己的优势、劣势。……至于参加集体备课之后，我自己的教案会有多大的变化，那就难说了……有时候根本没时间去修改，有时候也觉得没必要改，有时候是不适合改的。……当然有些教师的想法对我也有很大的启发。（WJ－F－9YW－I－20120105）

　　我们说的区属、市属的集体大备课，它有一个总体的把关。在一些大的教学目标方面，比如对这一章的目标、难点、重点等会有指导。然后，会有一堂专门的课，让大家评一评。实际上，很多教师也就去听一听，回来该怎么上还是怎么上（课）。（SXL－F－7SX－I－20120107）

　　不可否认，教师参与集体备课的过程，也是教师分享、学习教师教学实践知识的过程。尤其对于新手教师而言，参与集体备课活动有助于帮助他们积累教师教学决策经验、在较短的时间内迅速生成教师实践知识。

　　但正如 WJ 教师所言，就算是学校有各种集体备课的活动，但教师在参加这些集体备课之前，早已经形成了自己的教学设计决策。在日常教学实践中，除了以教案形式呈现的教师教学设计决策之外，教师在课前还会在脑海中将上课过程演练一遍。在集体备课活动之后，教师不会马上调整自己的教学决策设计。那么如何才能将教师在集体备课中习得的间接教学决策经验，通过自己的教学实践转变为自己的教师实践知识呢？这就需要教师即时地调整自己之前的教学设计决策，或尝试使用新的教学决策经验等。但这个调整过程具有延迟性，因为教师在教学中会考虑到各种影响教学效果的因素，不会立刻在自己的教学中践行新的教学决策经验。那些在教学实践中验证过的、有效的其他教师的教学决策经验，就会很快转化为教师自己的教学实践知识。

课堂上学生提出来的问题一定要解决，讲了这么多年课了，一节课跟一节课讲得都不一样，也没法一样。……所以就是说经常是具体问题具体分析，备课就等于是一个设计，制造一个框架。然后根据每个班学生的情况进行调整。这个知识点学生掌握得好我就少讲，这个地方掌握得不好，我就多讲。（MM – F – 26ZZ – I – 20120912）

我觉得其实现在教材上最基本的理论知识对我来说还是非常熟悉的，没有什么难度。现在对我来说最难的就是如何把知识点串起来，能让学生理解、明白。我有时候就拿很多老师的教案来参考，看一看他们的选择。有时候自己找，有时候参考网络上面的。我觉得在这个教学材料的选取和问题的设计上往往会占用我备课的绝大部分时间。（YXP – F – 1ZZ – I – 20120910）

其实，我喜欢上课时候不要把课备得那么精，要备"粗"一点。写教案的时候不要写那么细、要写"粗"一点。我上课时候在脑海中有一些大框架就可以了，然后在课堂上再根据情况进行判断。但这有一个前提，就是一开始你要跟学生有一个融洽的关系……（WJ – F – 9YW – I – 20120105）

对教师来说，进行教学设计决策的过程几乎就等同于他们备课的过程。在这个过程中，熟练教师的教学设计决策是相对"粗线条"的。在课堂教学中，熟练教师会根据每个班学生的学习情况，做出适当的微调。而新手教师的教学设计决策则是非常详细、具体的，甚至有些教师连知识点之间的转折词都需要一一记录下来，因为对他们最大的挑战就是如何把这些科目知识教给学生。事实上，新手教师在教学设计决策阶段，将注意力更多地放在自己对学科内容的理解、转化方面，相对较为忽略对学生知识的了解、掌握。

这两种教学决策风格并没有孰优孰劣之分，只是相对于不同职业发展阶段的教师来说的。对新手教师来说，他们需要在教学设计决策阶段，对课堂教学的过程进行严密的考虑，在仔细思考的基础上做出教学设计决策，因为他们还没有足够多的教师实践知识，可以让他们在课堂上根据教学情境灵活地做出教学决策。而熟练教师已经具备了足够多的教师实践知识，所以他们将更多地关注学生对知识的掌握情况，并以此为根据，在课堂教学中随时调整自己的教学决策。

在教学设计决策阶段，教师主要关注对教学目标的确定、教学方法的选择、教学内容的处理、教学工具的选择、教学参考资料的选择等几方面的决策。

一　教学目标的确定

当问到教师如何确定教学目标的时候，不同教师对教学目标的理解各有不同。且不讨论哪种理解最为准确，其最大的差异出现在新手教师与熟练教师之间，这两类教师实践知识的差异是造成这种理解差异的主要原因。

说到教学目标，一般按照常规来说，就是三维目标。但在现实教学中不一定是这样的。其实有的时候，教学目标也就只能提供简单的一个维度。至于最后的情感、态度、价值观这些方面，我觉得是达不到的。……我自己的教学最主要的还是考虑知识方面的目标。（PR – F – 5HX – I – 20120920）

我觉得不仅仅是化学课的知识性目标更强，所谓的情感、价值观反而是非常薄弱的一个环节。在写教案的时候，因为新课改原因，它要求教案是三维目标。那么在这三维目标里面，最好写的就是知识与技能、过程与方法，最难写的就是情感、态度、价值观部分。之所以难写是因为我也不知道如何在教案中描述这些内容，而且在上课的时候也是很难贯穿到课堂中的。（GL－F－1HX－I－20120912）

教学目标也是要考虑的。备课前基本都要看一下，这节课的教学目标，能达到一个什么样的程度。其中考虑的因素就包括学生之前的学习水平……要让大部分学生能掌握这节课需要掌握的知识点。（SXL－F－7SX－I－20120107）

虽然新手教师在谈论中都会提及新课改中所提倡的三维目标：知识目标；过程、方法目标；态度、情感、价值观目标。就教学三维目标来说，新手教师似乎更关注第一层次的知识目标。对PR，GL教师来说，他们教学中最关注的是知识目标。三维教学目标中另外两个层次即过程、方法目标，态度、情感、价值观目标对新手教师来说似乎"遥不可及"。究其原因，对刚入职的新手教师来说，首先需要面对的挑战是能否有效地完成教学中的知识性目标。这也是新手教师获得学生认可、同事认可、学校领导认可的重要途径。其次，新手教师还没有形成丰富的教师实践知识，能够让他们在完成知识目标的同时，结合过程、方法目标，并能在其中融合态度、情感、价值观的教学目标。

教学目标？我在开学前的假期看过考试大纲，还有新课标的一些东西。我觉得教学目标最基本的就是这节课教得怎么样？学生有没有听懂？（FMY－F－1HX－I－20120918）

因为我还处在第一轮阶段。我在上课之前其他参考资料都不看，先把教材看几遍。因为我现在教的是教材，所以我要先把书读熟。通过反复的阅读，我要知道书上讲了什么内容，然后结合我自己的认识，找出这节课要讲的重点，这是第一步。第二步就是看教师用书，因为它将每个重点都讲得很清楚。在我自己理解的基础上结合教材，同时再结合网上的一些比较好的教案。经过这样的融合，就形成了我每节课的教学目标。……我觉得第一轮教学，对我来说其实也是一个学习的过程。(YXP-F-1ZZ-I-20120910)

我是先把课本认真地看两遍，然后再参考其他的教案。这样把几个方面综合起来，就能把握了。比如这节课的教学目标是什么？这几节课要教会学生什么？要让学生在学习结束的时候懂点什么？学生需要掌握的重点知识有哪些？对于这些问题就能把握了。(WHM-F-9SX-I-20120921)

另外，当问及新手教师如何确定教学目标时，从 FMY，YXP，WHM 教师的谈话中可以看出，新手教师所理解的教学目标就是每节课具体的知识目标。不难发现，新手教师在对教学目标的理解中最关注的是短期的、以每节课为单位的教学目标。从教学目标的层次来说，新手教师最先关注的是知识目标。

说到教学目标，我们往往都是从大方向上考虑的。……比如，感情方面要培养学生的爱国主义情感；提高学生的知识能力；感受作者所表达的对什么的赞美、批判，等等。　(CP-F-30YW-I-20120917)

肯定首先想这节课要达到怎样的教学目标？有几个知识点？在新课改之后，我们课堂的容量是不够的。你要是面面俱到地、很透彻地把这篇文章分析完，根本没有足够的时间。……并不是说你看懂了就意味着你熟悉了教材，关键还是要跟课标（新课程改革标准）相结合呀。大的方面要看新课标有哪些要求。比如说阅读、理解、写作方面有什么要求？你通过学这篇文章能实现什么样的目标？还有从小的方面看就是每个单元有什么要求？课改之后，课本的编排也有了调整，这一个单元有些是同一个主题的，有些是同一种文体的。所以，每个单元又有每个单元的教学目标。(WJ-F-9YW-I-20120105)

与新手教师相比，熟练教师对教学目标的理解更为深入、全面。如 CP 教师在谈及教学目标的时候，就不是仅仅关注每节课具体的知识教学目标，而是从更高的态度、情感、价值观方面进行理解。WJ 教师也明白教学目标具有不同的层次，作为教师在教学设计决策过程中就需要关注、处理不同层次的关系。从时间维度上说，熟练教师关于教学目标的论述不是仅仅在某节课的教学目标上，而是将视野扩大到整个单元教学上。对骨干教师、优秀教师来说，他们教学目标的视野甚至是整个学期的教学，甚至是整个高中三年教学阶段的长远目标。

确定教学目标的依据可能主要来自两个方面。第一就是教学的目标。第二就是我所带班级的学生状态。实际上，根据学生的程度，我会定目标。如果教学目标定得太高，就不一定能完成。根据这节课的教学目标、根据我的学生的学习程度，我会完成最基本的教学目标。（SXL - F - 7SX - I - 20120107）

实际上，我们的新课程教学目标是三维目标：知识目标、能力目标、情感态度价值观目标。高中课程是不能不考虑应试问题的，所以说知识目标就是要做到给学生把知识讲解透。在平时，实际上一节课主要还是完成知识目标。首先要让他们掌握知识，通过知识目标来培养能力。其次就是如果碰到一些和实际生活非常贴近的内容，再对他们进行情感态度价值观方面的教育。（MM - F - 26ZZ - I - 20120912）

对教学目标的把握会影响对教学内容、教学内容深度的把握。教学目标把握的不同也就是教学内容的不同，渗透力的不同，相应地对学生能力的影响也就不一样。这就是为什么有的学生十分辛苦地做了很多题，老师也十分辛苦地讲了很多课，最后却没有效果。因为你不知道你在干什么，仅仅是简单的重复做题，而没有目标。（XP - F - 12SX - I - 20120918）

应达到一个怎样的层次要求？那些层次要求最难达到的就是教学

难点。对这些层次要求，我设计什么样的教学环节才能达到？或者我要求能达到70%，还是达到50%？按照这个教学目标，你才能确定使用什么样的教学决策去实施。（SAM‑M‑21SX‑I‑20120106）

虽然对熟练教师来说，关于教学目标的确立首要考虑的还是能否有效地完成知识性教学目标。与此同时，熟练教师并不是完全排斥、忽视三维教学目标的其他两个方面。大部分熟练教师在完成知识目标的同时，还能在此基础上拓展对学生情感、态度、价值观方面的影响。如XP，SAM教师能够很好地将教学目标与教师教学决策结合在一起。只有保证高质量、高效率地完成教学知识目标，教师才能有更多的时间、精力关注学生在态度、情感、价值观发展方面的教学目标。

总而言之，首先，在日常实践中教师对教学目标的理解是非常具体的，是与教学内容相关的教学知识目标。当研究者在访谈中问到"您如何确定教学目标"的时候，教师几乎一致地描述了如何确定一节课的教学内容，以及如何才能让学生理解、掌握这节课的教学内容等细节。

其次，在日常教学实践中，教师理解的教学目标是以每节课为单位的，而不是课程文件中所提及的长远的、整体的、宏观的教学目标。本书暂不讨论这种理解上的差距是如何形成的，但正是这种理解上的差异造成了新课程改革理念、目标与日常教学实践中理念、目标之间的隔阂；也正是这种理解上的差异，使课程在具体教学情境中的实施过程不可避免地具有了相互调适的倾向。

在教学实践中，教师在对教学目标理解上的差异，一方面为教师实践知识的形成提供了实践需求，教师需要通过由日常教学决策经验所形成的教师实践知识来进行教师教学设计决策。另一方面由这种理解差异所形成的课程实施相互调适倾向，为教师实践知识的发展提供了足够大的空间。在日常教学实践中，教师需要面对文本课程与教学实践之间的不断调适。在这个过程中，以具体教学情境为基础的教师实践知识将发挥重要作用。而两者之间不断调适的过程也是促进教师实践知识不断发展、完善的过程。

二 教学方法的选择

在高中教学设计决策阶段，教师对教学方法的选择较为单一。在日常教学实践中，绝大多数教师在大部分教学时间里都采用讲授式的教学方法。一方面是因为高中阶段的教学在很大程度上是以高考为目的的，需要在短时间内提高教学效率。讲授法就不可避免地成为教师的最优选择。另一方面，随着新课程改革的推进，高中教学内容有所增加，相应地教学时间却没有增多。从提高教学速度的角度出发，教师也会优先选择讲授法。

我每节课很少提问，基本上都以讲授为主，那为啥提问少呢？……对高中教学来说，如果单独叫学生起来回答问题，可能一节课的任务完成不了。如果我多叫几个学生，这节课的任务绝对完成不了，连我备下的内容都讲不完。所以我提问得比较少，都是以讲授为主。我也听其他老师的课，有十几节了吧？在我看来，并不觉得以讲授为主就不好。我觉得以讲授为主引导学生思维是一种更高级的活动。关键就在学生有没有跟上你，或者是有多少学生跟上你了。（ZWB - M - 7SX - I - 20120917）

与 ZWB 教师一样，S 高中的大部分教师也已经习惯了这样的教学方式。在日常教学实践中，教师对讲授式教学方法的认可根深蒂固。第一，因为受到教师自身受教育经验的影响。讲授法是教师在学习过程中认可的教学方式，也是他们的老师经常使用的教学方法。由此讲授法就成了教师最熟悉、最容易习得的一种教学方法。

第二，在高中日常教学中讲授式教学方式充分发挥了其高效的优点。运用这种教学方法可以让教师在有限的时间内，尽量多地向学生传授内容知识。

第三，面对高考的外部考评机制，教师不得不选择这种自己最熟练、使用效率最高的教学方法。

新课改理念中提倡学生自主学习的方法，事实是学生能否自主学习？自主学习更多的像是一个理想化的境界。好学生或对知识充满渴望的学生的确能够自主探究。但大多数的学生由于惰性或以前养成的不良习惯，是不能够自主学习的。他们习惯于老师讲，他们坐在下面听。比如上课的时候涉及一些探究的环节，学生就不一定能配合。有些学生要么无所适从，要么一团糟。……从小也没有培养其探究学习的氛围和能力，似乎缺乏一种学习"研究"的传统。另外，一个班有60—70位学生，也很难开展探究活动。所以说，我觉得新课改的理念很好，但在课堂上的有效性还需要提高。（SAM－M－21SX－I－20120106）

我们现在班上有60—70个学生，老师是很难充分照顾到每位学生的。你站在前面，后面的学生在开小差。你走到后面，前面的学生在说闲话。一节讨论课基本上都是那几个孩子在说，其他的孩子就一直不说。对整体教学来说，这种小组合作教学挺浪费时间的，效率也不高。（XWP－F－20YY－I－20120920）

第四，从学生的角度来说，从小学到初中、高中阶段，学生也早已适应以讲授法为主的教学方式。若要在课堂教学中，使用新课程改革所提倡的合作教学、探究学习等其他教学方法，不仅需要教师知道如何使用这些新的教学方法，而且需要学生适应这种新的学习方法。如SAM教师提到学生没有自主学习的习惯，就是他在教学中不能高效地使用探究教学法的主要障碍。

第五，XWP教师所谈及的情况恰恰反映了自主探究等新教学方法与教师所处教学情境的不适应、不匹配问题。且由于班额过大，教师在使用探究学习、合作教学方法的过程中，很难像使用讲授法一样观察到几乎所有学生在课堂上的学习进度。面对在使用新教学方法中的各种不确定因素，教师在日常教学中就自然而然地倾向于选择讲授法。

我在教学内容的选择和针对内容方法的选择上花费的精力最多。其一，针对学生而言，你要考虑到学生之前学习的程度。通过你的教学能不能达到学生的最近发展区。其二，要达到最近发展区，采用哪种教学方法合适，又轻松？要达到目标的方法有很多，那就需要你进行选择。比如可以先阅读再问，或者先问再阅读，自学或通过举例子、类比的方式等。（SAM－M－21SX－I－20120106）

　　课堂上让学生活动的时间还是很有限的。……如让学生商量商量、讨论讨论，自己去探究这个问题的结果。这样的情况可能少一些。但让大家用一分钟的时间思考一下，或者同桌之间相互稍微交流一下，这样的情况多一些。如果说让他们进行小组合作交流，时间真是不够，效果也很难保证。（WXA－F－8SX－I－20120913）

　　每年备课变的主要是教学培养目标、教学方法，而且每年面对的学生都不一样。……这就需要你根据这些情况改变你的教学方法。我现在教高二，就不能再使用高一的方法了。现在学生上高二了，就要使用高二的方法。高三又不能使用高二的方法，因为高三有高三的方法。（WYG－M－26WL－I－20120923　）

　　骨干教师、专家型教师在教师教学设计决策阶段能明确地以教学内容知识、关于学生的知识、教学情境知识来选择教学方法。虽然这部分教师可能在大多数时候也在使用教授法，但他们是有目的、有理由地选择使用这种教学方法的。SAM 教师能根据学生之前的学习程度及最近发展区理论，决定在课堂教学中具体实施讲授法。WXA 教师在日常教学中虽然主要使用讲授法进行教学，但其中融合了同桌之间的合作学习。WYG 教师根据高中三年不同学年的特点，结合每一学年不同的教学内容、目标，在不同学年侧重使用不同的教学方法。这部分教师与盲目使用讲授法的教师有着本质的不同。如 GL 教师将使用合作学习、探究学习方法的困难主要归因于学生学习基础较差、学习习惯不好等方面。在课堂教学中，GL 教师仅仅将小组合作学习作为一种备选方案，其目的是在讲课的过程中能"让他们提提神"。

　　如果说要尝试使用合作教学、分组讨论这样的方式进行教学，我觉得要看学生的层次。……我在教学中只是偶尔使用这样的方法。比如可能大家（学生）犯困了，我就组织小组来讨论一下，这样子还能让他们提提神，也能让学生注意到现在老师讲到哪里了。我更多的目的在这里。(GL－F－1HX－I－20120912)

上课的时候，设计让学生讨论的问题不一定要多。我觉得如果有意义的问题，一个就足够了，一节课的时间也够用。就拿选择教育方法来说，我可能不像做理论研究的，能很清楚地说明我需要用哪一种方法。但是我在上课、备课的过程中，会无意识地想到。比如有时会用提问的方法，有时要学生自己讨论，有时候这节课让学生来主讲。把学生分为几组，每组准备一个小节的内容。我就是在设计的过程中会用到这种方法，但是我可能没有刻意地想这种方法在理论上是怎么解释的。(YXP－F－1ZZ－I－20120910)

对 YXP 教师来说，教育理论知识在其教学方法选择中似乎没有发挥作用。对于只有一年教学决策经验的 YXP 教师来说，选择哪种教学范式在他备课的过程中是"无意识地想到"的。这种无意识并不是完全意义上的无意识，而是来源于其之前观察到的其他教师的教学决策经验。之所以 YXP 教师觉得这是一种无意识的决策，是因为他只是处于模仿阶段，并没有反思选择教学方法背后的理论依据。

在新课程理念的催生下，当我们给某种教学方法贴上"传统""过时"的标签时，教学实践中的教师都耻于认可自己每天使用的这种教学方法。那教师又如何在此基础上尝试其他教学方法呢？外界的舆论与现实实践之间的隔阂让很多教师在教学实践中"忠贞不渝"地选择讲授法，但又经常对外声称其具有诸多弊端。

事实上，教学方法作为教师、学生、教学内容三者之间的媒介，本没有传统与现代、新与旧之分，而是需要教师在教学设计决策阶段，根据教学内容、学生情况、教学情境，选择最有效、最适用的教学方法。其选择的核心是教师与学生之间关于教学内容互动的有效性。

三　教学内容的确定

在教师教学设计决策中，选择教学内容并确定教学内容的重点、难点是保证教师教学成功的重要步骤。虽然我国规定使用同一的教材，这对教师选择教学内容具有一定的限制，但在国家规定的教材内容范围内，教师对教学内容的选择仍有一定的空间。

我现在带高中，我感觉花费精力和时间最多的是研究教材这一部分。先把教材吃透、研究透之后，要搞清楚编这篇文章的人（教材编委人员）的目的是什么，即他想要让我们教给学生什么？然后再决定这节课要上什么内容？我应该上哪些内容？还要决定这么多内容我怎么教？难道仅仅是站在那里说么？这种单一的形式肯定是不行的。……比如这学期我们上了必修一和必修二，它们都是写景抒情的散文。那么这三篇课文的备课，从一开始就要想这个单元教给学生什么？我要综合地教给学生什么？在讲的过程中这三篇课文就不可能面面俱到了，然后每篇课文中我应该抓住哪一个重点去讲。……所以在这种情况下，就更要考虑教给学生什么了。比如这一类的散文，你怎么去教？这样一来，对教学内容的选择是最费劲的，也是最基础的，必须要做好才能上好课。（WJ-F-9YW-I-20120105）

一方面，WJ教师通过单元教学的方式，将三篇写景抒情的散文放在一起进行教学。这样一方面可以避免使用照本宣科式的、面面俱到的教学方式，防止了对类型相同文体教学中的没必要重复；另一方面将写景抒情散文教学中的重点合理地分配在每个不同课时中。这样WJ教师就在一定程度上重组了教学内容。重组的过程也是教师选择教学内容的过程。在这个过程中，教师最先考虑的是关于教学科目内容知识的结构及逻辑性。

教学内容选择是我碰到的第一个障碍和难题。例如在上半学期，我选了那本书里面的一个文言文单元。我就决定推荐一篇、欣赏三篇、自主赏析两篇。每个单元大概都是六篇文言文。……他们（其他语文组教师）都问我到底上哪一篇？我先确定必须要选的是老教材里已有的、新教材中又出现的课文。因为这篇课文经过好几次筛选都留下来了，应该是很重要的。第二，我选择了教学参考上要求背诵的课文。因为要让学生背诵，就需要老师先讲，更有利于学生背诵。那接下来，其他课目，我应该选什么？……因为有十本书，你到底选择哪些教学内容？真的很难。一方面感觉那本书的内容跟高考没关系；另一方面又想让学生了解一下那部分知识，因为对他们将来的发展有帮助。……除了必修课之外，还要决定选修课上哪几门。（DX－F－12YW－I－20110109）

与 WJ 教师不同的是 DX 教师除了决定自己的课堂教学内容外，作为年级教研组长的她还需要决定整个年级语文课的教学内容。案例学校使用的是人教版的新语言教材，随着高中新课改的推行，高中阶段学生至少需要修满 18 个学分。其中必修语文教材编写以"文体阅读"为线索，选修语文教材则以"专题阅读"的形式呈现。除此之外，还有自由选修模块，其中包括"交际语言应用""通俗文学"等。为了高考，学校还会在高一、高二阶段加快教学进度，预留部分时间在高三阶段进行考试内容复习，准备高考。

由此可见，在新课程改革大背景下，高中语文教学内容比原来大大增加了。那么如何选择教学内容，既能让学生修满毕业学分，又能为学生高考服务，就成了摆在 DX 教师面前的重要任务。除了平衡这两方面的关系之外，DX 教师还希望除了能满足外部的高考评价之外，还能让学生通过高中语文学习培养出一种语文情怀、修养。教学内容的选择对 DX 教师来说，就成了一个巨大的挑战。

在 DX 教师选择教学内容的过程中，她首先要保证学生学习的内容与高考内容相互匹配。其次，她还从更长远的角度，希望能为学生的终身发展服务。让学生在面对高考的同时，尽可能地了解她觉得对学生做事、做人有用的教学内容。在 DX 教师教育内容选择的过程中，除了考虑学科知识本身的逻辑性之外，她自己关于教育本质的信念也在其中发挥了重要的作用。

高考考什么，我就教什么。具体说，新课改的高考注重阅读，它是四个模块。……我的选修内容只能针对这四个模块。比如说古诗文阅读，那么就有古代诗歌鉴赏。接下来是传记文学作品、现代文阅读、小说和散文，考什么就教什么。实用文的阅读、论述性文章的阅读，其他的与高考命题无关的，我们只能舍弃。（LWY - M - 24YW - I - 20120911）

与 DX 教师多方面的考虑相比，LWY 教师选择教学内容的标准很明确：高考考什么，我就教什么。由此，在高二的下学期他就选择了高考要求学生掌握的四个模块。高考题目不会涉及的问题，就果断地放弃选择这部分内容。在高中教学阶段，高考因素在教师教学内容选择过程中发挥着一贯的主导主用。在这个过程中，高考指挥棒的作用体现得淋漓尽致。虽然新课改后高考不仅仅关注学生的知识掌握情况，也开始关注学生其他方面的综合能力。但受限于纸笔测验的方式，教学科目知识仍然是高考测验的重点。在 LWY 教师教学内容选择的过程中，他关于教育教学本质的信念屈服于以高考为代表的外部评价体制。

我经常考虑这些内容和学生的生活有什么关系？尤其是在讲到古典文学的时候，喜欢的学生就非常喜欢这部分的内容，觉得自己通过学习这些古典诗词，有新的感受、启发、发现。……但学生不知道学了这些东西，和他自己的生活有什么关系。我们的教学就需要明确地告诉学生。比如说必修五中涉及中国和日本的关系，那到底怎样才算是真正的爱国呢？是抵制日货、不买日本的东西，还是做好自己的事情，将来能为国家的发展出力？或者说我将来能在工作岗位上做好我自己能做到的、很小、很具体的一些事情呢？这些是需要在语文教学中告诉学生的。（CP - F - 30YW - I - 20120917）

教师对教育教学本质的信念也是影响教师教学决策的另一个因素。CP 教师在多年的教学中一直不断地反思教给学生的知识与学生生活之间有何关系这一问题。因为她坚信自己的教育理念，教学不仅仅要教给学生没有生命力的知识，还需要让学生的生活在学习这些知识的过程中有所受益。学生通过学习这些知识，能在自己的生活中明辨是非、做出判断等。

教了这么多年，教案有变化，但教学内容变化不大。关于教学内容的安排，专家说这部分内容先讲前面的，再讲后面的。按照这样的顺序，经过我多年的教学发现，教学效果并不好。……在我自己的教学中，我就先讲后面的，再讲前面的，发现效果好多了。这种情况下就不能按照专家说的那个程序走。……因为教学最重要的是看教学效果。事实证明，每个教师都有自己的一套方法。（WYG - M - 26WL - I - 20120923）

与其他教师对新教材、新教学内容的理解不同，WYG教师觉得无论教材怎么变，需要教给学生的那些知识点在本质上是没有太大改变的。另外，他还在自己的教学中发现，新教材安排的教学内容顺序并不适合学生的思维逻辑。经过三个班的实验，WYG教师还是毅然决定调整教材中的教学内容顺序，按原来的教学内容顺序进行教学。因为他相信无论新教材做出怎样的调整，对他教的物理学科来说，需要学生掌握的科目知识是相对不变的。

新课改虽然教材是新的，但参考书上的题没有变。虽然新教材中删掉了某个知识点，但相应的题里还是涉及了这方面的知识。所以我不知道这部分内容是该讲还是不该讲。搞不懂，太迷茫。如果不讲，学生练习册的那道题就空着了。如果要讲，那教学内容的量又太大了。……那么，这些内容到底是加还是不加？那就只有自己适当地取舍了。（WXA - F - 8SX - I - 20120913）

总体看来，教师在教学内容选择上，几乎很少考虑关于学生的知识。对田野数据的分析发现，教师在教学内容选择上关于学生知识的考虑与WXA教师的观点基本雷同，主要是从考虑学生学业负担角度出发的。

　　我就说现在的这个课很难备。难备在哪儿呢？新课程的新理念与原来理念的区别在什么地方？这就需要老师站在一个高度上去理解，但老师的高度从哪里来？这就需要老师先把自己丰富起来。所以，我觉得不管备哪一节课、哪一个年级的课，你都要搜集资料。然后，你自己先去学习，才能教。老师也要学习，然后，你才能把内涵最丰富的、最重要的东西抽离出来，教给你的学生。（DX－F－12YW－I－20110109）

　　影响教师教学内容选择的另一个因素就是教师关于自己的知识。其中教师关于自我教学风格的认识，对教师角色、身份的理解，教师与其他同事的关系，教师自我学习反思意识等都会影响教师对教学内容的选择。

四　教学工具的运用

　　田野研究数据分析结果显示，在日常教学中如 XP，MM 教师那样几乎很少有教师完全使用课件教学。但如果是校内外公开课或有学校领导听课的时候，有部分教师会尝试使用课件教学。但更多的时候，使用课件教学成了"符合"新课改理念的一个"标志"。教师似乎觉得使用了课件教学，最起码有一个方面是符合新课程改革所描述的新课堂标准的。

　　虽说我们也尝试用现代化教学，但还是发现数学不同于一般的学科，老师、黑板、粉笔摩擦的声音也是学生思维形成的过程。但若用现代化教学的投影机，把这个解题过程一投，学生根本就没有思考。……我不常用多媒体教学。当然如果需要图形展示，我也会用。但它只是辅助工具，主要演练过程，还是在黑板上用粉笔写。（XP－F－12SX－I－20120918）

　　课堂还是要让学生活起来，但这两天我一直在考虑一个问题，就是用不用课件？我想了半天，我觉得我还是不用课件了。……但实际上你用粉笔写一遍，给学生的印象就特别深刻。如果你放上几张图片，感觉花花绿绿的，但是他们（学生）的记忆一点都不深刻，而且还缺少一种和老师互动的关系。（MM - F - 26ZZ - I - 20120912）

研究者在进行课堂教学观察的过程中发现，即使那些尝试使用课件的教师，也没有从完全意义上真正理解课件教学的实质。反而由于使用课件教学，一开始非常重要的课堂导入部分就显得十分"臃肿"、不流畅。

对于用还是不用多媒体这个问题，比如说我今天用了多媒体，然后让学生做作业，就会有一个反馈。明天上课我不用多媒体，也布置作业，有一个反馈。就发现用和不用的效果是很明显的。所以我觉得不管现在的领导在评价时对多媒体多么强调，我关注的还是教学效果。（ZWB - M - 7SX - I - 20120917）

我就在考虑用不用课件这个问题。今天早晨一来就和一个数学老师探讨，他也说这个课件不好。他曾经用了一个学期的课件，结果发现，学生啥都不知道。虽然更多的时候我认为使用课件，可以提高学生的学习兴趣，但你要真正给学生上课，让学生掌握知识还是不用课件为好。这跟学生的学习习惯、接受能力有关系。我觉得他们在看老师写的过程中，也会去记、去写，但是在使用课件的时候，他们就失去了这个动脑的过程。（MM - F - 26ZZ - I - 20120912）

教师在课堂教学中选择教学工具的主要考虑就是能否有助于提高教学效率，其中涉及教师关于教学内容的知识、教师关于学生的知识。有效的教学工具选择，一方面能充分结合教学内容，另一方面还能适应学生的学习思维习惯。另外，教师在日常教学中对教学工具的选择主要还是取决于其以往的教师实践知识。但以往的教学是以传统的黑板、粉笔为主的教学，在此基础上生成的教师实践知识，其实在一定程度上不利于教师选择使用新型教学工具，如多媒体工具等。

五　教学参考资料的选择

教师备课思路及资料主要依赖与教材配套使用的教师参考用书。其主要原因一方面是教师参考用书与学校所用教材的教学内容相匹配，为教师安排、设计教学内容提供了主要依据。另一方面，教师参考用书是以高考的难度为标准的。

整个教学过程肯定是先要自己决定的。现在我们备课的资料只有一个与教材相互配套的教师用书。在新课改推行之后，现在的教师用书和以前的教师用书也有很大的差别。以前的教师用书规定得很具体，比如在教学建议中，就会明确建议教师先干什么，然后干什么，再干什么，好像有一个教学流程。但现在的教师用书没有这么写，它只写你应该让学生明白哪些东西。至于你怎么讲？讲什么东西？就完全要靠教师自己去琢磨了。

除了主要参考教师用书之外，我们学校也为每位教师提供一台电脑。学校还会买一些收费的网页，让教师在备课时使用。这部分资料就主要来源于网络。但教师们还是主要参考教学用书，因为它和课本的联系比较紧密。（WJ－F－9YW－I－20120105）

由此可见，高中教师教学的一个主要目标是学生的高考成绩，这无形中也提高了教师参考用书的权威性。另外，教师参考用书为教师教学提供了最便利的基本保证。大部分教师在教学中几乎把教师参考用书作为自己教学的"法宝"与"准绳"。它就是教师教学设计决策的"定心丸"，如果没有了教师教学参考用书，很难想象教师在课堂上的教学情境。由此可见，教师在教学设计决策阶段非常依赖教师教学参考用书。

现在备课的"时尚"是参考网上教案居多！这两天我还要了一个人家编出来的这种教案，但发现这种教案实际上不适合我们的学生用。它的设计确实是师生互动的特别多，但是我们的教学还达不到这个效果。……我倒喜欢网上的一些资料，找最适合学生的教案，看人家是怎么按着新课程理念进行编排的。既有传统教学的一些教学方式，也能够让学生感受到不是很死板的那种教学。（MM－F－26ZZ－I－20120912）

除了学校提供的参考资料之外，我在备课的过程中还会引用很多其他资料。一开始是自己掏钱在网络上买课件，拿来之后还需要根据具体的情况进行修改。或者拿来之后发现根本不符合自己的教学模式、教学风格。网络上的东西也是具有选择性的。再就是和同事交流也能为教学提供一些信息。（SAM－M－21SX－I－20120106）

现在不是反对用一些网上的东西嘛，我觉得网上的资料是能用的，关键是你会不会用？你用了之后有没有教学效果？那些优秀的公开课教案自然是优秀的教例，那应该是经过三番五次的加工、反思之后再修改才形成的。我觉得要比根据自己备的课，讲出来的效果好得多，体现的能量应该更大一些。如果能够把那个东西转化成自己的，就能上出一定的效果。（ZWB－M－7SX－I－20120917）

不可否认，网络对教师教学设计决策的影响越来越大，尤其对那些较为年轻的教师来说，网络一方面为他们提供了足够的资讯，了解了全国各地的名师课堂，也可以通过网络获得各式各样、风格迥异的教案、教学实录等资料；另一方面，更重要的是网络为教师提供了与外界交流的平台。他们可以在网络上分享自己的教学设计，甚至教学实录。虽然如SAM，MM，ZWB教师所言，除了教学参考书之外，学校还为教师教学设计决策提供了电脑，但对网上的教学资源及其他教学参考资料的利用率取决于教师关于自我知识中教师学习能力、教学反思能力。

另外，从田野数据的实际情况来看，教师们对网络上的所谓优秀教学课例、教学实录"敬而远之"。之所以这样，主要是因为教学具有很强的情境性、复杂性。若要模仿网络上那些优秀的案例，是需要教师根据自己所在的教学情境的具体情况进行调整的。这样的调整很可能不是一蹴而就的，而是一个不断反复、不断修正的过程。由此可见，在教学设计决策阶段使用网络资料的过程中，教师关于教学情境的知识将发挥重要的作用。

六 教育理论知识对教师教学设计决策的影响

教育理论知识在日常教学决策设计阶段所发挥的作用远没有教育理论工作者想象得那么大。在对 S 高中很多像 MM，SXL 这样的教师来说，教育理论不仅是"遥不可及"的，而且似乎"毫无用武之地"。在教学决策阶段，教师进行教学决策的重点不是如何让教学实践在教育理论的指导下更有效，而是更加关注教学设计方案在教学实践中的操作效果。

在备课的过程中，我更关注这个课的操作性怎么样，而不是关注我在备课过程中应用了哪些理论！作为老师我觉得我的任务就是让学生掌握知识，在知识里面贯穿情感、态度、价值观，也就是做人的道理。如果说我只关注理论，那我觉得这节课肯定很失败。反正我这个人也比较实在……我认为，实实在在地把知识掌握了才是关键。依据知识、依据做人的道理把这些学会了就行，对吧？（MM－F－26ZZ－I－20120912）

你说备课的时候有没有考虑到一些教育理论的应用？应该说这是有一个权衡的。像我带的这个学科，本身严密性很强，逻辑性很强。……学生在学习的时候，如果学生程度好，就可以往深里讲；如果程度不好，就讲最基本的内容，按照教学大纲来。其实还是要考虑到课堂实际情况、实际教学效果如何。 （SXL－F－7SX－I－20120107）

不可否认，教师实践知识中包含着一些教育理论的成分，但在日常教学实践中教师却很难也很少将一些教育理论应用在自己的课堂教学中。这也许就是教育理论与教师使用理论之间的隔阂。

大学学的教育学、心理学这些东西在备课的过程中还是会用到的。况且咱们现在备课前获得的信息量也比较大，有些网上的或名师的课堂也可以用来参考。比如说某个课比较特殊，他会在讲教案前说："我这节课用了哪个方法或者某个理论。"然后再解释为什么。这个也会用到，但不是很经常，就是说偶尔也会用到的。（YXP－F－1ZZ－I－20120910）

教师实践知识中所蕴含的教育理论成分也是那些教师个体教学实践检验过的、使用过的、有效的教学指导或教学技巧。原因在于，首先教学实践本身的丰富性，很难用干巴巴的某个或某几个教育理论去指导、概括。其次，教师在具体教学情境中，需要对所面临的教学决策进行整体评估、感觉。在此基础上教师会根据情况做出自己的教学决策，这是一种整体的、综合性的教师教学决策。最后，教师需要有反思、行动的意识，才能在对某个教学问题进行决策的过程中，有意识地尝试以教育理论为基础或指导。

七　小结

这个问题概括地说，一个老师上好一堂课，首先肯定依赖于老师的知识结构和基本的素质，这是内在决定因素。其次来自于老师的敬业精神。……就是学习、教材研究、备课这几个环节。……现在老师们虽有职业惰性，但上好一堂课就需要教师精心地解决教材（研究教材）问题。老师要把精力放在备课方法、教学设计、教学思路上，要反复地思考。另外，就是要琢磨学生。还有其他很多的环境因素。……课上得好的老师要有亲和力，表达要好，知识结构要完整，其他方面也要做好。……从备课中能体现出教师的基本素质。（LWY－M－24YW－I－20120911）

正如LWY教师总结的那样，在教师设计决策阶段，教师需要考虑方方面面的因素。对这些因素的综合处理能力、整体决策能力就是教师实践知识的体现。

要想上好一堂课就要全身心地投入，每一个教学环节都要仔细设计，然后考虑了解学生的具体情况。尤其对（教学内容的）重、难点必须处理得仔细一点。有的时候各个问题之间的衔接、语言的组织要非常讲究。（MM－F－26ZZ－I－20120912）

在备课的过程中，要考虑到学生实际，尽量把课堂设计得让学生能接受、愿意接受，并能实现这节课的教育目标。比如这节课主要教词汇，那怎么教才能让学生接受？怎么教才能让学生留下比较深刻的印象？这就需要教师动脑筋去想了。如果这节课是教语法的，是分词、不定式，还是动名词，那么你该怎么处理？分词也能做补语，也能做定语，那它和不定式有什么区别？和动名词有什么区别？……我的处理方式就是分项讲，不定式就专门讲不定式，动名词就专讲动名词，分词就专讲分词。然后再把它们放在一起对照着讲。（ZWJ－M－30YY－I－20120917）

教师在教学设计决策过程中虽然有很多因素需要考虑，但在此阶段教师实践知识的五个组成方面对其影响的权重有所不同。

在教师教学决策阶段，ZWJ教师首先考虑的是如何处理教学内容？其中教师关于教学科目的知识在此过程中发挥着重要作用。其次，教师需要考虑如何才能让学生理解、掌握、运用教学内容？此时，教师关于学生的知识为教师决策提供了重要依据。

除了教师学科知识和教师关于学生的知识之外，还有一个影响教师教学决策的关键因素是教师关于教育本质的理念。虽然从教师正式的纸质教案中，并不能明确反映出持有不同教育理念的教师在教学决策设计上的区别（原因是在纸质的教案上，教师一般都依赖于教学参考用书，具有形式化的嫌疑；而教师头脑中"预演"的那份教案，才会对教师教学实践产生更为重要的影响）。教师在教学设计阶段除了呈现出来的、公开的纸质教案之外，教师头脑中还有一份"预演"教案。教师在上课前，会将整个即将发生的教学过程在头脑中预演一遍。持不同教学理念的教师，就算是设计了相同或相似的教案，但在实际课堂教学中也可能呈现出完全不同的情境。

除此之外，影响教师教学设计决策的因素是教师关于自我的知识及情境知识。其中教师关于自我的知识是与教师教学实施过程密切相关的，影响着教师教学决策风格。而情境知识是教师在教学决策阶段最后才考虑的因素。一是因为教师在课堂教学中具有一定的自主性。无论社会层面、学校层面的情境因素多么复杂，教师在课堂教学中都具有一定的自主时间、空间。二是因为在此阶段教师考虑的是那些在课堂教学中出现的、不利于教学的情境因素，而在日常的教学实践中出现这样情境的比例是很小的。每每发生这样的状况，教师总把其作为课堂中的突发事件进行处理。教师教学还是以教学内容为重点。由此可见，在教学设计决策阶段，教师实践知识六方面内容中情境因素的影响作用最小。

第二节 教师实践知识对教学互动决策阶段的影响

无论教师在课前制定了多么详尽的教学设计决策方案，当他们在进入课堂进行教学的时候，仍然需要对很多不确定因素进行决策。这就需要教师在课堂教学中，根据当时的教学情境即时地做出恰当、高效的教学决策。教师教学互动决策主要分为教师即时性教学互动决策与教师常规性教学决策。

一 教师即时性教学互动决策

教师是课堂教学活动的主导者，对教学活动持有最后的决定权，好的教学有赖于高品质的教师教学互动决策。为了提升教学效能，教师必须反思教学中所发生的事，以批判和分析的观点准确地察觉各种可行的途径，并做出合理、有意义的决定，以改进教学。教师每天需要做出一连串的课程、教学决策，其中教师在课堂教学中做出的现场的、即时性的教学互动决策是其重要组成部分。教师实践知识在这个过程中具有普遍性的指导作用。

教师在课堂教学中需要根据具体的教学情境就突发状态做出恰当的即时性的教学决策。在这种情况下，教师的教学决策往往依赖于自己的第一反应，即教师在课堂教学中根据自己的"感觉"及学生的反应，对课堂教学过程做出即时调整。在这个过程中，教师积累的教学决策经验为教师即时性教学决策提供了参考依据，而教师实践知识是教师即时性教学决策的知识基础。

（一）面对学生突然的提问

对于具有多年教学决策经验的 WJ，WXA，SAM 教师来说，在课堂教学中都能很好地处理学生突发的提问。至少不会因为学生的提问而打断、破坏原来的教学设计决策计划。而且能在学生提问的基础上，成功地扩展教学内容，并顺利地调整课堂节奏，使教学回复到之前的状态。三位教师这种应对自如的教学决策经验是在长期的教学中不断积累起来的。

在课堂上碰到突发的事件，首先要迅速判断出学生问的问题有没有发展性。如果是有共性的、有发展性的问题，这节课能解决的话，不妨顺着学生的思路走一下。即使走不通，对学生的发展也是有帮助的。如果觉得这个问题没有发展的意义，我就会决定把这个问题留待课后解决。所以，怎么决定也要看所提问题的质量。有些问题很有意思，比如一个题的不同解法。（SAM－M－21SX－I－20120106）

当在课堂上有学生提出一些奇怪的问题时，我一般会交给学生去讨论。我觉得有时候我们（教师）把学生低估了。有时候学生的答案不一定对，但对老师来说是很好的引导素材。我也走到讲台下面去听他们在讨论什么、讨论程度如何。……在听学生讨论的过程中，往往也会给我灵感。（WJ－F－9YW－I－20120105）

现在孩子的眼界确实宽，反应也快。有时候一道题我把他们能想到的解法都想到了，但还是有学生突然举手说：我还有一种别的方法，是你意想不到的。刚开始教学的时候，如果自己能跟上他的思路，我就会接着他的思路往下走。……以前带普通班、重点班，有些孩子课后的提问或课堂上的提问，让我印象特别深。现在经验多了，应付得相对自如一些。（WXA – F – 8SX – I – 20120913）

　　面对课堂上学生的突然提问，似乎教师最喜欢使用的处理方式就是把问题再抛给学生。教师做出这样的决策，一方面为自己思考问题、得出答案争取时间，另一方面让学生参与讨论过程，避免课堂教学被中断。但教师做出这类教学决策的一个重要前提是学生所提问题具有"挑战性"。学生问题的"挑战性"主要体现在两个方面。第一，学生的提问对教师课前的教学设计决策提出了挑战。要想处理学生的问题，教师就需要对自己预订的教学设计决策计划进行调整。第二，学生的提问对教师以往的教学决策经验形成了挑战。教师根据以往积累的即时性教学决策经验，暂时不能明确地界定问题，并给予学生明确的答案。在这种情况下，教师会做出决策将问题再抛给学生。

　　如果课堂上遇到一些意外的教学状况，首先，我很高兴，我觉得这节课很成功。因为他（学生）思考了嘛！他（学生）只有想过才能提出一些问题。一般我处理的方法有三种。第一，如果我能完整地解决这个问题，我就会一步一步地引导他们找到答案。第二，如果我也想不到答案的话，就会让大家集体来讨论。……在总结、分析学生讨论结果的过程中，我也会有一个相对明确的答案。第三，经过讨论，还是没有得出一个统一的判断，那我们（教师和学生）就查资料，下节课接着讨论，以得出一个判断。（DX – F – 12YW – I – 20110109）

　　DX 教师对学生所提问题，有着自己更深刻的理解，并且在此基础上对这类问题的处理也有较为完整的程序。在访谈中发现，DX 教师将学生提问作为一种策略，以培养学生的思考能力。从高一开始带班，DX 教师就培养学生给教师"找刺"的能力，在这个过程中学生不仅能够有效地掌握教学内容，而且培养了学生批评思考的能力。按照 DX 教师的见解，通过两年时间的这种训练，学生到高三的时候不仅会感觉语文学习很轻松、很有趣，而且很好地培养了学生的语文思维能力和分析问题的能力。

面对课堂上学生的突然提问，教师首先要迅速判断学生所提问题是否具有在课堂上讨论的价值，然后决定是否需要在课堂上解决学生的提问，最后需要教师决定解决学生提问的方法、策略。不管教师决定是在课堂上解决学生的提问，还是在课后解决问题，在之后的课堂教学中教师需要面对的就是如何将学生的思路、关注点调整、引导到本节课的教学内容上来。在这个过程中，教师关于学生的知识、教师关于教学科目的知识，对于教师即时性教学决策都具有直接的影响。

（二）对教学内容的微调

教师在教学互动决策中对教学内容的微调是不可避免的。在日常教学实践中，教师对教学内容进行微调的能力与时机，就是区分不同教师教学质量、效率高低的重要标准之一。

我觉得，我的预设、预期想的和事实的差别肯定是会有的。比如说我设计的时候，有些点我想深入讲，但发现他们都知道而且很清楚。也有时候对某个知识点的切入点我觉得很合适，但在讲的时候就会发现他们（学生）对这个切入点并没有听过。……备课和上课是有差别的，你的预设在实施过程中肯定是要变的。（DYP - F - 5YY - I - 20120918）

备课是一方面，上课又是另一方面。在上课时要针对学生的反应随机应变。比如说在这节课备课时，我准备了八道练习题。如果课堂上学生掌握不了就要压缩；相反，如果程度比较好，八道练习题都掌握了，就需要加进去一些新内容。　（LXL - F - 18SX - I - 20120917）

如 DYP 与 LXL 教师所言，备课与上课是不同的。面对课堂上的学生，任何教师都不可能严格按照教学设计决策的方案进行教学。那么在进行课堂教学的过程中，教师就需要根据学生的反应，对教学内容进行微调。DYP 教师在课堂教学的过程中，发现自己的备课思路与学生的学习思路之间存在差异，在这种情况下教师需要对教学内容的难易程度进行调整。LXL 教师根据学生对教学内容的掌握情况，会随时调整题量及题目的难易度。

> 有时候课我都准备好了，上课讲着讲着发现另一种说法更好，就自己改了。……有时候学生的思维不按自己的计划走。遇到这种情况的时候多了，我现在也知道该如何处理了。比如这节课要讲四个知识点，那这四个知识点的顺序可能会有些调整；有时候是因为教学内容容量比较大的原因；有时候是因为学生的原因。……每节课的内容都会进行稍微调整。（WXF－F－9SX－I－20120921）

教师在课堂上关于教学内容的即时性决策，除了微调教学内容的难易程度之外，还需要根据情况调整教学内容的顺序。如 WXF 教师在课堂教学中，就突然发现自己另外一种处理教学内容的方法似乎更适合学生，在这种情况下她就调整了教学内容的顺序。

> 课堂上如果让学生一步一个台阶地上，学生就会上得很顺利。若让他们一步跨四个台阶，那就难了。这时的课堂就像缺了点什么，你作为老师就要立马给出时间，做出调整，找出问题，然后才能继续进行下面的课。一般碰到这种情况的时候，课堂没有按照预想的生成。（XP－F－12SX－I－20120918 ）

无论是对教学内容量的调整，还是对教学内容难易度、教学内容顺序的调整，教师的目的都是追求在既定教学时间内的教学效率。由此可见，在课堂教学情境中，影响教师教学即时性决策的首要因素是教师关于学生的知识及教师关于教学科目的知识。在课堂教学实践中，所谓好教师除了拥有足够的教育理论知识、学科内容知识之外，还需要在日常教学中根据学生的特点，融合具体教育情境中的各种因素，以创造最佳的教学效果。这种成功的教学就是以教师丰富的实践知识为基础的。

> 比如课堂上我设计了一个知识点的讲解方法，但讲完之后学生好

像还不是很明白。那我就会根据当时的情况及时调整我的方法，再补充讲解。但这里的问题就是当你遇到这种情况时，你怎么调整？调整到什么程度？这就考验教师的临时反应能力了。……你设计的教学是这样的，当课堂上学生的反应不太好，或者有学生提出其他的一些问题时，那你对这个学生的问题是置之不理，还是采取其他办法呢？（XWP‐F‐20YY‐I‐20120920）

事实上，在课堂教学中教师可能意识到了应该对自己的教学设计决策进行调整，但怎么调整？调整到什么程度？就是教师需要真正面对的问题了。同样，并不是所有的教师都能在课堂教学中做出恰当的、有效的教学决策。与新手教师相比，熟练教师及专家型教师拥有较多、较丰富的教师实践知识，由此他们更能在课堂教学情境中做出恰当的、有效的即时性教学决策。这也是熟练教师、专家型教师与新手教师在课堂教学中产生区别的主要原因。

（三）新手教师的即时性教学决策

对于刚刚入职的新手教师来说，如何在课堂教学中做出高质量的、即时性的教学决策是他们面临的挑战之一。

目前课堂上出现的意外状况是学生不能按照我预期的备课思路听下去，感觉上课没有我备课时的思路顺畅。如果我继续按照备课的套路走，就会感觉吃力，而且这种感觉是相互的，因为学生也比较吃力。在这种情况下我有可能调整自己的备课计划，因为发现知识点对学生来说设计得难了，或者有其他原因等。……我有时候就是在这个方面把握得不是很到位。有时候讲到什么内容，我可能就会随口引到其他内容上，这样就把学生绕晕了。一开始我想涉及了这些内容，也能让学生了解一下，但结果反而把这节课教学的重点给冲淡了。……把你教的知识放到学生的知识结构中不是一件很容易的事情。对我来说，一节课的连贯性以及知识点之间的衔接，对这节课来说是非常重要的。如果有时候你很突兀地跳到另外一个知识点上，学生一下子就懵了，就会跟不上你的教学节奏。（FMY‐F‐1HX‐I‐20120918）

　　对于新手教师 FMY 来说，当她在课堂教学中发现自己的教学设计决策所预设的知识点难度与学生的知识基础之间存在差距时，她对教学内容的微调并不总是成功的。就算是在成功的教学设计决策基础上，课堂上的即时性教学决策也会出现这样或那样的问题，如"有时候讲到什么内容，我可能就会随口引到其他内容上"，由此造成其教学偏离重心，影响课堂教学效率。

　　在这个过程中，新手教师关于学生知识的欠缺，导致了她在教学即时性决策中的不足；新手教师对科目知识处理方式的经验不足，导致了她在教学互动决策中的"力不从心"。

　　我认为我有一个很好的地方，就是我在教学中逐渐发现我随机应变的能力还是很强的。有时候备课时没想到的一些问题，在我讲课的过程中突然生发出来，和学生互动的效果还是不错的。……我非常喜欢学生在课堂上提出不同的问题，就是我备课没备到的问题。……比如我突然想到一个问题，觉得这个问题很好，我马上和学生就这个问题进行讨论。我觉得这个方面我做得还可以。（YXP - F - 1ZZ - I - 20120910）

　　与 FMY 教师不同，具有一年教学决策经验的 YXP 在课堂即时性教学决策中，就可以根据学生的问题，调整课堂教学。甚至可以在讲课的过程中即时地对教学做出调整。通过课堂上的即时性教学决策，YXP 教师与学生的课堂互动更为有效。

　　就算你的课备得再充分，也有不在轨道上的时候。这就要考验一个老师的能力了，看你能不能拉回到这个轨道上来。我一般就是根据学生的情况，可能就是临时改一改。……今天这节课设计得挺好的，但是在中间的时候，明显感觉到我已经慌乱了，一慌乱自己就有点不知所云了。……今天这节是公开课，我觉得常态课和公开课是有区别的。怎么说呢，我觉得常态课更轻松一点，教学更实在一点。然后你在设计某些环节的时候，考虑更多的可能是学生。……我觉得不管是什么样子，不管怎么设计这堂课，目的都是要让学生能够理解，听懂。这是最重要的一点。……今天上课的时候突然发现我这样讲，有点拔高了。我当时就想要改变一下思路，但是又想着我课就是这样备的，就出现了矛盾点。如果当时改的话，课就不是很好了吧！就不尽如人意了吧！我看下面有那么多人的时候，脑子已经不处于活跃状态了，已经处于僵死状态了。……我是年轻教师啊，第一年的时候我也上过很多公开课，这是头一次出现这样的问题。今天上课我彻底地慌了。当脑子处于僵死状态的时候，第一个选择就是硬着头皮往下上吧！别卡壳就行了，坚持上下来吧！再说当时也就这一种想法了。……反正我觉得还是那个观点，只要你认真准备了，就不会出问题。关键是我自己没精心准备这堂课。（GL-F-1HX-I-20120912）

　　GL教师在公开课活动中，发现自己的教学设计决策与学生基础知识之间有差距，但她并没能根据学生状况、教学情境对课堂教学做出恰当的、有效的调整，而是选择了"硬着头皮往下上"，只希望课堂"不卡壳"。在这节课上GL教师几乎放弃了学生，只能关注自己的讲述。从上课导入部分开始，GL教师就处于"唱独角戏"的状态，直到这节课结束。之所以出现这样的情况，首先是因为GL教师在教学设计决策阶段对学科内容的理解、转化不够细致、深入。例如GL教师在这节课导入部分的举例并不是非常恰当的，在课堂一开始就干扰了学生对教学内容的理解。进一步分析GL教师在教学设计阶段为什么会出现这样的问题？主要原因是GL教师关于学生知识的欠缺。她并没有完全了解学生之前的学习知识结构及学习习惯等。另外，在课堂教学中知识点与知识点之间的过渡、衔接也较为生硬，造成学生思维的断裂。正是GL教师关于学生知识、关于教学科目知识的欠缺，导致了她在课堂教学中没有能力根据当时的教学情境做出恰当的即时性的教学决策。

　　（四）其他突发状况
　　教师在日常教学实践中，除了面对学生的突然提问、根据情况对教学内容进行微调、新手教师需要面对课堂上的情境做出即时性教学决策等因素之外，还需要面对课堂教学中其他各种突发状况。

比如说在阅读教学的过程中所涉及的一些题目。我根据自己对短文的理解，给学生编了选项 ABCD。我就认为答案是 C，其他三个就是错的，但有学生说："老师，我觉得 A 也对呀，为什么就不对呢？"这时，再对照题目，你对学生也无法解释得通。那怎么办呢？你怎么向学生解释呢？这个时候就需要承认自己错了，自己的想法太主观。不能让学生认为老师错了，还不愿意认错。首先就要做到态度诚恳。（ZWJ‐M‐30YY‐I‐20120917）

教师在课堂教学中还需要面对其他各种各样的情况，需要教师做出即时性教学决策。但在这个过程中，教师不再是"高高在上"的所谓"真理"的掌握者，而是引导学生学习、讨论的指导者。在这个过程中，就需要教师转变角色，教师关于自我的知识及教师关于教育教学本质的信念将发挥重要作用。

课堂中肯定会出现备课中没有预想到的情况，出现也不奇怪。因为老师一个人的知识和智慧是有限的，而学生的思维是广泛的，再加之现在的学生从小到大接触的信息非常大。作为老师面对这种情况不用害怕，能就这个知识和学生一起讨论，恰恰就是新课程的思路和任务。这种时候可以成为老师和学生共同学习的空间。尤其是文科突出人文精神，有些东西不必有统一的答案。关键是对学生语文思维的训练，良好的人文品质的培养，遇到这种情况恰恰就是一个体现新课改对学生探究能力培养的机会。（LWY‐M‐24YW‐I‐20120911）

教师应该以什么样的态度面对课堂上学生的提问，体现了教学中教师关于教育本质的信念。教师是把学生提问当作对自己的"挑战"，还是像 LWY 教师那样，把学生提问作为探究学习、培养学生思维的机会呢？拥有不同的关于教育本质信念的教师会持不同的态度。

虽然处在新课程改革的大背景下，但高中阶段的教学仍然是以高考成绩为教学重心的。为了保证所谓的教学速度、教学效率，在日常教学中教师一般都不鼓励学生在课堂上提问，也较少给机会让学生在课堂上就学生所提问题进行讨论。

二　教师常规性教学互动决策

　　教师课堂教学中的常规性教学互动决策主要涉及教师与学生互动方式、课堂组织形式、教学内容处理方式、课堂纪律管理方式、课堂氛围培养五个方面。

　　（一）教师与学生互动方式

　　我在课堂上与学生的互动也是根据教学内容的需要。比如我要看学生记住这个概念了没有，我就会通过集体提问的方式，结果没有多少人回答。这种情况下就需要个别提问。（WYG－M－26WL－I－20120923）

　　课堂上看学生的掌握程度就是要问学生，但是不能问得频繁。问的次数太多，反而会使学生厌烦。比如一个知识点强调两三遍就可以了，如果强调四五遍学生就会厌烦。那就要多设计点题型来考查学生对知识点的掌握情况，加深对知识点的理解。高中教学要源于课本，但是也不能拘泥于课本、高于课本。对于学生来说，要让他们掌握基本概念。（LXL－F－18SX－I－20120917）

　　教师通过课堂上和学生的互动不仅用来判断学生能否跟得上教学思路，而且用来决定后面教学是否需要做出调整，保证学生的关注点、注意力的集中程度。在高中日常教学中，教师几乎采用一对多的方式与学生互动。但新手教师与熟练教师、熟练教师之间与学生的互动效率确实存在差异。究其原因在于三类教师教学法知识掌握程度上的区别。

　　我在课堂上不会站在某一个地方，我几乎一直在走道前后左右走动。让学生思考回答问题的时候，我都是随着我的走动全方位地提问，提问到哪个学生都有可能。我认为同一个问题，你只叫一些相对来说学习比较优秀的学生回答，你是不能了解处于中间层次或者学习相对落后学生的想法的。所以我一般都会叫各个层次的学生至少三个人，看他们的回答是什么。……现在我作为班主任在排座位的时候，也不会把学习好的放在一起，让学习差的坐在一起。我会考虑让每个组学生的学习能力均衡一下，让他们之间能互相帮助。……因为我在做学生的时候，我就觉得有些学习比较吃力的学生，如果受到老师不公正的待遇，对这个学生未来的影响是很大的。（YXP‑F‑1ZZ‑I‑20120910）

首先，YXP 教师选择在课堂上提问的时候，不仅提问学习好的学生，而且经常提问中间层次或第三层次的学生。为了保证提问不会出现不公平的现象，YXP 老师选择在上课的时候经常来回走动，使教师与全班每个学生的空间距离尽量保持一致且这个距离很短。其次，YXP 教师作为班主任，他非常关注排座位的事情。显然，这个问题其他班主任可能也意识到了，但他们没有有意识地进行格外的处理。YXP 之所以做出这样的选择，主要是因为他不想让"学习比较吃力的学生""受到老师不公正的待遇"。由此看来，YXP 教师在课堂教学互动中的这些决策，并不是来自于现在的教学情境，而是来自于他自己作为学生的学习经历。如果他没有从事教师这个职业，也许他学生时期的这些经历就仅仅是一些记忆。但曾经坐在教室内遇到教师不公正待遇的一位学生，当他站在讲台上的时候，这些经历就成了他进行教学互动决策的重要依据。总而言之，教师在常规性教学互动决策中，影响教师与学生互动方式的因素，除了教师关于学生的知识、关于教学科目的知识之外，教师关于自我的知识也发挥了重要作用。由此不同的教师才会在课堂教学中形成风格迥异的教学决策风格。

（二）课堂组织形式

在高中课堂教学中，相对于具有十几年、二十几年教学决策经验的熟练教师而言，新手教师更愿意尝试多样化的课堂组织形式。其中最重要的原因是新手教师受到新课程改革理念的影响更强烈。或者说新手教师更容易、更愿意接受新课改理念，且不受稳固的教师实践知识的束缚。由此，新手教师会在自己的教学中尝试新的东西，并在此教学决策经验基础之上，形成更符合当下教学情境的教师实践知识。反过来，教师实践知识又会影响新手教师的教学决策。在新课程改革

中的学校层面，就出现了新手教师相对容易适应新课改，而老教师很
难适应新课改的现象。

> 我觉得我上得最好的一节课是关于物件波动的。那时候现实生活
> 中的物价也在波动，比如大蒜、油价正在疯涨。这是学生比较感兴趣
> 的，网络上的讨论也比较热烈。我就结合现实生活中油、大蒜的案
> 例，让学生分析、讨论哪些因素会影响价格。我把全班学生以小组为
> 单位进行了分组，让他们先进行分析、讨论。之后，他们每个组再派
> 一个人汇报讨论的结果。在他们汇报的时候，我在黑板上把每个组提
> 到的因素都列了出来。列完之后，我用经济学上的一些专业术语把他
> 们提到的因素再归纳一遍。然后我说："现在把书打开，对照书上的
> 内容看看你们是不是全说出来了？""是不是很好？"他们很惊讶地
> 说："啊，原来是这个样子！"所以我跟他们说："经济学就在生活
> 中！"这种印象深刻的课还有很多，这种分组讨论的效果也很好。
> （YXP - F - 1ZZ - I - 20120910）

> YXP 教师关于物价波动的教学，采用了小组合作学习的课堂组织
> 形式。这种课堂教学组织形式不仅调动了学生的学习兴趣，而且充分
> 调动了学生的学习积极性。在课堂教学中，通过使用这种课堂组织形
> 式，YXP 教师一方面有效地、高质量地完成了既定的教学内容，另一
> 方面让学生有充分的思考。YXP 教师在对小组讨论进行总结之后，当
> 学生打开课本时的惊讶，就足以让学生对这部分教学内容印象深刻且
> 充满探究兴趣。

> 以前我在初中上课，有一个很简单的例子，比如蜡烛的燃烧。我
> 就因为这专门花一节课的时间让学生提问。……有些学生的问题就很
> 有创意，有些问题是我根本想不到的，但还是会鼓励他们，甚至我会
> 告诉他们，这个问题现在老师也没有办法解决，等你们以后解决了，
> 来告诉老师答案吧。（PR - F - 5HX - I - 20120920）

> 我备课过程中也有困惑。其实，像我们这样上班七年，不算太

久，可以说是年轻的老教师。……肯定接受了一些新课改的知识，也尽可能地在课堂上灵活一些。但是，我采用了这些理念。过了一阵子之后，就发现我每节课的教学内容经常完成不了。后来，这个引入的部分或让学生参与部分的时间就越来越少。那么，我就感觉自己在唱独角戏……（SXL－F－7SX－I－20120107）

在新课程改革的冲击中，对于具有7年教学决策经验的 SXL 教师来说，她也在自己的课堂上尝试使用新的教学组织形式，但结果却造成其常常不能按时完成教学任务。在新课改的背景下，SXL 教师站在继续尝试改变或放弃改变的十字路口上。

我主要是以问答的形式来上课，尽量让学生来回答。我一般很少直接告诉他们答案。设想如果我是学生，老师如果能引导我进行回答，上课也感觉不压抑呀。所以，我在讲的过程中尽量引导学生的思路紧紧跟着我的思路。如果上课的时候，发现有学生睡着了，我就说："哎呀，真对不起，看我讲课讲得你都睡着了。"……对于每一个学生都不应该伤害他的自尊心，而应反过来想一想自己的课为什么让学生睡着了。（JY－F－24HX－I－20120912）

对于具有24年教学决策经验的 JY 教师来说，依然坚持选择一对多的传统课堂教学组织形式，因为 JY 教师在教学实践中坚信自己曾经被验证有效的教学决策。在高中教学阶段，大部分教师经常使用的是讲授式课堂教学组织形式。除了教师关于学生的知识、科目知识影响教师的常规性教学决策之外，教师教学情境知识、关于教师个体的知识、关于教育本质的信念也发挥着重要作用。

综上所述，三位教师在常规性教学决策阶段所采用的课堂教学组织形式各有差异。对于经过两轮教学决策的 SXL 教师来说，她已经形成了完善、稳定的教师实践知识。面对新课改提出的新要求，她在尝试改变的过程中最为挣扎、纠结。当这部分教师面对外在教学情境的变化时，他们极容易产生两极分化的趋势。要么采取积极的态度、方式应对教学情境的变化，要么采取消极的态度，对教学情境的变化熟视无睹，继续坚持自己之前的教学决策。对前一类教师来说，他们更容易打破原来已形成的稳定的教师实践知识对他们教学决策的束缚，在这个过程中使自己的教师实践知识得到更新。而后一类教师将很难突破之前形成的教师实践知识对其教学的束缚。

对于具有十几年甚至二十几年教学决策经验的教师来说，他们的教师实践知识需要面对新教学情境的挑战。这部分教师不会像刚刚形成稳定教师实践知识的教师那样轻易尝试改变自己的教学决策。因为在长期的教学实践中，教师实践知识已经产生了严重的老化问题。老化了的教师实践知识不仅阻碍着教师对新课改所提倡的新理念、新教学方法的接受程度，而且阻碍着教师教学决策行为的转变。对这部分教师来说，要想改变他们用了几十年的教学决策及实践知识是相对较为困难的。

（三）教学节奏知识

教学节奏"知识"是教师在大量积累教学决策经验基础上所形成的，具有个人教学风格的一种课堂教学氛围、教学重点安排、教学组织形式安排等的知识。具有不同教学决策风格的教师在课堂教学中对教学决策的关注点不同，也具有不同的教学节奏。

从老师方面来说一节课不能没有重心，不能上完一节课之后，你不知道这节课的重心是什么；学生学习的重点是什么；如果一节课热热闹闹地上完了，你问学生这节课学了什么学生就会犯嘀咕，好像学了这个，也好像讲了那个。这样就不好了。每节课都应该有一个重心，让学生在脑海中留下印象。包括前面一节课的条理、设计，还有后面的评价都是为这个重心服务的。你课前导入是为了这个重心，最后的巩固也是为了这个重心。你要重点突出，还要有条理。哪怕这个重心所涉及的内容少一点都没有关系，但一定要有重心。……要让学生清楚地知道这节课干了什么、学了什么。如果你上课的时候没有完全清晰的重点，那么在回顾复习的时候，学生也不知道如何回答。（XWP－F－20YY－I－20120920）

上课时我的眼睛就是一个结，学生的眼神就是一条条线，他们最终要回到我这个结上。上课时谁的线不在我这里，我会立马发现、提醒他，所以有的学生很怕我，上课不敢开小差。……例如，课堂上有可能让学生自己提出问题，自己去探讨。解决不了的，我再给他们提示。还有一种就是我设置问题，每个问题之间要步步为营。第一步是第二步的基础，由易到难，等到所有的问题都解决了，我的目标也算达到了。教学方法有很多，这要根据不同的问题来决定。设问题的最终目的是要达到我想要的东西，要步步有目的，最终的落脚点是解决我讲课的难点。这下面有很多支架，每个支架都是有用的。（XP－F－12SX－I－20120918）

课堂教学节奏是教师在课堂教学中提问与回答、陈述与分析、讲解与练习等活动之间交互出现的规律与特点。课堂教学过程是教师与学生就教学内容进行建构、再生成的过程。不同教师的课堂教学过程具有不同的节奏，也会对学生学习产生不同的影响。若教师能准确地把握、调整教学节奏，则有利于提高教学效率。不同的教师对自己课堂的节奏有不同的把握与理解，对 XWP 教师来说，每节课的教学重点是她最为关注的。而对 XP 教师来说，引导学生结题的步骤、课堂教学的氛围是她所关注的。由此可见，这两位教师在教学节奏知识方面各有特色。

如果某道题有三四个解法，我一般就给学生讲两个，剩下的我就给个思路，让他们自己去补充。……我就让他们大概整理一下我讲题的思路。然后讲完题目之后，我一般会给他们总结。每次讲完我都会告诉他们如果下次碰到这种问题应该怎么去做。另外也尝试让他们自己去总结，这也是一个熟练的过程。（WXF－F－9SX－I－20120921）

语法的重点、难点这部分是用专门的一节课去处理的。这些细的点，高考是要考的。你只处理课文内容，大家也懂课文讲了什么，问题也能回答上，也知道什么意思，但高考不只考这些，所以专门有一节课是处理语言点、知识点的，要挑出各种特殊用法，重点讲解。（XWP－F－20YY－I－20120920）

总而言之，教师节奏知识是教师教学决策风格的表现之一。XWP教师认为每节课都需要有一个重点，课堂是以这个重点为核心展开的。而XP教师的教学是以设计环环相扣的教学问题为主旋律展开的。WXF教师习惯于在讲解例题之后，让学生在课堂上练习，并总结解题规律。XWP教师在教学中会专门用一节课的时间集中处理每个单元的教学语法难点问题。不难发现，除了在综合考量教师关于学生知识、关于教学科目知识的基础上进行教学决策之外，在日常教学中，不同教师还会根据教师关于自我的知识，形成具有强烈教师个体教学决策风格的教学节奏知识。

（四）课堂纪律管理方式

在高中课堂教学中，良好的课堂纪律是高效率教学效果的保证。事实上，对刚入职的新手教师来说，能否在自己的课堂上形成良好的教学纪律，是他们在教学中面对的第一个挑战。

比如他们上课的时候打个盹、开个小差，遇到这种情况我首先一直盯着他。……孩子大了，我当场批评他会使他觉得没有面子。通常这样一做，他就会立刻清醒。有些学生是惯犯，别人提醒了还打瞌睡，我就会把他叫起来回答问题。如果回答不上，我就让他站一会，他也就不瞌睡了。（WXA-F-8SX-I-20120913）

上课老师的肢体语言对有些人的影响是比较大的。比如对有些学生你通过了解之后发现他的心理比较敏感。如果他没有做作业什么的，你只要盯着他，看他一下，他就明白你的意思了。……结合我自己上学的经历，不管你是用赞许的、肯定的眼光，还是用眼神警告学生这样做是不对的，再或者一个手势，在课堂上对学生还是很有影响的。（YXP-F-1ZZ-I-20120910）

在课堂教学中，除非教师遇到很严重的纪律问题，否则教师是不会中断教学，专门花时间来处理课堂纪律问题的。这就需要教师在课堂教学中充分利用身体语言，在管理课堂教学纪律的同时，还能用来监控、保证学生的注意力集中在教学内容上。

现在回顾一下，你从当老师到现在，好多事情也需要请教别人。这就是实际经验积累的过程。我刚上班那会，跟孩子的关系处理得不太好，现在绝对不会那样了。……一孩子上网成瘾，我上课的时候，他就趴在那儿睡，根本不理睬你。当时我的火气很大，这个学生的火气也很大，我们两个对峙得比较久，然后班主任过来处理这事。……现在觉得也不应该，还是要有方式方法的，这就是经验。（WXA－F－8SX－I－20120913）

高中课堂教学中一般很少出现纪律问题，教师访谈中提到的纪律问题一般都是指学生在课堂上不专心听讲，出现开小差的现象，如YXP教师提到的两种情况。WXA教师的谈话体现了新手教师和有教学决策经验的熟练教师对同一问题的不同决策方式。究其原因，可以归结为教师对学生的了解程度、教师对课堂教学情境的熟悉程度。

（五）课堂教学氛围的培养

不同教师的课堂教学氛围受教师关于自我的知识、教师关于学生的知识等不同教师实践知识组成成分的影响。由此在教学实践中就会发现，有些教师的课堂氛围轻松活泼，有些教师的课堂氛围严肃紧张等。

课堂上，学生在什么状态下才会提问呢？如果你这个老师"无所不能"，他是不会提问你的。我经常对他们说："第一，我读的音，不一定标准，虽然我是语文老师。第二，我说的话，不一定对，因为我不是掌握真埋的人。第三，我传授的知识是对的，但我不一定描述得准确。所以，面对这三点，你上课都可以随意提问我。……从高一开始，我就一直培养上课中的这种氛围。我觉得这个很重要，后来实践证明这样做很有效果。……我感觉学生的思路比原来更成熟了，也有兴趣了，上课所提的问题越来越多，也越来越好。（DX－F－12YW－I－20110109）

学生在你讲课的过程中，他有没有听懂，我也是有感觉的。另外，我还可以试探地问，比如我问："这个对不对？应该是对的吧？"有些学生就好像似懂非懂。然后我就会再问："到底对不对？"他们自己也云里雾里，也在想：到底对不对呢？我会故意往他们会犯错的地方引，让他们有个深刻的印象。（WXF-F-9SX-I-20120921）

不同教师的课堂具有不同的课堂氛围。教师课堂氛围是教师教学决策风格的另一种表现。DX教师从接手高一班级开始就注重培养让学生在课堂上"挑刺"的课堂氛围。经过一年的培养，DX教师的课堂就呈现出不同于其他教师的课堂氛围。从精彩、有趣的导入，到丰富、生动的讲解，再到学生积极参与等方面都是教师培养良好课堂氛围的关键步骤。在这个过程中，不仅考验教师关于学生、关于教学科目的知识，而且是对教师关于自我知识、关于教育本质的信念、关于情境知识的考验。

三 小结

教师教学即时性决策与教师常规性教学决策之间具有相互促进的互动关系。教师通过教学反思使教师日常教学经验转化或升华为教师实践知识，这是教师即时性教学决策的基础。例如专家型教师那种看似跟着"感觉"走的即时性的、直觉性的教学决定，其实是丰富的教师实践知识在课堂教学中的表现。"教师在课堂上不断地面临挑战，在意想不到的情景中表现出积极的状态。正是这种在普通事件当中捕捉教育契机的能力和对看似不重要的事情进行转换使之具有教育意义的能力才使得教学的机智得以实现。"

当类似情况再次出现或多次出现以后，这种即时性的教师教学决策就会转变为教师在日常教学中的常规性教学决策。当然，这种直觉性的教师教学决策并不意味着否定教师教学决策中的理性成分。恰恰相反，在这个转变的过程中，会生成更加完善、丰富的教师实践知识。它又为教师在日常教学决策中能做出有效、高质量的即时性教学决策及常规性教学决策提供了知识基础。

教师互动教学决策的过程是教师与学生互动、建构意义的过程。教师互动教学决策主要聚焦于教师所面对的课堂教学的复杂性，其中包括学生主体的复杂性、教学内容的复杂性、课堂教学环境的复杂性三个主要方面。首先，教学的主体是教师和学生，两者作为社会的人在课堂上表现出来的可能不仅仅是教师身份和学生身份。主体双方互相不同的经历、体验等因素都会在课堂教学过程中或隐性或显性地表现出来。其次，教师会根据不同的教学目标选择不同的教学内容。不同的教师又会根据自己的教学决策经验，确定教学内容的组织方式、选择实施教学内容的教学方法、设计不同的课堂活动等。最后，课堂为教学活动的组织、实施提供了空间和时间。但课堂为教师和学生提供的时间只占教师和学生日常生活的一部分，课堂为教师和学生提供的空间也只占教师和学生社会空间中的一部分。在这个有限的时间和空间里所进行的教学活动，不免会受到外界社会中各种因素的影响。这些因素一方面是课堂教学活动的主要内容，另一方面为课堂教学活动的意义生成创造了无数的可能性。

由此可见，在教师互动教学决策中，教师最先考虑到的三个因素是教师关于学生的因素、教师关于教学科目的知识、教师关于教学环境的知识。其中教师关于教学环境的知识包含不同的层次，如课程改革的大背景、学校层次的教学情境、课堂上具体的教学情境等。教师在互动教学决策中会根据需要考虑不同层次的教学情境知识。除此之外，教师关于自我的知识在教师教学互动决策阶段影响着教师教学决策风格的形成。而教师关于教育本质的信念则在教师教学即时性决策、教学常规性决策中的潜在影响因素方面发挥着作用。

第三节　教师实践知识对教学评价决策阶段的影响

教学评价是教师依据教学目标对教学过程及结果进行价值判断，并为教学决策服务的教学活动。在日常教学实践中，教师教学评价主要包括两个方面。第一是教师对自己教学效果的评价，第二是教师对学生学习成就的评价。首先，教师通过对自己教学效果的评价可以掌握教学方面的信息，以及教学中所存在的问题与缺陷，需要做出的教学决策。其次，教师通过对学生学习的评价，可以判断自己的教学效果与学生学习成就之间的关系，并在一定程度上激发学生学习的动机。另外，教师通过对自己教学效率、学生学习成就的评价，可以根据评价结果及其评价信息，调整各类教学决策，以改进、完善教学过程。

除此之外，教育管理部门、家长等外部因素对教师的评价又会影响教师在日常教学中对自己教学、学生的评价态度、标准等各个方面。

一 外部力量对教师教学的评价

高考制度是中国教育教学和人才筛选的基本制度之一。与此相匹配，大学录取主要以学生高考成绩为依据。由此，在一定程度上造成了高中阶段的教学更加偏重与高考相关的学科知识记忆、解题技巧总结、考前题海训练等内容。这种"为考试而教，为考试而学"的教学是高中阶段教学明显的、普遍存在的问题。很多地方教育管理部门、学校领导层、家长等都将高考升学率作为评价教师教学的唯一标准。那么教师在面对外部教学情境中这种较为单一的以分数和升学率为标准的评价，又该做出什么样的教学决策呢？或者教师在日常教学评价决策中，当面对自己对教学评价标准与外部对其教学评价标准之间不一致的时候，又该如何找到平衡呢？

有时候我觉得我的评价和学校有很大的出入。尽管学校对我的评价没有变化，主要看我带的班学生的成绩，或学生给老师打分，有好、中、差。你说80%的学生给我打了好，我就一定好么？那么如何在一次课堂教学中，教师的情绪不好，进而影响了学生的情绪，学生给老师的分低，那么这个教了快30年书的教师就很差吗？如果这个老师很差，那他怎么能够维持30年的教学？这就有矛盾了！一位新手教师刚到学校，教了两三年，评价很高，就说这个老师很好，显然也是有问题的。（WYG–M–26WL–I–20120923）

我们老师每三年综合评价一次，决定我们在学校里的地位。领导考评时会关注：如果你带的是一个好班，你超了平均分多少；如果你带的是一个差班，你有没有拉整个学校成绩的后腿。以高考为指挥棒，在评价中我们必须首先关注学生的成绩。……另外不得不提的一点是我们的考试评价机制，谁也不知道它的出路在哪里？新课改之后我们的高考到底要走哪条路？（DX－F－12YW－I－20110109）

虽然，在目前的教育管理体系中，相关教育部门、学校、家长等外部人员根据学生成绩考核教师业绩。但是像 WYG 这样的教师，在日常教学实践中一方面很清晰地意识到高考指挥棒对其教学考评的作用，另一方面对现行的教育评价体系留有自己的意见。这种较为单一的评价模式与高考制度是直接相关的。而 DX 教师一方面按照高考的游戏规则进行着自己的教学，另一方面却对高考改革有自己更为深入的理解、分析。DX 教师在日常教学中对教学评价问题的反思，使她的教学决策评价更具有张力。这种外部力量对教师的评价似乎更有终结性评价的维度。那么作为教师个体身处这种外部评价环境里，在日常教学实践中又是如何评价自己的教学效率呢？

二 教师对自己教学效果的评价

通过对下面几位教师教学决策经验的总结，在课堂教学中，教师对自己教学效果的评价方式有课堂上对学生的观察、学生对教师提问的反应、课堂上的练习、单元测验、家庭作业等。在这个过程中，教师对课堂上所出现的信息敏感度、掌握程度、即时处理程度不同，都会影响教师对教学决策评价结果的判断。这也是新手教师与熟练教师在课堂教学中所存在的明显区别之一。

你需要随时观察学生。比如在上课的时候，你就能看到学生的眼神。看到他回答问题了没有？配合教学了没有？你就能看到他/她是懂了，还是没懂？或懂了多少？理解了还是没理解？会不会？愿意不愿意再学？或学生有没有兴趣？教师在课堂上不能只顾上课，要多观察。这节课的内容学生大约掌握了多少，主要根据学生的表现来判断。学生是否在课堂上积极主动地回答问题？大多数学生是否能够参与教学，而且上课没有开小差？学生是否能很快地完成课堂上的练习

题？这都是一些用来判断的依据。（WYG - M - 26WL - I - 20120923）

判断学生的掌握程度，我觉得学生在课堂上的反应特别明显。在讲的过程中，时间长了你就可以从他们的表情中看出来。他们非常专注地听，有一种可能性就是学生特别想听，还有一种就是学生特别茫然，没有听懂。但是如果学生有一种一会儿特别茫然、一会儿放松的感觉，那就是真听懂了。……在做题的过程中，结合他们上课的表情就可以发现，就能够感觉出来。但还是有些孩子不懂，因为学生的认知基础、学习方法都不一样，这也在所难免。（WXF - F - 9SX - I - 20120921）

在课堂上，当我讲到一些语言点、知识点、难点的时候，会根据学生的反应判断要不要在这个地方多举几个例子。要看这节课整体效果如何，就要在课堂上眼观六路、耳听八方。你要看80%的学生能不能跟着你的思路一起说、一起反应。那你就基本上能知道学生的整体学习情况了。另外，我们每个单元都有小测试。看看这个试卷的情况如何，也能反映学生的学习情况。因为单元测试中选择的题目都是贴近这个单元学习内容的。（XWP - F - 20YY - I - 20120920）

其实一节课上得好不好，在你上课的时候就能感觉出来。在上课的过程中，如果学生和你配合得很好，答得也很好。他们也在全神贯注地听，那效果是比较好的。如果你讲的时候，只有两三个学生在听、在说，其他学生都没有反应，那效果就不太好了。（WHM - F - 9SX - I - 20120921）

首先就是通过作业反馈，另外就要看学生做练习的这个过程。看一节课教学效果好不好，我主要看两个方面。……以作业形式的小测验对我来说是非常重要的一个方面，其一是检查学生的学习情况，其二是检查我们教师的教学水平。（ZWB - M - 7SX - I - 20120917）

从 WYG，WXF，XWP，WHM，ZWB 等多位教师的访谈中可以看出，当提到教师对自己教学效果如何进行评价时，教师更多地关注课堂教学中的知识性教学目标的评价。很少有教师谈及教学三维目标中所涉及的关于学生情感、态度、价值观方面的教学效果。

教师对自己教学效果的评价，除了上面提到的方式之外，作为新手教师的 YXP 教师还会通过与个别学生交流的方式，评价自己的教学效果。

其实一节课上得好不好，在上课的过程中，我随时在心里都有个评价。首先看这节课的课堂反应怎么样。如果一节课学生跟你互动得很好，都能积极回答问题或者你在讲某个重点的时候，都眼睁睁地等着听，那么这堂课肯定很好！其次，下课之后，我有时候会单独问一两个学生："你觉得这节课怎么样？老师讲的东西能不能听懂？"学生就会告诉你他们的想法。然后，我会继续问："这个问题你是怎么理解的？"……通过交流，就能了解学生到底有没有理解、理解到什么程度。最后，就是看作业情况。等家庭作业交上来后，看学生完成的情况如何，就能很清楚地看到这部分内容学生学会了没有。（YXP – F – 1ZZ – I – 20120910）

教师个体对自己教学效果的评价具有过程性监控的维度。从每节课的教学效率到单元教学效率、学期教学效率、学年教学效率等，教师时时刻刻都在对自己教学的各个方面做出评价及持续的教学决策改进。在教师教学评价过程中，教师会根据评价结果、评价信息随时调整各个阶段的教学决策。在教师教学评价阶段，熟练教师对教学中所出现的信息更为敏感，也更善于发现问题。由此熟练教师对自己的教学评价更为准确、快速。

三　教师对学生的评价

在高中教学阶段，学生学习成就是教师对学生进行评价的重要参考依据。由此，教师在课堂教学中对学生学习成就的评价就是其教学评价的重要组成部分。

从目前的形势来说，我们还是在回归高考，是为了应付高考。我们的量化主要是通过考试和作业反馈的，这是主要的方面。以前，传统教学的目的就是考试。学校的评价也只是依据考试成绩来评价，但是新课程的评价体系比较全面，既有分数的考评，也有其他形式的评价。……尽管现在提倡新评价，但是对学生学习成果的评价主要还是看学生的考试成绩。……还有就是老师依据其知识体系和教学经验，通过学生的作业和考试来进行评价。（LWY－M－24YW－I－20120911）

教师对学生学习成就的评价虽然会以学年考试成绩作为重要参考，但也具有过程性评价的特点。例如 YXP 教师在对学生进行评价的过程中，就不只看学生的成绩，也很关注学生平时在课堂上、教学生活中的表现。

除此之外，还会有其他的辅助性评价方式。比如说我会让课代表记录班上哪个学生回答问题得到了老师的充分肯定，学生们都鼓掌了。因为有些学生可能回答得很精彩，学生就自发地鼓掌了。这样的情况我都有一个大概的记录。另外，就是哪个学生上课提出的问题，给学生们、老师提供了一个新思路，这种我也会标记下来。我觉得这样就能鼓励、培养学生独立思考以及深入思考问题的能力。（YXP－F－1ZZ－I－20120910）

另外，在日常教学评价中，教师还会结合具体的教育教学情境，对学生进行评价。从对 MM 老师的访谈中可以看出，她理解的多样化的评价方式，并不是评价方式的多元化，而是在高三这个特殊阶段，由对学生的整体评价转向对学生个体的关注。她所谈及的评价方式的多样化，并不是指评价方式而是指评价对象的转换。

其实多样化的评价方式更多地用在了高三，高三关注的是每一个学生。都说高三就只看重成绩，其实不是的。高三的时候，你会关注每一个学生，而且学生也会对课程本能地重视起来。……在高三的时候，我就会把学生单独叫过来，就这一个知识点单独给他讲解。有些学生一看就知道是偷懒没有记忆，我也会单独要求他把这些知识点记下来，这样做效果很好。（MM－F－26ZZ－I－20120912）

在教师教学评价决策阶段，教师对学生的评价不可避免地受到教师关于情境知识的影响，例如教师对制度化的外部高考评价体系的感知程度。但在日常教学实践中，影响教师对学生评价的重要因素还是教师关于教学本质的信念、教师关于自我的知识。

四　存在的悖论

从理论角度说，教育理论者经常提及随着对技术理性的批判，教师不再仅仅按照教育理论者的构思、设计好的课程进行教学，而是能够用批判性的眼光审视自己的课堂、教学。在日常教学实践中，教师生存在外部制度化力量对教师的评价理念与教师对自己教学评价、学生评价理念的夹缝中。那么在这两者之间，教师如何才能找到平衡点，并保持两者之间的平衡关系？这对新手教师 YXP 来说，就是一个很困惑的问题。

我现在设计的每一次活动的目的就是让学生最终把知识掌握了。但如果对老师的评价机制不改变的话，你成绩好了（所带班级的考试平均成绩），那么你事业就是成功的；你成绩不好，那么你的事业发展就不好。同时我也认为学生将来发展好了就是我的成功，学生发展不好就是我的失败。但是你生存在这个环境中，如果你的成绩上不去，你的学生却很喜欢你，或者你很喜欢的学生成绩一般。虽然学生给你的评价很高，但是领导一直找你谈话，怎么办？这的确是一个比较困惑的问题。那个问题很多人都明白，但的确没有办法。（YXP－F－1ZZ－I－20120910）

在高中教学阶段，一方面教师需要面对甚至依赖外部较为单一的、片面的考试评价体系。在这种教学情境中，WYG 教师面对高考压力，在二十几年的教学决策经验基础上，对高考考题意图、学生需要掌握的知识点数量、教学内容的深度等问题早已了然于胸，并在日常教学实践中将学生高考成绩的提升作为自己重要的教学目的之一。

我对学生的评价首先是这个学生做人如何；其次再看学习成绩。如果一个学生学习很差，但在学校里、家里待人接物都很好，我认为这样的学生也是一个好孩子。因为我们要培养社会劳动者，而不仅仅要培养成功者。所以有时候我觉得我的评价和学校的评价（标准）有很大的出入。尽管学校对我的评价没有变化，主要还是看我带的班的学生成绩，或者是学生给老师的打分情况，有好、中、差。……无论学校对我的评价如何，我都会坚持我自己对学生评价的观点。（WYG-M-26WL-I-20120923）

但事实上，在日常教学实践中，教师对教学的评价不仅关注以高考为代表的外部评价目标。不可否认，在高中教育阶段，应试压力是影响教师选择教学评价方式、教学评价内容、教学评价手段的重要因素，但在教师个体教学实践中，教师对自己教学的评价、学生的评价仍有一定的调节空间。虽然教师在教学中将高考的成绩目标放在重要的位置，但对学生的评价却有自己另外的观点与实践。在访谈中大部分教师都认为对学生长期发展来说，学习成绩并不是最重要的。而学生作为人的基本素养、品德、修养等也是教师在教学评价中的重要参考因素，如 WYG，WHM，ZWJ 教师等的观点。

我认为学生成绩好，并不算好，学生作为人的基本素质很重要，比如品行要端。就算这样的学生学习不是很好，但我认为他是一个好学生。将来还会继续发展、有更多的学习机会，并不是高中三年就能达到多么优秀的。（WYG-M-26WL-I-20120923）

我觉得学习是次要的，让他们学会做人才是最重要的。等他们到社会上的时候，学会了做人，才能更好地生活。要让学生知道自己的责任在哪里，在这个基础上再把学习搞好就更好了。如果说一个人的品行有问题，那这个学生就算学习好也好不到哪里去；就算以后他能成功，那他也成功不到哪里去。这就是我的主要想法。（WHM－F－9SX－I－20120921）

有些学生虽然学习不好，但这些学生尊重长辈、尊重老师，能积极帮助他人，也很勤快，学习能力仅仅是他的一方面。有些学生也不是不爱学习，受其之前知识基础不太扎实、学习能力较差等因素的影响。我们不能认为这样的学生不是好学生。……在评价学生方面，不能一刀切地看学生。当然对于学习成绩好的学生，要肯定，这点不能否认。但学习成绩好的学生中也有些学生很自私，而且目空一切、自高自大。（ZWJ－M－30YY－I－20120917）

教师这种想法并不是完全受到新课改的影响才产生的，而是教师在日常教学实践中对学生作为人的一种基本期望，是教师对自己关于教学本质信念的实践。能否在两者之间找到平衡点，也是教师在教学评价决策阶段的重要议题。

五　小结

综上所述，在日常教学实践中，受教师关于教学情境知识的影响，教师会倾向于迎合以高考为代表的外部较为单一、片面的评价模式。从某种程度上说，教师对这种外部制度化评价体系的迎合是积极的、倾全力的。因为在很大程度上，教师的教学和学业成就完全依赖于这种外部制度化的评价体系。在这个过程中，教师关于教学情境知识就发挥着重要的作用。

但教师受自己关于教学本质信念的影响，他们对学生评价、自己教学的评价在心里又有另外"一杆秤"。制度化的外部评价体系，不可否认影响着教师教学评价的方方面面。但在日常教学实践中，教师也不是完全"屈服"于这种外部的评价标准。因为教师在日常教学中，时时刻刻对自己的教学及学生学习的各类表现进行着评价，这具有过程性评价的特点。这也为教师日常教学评价决策提供了一定的空间。由此可见，在真正的日常教学实践中，通过教师的教学评价决策，那种刚性的、制度化的教学制度在一定程度上会转化为具有弹性的教学评价制度。在这个转化过程中，教师关于教学本质的信念是影响教师教学决策的重要因素。

除此之外，教师关于学生的知识，在评价高中不同学习阶段学生的学业成绩及在对学生个体进行评价的过程中发挥着重要的作用。在日常课堂教学评价中，教师对学生的评价不仅是一个长期的过程，而且是非常具体、详细的。在教学评价决策阶段，面对同一问题，教师会根据不同学生的性格、学习习惯、知识基础等因素，做出不同的教学评价决策。其中，熟练教师、专家型教师在教学评价决策中对问题的表述更为深入，形成的教学评价决策模式更为成熟，且具有较强的自我决策监控意识。新手教师与熟练教师、专家型教师教学评价决策的差距也主要体现这个方面。

不同的教师具有不同的教学评价风格，这与教师关于自我的知识密切相关。在日常教学评价中，教师会根据自己的性格、对教师角色的认同、与同事关系等因素做出教学评价决策。虽然在教师教学评价决策中需要强调教学评价的客观性原则，其目的是对教师教学或学生学业成就做出客观的价值判断。但这种客观的教学评价决策在日常教学实践中几乎不可能存在。因为任何涉及价值判断的评价，都难以摆脱评价者本身价值取向的影响，且在日常教学评价中，教师不可能完全采用量化的评价方法，而更多的时候就是根据自己教学评价决策经验的一种具有个人风格的判断。在日常教学实践中，教师关于自我的知识不可避免地影响着教师的教学评价决策。

另外，在教师对自己教学进行评价的过程中，关于科目的知识是其教学评价的内容之一。通过教学评价，教师会不断修正自己对教学科目知识的认识、理解，有助于教师在下一轮教学中有效地进行教学科目知识的转化。

综上所述，教学设计决策是教师教学互动决策的计划、蓝本。在教学设计决策过程中，教师会根据已有的实践知识做出一系列的教学决策，比如，如何确定教学目标、如何选择教学内容、如何选择教学方法、如何组织教学活动等。除此之外，教师在教学设计决策阶段，还要预见到在教学互动决策中可能会出现什么样的情况，应该采取什

么策略，课堂上如何兼顾学生个别差异等问题。由此可见，教师实践
知识是教师进行教学决策的知识基础。

　　教师教学设计决策需要考虑很多复杂的因素，新手教师与专家型
教师的区别就在于是否能够全面地掌握信息，合理地分析、解释信
息，并在此基础上做出恰当的教学设计决策。其中这两类教师实践知
识之间的差异是造成其教学设计决策差异的主要原因。

　　在日常教学实践中，教师实践知识影响着教师教学互动决策。教
师在日常教学互动决策中，会根据已有的教师实践知识进行推理、判
断、审视所遇到的各类教学决策问题及教学决策现象。尤其是教师在
课堂教学中会根据学生对教学设计决策的反应，及时调整课堂中的常
规性教学决策与即时性教学决策。具有丰富、完善教学决策经验的教
师，在课堂教学中能敏感地、准确地发现问题，且能及时、有效地调
整教学设计决策。在课堂教学决策中，教师用来收集、分析、反思问
题的时间非常有限，所以教师互动教学决策的质量几乎完全依赖于教
师实践知识的质量。

　　教师教学评价决策可能发生在课堂教学中，也可能发生在课堂教
学之后。在课堂教学中的教学评价决策需要教师做出即时性的教学决
策。而教师课后的教学评价决策，则是在教师充分反思的基础上形成
的。教师在课后通过会议教学过程中的情形，或通过观察自己的教
学，或通过学生的作业情况，或通过评课建议等，对自己的前两个阶
段的教学决策进行反思。这一阶段的教学反思过程、结果，不仅为后
面的教学积累了决策经验，而且是后面教学做出决策的依据。拥有不
同实践知识的教师所做出的教学评价决策是不同的。教师教学评价决
策质量的高低，随着教师教学反思层次的不同，其教学评价决策质量
也不同。

第七章 教师实践知识与教师教学决策互动关系探究

第一节 教师实践知识与教师教学决策的互动阶段及特点

本书在田野收集数据、分析数据的过程中，认为教师实践知识的发展需要经历三个关键阶段。第一阶段是教师积累教学决策经验、生成教师实践知识的阶段，时间为教师入职后的1—6年。第二阶段是教师完善实践知识、形成稳定教学决策风格的阶段，时间为教师入职后的6—9年。第三阶段是教师实践知识趋向固化、教师教学决策受到挑战阶段，时间为教师入职9年以后。

一 1—6年：积累教学决策经验、生成教师实践知识

在教师实践知识发展的第一阶段，也称为教师实践知识发展的两轮原则。在访谈中发现，很多教师都像ZWJ教师一样，认为教师要能在课堂教学中做到举一反三、融会贯通，一般需要经历两轮教学决策。尤其在教学内容处理方面，如XWP教师所言，新手教师需要经过两轮教学时间，才能将整个高中阶段的知识点梳理成完整的知识结构，并能结合高考要求在教学中做出有效的、恰当的教学决策。

对新手教师来说，知识储备肯定是完全满足高中教学的。在教学中要磨炼出来的话，不论是初中还是高中，至少要经过两轮，也就是6年。经过两轮之后，才会慢慢摸索出一些东西，尤其是教学知识方面的一些东西。(ZWJ – M – 30YY – I – 20120917)

现在讲到一个知识点的时候，我会联系到高考。比如这个知识点在高考的过程中会怎么考、以什么形式考，我一般都会给学生讲到。新手教师因为没有经历过高考，就不会有这样的经验，那可能就不会想到这些东西。我觉得新手教师大概需要两轮时间才能达到这种水平。（XWP - F - 20YY - I - 20120920）

在第一轮从高一到高三的教学决策过程中，新手教师处于求生存阶段。在这个阶段，刚入职的新手教师一方面需要融入学校教学情境中，处理好与同事、领导的关系；另一方面还要学习如何教学的问题。因为在第一轮教学阶段，教师面对教师实践知识的五个组成部分：教师关于自我的知识、教师关于学生的知识、教师关于科目的知识、教师关于教学情境的知识、教师关于教育本质的信念。其中新手教师在教学决策过程中，面对的最大挑战是每天都需要处理新的教学内容，即如何把教材中的教学内容，通过自己的教学转化为学生的知识。这是新手教师在第一轮教学决策中所面临的最大困难。如 ZWB 教师所言，在第一轮教学决策中教师关注最多的就是自己的课上得怎么样？上完了没有？学生的反应如何？自己教学的效果如何？等等。

不管是研究表明还是日常的教学经验，学生喜欢哪个老师，就爱选哪位教师的课。……很有可能新手教师在第一年、第二年都是处于求生的状态。他可能关注不了太多的事情。最先关注的就是我的课上完了没有、我的内容教得顺不顺，慢慢地才会关注学生的反应怎么样、跟同事的关系、跟领导的关系等。在求生阶段你就有一个本能，这个本能就来源于你当学生的时候，你对你的老师的一种感觉。（ZWB - M - 7SX - I - 20120917）

在第一轮教学决策阶段，新手教师除了参考非亲身参与的教学决策经验之外，模仿经验教师、专家型教师是新手教师积累教师教学决策经验、生成教师实践知识的另外一个重要途径。在第一轮教学中，新手教师第一次真正地在教学实践中开始进行教学决策。在这个真实的教育情境中，新手教师一方面需要重新开始学习关于学生的知识、关于科目的知识，另一方面需要再次建构关于自我的知识、关于教学情境的知识、关于教育本质的信念。

然而，对教师的教学来说，仅仅拥有第一轮积累的教师教学决策经验是远远不够的。如 ZWJ 所提出的观点一样，很多教师也认为一般教师经过两轮教学决策之后，才能生成相对稳定的教师实践知识。

一般教师经过两轮之后，才能建立其相对稳定的教学内容结构。虽然有些老师已经有了自己系统的东西，但如何教给学生，让学生也建立起自己的知识体系，恐怕两轮只是个开始，对老师来说还没有形成完全稳固的东西，还需要不断补充。一轮是做不到的。我教了 30年，近几年我才感觉我悟出了一些以前没有悟出来的东西。（ZWJ－M－30YY－I－20120917）

在第二轮教学决策阶段，教师已经对自己所在的教学情境有了更为深入的了解、理解。此时，教师已在一定程度上重构、重建了关于自己的知识及关于教育本质的信念。经过一轮教学，教师对关于学生的知识有了一定的积累。另外，经过一轮教学，教师对整个高中阶段的教学科目知识有了整体的了解、感受。由此，在第二轮教师教学决策阶段，教师对模仿熟练教师、专家型教师教学决策经验的依赖度大大降低。此时，教师在之前积累的教师教学决策经验的基础上，开始有了更多自己的思考、自己的教学决策选择，而不再以模仿为主。教师在教学过程中，也会根据不同的教学情境变化，调整自己的教学决策。

在第二轮教学中，教师通过与教学情境的互动、与学生的互动、与同事的互动，逐渐重构了关于自己的知识；教师在不断地寻求教育情境对自己教学的意义；教师对高中阶段学生的心理特点、学习特点有了完整的认识，也积累了足够的转化科目知识的教学决策经验；根据具体的教学情境，调整了自己关于教育本质的信念。在之前积累的教学决策经验基础上，在第二轮教学中新手教师开始生成较为完整的教师实践知识。

我教了五年，应该说也有自己的教学风格了，但是好像还没有特别的成形。我觉得，现在还处于吸收别人优点的过程中。……可能还是要多听听其他老教师的课，多学习学习。现在我上课应该干什么，整个过程在脑海里已经形成了一个定式。虽然没有完全确定，但基本已经成形了。当然，还是有可变性的，如果有好的方法还是可以改变的。（DYP-F-5YY-I-20120918）

首先，经过两轮教师教学决策经验的积累，生成的教师实践知识具有极强的可塑性。如 DYP 教师所言，此时该如何上课她"脑海里已经形成一个定式"，但它又是具有可变性的。

教师在课堂上找到自信需要时间、需要经验，然后可能会提炼出自己的东西来。在能用语言重新表达的时候，那就已经是个很高的层次了。现在对我来说还是一个隐隐约约、模糊的情况，毕竟时间太短了。我觉得老师在三年甚至五年之内都可以说是个新老师，有很多的地方需要改进。为什么大家都做老师，有的老师很受学生欢迎，有的老师不行。做一个好老师是要有智慧的，不仅仅是我会哪些方法、我会哪些理论。……因为毕竟现在刚开始教嘛，所有的东西对我来说都是挑战。跟人家教了三十多年的老师比肯定是什么都不懂。（YXP-F-1ZZ-I-20120910）

其次，经过两轮教师教学决策经验的积累所生成的教师实践知识还具有不断完善的空间。如 YXP 教师提及的观点，在课堂教学中新手教师能够摆脱模仿，用自己的"声音"再次表达自己的教学设计决策的过程，也就是教师实践知识生成的过程。经过两轮教学，虽然新手教师已经形成相对完整的教师实践知识体系，但在日常教学实践中随着教师教学决策经验的积累，教师会不断调整、完善自己的教师实践知识。

二　6—9 年：完善教师实践知识、形成稳定的教学决策风格

经过两轮教学，第三轮教学的过程是教师完善教师实践知识、形成稳定的教学决策风格阶段。经过前两轮教学，第一，教师已经对所在的教学情境产生了依赖感、舒适感。第二，教师更加了解高中阶段学生的心理特征、学习特征。第三，教师在教学过程中也建构了对自己角色的认知等。第四，教师在具体的教学情境中形成了关于教育本质的信念，并信以为真。第五，教师对整个高中阶段教学内容的重点、难点有了全局的把握，且能根据高考要求做出恰当的教师教学决策。从 ZWJ 教师的谈话中可以看出，经过两轮教学的教师和新手教师在课堂教学中的最大区别就是能否整体把握教学内容的重点、难点，并能在课堂上做到融会贯通、举一反三。

有经验的老师在两轮上课后，基本会形成一种固定模式。上课的时候想得多，比较顺，而且能联系到的知识点也多。他会尽量给学生建立起一个完整的、系统的知识框架。对我来说，我就是这样的。年轻的老师可能不会想这么多，新教师可能更多的是把知识讲清楚，并把上下课的知识串并起来。对于新手教师来说，主要关注这些。当我要讲某一个时态的时候，我就会把这些时态串在一起讲，对照着、鉴别着讲。而对新手教师来说我这个单元就讲这一个时态，其他的我都不涉及。新手教师还存在不耐心的方面，可能在备课的过程中，不会考虑到更多的因素，所以有遗漏掉的地方（ZWJ‐M‐30YY‐I‐20120917）

以 WHM 教师为例，她经过两轮初中教学，到第三轮教学的时候已经形成了与初中教学相匹配的教师实践知识。由于学校合并，她被转到高中部进行高中教学。此时，WHM 教师在很大程度上就像新手教师一样进行教学设计决策。因为对 WHM 教师来说，在教师实践知识的五个组成部分中，教师关于教育本质的信念、教师关于教学情境的知识没有发生较大的变化，似乎可以直接迁移到高中教学决策中。但教师实践知识的其余三个组成部分，即教师关于科目的知识、教师

关于学生的知识、教师关于自我的知识就发生了较大的变化。其中教学科目内容的变化是教师实践知识迁移过程中的最大挑战。在这种情况下，WHM 教师在初中两轮教学决策中所形成的教师实践知识是不能有效地迁移到高中教学决策中的。

我已经教了两轮初中了，到第三轮的时候我就觉得已经很轻松了。对初中教学来说，我已经把握了应该怎么教。但现在到高中，对我来说又是新的教学内容。我也经常看各种各样的教案，看完之后还需要将其转化为自己的东西，这样才能再教给学生，但是我现在就非常辛苦。…… 现在的新教材内容是很多的。高一第一学期就需要把必修一、必修二都上完，第二学期上必修三、必修四。……就是教学内容太多了。除了学习新的内容，还需要大量练题。因为高中题目的灵活性是很大的，这种类型的题会做了，但换一种类型又不会做了，需要大量的练习。（WHM‑F‑9SX‑I‑20120921）

WXF 教师所面临的情况和 WHM 教师一样，同样 WXF 教师在高中阶段的教学中也将自己的工作重心放在了教学科目内容知识的转换上，即教学设计决策阶段。WXF 教师在假期就提前进行了备课，然后在教学过程中根据具体情境，再对自己的教学设计决策进行调整。WXF 教师之所以这样做是因为她在初中两轮教学中所积累的教师实践知识。因为 WXF 教师也发现经过两轮教学，她才具有更多的掌控感，在课堂上才能做到收放自如。所以虽然刚刚转入高中阶段进行教学，WXF 教师就有意识地加快了两轮教学决策经验积累的进程。她首先在假期进行第一轮备课，然后在上课的过程中进行第二轮修改。WXF 教师在高中教学阶段通过这种方式，迅速地积累起教学决策经验、生成与高中教学相匹配的教师实践知识。

我一般都是假期把课备好。比如一个暑假就会把下学期的课备好，至少 14—15 周的课，也就是 80% 的课。这是第一次备课，第二次备课就是在上课之前。比如明天或后天要上这节课的内容，我就会提前把备好的课拿出来看，然后把练习册上的东西整合一下。这是二次加工的过程。这样我对教学内容就相对比较熟悉了。我之所以备两遍，是因为怕第一次备课会有遗漏的东西。因为现在带高中了，而且又是第一轮，也想通过这种方式扎扎实实地备课，这么过上一段时间，自己上课也就轻松了。（WXF－F－9SX－I－20120921）

经过两轮教学，WJ 教师在第三轮教学决策中遇到了新课程改革的冲击。面对外部教学情境的变化，WJ 教师在教师实践中不断地完善、调适自己的教学实践知识。其中引发教师实践知识变化的原因是教师教学决策经验的变化，如面对相似的教学现象、问题，教师教学决策经验的改变；教师在新教学情境中教学决策经验的增加；教师教学决策经验的减少等情况。

从学校开始推行新课程改革前后这四年，我都是在摸索中前进的。我觉得最初做老师的时候，经验真得很少。时间和经验的累积在刚开始几年里是很明显的。比如说我现在刚刚开始带高中，我就觉得经验很重要，例如对教材的熟悉程度。有时候我觉得我讲完了这部分的教学内容才豁然开朗，这篇文章应该讲些什么。这是在反思的过程中才明白的。有时候一本书上完了，反过头来想想才明白我应该怎么上（如何处理教学内容），我觉得这就是经验问题。（WJ－F－9YW－I－20120105）

在第三轮教学中教师会根据所出现的意外的、未预期到的教学决策经验，对前两轮教学中所形成的教师实践知识进行微调。

新课改的教材对我们老师的要求太高了。其中选的一些文章，需要老师在讲授时完全转换理念。我们参加了许多培训，都说要改变理念。那么理念是什么？它来自于人的思想。一个老师，他工作了十年、二十年，有的人甚至工作三十年了。他们的理念不是说改就能改的。比如拿我来举例，我可能上班五六年后，就形成了一个成熟的模式。虽然现在也很想不断地突破自己，但突破是很难的。（DX－F－12YW－I－20110109）

在第三轮对教师实践知识的微调中，一方面原有教师实践知识更加丰富，另一方面教师实践知识结构更趋完整。经过两轮教学之后所形成的教师实践知识结构已经具有相对的稳定性了，此时教师在日常教学实践中，已经形成稳定的教学决策风格。在课堂教学中越来越多的即时性、突发性教学决策经验，已经转变为教师常规性的教学决策经验。正如 DX 所描述的那样，这时教师的教学已经有了"成熟的模式"。教师在教学中遇到意外事件也越来越少，在教学中进行教学决策时收集信息的敏感性也不断降低。经过 6—9 年的教学，教师已经形成了自己完善的教师实践知识，它对教师所处的教学情境有着强烈的依赖性。教师在日常教学实践中常常会依赖已经形成的教师实践知识做出具有惯性的教师教学决策。总而言之，经过两轮教学，教师已经形成了完善的教师实践知识，与此相对应，教师也具有了稳定的教学决策风格。

三　9 年以后：教师实践知识固化、教师教学决策受到挑战

经过三轮教学之后，教师实践知识已经趋向固化阶段，此时教师在日常教学中的教学决策又会再一次受到挑战。如 DX 教师就清楚地意识到自己曾经为之自豪的"教学这一套"，现在反而成为她在教学中突破自己的最大障碍。经过三轮教学之后，教师已经形成了完善的教师实践知识，教师教学决策风格也已稳定。此时教师的教学一方面依赖教师实践知识，另一方面教师实践知识又对教师教学变革产生了束缚作用。

比如说，我最初的教学风格，就是对每篇文章首先要介绍清楚的是其大框架。然后对一篇文章，我只讲一个重点问题……不断地打磨它（之前提到的教学过程），让每一个环节衔接得更好，问题提得更确定、更明确；让课堂节奏更加紧凑，这是我的第一种教学风格。……到现在，这就谈不上教学风格了。十年（的教学）使我对这一套已炉火纯青。我每节课都是根据这个模式上的。但是，现在这（一开始形成的教学模式）反而成了我最大的缺点。……对于我自己来说，我知道我突破不了。十年了，我现在最大的问题就是每节课都是这个样子。（DX － F － 12YW － I － 20110109）

其实，SAM 教师描述自己的教学是一个从不会到会、再到不会、又到会的过程，这也是教师在教学中不断更新教师实践知识的过程。然而，并不是所有的教师都能在 9 年教学之后，成功地、不断地更新教师实践知识。事实上，当新课程改革对教师、教学提出新要求时，拥有三轮教学决策经验或更长实践决策经验的教师，往往更难适应新课程改革的需要。

教学就是一个从不会到会、再到不会、又到会的过程。刚开始教学时就觉得自己不会教，到后来又发现教学就那么几个环节，感觉就很简单了。教了 2—3 年后又发现自己对教学的认识深了，对学生的认识深了，对教材、教学方法的认识也更深刻了。感觉不会就是因为开始考虑这节课我到底应该怎么上？选择性多了。这时候我就会考虑这节课是我讲，还是让学生讨论呢？这节课我应该准备几道例题？这几道例题要不要拿一道出来让学生讨论一下呢？是一开始就让学生探究，还是先带领学生分析？另外，在教学方法选择上也考虑得多了。经过这样的过程再到会，就是根据自己的教学经验去教学并达到最好的效果。（SAM - M - 21SX - I - 20120106）

在教学中，面对这种自上而下的课程改革，教师不得不根据外在教学情境的变化，迫使自己更新教师实践知识。在此基础上，教师实践知识不断更新的最主要途径是教师教学反思与行动。经过三轮教学之后，教师需要通过不断进行教学反思、教学行动以实现教师实践知识的更新。经过三轮教学决策经验的教师已经具备了较为完善、丰富的教师实践知识，表现在教师对教学中各项事务能进行常规的教学决策，并能根据教学情境的变化及时调整自己的教学决策方面。

教师实践知识发展的三个阶段一方面显示了教育改革历时较长的特点，另一方面也为教育改革的实施提供了无限的可能性。按照教师专业发展水平差异及职业年龄特征，我们可以把教师群体分为新手教师（0—5 年）、适应型教师（5—10 年）、成熟型教师（10—20 年）、专家型教师（20 年以上）。

教师实践知识的情境性、实践性、个体性等特点决定了教师实践知识的两面性。首先，由教师教学决策经验生成的教师实践知识，是教师在日常教学中对自己教育理念、对教材的理解、对学生的理解、对教学情境的解读、对自我的认识等各个方面的认可、肯定。经过两轮教学的教师已经生成了相对稳定的教师实践知识，他们的教师教学决策常常依赖已经生成的教师实践知识。这也是当面对教学决策问题及教学决策现象时，他们比新手教师在教学情境中能更容易、更快速、更准确地做出教学决策的根本原因。

通过进一步的研究发现，个体之所以按照自己的行为方式在实践中采取行动，是因为他们从一开始就一直接受着这样的训练。在长久的社会化过程中，他们已经将在某种情境下采取某种行动视为理所当然的决策。之所以做出这种常规性的决策，是因为别人也在这么做，也会这么做。由此在某种情境下采取哪种行动，就成为个体一种自动的、习惯性反应。

这种习惯的力量是非常巨大的，要想改变这种习惯也是非常困难的。因为大部分人在进行决策的过程中，很少思考自己的应用理论。所以，当要求人们对自己的决策行为进行反思时，就已经打破了他们长久以来所熟悉的、习惯采取的行为模式。不难想象，如果一个人从来没有反思过自己所采取的常规性决策，也没有反思过自己的应用理论，那么自然就不能形成行动与知识之间相互促进发展的良性关系。

行动科学研究的目的在于创造"行动的知识"，也是"人们可以用来改变世界的知识"。这类知识是与人们的日常生活密切相关的，而不是与日常生活毫无联系的、不考虑在生活实际中应用效果的抽象知识。教师通过行动中反思、反思中行动可以打破教师实践知识固化的趋势，实现教师实践知识的更新。

第二节　造成不同教师实践知识存在差异的原因

一　教师关于自我的知识

教师关于自我的知识贯穿于教师专业发展过程的始终。教师从高等教育中的师范教育阶段到真正走上教学工作岗位，其关于自我的知识是处于不断发展、变化过程中的。在教育教学实践中，能否对关于自我的知识有深入的理解、分析，是教师积累教学决策经验、生成教师实践知识的前提。在日常教学实践中，教师关于自我的知识主要包括教师对自我性格的认知、对自己与同事关系的看法、对教学角色的理解三个主要方面。

（一）教师对自我性格的认知

老师的性格对教学肯定是有影响的。如果一位老师是慢性格的，那他上课肯定也快不了。如果一位老师在平时的生活中就比较干练的话，那他上课也是比较利索的。（WHM – F – 9SX – I – 20120921）

有种强烈的感觉，班主任的性格对学生的影响很大。我觉得我就是不太拘小节、大大咧咧的性格，所以我在处理教学问题或处理班级管理问题的时候，也基本上是这种性格、这种风格。有些老师性格比较细腻，所以在处理学生问题上就会和我不同。所以教师性格对教学肯定有影响。（WXF – F – 9SX – I – 20120921）

正如 WHM 教师、WXF 两位教师所言，教师性格影响着教师的课堂教学决策风格。尤其在教师教学互动决策阶段，教师性格还影响着教师在课堂教学中的节奏。由此，不同的教师在课堂教学中就会呈现出不同的教学"味道"。另外，教师不同的性格也会影响教师课堂教学氛围的培养，例如 XWP 教师所描述的课堂氛围就受到她自己性格的影响。

我觉得我是一个很幽默的老师。我在教学中，第一我要让学生喜欢我、对我有兴趣，因为兴趣是最好的老师。第二还要让学生对我的课有兴趣。在上课的过程中，如果他们瞌睡了，或者开小差了，我就会和他们开个玩笑、讲个笑话，学生也会比较开心，同时吸引了学生的注意力。另外，我把自己的位置放得比较低，因为我觉得我和孩子之间是没有代沟的。我自己感觉是这样的，这和我的性格也有关系。所以学生在我的课上还是比较轻松的。因为我总觉得自己像孩子一样，还没有长大，有一颗童心。（XWP – F – 20YY – I – 20120920）

　　不同的性格表现在班级管理、教学过程中，爱说话的、喜欢交流的人善于和学生交流问题、提问题；不喜欢交流的老师，就会专注于讲课，让学生去听。这都是有影响的。　（YXP－F－1ZZ－I－20120910）

　　在学校中有句俗语：什么样的班主任，就会带出什么样的班级。这就印证了YXP教师的观点，班主任的性格在班级管理的过程中，通过教师的教学决策会对学生产生潜移默化的影响。总而言之，教师性格在教师教学决策中发挥着重要作用，这也是教师教学决策风格形成的关键因素。

　　比如我是教物理的，你是教化学的，他是教语文的，当我们教的是同一个班集体的时候，并不会因为一个老师的性格问题，而影响整个班集体的教学效果。所以，教物理的教师和教语文的教师之间是没有多大关系的，他们对同一个班级的学生都会产生影响。（WYG－M－26WL－I－20120923）

　　然而，个体教师的性格对学生整体学习成绩的影响是有限的。正如WYG教师所言，每个学科的教师都会对同一班级的学生产生影响。在教学过程中，要对班级整体学生的学习成绩产生积极的、正面的影响，就需要每个教师都发挥自己的性格优势。

　　在日常教学实践中，存在着教师性格与学生个体性格匹配问题。在教学中，与教师性格相投的学生可能会获得教师更多的注意力，学生也会有积极的态度、动机学习该教师所教科目的知识，两者之间相互影响，形成了一种良性互动关系。因此，在教学实践中，教师要有意识地监控自己的性格对教师教学决策各个方面的影响。

　　不同教师对自己性格的认识不同、理解不同，是造成教师实践知识差异的首要因素。另外，不同教师在教学中发挥自己性格优势的程度不同，是造成教师实践知识差异的另外一个重要因素。通过教师对自己教学决策有意识地监控，以避免教师性格对教学的不利影响。更为关键的是教师需要结合自己的教学实践，发挥自己的性格优势。

（二）教师对同事关系的看法

同事关系我觉得会影响教学。很简单的道理呀，你上学的时候你和同学的关系也会影响你的心情、正常的学习。在大学中有时候和寝室同学之间的关系也会影响你自己的学习。现在工作了，你和同事之间的关系也是一样的。另外，班主任和各科任课老师之间的关系也会有影响。（FMY－F－1HX－I－20120918）

正如 FMY 教师所言，教师与同事的关系会影响教师在教学工作中的情绪，由此会对教师部分教学决策产生影响。如果教师个体与同事之间是一种和谐、愉快的关系，就算对教学没有正面的影响作用，至少也不会影响教师教学决策的质量。如果教师与同事之间是不愉快的、冲突的关系，就需要教师在教学中有意识地监控、调整自己的情绪，避免教师教学决策受到不良情绪的影响。

我觉得有些人喜欢一个人专心研究，这有他自己值得肯定的地方。但是有时候我觉得你能跟大家打成一片，和某些同事交往多了，对对方的性格、教学方式了解得也就多了。有时候在教学上就会相互渗透、相互影响，也能起到取长补短的作用。（WXF－F－9SX－I－20120921）

WXF 教师也认为，在与同事进行交流的过程中，可以取长补短。通过借鉴同事教学中成功的教学决策经验，有助于帮助提高自己教学决策的效率、质量。显而易见，WXF 教师与同事之间这种有效的交流、学习，是建立在良好的同事关系基础之上的。

教师这个职业群体的交往方式相对很简单。……但其实不管任何群体都存在着合作的问题。作为教师要求的是学科之间的合作，通过合作、促进学习。另外，老师其实不是独立角色，他每天需要面对一个班级的学生。只有各科老师团结协作、互相沟通，才能让学生更好

地学习。所以，教师群体还是要突出这种团体合作精神的。……经验
告诉我们，如果老师之间能够和睦相处、共同合作，对班级教学的配
合程度就很高，对于孩子们的人格形成也会有影响。如果教师之间是
团结的，那学生肯定是受益的。（LWY – M – 24YW – I – 20120911）

具有二十几年教学决策经验的 LWY 教师，从更高的角度探讨了
教师对同事关系的看法与学生学业成就的影响。从 LWY 教师的观点
来看，教师与同事之间的良好合作关系，对学生的影响是更为深远
的。相比于其他教师，LWY 教师关于同事关系对教学决策影响的看
法更为完善、深刻。由此，他在教学决策过程中，能理性地、客观
地、有意识地处理自己与同事的关系。

在教师教学实践中，虽然一方面教师的工作似乎更具有个体劳动
的特点，在考量教师教学决策的过程中也很少将教师与同事关系作为
重点考虑的影响因素。但另一方面教师与同事的关系涉及教师在教学
情境中能否与他人有效交流、研究合作的问题。教师与同事的关系是
否会影响教师个体的教学决策？如果会，教师与同事关系又是如何影
响教师教学决策的？不同的教师对这两个问题的认识不同、理解不
同，在此基础上，他们在教学实践中会做出不同的教师教学决策。在
这些教师教学决策经验基础上，生成的教师实践知识自然也有所
不同。

（三）教师对教师角色的理解

我是经常进行反思的。其实，刚开始我不热爱这个职业。但是我
觉得教师这个职业不仅仅是谋生的手段，更重要的是这个谋生的手段
与别的谋生手段不一样。因为你面对的是一批批的孩子，老师会影响
他们的一生。所以我经常觉得作为一个老师，抛开谋生不谈，比别的
工作多一份社会责任感。……我做了这份职业，如果我没有把我应该
教的东西，教给孩子们，那我就不是一个好老师。（DX – F – 12YW –
I – 20110109）

教师角色是指与教师的社会地位、身份相一致的一整套权利、义

务及规范化的行为模式。在 DX 教师成长为教研组骨干教师的历程中，她成功地处理了对教师这一角色的认同危机。在由不喜欢教师职业到成为一个有责任心的教师的过程中，DX 教师对教师角色认知的变化一方面是通过自己自主的教学反思实现的，另一方面受到其自己生活经历的影响。

我经常教他们（学生）对老师应该有礼貌，告诉他们生活中的细节是非常重要的。有时候教了，但他们还是不会。所以在每次要起身的时候，我就有意识地先不说下课，而是自己先把自己坐过的凳子推回到原位。通过这些细节，让学生注意到老师的言行举止。我对学生有什么要求，我首先要自己做到。老师嘛！言传身教，实际上有时候身教更重于言传。（MM－F－26ZZ－I－20120912）

在我带的每个班，我在开始上课之前就先说得很清楚：上我的课绝对不许捣乱。可能我这人比较凶吧，我对课堂上的纪律要求是比较严的。下课的时候，和学生开玩笑都是可以的。但上课的时候，我一定要注重这个师道尊严。因为我就是老师，你就是学生，哪怕我比你大不了几岁，都是这样子的。（DYP－F－5YY－I－20120918）

不同的教师对教师角色的理解不同、认知不同，那么其做出的教师教学决策也不同。MM 教师除了教学之外，认为自己作为教师还需要充当学生道德、礼仪教育的促进者、楷模。所以在日常教学中，MM 教师在礼貌习惯、守时等方面都有意识地为学生做出正确的榜样。而 DYP 教师对教师角色的认知较为传统，师道尊严是她强调的重点。DYP 教师更注重教师作为传道、解惑"先知者"的角色。这两位教师对教师角色认知的重点不同，她们在日常教学中的教学决策也会呈现出明显的差异。在此教学决策经验基础上所形成的教师实践知识也会出现差异。

在我上学的时候，如果老师有水平，能把问题讲清楚，那就是好老师了。至于老师穿什么衣服，爱笑不爱笑，对这些问题都不是很在乎。但现在的孩子不一样，他们更加注重教师教学以外的东西。在他们的心目中，更喜欢"明星式的老师"。也许某位老师在上课前先唱一首歌，学生可能更喜欢。这样能让老师抓住学生的心。学生喜欢多面型的老师。(SAM – M – 21SX – I – 20120106)

　　现在的孩子对老师的要求比较高，他要是不喜欢你，即使你肚里有墨水，他就是不爱听，就不怎么认同你。……比如现在要搞个活动，要让你上台表演一段，你也不能说拿不出来。反正，老师尽可能把各个方面都提高一下，略知一二，全面一些，才能让学生喜欢。(SXL – F – 7SX – I – 20120107)

　　对 SAM，SXL 教师来说，他们对教师角色的认知是通过对比的方式形成的。SAM 教师通过比较自己受教育阶段好老师的标准与现在学生认为的好老师标准，认为教师不仅要有教学能力，还要展示其他各方面的能力。这样教师才能在教学中抓住学生的"心"，让学生喜欢自己的课堂，提高教学效率。SXL 教师认为，现在的学生对教师的认同不仅是依据教师的教学水平，有时候也要靠教师教学外的其他人格魅力、能力。基于这种认识，教师在教学中就不仅要关注自己教学能力的提高，也要关注自己其他方面能力的发展。由此可见，教师对教师角色的认知是教师在与学生互动的过程中形成的。在这个互动过程中，这两位教师都意识到了现在的学生所认可的教师角色具有多面性、多样性，与以往的教师角色有很大的区别。那么不同的教师对教师角色各个方面的认识不同，就会影响其在日常教学中做出不同的教学决策。

二　教师关于教学内容的知识

　　教师实践知识的另一个重要组成成分就是教师关于教学内容的知识。教师关于教学内容的知识主要涉及教师如何把握教学重点、难点；教师对新教材的分析、运用；教师对学科知识的掌握程度；教师教学策略知识四个方面。

（一）如何把握教学重点、难点

在讲课之前，我需要明确学生的作业是什么。然后我需要研究学生的练习题，主要看这些题目涉及哪些教学内容。因为刚开始我确实不知道考点是什么、在哪儿。所以通过那些练习题，可以确定教学的知识点，学生需要掌握的知识点。……有时候备完课后，我会再反过来看看要给学生布置的作业，很可能就会根据学生的练习题，再补充一下知识点。但对教学内容的重点、难点，以及用什么方法教给学生就是比较难的部分。我觉得重点、难点、考点就是看考题来感悟的。然后在备课的过程中就把这个内容加进去。……在备课之后我需要再看一下，作业中涉及了哪些题目。题目要用到某个知识点，然后再把这个知识点穿插在我的教案中，或者在教案中顺便讲解一下这个题目。（FMY – F – 1HX – I – 20120918）

对新手教师 FMY 来说，她还缺乏关于如何确定教学重点、难点的教学决策经验。在这种情况下，她除了参考教师教学用书、教辅材料之外，为了保证自己的教学能覆盖学生练习册中所涉及的知识点，FMY 教师在教师教学设计决策阶段，还参考学生的练习册来确定自己教学的难点、重点。FMY 教师的这种做法，会使自己的教学在较大程度上受到学生练习题的束缚。事实上，学生练习册质量、练习册中题目的质量是参差不齐的，若以此为依据确定教学的重点、难点，FMY 教师的教学决策质量将难以保证。

一直觉得高考的形式和内容没有发生任何的变化，考试的时候，还是按照原来的知识点出题。老师就不得不加入原来旧课本上的一些知识点。学生练习册上没有的，我们就不停地从网上搜索再加给学生。改不改有什么区别？（PR – F – 5HX – I – 20120920）

把握教学要点的时候，我首先是从配套练习上去把握的。我一般不讲书上的例题，因为书上的例题相对比较简单。例题一般都找比较贴近高考的，但是又没有达到高考的程度，就是介于书上和高考之间

的。我觉得每次在这方面花的时间比较多。（WXF – F – 9SX – I – 20120921）

PR 教师具有 5 年的教学决策经验，她在确定教学中的重点、难点时，以高考中要考的知识点为主要参考目标。为此她在确定教学重点、难点的过程中，不仅要覆盖学生练习册中的知识点，还要补充旧教材中所涉及的知识点。而具有 9 年教学决策经验的 WXF 教师也采取了同样的措施来确定自己教学的重点、难点，其出发点仍然是应试教育、学生高考的需要。

之所以这三位具有不同教龄、不用教师教学决策经验的教师，在确定教学内容重点、难点的过程中都采用了几乎相同的策略，是因为 PR，WXF 教师虽然分别拥有 5 年和 9 年的教学决策经验，但在一定程度上他们是熟练的新手教师。因为这两位教师从初中部转入高中开始教学大约一年有余。对这类教师的教学来说，最大的挑战就是教学内容的变化。除了由教学内容变化引起的教师关于科目知识的变化之外，这部分教师所面对的教师实践知识的其他五个组成部分都没有发生明显的改变。但由于教学内容的变化，在日常教学实践中，许多从初中部进入高中教学的教师都觉得自己像新手一样，有从头再来的感觉。由此，在确定教学重点、难点的过程中这三位教师都选择了新手教师的策略。

教辅、考试和新课本的脱节比较大。课本可能按照课标要求，层次很低、比较简单，但真正考试的层次又比较高、难。或者说课标要求中的知识是一个核心，但考试的时候就像一个气球被吹起来了，所涉及的内容比课本上要多得多，造成了中间较大的脱节。这个脱节就需要教师去衔接，有些教师有教学经验，就知道丢的是哪一部分能衔接上。另一个问题是这种衔接需要花额外的时间，但是课程设计的课时又不够。……现在的教材，在解决前面的问题时，都会涉及后面的知识。教师在讲到这部分的时候，就只能轻轻带过。事实上，学生是没有理解的。而真正对这个问题的详解，要到后面才能学习。（SAM – M – 21SX – I – 20120106）

对具有 21 年教学决策经验的 SAM 教师来说，他能更全面地、深层次地理解学生练习材料、考试要求、新教材三者之间的关系。在此理解基础上，SAM 教师在确定教学内容的重点、难点时，思路更加清晰明确，而不是仅仅受学生练习题或教师参考用书的束缚。除此之外，SAM 教师在确定教学重点、难点的过程中并不是孤立地确定一节课的教学重点、难点，而是考虑整个学年中甚至整个高三教学决策的重点、难点等知识点之间的结构关系。在此基础上，确定该如何处理某节课中所涉及的教学重点、难点。在这个方面，新手教师因为缺乏相关的处理教学内容的决策经验是很难做到的。显而易见，教师关于教学内容的知识中如何确定教学重点、难点，是造成教师实践知识差异的重要因素。

（二）对新教材的分析、运用

中国新课程改革中的一个重要变化就是使用了新版本的新教材。高中阶段的新教材分为选修与必修两大类，其中必修教材又由不同模块组成。这样的课程设置方式，一方面有利于不同地区的不同学校可以根据自己的教学资源为学生提供丰富多样的地方性课程；另一方面也为教学一线教师选择、调整教学内容提供了较大的空间。那么如何准确分析和运用新教材，就是高中教师在新课程改革过程中必须面对的问题之一。

关于教材的问题，现在教材的量太大了。好一点的学生接受起来就相对容易一点。有的学生初中的知识基础已经注定了他高中的学习比较费劲。……感觉新课改的教材是从新课改的理念出发的，做了一些调整，但是没有兼顾学生的实际。所以，我们觉得教这个教材很费事。（DX－F－12YW－I－20110109）

现在我们的课程设计确实非常难，学生在有限的时间之内，好像每一个学科都要当作专业的学科去学，这个我觉得太难了，使得教材编制得专业，那么教师怎么处理、怎么样把它当作基本课程来让学生掌握，就是个难题。你把它挖掘到什么样的深度，要让学生达到一个什么样的水平，这个还挺难把握的。（LM－F－18YY－I－20120918）

现在高中学生的时间是很紧张的。一周一共只有三节自习课，学生需要学数学，还需要学其他的学科。……现在的新教材内容是很多的。高一第一学期就需要把必修一、必修二都上完，第二学期上必修三、必修四。期中考试之前就需要上完一本书，两个学期就要上完四本书，内容是特别多的。（WHM－F－9SX－I－20120921）

DX，LM，WHM 教师在访谈中都提及在教学中对新教材的不适应问题。DX 教师认为，造成新教材在日常教学实践中不适应的主要原因是学生学习基础较差，由此造成了在教学中不能达到新教材的教学目标要求。LM 教师从教材设计角度指出以培养各科专家为目标的教材设计所存在的弊端，及对教学造成的困难。WHM 教师关注新教材教学内容的时间安排，提出了新教材的教学内容量较大，课时不够的问题。

2004 年、2005 年开始就接触新课改，从理念来说确实是比较新的。但是在实施的过程中就发现有不合适的地方，就比如数学来说，最典型的感觉一是新课改把课程原来的结构打破了，与以前我们的知识结构衔接不是很好。用起来不是那么得心应手，也会产生一些错误。（SAM－M－21SX－I－20120106）

现在是我第一轮教学，经验不是很多。以前我上学的时候用的教材和现在要给学生讲的教材又有区别，因此对于我而言难度是难上加难的。本来我学的就是那些旧教材，但现在新课程改革，教材内容变了，以前的旧教材一看就知道这节课要讲什么，但看了新教材之后就不知道要讲什么了。（ZWB－M－7SX－I－20120917）

旧教材内容比较细致，而新教材感觉是蜻蜓点水，交代了概念之后，也就没什么东西了，练习比较少。这样学生做练习的时候，知识点就衔接不上。……我上课时把新旧教材结合起来，把重点、高考题、高考内容加进去。把概念交代完后，再加习题进行练习，因为概

念的理解必须通过练习题来加深印象。　（LXL‑F‑18SX‑I‑20120917）

　　SAM 教师从知识结构的角度出发，认为新教材破坏了原来的科目知识结构。同样 ZWB，LXL 教师也受到新教材科目内容知识结构变化的挑战。在这种情况下，研究者在访谈中发现，与 ZWB，LXL 教师一样，很多教师在教学设计决策阶段仍然以旧教材的科目内容知识结构作为参考。

　　因为英语学科跟其他的学科不太一样，如果出现一篇新文章，就会有很多新的背景知识点在其中。就算一个单元中的语法结构可能是固定的，但一些单词或一些表达都是新的。……以前的教材更贴近中国人的思路，用中国人的思路去读那篇文章就会感觉思路特别清晰。但现在教材中的文章更地道，读完后会感觉混乱，需要你自己去理解，然后整理出比较清晰的思路。这可能是我们刚开始时的感受吧！但实际上带一两轮课后，就好多啦。（LM‑F‑18YY‑I‑20120918）

　　我刚开始上班的时候，学校用的还是旧教材。但我自己看了新教材的内容，发现新教材就已经是模块设计了，从听力到词汇到文章再到最后的应用。……因为同时带两个不同的班（一个班用的是新教材，另一个班用的是旧教材），感觉就特别明显。这就要看老师把握得好不好了，如果老师把握得好，就还行。（DYP‑F‑5YY‑I‑20120918）

　　LM 教师从自己所教学科的特色出发，认为新教材在教学内容选取方面有较大的进步，但在教材实施过程中，对教师挖掘教材能力的要求不断提高。DXP 教师比较了自己在处理新旧教材方面的教学决策经验，也认为新教材实施中对教师把握、调整教材的能力要求越来越高。

　　新课程改革虽然教材换了，但教的内容是没有多大变化的。因为科学知识在一定的背景中是不会随着时间的变化而出现变化的。
（WYG - M - 26WL - I - 20120923 ）

新教材是新，但新不一定就代表好。新教材的内容是新的，教参
中也讲如何用新方法去教学。我们参加的培训也常常提到这些。但具
体到底怎么用新方法去教，很多老师觉得一筹莫展。每个老师基本上
还是按照原来的经验来理解，这种理解也是基于每个老师不同的理解
能力。现在的新教材分成了两本书，还是要上十个单元，但要求你处
理的方式更多、更活一些。（XWP - F - 20YY - I - 20120920 ）

而 WYG 教师则认为，无论是新教材还是旧教材，他所教学科的
教学内容没有发生明显的变化。在日常教学实践中，很多教师像
WHM，WYG 教师一样基本上还是按照原来处理旧教材的教学决策经
验处理新教材。

我觉得新教材从整体上来说还是离学生生活比较近的。印象当中
我自己上学的时候，像数学就全是例题。一个一个、一道一道往下
堆。现在，我有一个特别深的感受，就是一块一块内容分得特别清
楚。第二，我觉得新教材发挥的空间比较大。虽然我自己可以发挥的
东西不是很多，但是觉得留给我思考的东西还是比较多的，这是我最
深的感受。（WXF - F - 9SX - I - 20120921 ）

对于没有使用过旧教材的 WXF 教师来说，在新教材使用过程中
受到处理旧教材决策经验的干扰较少。因此在日常教学中，他们生成
的就是关于处理新教材的教师实践知识。在新课程改革中，这部分教
师反而容易适应新教材。他们对新教材的处理、分析更符合新课程改
革的要求。对这部分教师来说，他们生成的是新的教师实践知识，而
对于其他教师来说就需要更新、调整原有的教师实践知识。

总而言之，在分析、运用新教材的过程中，很多教师还是依赖自
己较为熟悉的旧教材，甚至还有教师完全依赖旧教材，排斥新教材。
那么新教材中所体现的新课改理念就名存实亡了。之所以会出现这样

的情况，是因为教师在日常教学实践中依赖于自己已有实践知识结构中关于旧教材处理的知识。在这种情况下，要想更新教师实践知识，首先就需要在日常教学中，改变教师对新教材分析、运用的教学决策。然后以新的教学决策经验为基础，才能生成新的教师实践知识。

由此可见，在新课程改革的背景下，教师对新教材的理解、运用是影响不同教师实践知识差异的最为关键的因素。不同教师对运用新教材的态度不同、理解程度不同，造成他们在分析、运用新教材的过程中所遇到的问题不同、困难不同，处理这些问题、困难的方式也不同，由此造成了教师实践知识生成、更新过程中的差异。

（三）教师学科知识掌握程度

虽然教师学科知识是教师成为一名优秀教师的必备条件，但在日常教学中，教师对学科知识的掌握程度与教师实践知识的程度并不一定呈正比的关系。

教师的学科知识水平肯定对教学有影响。我觉得在教学中讲同样的内容，可能两位教师的侧重点就会不同。……而现在课程本身提供的内容也有限，都要靠老师的拓展。如果一位老师根据自己的学科知识水平经常拓展一些内容，日积月累效果就肯定会不一样。（YTC - M - 1YW - I - 20120125）

可能两位教师学科知识上有差别，高中每个知识点不是孤立的，它往往要和周围很多的知识点牵扯在一起。如果你教的专业学得好，就会对生活中与这个专业相关的东西很敏感，也可以把它吸纳到你的教材里面。你要是不学这个专业，当然也能看懂书，可能给学生解释这个问题也可以，但是对知识的敏感度就可能不太到位。（MM - F - 26ZZ - I - 20120912）

YTC 教师认为，教师学科知识水平的差异体现在教师处理内容的过程中。MM 教师认为，教师学科知识水平的差异体现在教师对学科知识的敏感度上。显然，两位教师都认为，教师对学科知识掌握程度与教师教学决策质量呈正比关系，即教师学科知识掌握程度越高，教学决策质量就越高。

不同水平（教师专业知识水平）的教师在刚开始上课时的区别是有的。但过四五年之后，这种区别可能就没了。因为有先期学习，后期学习的过程。一个中专毕业生只能说明他先期学习比别人晚了一点，但作为老师还有后期学习的机会和需求。在教学中不断学习的作用是很大的。我认为，在工作过程中再学习取得的进步会更快，而且还会比上大学时理解和掌握得更快，学的东西更多。（XP－F－12SX－I－20120918）

一个教师的学科水平是不会影响这位教师成为一个好老师的。好老师在于自己和学生的交流，以及自己后天的学习。学历比较高的老师，只能说明他已经具备的基础知识、专业知识非常丰富。这位老师可以在后面的教学中，将更多的注意力放在教学方法上面，可能不用花费更多的时间去研究教学内容。如果某位老师学历比较低，但这样的老师也是有很多时间和学习机会的，可以把欠缺的这部分知识补上去。那么等到几年之后，这些学科知识是循环的。比如三年一个循环，6年完成两个循环之后，那么有差距的就是教学经验了。……这就要看教师愿不愿意钻研、愿不愿意学习新的东西、愿不愿意学习一些教学理论、愿不愿意学习别人的长处。如果你能不断地学习其他老师的长处、不断地研究更多的教学方法、不断地和学生进行交流，那你一定是一个好老师。这与你原有的学科知识学习层次是没有多大关系的。（WYG－M－26WL－I－20120923）

XP教师认为，从长远来看，教师的教学质量并不完全取决于教师的学科知识掌握水平，反而强调了教师在教学实践中再学习的机会与需求。WYG教师更加详细地论述了教师学科知识水平与教师教学质量之间的关系。总而言之，两位教师都认为，教师教学决策质量高低主要取决于教师在教学实践中的学习意愿、教学研究、再学习能力。

不一定你学得很好就能教得很好。我在大学读书的时候，我的专业课不是特别好。但我们班专业课学得很好的人，不一定就比我教得好。……虽然她的专业课成绩特别好，但她能教得好吗？所以，我觉得不一定学得好就能教得好。你学得好，但在教学中还需要把你知道的东西表达出来才行。…… 我现在开始带高中，我觉得最有问题的地方还是对课本不是很熟悉。备课的过程会花费很多时间。首先你要找到教学内容的重点、难点在哪里。然后还要想办法把这些内容教给学生，这是最大的难点。……那我怎么才能让学生理解这个抽象的概念，或让学生能很容易地理解、接受这个概念呢？这个就是一开始我觉得最难的地方。……虽然我很清楚这个概念，但我表达出来之后，学生不一定就能清楚这个概念。甚至有可能我越表达，学生越糊涂。（PR－F－5HX－I－20120920）

我觉得不同教师的专业知识所造成的最大区别也就是对课文理解深度的问题。而且研究生毕业的老师不一定就教得好。因为学法是一回事，教法是另外一回事。有些人学得很好，但他讲不出来。他也不会教、讲不清楚。（XWP－F－20YY－I－20120920）

教师对学科知识的掌握很重要。但是对现在的学生来说，仅仅有这点是不够的，就算你有一肚子的墨水，但你却教不了学生。要让学生真正掌握教学内容，你作为一个老师还是要具备一些其他能力的。（SXL－F－7SX－I－20120107）

PR 教师、XWP 教师进一步指出，教师自己学得好与教得好是完全不同的两码事。教师能否把自己知道的知识清楚地表达出来，转化为学生的知识是决定教师教学质量的关键。就如 SXL 教师所说，要让学生真正掌握教学内容，教师不仅仅需要掌握学科内容知识，还需要其他知识的支持。在教师关于教学内容知识方面，无论是新手教师还是熟练教师，决定其教学决策效率、质量的关键就是他们能否有效地把教学内容知识转化为学生的知识，即教师对教学法知识的掌握程度。其中教学法知识是教师关于教学内容知识的核心与关键。

综上所述，教师对学科知识的掌握程度并不完全决定教师在教学实践中的教学效率、质量。但在教师教学设计决策初期，教师的学科知识掌握程度较高，会相对地让教师有足够的时间、精力去关注关于学生的知识、教学方法等教学决策中的其他要素。对具有两轮教学决策经验的教师来说，影响其教学决策的关键是教师对学科知识的转化，而不是学科知识本身。由此可见，教师对学科知识的掌握程度，并不直接影响教师实践知识的生成。而能否结合日常具体的教学实践，将学科知识转化为学生知识的能力是造成教师实践知识差异的主要原因。

（四）教师教学策略知识

教学策略是指教师在课堂上为达到课程目标而采取的一套特定的方式或方法。教学策略要根据教学情境的要求和学生的需要随时发生变化。无论在国内还是在国外的教学理论与教学实践中，绝大多数教学策略都涉及如何提炼或转化课程内容的问题。本书以两位教师讲解化学反应平衡教学为例，分析两位教师对新教学内容导入部分的教学，用来说明新手教师与专家型教师在教学策略知识方面的差异。

关于教师策略知识的讨论，以 GL 教师与 JY 教师面向全校的同课异构的公开课为例。参与听课的教师有学校副校长、化学教研组教师等。这节课的主要教学内容是高一化学第二章化学反应中的第三节化学平衡。

GL 教师是位女教师，从高等师范学校（华东师范大学）本科毕业后，刚刚参加工作 1 年时间。在这一年的教学中，GL 教师一直对自己的生活、工作状态不满意。除了日常的教学工作、班级管理工作之外，GL 教师每天都在思考另外一个抉择问题，即是否放弃工作，继续读书？相对于教学工作，GL 教师将更多的精力放在班级管理上，她几乎每天都会找学生"谈话"。其主要内容包括学生迟到问题、自习课纪律问题、是否按时上操问题等相关事务。

JY 教师于 1989 年南京师范大学化学系毕业，是位具有 24 年化学教学决策经验的女教师。JY 教师目前担任化学教研组的组长，对于化学教学她有着自己的心得与体会。JY 教师形容自己的教学是"填空式教学"，即在上课的过程中，虽然她经常采用一对多的集体互动方式，但在讲解的过程中会停顿几秒让学生说出关键词。

在教学内容的引入决策方面，GL教师一上课就用短短的两句话，概况了关于化学反应前两节的主要内容，即化学反应的快慢、化学反应的限度。之后便直接给出了这节课要讲的主要内容：化学平衡。而JY教师在上课前就要求学生朗读一遍课文内容，这就保证了所有学生在课前对新的学习内容有所了解。通过让学生先了解教学内容，学生就能在课堂上带着问题进行学习、思考。在学生读完教学内容之后，JY教师提问题：影响化学反应速率的因素有哪几个？以此为引子复习了前两节的主要内容。在这个过程中，JY教师和学生一起大声说出答案或之前教学的主要知识点。如果碰到学生的声音不整齐，或变弱，JY教师就知道在这个知识点上学生掌握的程度不是很到位。此时，她就会简短地给予学生引导、讲解。在复习前两节教学内容的基础上，JY教师引出了这节课的主要内容：化学平衡。

新手教师与专家型教师在刚开始上课时如何引出教学内容的处理方面存在很大的差异。首先，对新手教师GL来说，她在总结前两节教学内容的过程中完全没有学生的参与，自说自话。且在这个过程中也没有提及前两节教学内容所涉及的教学重点、难点：影响化学反应速率的因素、催化剂的作用等。其次，GL教师引入新教学内容的方式并没有在教学一开始引导学生梳理、复习之前教学内容知识点之间的逻辑关系。究其原因，对于像GL这样的新手教师，还没有一轮完整地处理教学内容知识的决策经验。在这种情况下，很难将高一整个学年的教学内容知识做到举一反三、融会贯通。由此在教学设计决策阶段，GL教师也就只能关注本节课的教学内容，而不能将本节课的教学内容与前后教学内容结合起来，并有逻辑地呈现给学生。

由此可见，GL教师关于导入部分的教学决策一方面不利于学生把原有教学内容知识与新教学内容知识结合起来形成完整的知识结构，另一方面也不利于学生迅速进入学习新教学内容的状态。而对于专家型教师JY来说，她首先在课前让学生熟悉本节课的教学内容。其次，在上课后她花费了大约4分钟时间用来复习之前教学内容的重点、难点。通过这样的教学设计，JY教师一方面让学生把新教学内容知识与之前教学内容知识建立了链接，另一方面在与学生互动的过程中，JY 教师也对学生的知识结构有所了解，这为她在后面的课堂上做出即时性教学决策与常规性教学决策提供了学生知识方面的决策依据。

在教学内容导入举例方面，GL 教师给出了三个例子。第一个是水槽加水、放水的例子，用来导入化学反应的动态平衡教学内容；第二个是水中加白糖的例子，用来说明化学反应饱和问题；第三个是硫酸铜晶体例子，用来说明化学反应中的可逆反应。

从学生的课堂反应情况来看，GL 教师讲解第一个例子的时候，学生的思路是能跟得上教师思路的。GL 教师与学生在以这个例子为主要教学内容互动的过程中，学生也能就教师的提问给予明确的、准确的答复。在化学反应中，分子破裂成原子，原子重新排列组合生成新物质的过程，称为化学反应。判断一个反应是否为化学反应的依据是，是否生成了新的物质。GL 教师选取的水槽加水、放水的例子虽然很容易说明速率、平衡的问题，但这个例子中水的属性并没有发生变化。由此可见，这个例子并不符合化学反应速率、化学反应平衡的特性，由此造成了学生在思考过程中的困惑，即这个例子与本节课的教学内容之间有何联系？

那 GL 教师如何从水槽进出水的例子过渡到符合化学反应特性的例子呢？从 GL 教师的课堂教学互动决策来看，她并没有对这个问题做出更多的解释、说明，而是直接提及了第二个水中加白糖的例子。在这个过程中，首先，GL 教师的做法不仅没有对之前学习内容进行复习，反而扰乱了学生对化学反应特性的理解。其次，第一个例子与第二个例子之间没有清晰的逻辑关系，过渡较为突然。由此造成了在课堂教学中，当 GL 教师提及第二个例子的时候，学生的思路已经脱离了教师教学设计决策的思路。而 GL 教师作为新手教师，没有足够的教学决策经验，对自己的课堂教学进行即时调整。在慌乱状态下，GL 教师在讲解第二个例子的时候，就同一个问题重复了两遍，而没有明确地向学生说明饱和溶液、非饱和溶液对化学反应的影响。

到此为止，课堂教学大约进行了 5 分钟左右，GL 教师就已经出现了两个严重的教学决策失误。此时，教师和学生都明显地感觉到了课堂节奏的混乱。GL 教师完全失去了对课堂的掌握能力，且开始紧张。虽然如此，GL 教师的课堂导入部分还没有完成。此时，她又引入第三个例子，即把硫酸铜晶体悬挂放入硫酸铜溶液中的例子。一般在化学教学中这个例子被引入，用来解释化学平衡中的动态平衡。将不规则的硫酸铜晶体悬挂放入硫酸铜饱和溶液中，在这个过程中硫酸铜溶解的速率等于其析出的速率。所以经过足够长的时间，不规则的硫酸铜晶体会变得规则、硫酸铜晶体的质量不变、硫酸铜溶液的饱和度不变。

GL 教师在一开始描述例子的时候，就使学生产生了极大的思维混乱。如当她提到不规则硫酸铜晶体的时候，用粉笔在黑板上画了一个规则的正方体，然后去掉其一个角，用来表示不规则的硫酸铜。而事实上，硫酸铜晶体的性质是斜方晶体。GL 教师画图、演示的过程，对思考其所提出的问题造成了极大的干扰。因为这个例子中的不规则硫酸铜是由很多斜方晶体组成的，而 GL 教师在黑板上只标示了一个硫酸铜晶体的性质。所以当 GL 教师指着黑板，向学生讲解将这块不规则硫酸铜晶体悬挂放入饱和硫酸铜溶液中后，一个缺角没有了，并形成一块规则的硫酸铜晶体的时候，学生都面面相觑，不知如何作答。

显而易见，在讲解的过程中，GL 教师对这个例子的理解存在明显的错误及不准确的地方。首先，在黑板上画出的硫酸铜晶体的形状是不恰当的。应该先给出不规则的硫酸铜晶体，然后再呈现经过化学反应后所形成的规则的硫酸铜晶体。这样就符合学生思考问题的思路，不会对学生的思考造成干扰。其次，对硫酸铜晶体在硫酸铜溶液中结晶、析出的描述是不准确、不合适的。第一，GL 教师在描述的过程中，称"那个缺角没有了"，这种描述方式让学生很难理解。第二，GL 教师在描述的过程中，已经呈现了化学反应的结果，即"缺角没有了，形成了规则的晶体"。然后问学生这是为什么？此时学生思路已经非常混乱，根本不知道该如何作答，也不知道答案是什么。

在这种教学情境下，GL 教师就这个例子对学生思路进行了进一步的引导，因为这个例子是与本节课的教学内容直接相关的。下面看看 GL 教师引导学生思考的过程。首先她问学生缺角没了，新形成的部分是从哪里来的？学生仍然不知如何作答。然后，她转换了学生思考的角度，问学生溶液中的溶质回到固体的过程，叫什么？这时有几位学生犹豫地回答：结晶。GL 教师后面的两个问题，是为了引导学生理解硫酸铜晶体在硫酸铜溶液中的析出过程，并没有提及硫酸铜晶体在硫酸铜溶液中的溶解过程，就直接跳跃到了这个经典例子的结论：将不规则的硫酸铜晶体悬挂放入硫酸铜饱和溶液中，经过足够长的时间，不规则的硫酸铜晶体会变得规则、硫酸铜晶体的质量不变、硫酸铜溶液的饱和度不变。教师在教学中选取这个例子的主要目的是说明在化学反应中溶解速率如何等于析出速率，那么就能达到化学反应的动态平衡了。GL 教师在引导学生思考的过程中，错误百出、失误连连。她不仅没有将学生思路引导到本节课的教学内容上，反而严重地干扰了学生正常的思路。

JY 教师从生活中的平衡例子入手，先让学生明白平衡的基本含义。在此基础上，让学生阅读化学平衡的教学内容。之后 JY 教师从化学反应限度这一角度出发，列举了学生熟悉的一些化学反应现象，并指出这些化学反应都存在反应限度的问题。在此基础上将学生思路引导到本节课的教学内容——化学平衡上。之后，JY 教师又列举了在化学反应中学生比较熟悉的不可逆反应，解释了不可逆反应的特点。那么有哪些化学反应是可逆的呢？又有什么特点呢？此时，JY 教师以蔗糖溶于水为例，自然而然地引出了化学反应中溶液饱和的状态。然后 JY 教师又介绍了蔗糖溶于水的过程，同时也是蔗糖吸收水的过程，这是一种可逆的化学反应。由此，JY 教师总结归纳出了化学平衡的两个要点："蔗糖吸收的速率等于蔗糖溶解的速率，前提必须是可逆反应"。

由此可见，JY 教师这节课教学内容导入的思路是先让学生对"平衡"有一个总体的感受，然后列举学生熟悉的化学反应实例，让学生了解化学反应平衡的对立面。在此基础上，JY 教师又以本节课的教学内容——化学平衡为核心，列举了化学反应中的不可逆反应。从对比的角度列举了化学反应中的可逆反应，由此引出本节课的重点教学内容——化学反应平衡的两个要点。

总而言之，与 GL 教师相比，JY 教师教学设计决策的思路非常清晰，且教学导入内容层层递进，这样一方面在梳理教学思路的过程中，帮助学生整理了知识结构，有利于学生将新知识纳入自己已有的化学知识结构中。另一方面为整节课新教学内容的展开做了成功的铺垫，有利于提高教师课堂教学决策质量及学生课堂学习效率。通过对比 GL 教师与 JY 教师的课堂教学导入部分，可以明显地看出新手教师与专家型教师在教学策略知识方面所存在的差异，由此导致两位教师在实践知识方面的差异。可见，教师教学策略知识是影响教师实践知识差异的主要因素。

三　教师关于学生的知识

教师实践知识的另一个重要组成部分是教师关于学生的知识，其中包括教师关于学生特点的认识、教师关于管理学生的知识、教师对学生的期待三个方面。

（一）教师关于学生特点的认识

研究者在访谈中发现，面对同一批学生，不同的教师对学生特点的描述各不相同。那么不同教师的不同看法与教师实践知识之间存在怎样的关系呢？

我们的学生也习惯于课堂上听老师讲，自学的时候也不知道要找哪些资料。这可能既跟现在大的社会环境有关系，也跟孩子所处的家庭环境有关系。其影响是现在的孩子认为，我听不听课，关系不大，但我有个性很重要。……以至于孩子对学习的理解都有问题。有些孩子是老师说什么，我就不做什么，逐渐形成了逆反心理。我觉得对这种逆反心理的疏导也是教学中一个很大的困难。（WJ - F - 9YW - I - 20120105）

现在的学生，感觉上完了课，把知识就又还给了老师。……记得我当学生的时候特别害怕进办公室。现在的学生到办公室推门就进来了，比较有个性。一是不会怕人，二是特别自我。……可能跟咱们国家的独生子女政策有关系。（SXL - F - 7SX - I - 20120107）

WJ 教师认为，在学习习惯方面，学生对教师的依赖性很强。而影响学生学习态度的主要原因是家庭教育，由此造成教师在教学中需要面对学生的逆反心理。SXL 教师通过比较现在学生的言行与自己上学时的言行，认为现在的学生对学习的态度较为消极，但却敢于表现自己的个性。SXL 教师将其原因归结为中国生育政策下的家庭教育。由此可见，这两位教师对学生的整体评价都较为消极，造成两位教师在教学决策中，并没有充分利用现在学生的特点，调动他们的学习积极性，反而将其转化为不利于教学效率提高的因素。

现在的学生和以前的学生相比，应该说智商更高、思想更加活跃、更加积极上进。老师年纪越大、对社会的适应性就越差。学生并不一定就不如老师，有些学生听到的、见到的，可能远远超过老师。比如学生对社会的认同感和老师对社会的认同感是不一样的。可能学生的认识更加健康、积极。甚至在某些知识方面，可能学生比你更加丰富、全面。所以不能把学生看成一张白纸，你只是在你的专长方面比学生强，因为你是"先知者"，你可能有更巧妙的方法，你解题的方法比学生的方法可能更好一些。通过让学生学习这些方法，可以让学生的进步更快一点，但并不意味着你（教师）就一定比学生强。（WYG - M - 26WL - I - 20120923）

WYG 教师对学生的看法与 WJ, SXL 教师就非常不同。WYG 教师在与学生交流的过程中，认识到现在的学生智商更高，思维更灵活，知识结构更为丰富，其价值观与社会的发展更为匹配等优势。WYG 教师基于对学生整体较为积极的看法，其教师教学决策肯定不同于 WJ, SXL 教师的教学决策。

总之，不同教师对学生特点的认识、态度存在着明显的差异。有些教师对学生的认识较为消极，那么这种以偏概全的看法会使教师在教学决策过程中难以做出正确的判断，也就很难根据学生的特点对教学决策做出即时的、有效的调整。如果教师对学生的认识具体、全面，当教师在教学决策中面对与学生有关的问题时，做出的教学决策就更为恰当、有效。在教学互动决策中，教师也更容易就相关问题做出即时、合理的调整。由此可见，由不同教师教学决策经验生成的教师实践知识也不可避免地存在着差异。另外，教师对学生特色认知的不同态度、观点也会影响教师实践知识的更新。

（二）教师关于管理学生的知识

教师管理学生的知识是建立在教师关于学生知识基础之上的。不同的教师具有不同的管理学生的知识，且是教师标示自己独特教学风格的一个重要方面。

> 另一个班有位同学，经常不写作业。后来我了解了一下，发现他各科作业都不写。对这种学生，我如果当场骂他一顿，他很有可能会顶撞老师。那天，他又没写作业，我就突然问："你作业怎么没做，是不是前段时间有什么事请假了？"他说："哦对，我请假了。"其实我知道他在，没请假，我只是给他一个台阶下。我说："那你这个作业是打算做还是不做？"他犹豫了一下说："做……"我说："那你定个时间，觉得什么时候能补上？"他说："老师，我星期五能补上。"我说："咱们一共上了两节课的内容，就这么七八页，主要都是选择题，我觉得你星期四就能做完，你信不信？"他说："那我试一试。"所以在这种情况下，他第一次感受到了老师没有骂他。我说："我感觉你星期四就能做完，你尽量星期四做完吧。"结果他星期三下午就把作业拿来了，全部做完了。从此他的作业每次都能按时交上。（YXP–F–1ZZ–I–20120910）

> 有时候学生的作业做得很差，我就直接撕了让他重做。我会给他足够的时间，重新做一遍。但前提是我问他哪道题，他必须能说出所以然来。我认为我的这种做法比骂学生几个小时管用得多。（XP–F–12SX–I–20120918）

YXP教师在教学决策的过程中，不仅希望学生能完成家庭作业，而且期望能让学生改掉不交作业的不良习惯。而XP教师的目标更为明确，那就是学生是否真正掌握了教学内容，并准确、按时完成课外作业。由此可见，YXP教师与XP教师对管理学生作业问题的教学决策方式是不同的。

　　课堂上如果有纪律问题，我一般会突然不讲课，静下来。看那个学生一眼，或者瞪一眼。记得有一次，有几个学生上课又不好好听讲，我就罚那个学生拿着书，到后面站着听课。……但平时我基本上不会在课堂上点名批评的，我一般就是停顿下来，但好像效果也不是特别好。（FMY‒F‒1HX‒I‒20120918）

　　课堂上如果有纪律问题，我会及时提醒。其实刚一开始，我就会做出要求。我主要强调的是我不太在意你以前的成绩，但必须要让我看到你的努力。这是我在第一节课上必须给学生传达的一种信息，然后我还是容不得学生在课堂上不太规范的行为。所以我上课除非他的思想是我没办法控制的，学生的行为还是基本规范的。（LM‒F‒18YY‒I‒20120918）

　　在课堂上出现纪律问题时，FMY教师会根据当时的教学情境做出教学决策，进行课堂纪律管理。而LM教师在开始上课前，就对学生表明自己的立场，期望能防止学生在课堂教学中出现纪律问题。FMY教师与LM教师在面对课堂纪律问题时，他们的教学决策也有所不同。

　　老师在处理与学生关系、日常教学事务时，经历是不可缺少的。高中是孩子们发展的青春期，学生们的思想比较复杂。用传统的、简单粗暴的方式可能会带来越来越多的矛盾。其实，老师和学生交流还是要遵循科学的教学方式。……要从心理学的角度出发，要用科学的、理性的方式处理。因为老师每当处理一些事情的时候，是经过思考而不是随意的。……要以尊重学生人格为前提，甚至是平等的人格，这样才能在处理的过程中得心应手。（LWY‒M‒24YW‒I‒20120911）

　　LWY教师从高中学生处于青春期的特点出发，认为教师在管理学生的过程中要遵循教育科学的规律，要考虑学生的心理特征，要经过思考再决定，要尊重学生的人格等。LWY 教师对高中阶段学生的认识更为全面、深刻，那么他在处理相关问题时的教师教学决策，就与其他教师的教学决策存在明显差异。而教师在管理学生方面教学决策的差异，是建立在关于学生知识的认识、判断基础上的，由此造成持有不同观点教师的实践知识差异。

（三）教师对学生的期待

现在我觉得真的是有些人适合学习，而有些人在学习方面真的有些费力。有个学生，以前做我们班的班长。他的组织能力很强，对待父母又很孝顺，对老师也很尊敬，但是学习成绩就是上不去。他妈妈在开家长会的时候告诉我，她儿子假期里自己在外面打零工，用赚的钱给他爷爷买拐杖。我觉得这是个很好的学生。要想老师对学生的成长产生很大的作用，就需要对他进行全面的了解。在没了解一个学生之前，不要说伤害他的话。每个人都一样，其实学生更希望老师多提自己的闪光点。通过这种鼓励的话，尽管成绩不太理想，但他知道该做什么，做什么是正确的。（YXP - F - 1ZZ - I - 20120910）

受到高考评价体制的影响，高中阶段教学的主要目的之一就是提高学生的高考成绩。在这种外部强大的制度化的评价体制中，日常教学实践中的教师也不是完全认同、屈服于这种外部评价标准的。如YXP 教师在自己的教学实践中，并不是完全按照学生的学业成绩来评价学生。从 YXP 教师的谈话中可以看出，除了关注学生的学习成绩之外，他对学生的评价更关注作为社会人的全面发展程度。

事实上我带班带了十年啊，我就是要有意识地教会学生学做人，所以我的学生经常在毕业以后，都说我教给他们的学习、生活经验，还有做人的道理，使他们受益匪浅。（MM - F - 26ZZ - I - 20120912）

如果有学生只是成绩好，不能好好和别人相处，我就会找这个学生谈话。我觉得他在这方面还是有欠缺的，以后走上工作岗位，在融入社会的过程中，这样会不受大家的欢迎。提高成绩对学生来说是一方面，但不是全部。学生在学校，除了成绩之外，还要学会做人。（FMY - F - 1HX - I - 20120918）

作为老师，我们三年一届，时间很快就过去了。但作为孩子，高中三年是他最重要的一个阶段。他一辈子，就这一次（选择的机会）。所以，这是我在教学过程中，最关注的一个点。应该教给他们什么？虽然现在还是以应试教育为主，还要面对以成绩为主的评价方式，但教会学生如何做人、做事更重要……（DX - F - 12YW - I - 20110109）

与 YXP 教师相似，在日常教学实践中，教师除了关注学生学习成绩之外，也很关注学生其他方面的发展，尤其是学生道德品质、价值观的养成等方面。除此之外，教师在教学中还需要关注学生自主学习的能力、分析问题的能力等。Franke，Carpenter，Levi & Fennema（1998）研究发现，教师必须选择使用不同的教学策略、倾听学生，并且相信教学必须建立在学生知识的基础之上。

由此可见，在教学实践中，教师一方面面对着强大的外部以高考成绩为主的、片面的评价体系；另一方面在自己的日常教学实践中，却实践着更符合素质教育的评价信念。从教育理论的角度来分析，两者似乎水火不容、难以沟通。但在教师日常教学实践中，这两种评价取向都会出现在教师教学决策中。持有不同教学评价取向的教师对学生的期待不同，做出的教学决策不同，生成的教师实践知识也不同。

四　教师关于教学情境的知识

教师关于教学情境的知识是教师实践知识产生差异的另一个重要因素，其中包括教师对新课改在学校实施层面的看法及教师对新课程改革理念的看法两个主要方面。

（一）教师对新课改在学校实施层面的看法

近两年的新课程改革，不论从教材内容，还是从教学方式上，肯定有一个不断修正和改进的过程。在教学中，我们也在适应新课改中所存在的问题。其一，我们的学生从小到初中面对的都是传统课堂，到了高中突然要接受新课程，学生会接受吗？其二，老师经过多年的教学，基本上已经形成了自己特定的教学风格。虽然在教学中有自动调整的部分，但是不可能有重大的变化。……不管怎么变化，注重基础和技能是没有错的。我们现在的难点就是最大限度地发挥学生的自主性。我们在思考，但不敢放，背后的原因就是升学率。考试制度不变，老师的教学还是要围绕将来的高考。……因为将来教育效能的评价、学校的评价，还是要依据高考的成绩、升学率，这些没改呀！我们的新课改是从去年开始的，就是教材改了，它的实质内涵是没有多大变化的。（LWY－M－24YW－I－20120911）

本书研究发现，新课改在高中教学中不能顺利推行的原因主要有三个方面。首先，在高中教学中，阻碍新课程改革进程的原因是学生学习习惯难以适应新课程改革所强调的自主学习、合作学习等新理念。其次，教师受到其固有的教学决策风格的束缚，教师在教学实践中难以发生根本性的彻底变化。最后，新课程改革在高中的实施还受到高考评价制度的制约，教师、学校领导、教育管理者以追求学生成绩为主要教学目的。在这种情况下，就像LWY教师所说的，新课程改革在真正的日常教学中仅仅被窄化为教材的变化。

新课改，我们到底改什么就需要再问一问了。我在课堂上要怎么做，才能让我的学生更好地接受知识？这就是新课改。而不是像以前那样，我们把上课作为完成任务。我觉得这就是新课改的精髓，而不仅是换了教材，换了一种新的课堂教学形式，甚至是换了一种高考的评价机制。我觉得，这些都不是真正的新课改。……真正的新课改到底要我们干什么？改革就是除旧布新嘛，但是也不对，你要是完全除旧了，那就叫颠覆。所以，我觉得该保留旧的、合理的东西。新的东西，也有可能是不合理的东西。你在教学中发现它不实用，你也应该把它剔除。（DX－F－12YW－I－20110109）

　　DX 教师对新课改的认识比一般教师更为深刻，表面形式的变化并不意味着就是真正的新课改。那么根据新课改所倡导的理念，教师在日常教学实践中到底要改变哪些部分？保留哪些部分？这些就成了 DX 教师最大的困惑。DX 教师认为，虽然新课改在推行，但应该保留合理的、在教学中实用的部分。按照 DX 教师的做法，新课程改革是难以在高中教学实践中真正开展的，因为在日常教学实践中，教师是在自己实践知识的基础上判断哪些教学决策是合理的，在教学中是实用的。由此可见，即使对像 DX 这样经常反思的骨干教师来说，也很难在较短的时间内更新自己的实践知识，并在教学实践中改变自己的教师教学决策。

　　哪怕像我这样的新教师，都知道最终的目的可能并不像新课改上面所说的要把学生培养成一个全面发展的人，我们的最终目的还是高考。因为我觉得，如果高考不变，新课改永远都是失败的。高考改了，新课改的实施才能成功。（GL－F－1HX－I－20120912）

　　就像 GL 教师一样，很多教师在新课改的"美好理念"与高考的压力之间维持着自己的教学。每当谈起高考的时候，很多教师越发地觉得课程改革的美好梦想就如同空中的肥皂泡。在高中日常教学实践中，大部分教师的教学还是以高考为重心，由此教师还是以原有实践知识为依据进行教学决策。面对课程改革的大情境，只有那些能够正确"摸透"高考，并能合理处理高考在自己教学中地位的教师，才能在日常教学实践中，为与素质教育相关的教学决策创造一定的空间，也能给学生的全面发展提供相对的空间。

　　其实我感觉，不管怎么改，只要能把学生调动起来，无论新课改还是旧课改都是统一的。……新课改一直强调发挥学生的主体作用，让学生主动研究、探索。其实，在没进行课改前，这些工作都一直在做，只是口号没有打得这么响而已。任何一堂课，无论哪门学科，只要能调动学生的积极性，课堂效率就不会太低。所以要尽可能地调动学生的积极性，这个很关键。（XP－F－12SX－I－20120918）

由此，在日常教学中对 XP 这样的专家型教师来说，就会坚称自己的教学决策一直就具有新课程改革所要求的高度。当他们面临新课程的时候，外部教学情境的变化对他们教学的影响不会太大。XP 教师就认为，无论是新课程改革前还是改革后，对她的教学来说调动学生的学习积极性是关键。对这部分教师来说，真正促进其教师实践知识更新的力量是其自主的、长期的教学反思，而不是课程改革所带来的外力或压力。

（二）教师对新课程改革理念的看法

新课改的理念应该说有很大的发展。尤其原来我们是注重理论教育的，轻视实践。现在的新课改变了，要重视人的发展、重视人的培养。当然与原来只注重理论的教学是不一样的，现在强调主体参与者是学生，而不是教师。（WYG－M－26WL－I－20120923）

谈起新课程改革理念，很多教师都像 WYG 教师一样持有积极的、接受的态度。但研究者在田野收集数据的过程中发现，教师面对新课程改革理念，存在"说起来容易、做起来难"的问题。

新课改的理念我是认同的。比如说我是教数学科目的，在原来的教学过程中，注重的是教学知识的传授。在现在的教学中，更多地关注学习这块知识有什么用，侧重于解决哪一类问题，这就会使学生慢慢形成一种模型思想。知道这个知识是怎样用的，主要针对生活中的哪些问题。其二，以前很可能非常注重数学学科本身的特点，如计算能力、逻辑思维能力等。现在可能除了关注数学学科本身的特点之外，还比较关注学生规则意识的形成，能够了解事物发展的规律等。其三，关注学生自学方面，关注学生能否有终身学习的能力。原来可能是考什么就教什么，这块内容不考可能也就不会出现在教学内容中了。但现在，比如说数学史方面，虽然考试不考，但对人的发展有帮助。所以我也会为学生介绍这部分内容。（SAM－M－21SX－I－20120106）

我觉得新课改理念非常好。……我觉得课改的关键问题，是很多东西与高中教学结合不起来。……新课程中所提倡的合作、交流，让老师自己都觉得是穿新鞋，走老路。我们虽然在进行新课程，但有时候我们也开玩笑地说："新课改就是换了书。"因为我们上课还是以前的那种上法。没人具体地说："我们为什么要课改？我们改的是什么？该怎么改？"（DX – F – 12YW – I – 20110109）

也有很多教师像 SAM 教师一样，能结合自己的学科特征、教学实践，很明确地说明、解释新课程理念对其教学的要求。但也有很多教师像 DX 教师一样，虽然明白新课改的优势在哪里，但在日常教学中还是使用"以前的那种上法"。教师在日常教学决策中，一方面是一如既往地根据原有的教师实践知识进行教学决策；另一方面也没有在教学中尝试新的教学决策。从某种程度上讲，教师对新课程改革理念的认同只是停留在想法中，并没有真正在教学实践中实施。

五　教师关于教育本质的信念

教师信念是指教师对有关教与学现象的某种理论、观点和见解的判断，它影响教师的教学实践。一方面教师关于教育本质的信念影响着教师在教学中筛选、收集、分析决策信息的价值取向，另一方面它对学生身心发展在较长时间内产生着深刻的影响。教师关于教育本质的信念完善与否，在很大程度上决定着新一轮课程改革的成败。教师关于教育本质的信念作为一种"无形"的力量，影响着教师教学决策的方方面面。教师关于教育本质的信念也是不同教师实践知识产生差异的重要原因之一。

（一）教师关于教学的信念

我的原则是教书育人，我是把育人放在前，教书放在后，所以我的理念都是先成人，后成才。……我相信所有的孩子都是好孩子，不能说成绩不好，就否定这个孩子。孩子毕竟是十几岁的娃娃，有惰性、主观意念不坚定，及时发现、及时纠正，这就是老师的职责……我觉得品质及做人没问题，都是好孩子，不一定学习好就什么都好。

（WXA – F – 8SX – I – 20120913 ）

WXA 教师在日常教学中秉持具有中国文化特色的教学观念，即教书育人。另外 WXA 教师甚至认为育人比教书更为重要，且学习好并不是评价一个学生是不是好学生的唯一标准。

我真的觉得老师不仅仅是在与课本打交道，而是在与鲜活的生命打交道。在这个过程中，人的各种感觉都调动起来了。哈哈，这种感觉也挺难描述的，就是人与人之间的一种相处吧。我一直都觉得，教学过程就是人与人之间的一种相处、将心比心的过程。（GL – F – 1HX – I – 20120912 ）

GL 教师关于教学本质的信念受到新课程改革理念的影响，认为教学的过程就是教师与学生心与心交流的过程。不难看出，当问及教师关于教学的信念时，大部分教师提到了做人与学习的关系，且教师一致认为学生学会做人比学习成绩更为重要。这种情况似乎与素质教育所提倡的"学会生存、学会学习、学会关心"的理念不谋而合。

我觉得教学不仅仅是上课、下课这么简单，很多时候我感觉就是教师和学生共同发展的过程。在这个过程中，首要的是提高教师的素质。老师的素质要包含两个方面。一个是他的专业素质，一个是他的教学素质。……我在听别的老师上课的时候，不仅仅看他教学的专业水平如何，同时还要看老师的教学素养。教学素养体现在老师的举手投足之间。（DX – F – 12YW – I – 20110109）

（二）教师关于学生发展的信念

虽然我们不能完全按照教学成绩来评价学生，但按照成绩选拔上来的孩子，无论是从成绩上还是从人品上，都是比较优秀的。虽然成绩不能作为唯一的标准，但还是一个很重要的标准。……现在孩子知道得很多，抱怨也很多，网络对孩子造成的不良影响也很多。人活

得幸福才是关键。（XWP - F - 20YY - I - 20120920 ）

虽然我们并不提倡在教学中只关注学生的学习成绩，不提倡仅仅以学生成绩片面地评价学生。但在日常教学中，就如 XWP 教师的感受一样，在那些学习成绩好的学生身上，似乎更能看到一些好的品质、好的品德。在教师教学评价决策中，可能大部分学生符合 XWP 教师所提到的案例，但也难免有特殊情况出现。如学习成绩好的学生，存在明显的行为习惯问题；学习成绩不理想的学生，却具有较好的道德水平。在处理这种特殊案例时的教师教学决策，才能真正体现教师教学决策的重要性与教师实践知识在日常教学中的作用。

做老师最基本的就是你要与学生沟通、要理解学生。…… 不要指望把全班学生都培养成为专家型的人才，也是很难做到的。所以我觉得让每个学生都有发展就行。（WYG - M - 26WL - I - 20120923 ）

在真实的日常教学中，很多教师与 WYG 教师一样，对学生的发展持有多元的观点。在面对外部以高考成绩为标准的片面评价体系时，这部分教师的教学决策会使外部评价体系与学生全面发展之间保持合理的张力。

不管你干什么工作，做什么事情，你肯定得有一个理念。我觉得没有理念，就没有方向。我当老师这么长时间，始终觉得搞教育工作需要有理念的指导。我的想法是学生要以做人为主、做学问为辅，但两者又是相辅相成的。…… 因为我一直带高中，这时候正是学生形成世界观、价值观的时候。如果这时候不能打下一个正确的、坚实的基础，对这个学生将来的发展是很有影响的。……老师要用人格去影响学生。我要尽量在教学过程中渗透这个理念，抓住机会渗透一点。……现在的孩子不懂生活，一心只读高考书，而不是圣贤书。这不是一个好现象，学生的成长是不快乐的，是受罪的。（ZWJ - M - 30YY - I - 20120917 ）

ZWJ 教师认为，教学的目标是促进学生的发展，教会"学生要以做人为主、做学问为辅"。在这个过程中教师要用自己的人格影响学生的发展。

不同学者对知识与信念的关系存在着争论，本书中所提及的教师信念是教师实践知识的一个重要组成部分。为什么新手教师不能仅仅通过模仿熟练教师的教学决策经验生成自己完善的教师实践知识？因为在此过程中，新手教师只是机械地、表面地采用了在日常教学中有用的教学决策经验，并没有触及教师进行教学决策背后所蕴含的教师关于教学的信念。所以在分析教师实践知识差异的过程中，教师信念是不可忽视的因素。

首先，持有不同教学信念的教师会做出完全不同的教师教学决策。如果教师对教育本质的理解主要关注教授学生学科知识，那么教师在教学决策的过程中就会以教学的知识、技能目标为主。如果教师对教学本质的理解除了关注教授学科知识之外，还关注学生身心的全面发展，那么教师在教学决策中就会平衡教学的三维目标在课堂教学中的实施，而不是仅仅关注教学知识、技能目标。其次，教师持有的教学信念不同，也会影响教师在日常教学中对不同教学决策现象、教学决策问题的敏感度。面对同一教学现象，持有不同教师信念的教师会做出不同的教学决策，由此生成不同的教师实践知识。最后，持有不用教师信念的教师对教育情境的理解不同，两者之间的张力也影响着教师的教学决策。例如不同教师对新课程改革所提倡的新教学方法就持有不同的理解，由此导致他们对新教学方式实施的态度、认可程度等的差异。

教师信念在教师教学决策的过程中起着引导作用，不管教师是否意识到，这种引导作用会潜移默化地发挥作用。教师信念是指教师在教学情境与教学经历中，对教学工作、教师角色、课程、学生、学习等相关因素所持有的且信以为真的观点，其范围涵盖教师的教学实践经验与生活经验，构成一个互相关联的系统，从而指引着教师的思考与行为。① 在日常教学实践中，教师信念有正确与否、程度高低之分。

---

① Pajares, M. F., "Teachers' Beliefs and Educational Research: Cleaning up a Messy Construct," *Review of Educational Research*, 1992, 62 (3): 307–332.

由此可见，教师教学信念是造成教师实践知识差异的一个重要因素。

综上所述，不同教师个体实践知识的差异主要体现在两个方面。第一个方面是教师实践知识量方面的差异。例如新手教师与熟练教师实践知识之间的差异。第二个方面是教师实践知识质方面的差异。例如熟练教师与专家型教师实践知识之间的差异。教师实践知识具有五个组成部分：教师关于自我的知识、教师关于学生的知识、教师关于学科内容的知识、教师关于教学情境的知识、教师关于教育本质的信念。其中熟练教师与专家型教师实践知识之间的本质差异与这五个方面密切相关。与熟练教师相比，首先，专家型教师对教师实践知识的五个组成要素的掌握、理解更加全面、深刻。其次，专家型教师实践知识的五个组成要素之间的结构更加完善、均衡。

虽然本书在分析过程中区分了教师实践知识的五个组成部分，其目的是更深入地分析造成教师个体实践知识的差异及其与教学决策互动的过程。但在教学实践中，教师实践知识是整体发挥作用的。教师实践知识的五个组成要素之间是相互影响、相互理解且互为根据的一个动态的、变化的结构。教师实践知识的生成、完善、更新过程也是一个动态的过程。

第三节　教师实践知识与教学决策之间的
　　　　　良性互动关系

2012 年 9 月 14 日是语文教研组同课异构教学活动开展日，这次教研活动安排的教学内容为《鸿门宴》。按照学校的要求，语文组的同课异构活动要求语文组的教师都要参与听课、评课活动。其他学科的教师如果有兴趣也非常欢迎参与。但一般主要参与人员都为语文组的教师。本次同课异构活动参与人员有：语文教研组组长 LWY 教师（教研组长，男）、文科类教研员 ZWJ 教师（英语组退休老师，男）、教务处主任 ZWM 教师（男），参与同课异构活动的语文组教师有：YQ 教师（女）、DH 教师（女）、YBP 教师（女）、SWH 教师（女）、RXL 教师（女）、SJ 教师（女）、YLP 教师（女）。在本节论述中，研究者选取了语文教研组的三位教师为个案，分别为 SJ 教师、YLP

教师、DH 教师。在呈现三位教师教学设计决策、教学互动决策及课后教研组集体讨论、教学反思的完整教学过程的基础上，分析教师实践知识与教师教学决策之间如何形成良性的互动关系。

本节选取了三位教师为个案，以教研组同课异构活动为主要线索，向大家呈现了三位教师教学设计决策、教学互动决策过程及课后参与教研组活动中教学反思的过程，以此来分析教师教学反思、行动在教师教学决策与教师实践知识互动关系中的作用。

在教学结束之后，在教学楼三楼会议室进行了语文教研组同课异构活动之后的教研活动。在教研活动中，教师就自己的课堂教学进行了反思，其中教研组长、教研员等也发表了自己的意见。在本书中并没有一一呈现每位参与者的观点，只选取了三位个案教师的教学反思记录。

一 或反思，或行动

从 SJ 教师的教案《鸿门宴》可以看出，她在教学设计决策阶段对教学目标的处理，主要以新课程改革中所提倡的三维目标为教学决策依据。事实上，SJ 教师在教学设计决策阶段对教学目标的处理主要参考了与教材配套的教师用书，并将教师参考书中的教学目标生硬地套在新课改所倡导的三维教学目标维度下面。那么在课堂教学中教师是不是以新课改所提倡的三维目标为教学目标，就要看 SJ 教师教学设计决策中的教学过程部分。

然而在教学过程设计决策中，SJ 教师仍然采用了传统的教学模式。其中对教学内容的处理也是以分段教学为主，先处理段落中的文言字、词、句，然后分析该段的故事内容情节及段落大意。SJ 教师的这种讲课方式是多年来语文教师在文言文教学中经常采用的传统教学方式。由此可见，SJ 教师的教学过程决策似乎脱离了新课改所提倡的三维教学目标。那么究竟该如何理解三维教学目标的实施，就成了 SJ 教师在教学反思中需要考虑的问题。

在真实的教学情境中，SJ 教师的课堂又是如何展开的呢？SJ 教师上课时开门见山，直接引出了本节课的主要教学内容《鸿门宴》。SJ 教师先整体地评价、描述了鸿门宴这个故事的特点，然后便把教学内容引入本节课的第一个教学要点：介绍《史记》作者及鸿门宴这个故事发生的历史背景。在这个环节里，SJ 教师并没有自说自话地告诉学生，而是请一位学生来介绍。被叫上讲台的这位女学生，拿着自己的笔记本，念出了司马迁的生平及鸿门宴故事发生的背景。由于那个女生声音很小，在教室后面的学生几乎听不清楚。由此也相信课堂中有部分学生对这部分内容的掌握是不完全的。

在课堂导入部分之后，SJ 教师就开始介绍《史记》在文学史上的地位及其结构、《鸿门宴》的出处等，紧接着讲述了一遍鸿门宴故事发生的历史背景。从此时起，SJ 教师的课堂完全回归到传统课堂上。从课堂教学设计的结构来看，SJ 教师在这部分讲述的内容与之前被叫上台的女学生所念的内容几乎一致。那么 SJ 教师在课堂导入部分让学生的参与对教学内容的推进没有任何影响或作用。总之，SJ 教师在这部分的教学设计决策并不是很成功。

课堂进行至此，SJ 教师播放了《鸿门宴》的朗读语音，然后让全班学生齐声朗读课文前两段。之后便开始讲解这两段中需要注意的、容易读错的字，如王、说、语、内（纳）、少、度等。紧接着便是通假字、一词多义、词义活用等文言知识的介绍。在逐句讲完这两段的内容之后，SJ 教师开始梳理这两段的故事情节，并在此基础上分析了项羽大怒的原因。在简短的评价、总结之后，这节课结束。

在课后的教研组活动中，SJ 教师提到了自己设计这节课的思路。她认为，让学生有一个扎实的文言文功底很重要，所以教学就偏重于文言文功底的训练。而之所以她的课堂还是比较传统的是因为学生的学习基础问题。SJ 教师对 DH 教师课堂的评价也主要关注学生文言文功底不足的问题。另外 SJ 教师在反思的过程中，将课堂上出现的很多问题都归因于学生基础差。显然，这个结论有待商榷。

而 YLP 教师在教学设计决策过程中，完全无视新课程改革的新要求。她还是按照自己以往的教学决策经验，按部就班地进行自己的教学设计决策。从 YLP 教师教学设计决策的教学目标部分就可以看出她教学的重点放在对文言文语言现象的解释上。从 YLP 教师教学设计决策的教学过程部分也可以明显地发现，她在教学设计决策阶段就已经将自己的课堂预设为传统的、以教师讲解为主的、满堂灌的课堂。从学生齐声朗读课文开始到教师介绍作者、故事发生的历史背景、导入，整个过程几乎都是教师在自导自演，没有学生的参与。在对教学内容的处理上，YLP 教师也是按部就班地把课文内容以段落为单位，从总结段落大意到讲解每段中设计的文言文字、词、句。虽然YLP 教师并没有在教学设计决策中明确表明本节课的教学重点，但我们从 YLP 教师的教学设计决策中不难发现，她本节课的教学重点还是集中在教学的知识目标方面。在教学设计决策阶段，她对文言文中特殊字、词、句的解释占据了很大比例。

那么 YLP 教师在这种教学设计决策基础上的教学互动决策会呈现出什么不同吗？从 YLP 教师的课堂实录中可以看出，她并没有按照自己的教学设计决策所预计的那样进行课堂导入。在真实的课堂教学中，她省去了课堂导入部分，直接开始介绍《鸿门宴》作者司马迁及其作品、故事发生的历史背景。之后 YLP 教师便开始以讲解文言文中特殊字、词、句为主的教学。在这个教学的过程中，YLP 教师与学生互动的方式完全是一对多的集体互动方式。在这个互动过程中，YLP 教师向学生提出的问题一般都是封闭性问题。在这种互动方式中，YLP 教师给予学生思考的空间非常有限。另外，YLP 教师与学生的互动并不是推动课堂进行下去的动力，而仅仅是教师的随口一问。在 YLP 教师的教学互动决策过程中，《鸿门宴》这个故事的完整性被破坏了，呈现给学生的只有那些单个的字、词、句。那是因为 YLP 教师对教学内容并没有进行过多的处理，而仅仅是机械地、一段一段地讲解、分析。总而言之，YLP 教师的整节课就是典型的满堂灌，是低效的课堂。

在课后教研组活动中，YLP 教师也对自己的课堂进行了评价与反思。在评价、反思的过程中，YLP 教师首先承认自己的课堂是一种传统的课堂。YLP 教师认为，她不能使用新教学方法的原因是担心学生学习基础较差。如果使用新教学方法，她担心学生不能完全掌握教学内容知识。另外，YLP 教师还认为，她采用传统教学方法的另一个原因就是学生不能主动学习。事实上，教师在课堂教学中能否采用新教学方法，取决于教师对教学内容的转化、对学生的了解程度等，而不是学生的学习基础。另外，YLP 教师的教学设计决策，也没有在课堂上为学生提供自主学习的机会。由此可见，YLP 教师在面对新课程改革的过程中，采取了一种消极抵抗的态度。

通过分析 SJ 教师、YLP 教师的教学设计决策、教学互动决策、教学反思过程，发现教师需要通过行动中反思、反思中行动，重新解释、确定问题的决策情境。当教师经历了这个过程之后，他们会重新审视之前的教学决策经验。新手教师在教学中的教学决策行动，部分来自于教师所谓"本能"的判断。而事实上，新手教师在教学情境中，这种所谓的"本能"判断的依据是教师之前非亲身参与的教师教学决策经验。由此，对于新手教师来说，他们常常在还没有清楚地意识到的情况下就已经积累了一定的教学决策经验，且由此生成了教师实践知识。如 SJ 教师、YLP 教师一样，她们以已有的教师实践知识为依据，在教学情境中搜集、分析、重新解释教学决策问题、教学决策现象。

随着新课程改革在学校层面的推进，造成个体教师实践知识差异的五个方面受到各种因素的影响，处于不断变化及不稳定的状态。在这种情况下就需要教师提高教学反思的层次，对自己教学中的某一教学现象或教学问题有深入的理解与研究。SJ 教师、YLP 教师在这方面为我们呈现了两种不同类型的案例。首先，两位教师都停留在教学的快速反思、修正、回顾前三个初级层次上。她们在课后教学反思的过程中，将自己教学中的问题都简单地归结为学生学习基础较差。显然这种程度的反思，并不能帮助这两位教师改变教学决策行为，以适应新课程改革的新要求。其次，SJ 教师的教学反思层次比 YLP 教师的教学反思层次略高，由此也造成了 SJ 教师无论在教学设计决策还是在教学互动决策、教学评价决策中都尝试使用新课程提倡的新教学目标、新教学理念、新教学方法等。虽然 SJ 教师在新课程背景中尝试改变自己教学决策的行为不是很成功，但正是在教学中，通过这种艰难的、不确定的对教学决策经验的改变，才能更新教师的实践知识。其中教师高层次的反思是促使其改变、改进教学决策行为的根本动力。

而具有 13 年教学决策经验的 YLP 教师已经放弃了改变。在 13 年的教学中她已经形成了自己稳定的教师实践知识。面对内部、外部教学情境的变化，YLP 教师并没有借助教学反思的力量，尝试改变自己的教学决策行为，而是一味地坚持、依赖于自己熟悉的教学决策行为及固化的教师实践知识。在教学设计决策阶段，她完全无视新课程所提倡的三维教学目标，完全按照传统课堂教学模式进行教学设计决策，将文言文教学中的字、词、句、篇的解释与分析作为自己教学的重点与难点。在教学设计决策阶段完全没有提及如何通过让学生学习鸿门宴的故事而对学生情感、态度、价值观方面有所发展。在教学互动决策阶段，YLP 教师采用了一对多的教学互动方式，在课堂教学中她与学生的互动几乎是无效的。在课堂教学中，YLP 教师的提问都是封闭性的，是很难引起学生思考的问题。在 YLP 教师的课堂上，看不到学生的思维与教师思维的交互，教学氛围沉闷，学生们都低着头有气无力地回答着无关紧要的教师提问。缺乏教学反思的 YLP 教师的教学，难免处处受阻。如果教师在日常教学实践中，忽视教学情境的变化，那么他的教学决策的实施效果就必然会受到影响。教师作为专业实践者，只有通过对教学情境阻力的高层次反思，才能判断自己教学决策的有效性，及其有效或无效的原因。在此基础上才能真正在日常教学中改变、改进教师教学决策行为。教师通过反思自己的教学决策经验，一方面能够不断地强化、巩固教师进行教学决策的教师实践知识；另一方面也能够改善、更新原有教师实践知识中的不恰当部分。由此，教师教学反思是生成新教师实践知识，完善、更新原有教师实践知识的主要动力。由此可见，在教学中只有反思、没有行动或只有行动、没有反思都难以形成教师实践知识与教师教学决策之间的良性互动关系。

教师作为专业实践者就需要在日常教学中善于搜集、处理各种教学决策问题、决策现象。因为在真实的教学情境中，"问题不会像礼物一样主动地呈现给实践者。它们必须从复杂、疑惑、不确定的问题情境、各种信息材料中被发现、建构出来"。① 教师成为反思性实践者，实际上就意味着教师在教学决策的过程中能够重复地应用反思理

① Schön, D. A., *The Reflective Practitioner: How Professional Think in Action*, New York: Basic Books, 1983, p. 41.

性做出教学决策，并在积累决策经验的基础上，不断生成、完善、更新教师实践知识。教师行动中反思、反思中行动的力量在于促使教师有意识地关注影响他们进行教学决策的教师实践知识，并加以激活、验证和发展，使之不断地完善、更新。

二 行动中反思，反思中行动

DH 教师在教学设计决策阶段，并没有局限于教师参考用书中对教学目标的描述。从 DH 教师教学设计决策的教学目标部分可以看出，她以新课程倡导的三维教学目标为指导，设计了本节课的教学目标。与 SJ，YLP 教师相比，DH 教师对教学目标的描述紧扣三维教学目标，其中的亮点是她尝试了新的课堂组织形式，即采用辩论的方式进行课堂教学。在教学设计决策的教学过程部分，DH 教师在课程导入之后，就将全部学生分为两个组，一个组站在项羽的立场上，为其在鸿门宴中的行为、决定辩护；另一个组站在刘邦的立场上，为其在鸿门宴中的行为、决定辩护。在课堂上组织学生辩论的过程中，DH 教师把自己放在了引导者、组织者的角色上。从 DH 教师的教学设计决策可以看出，通过组织学生辩论，不仅期望学生清楚鸿门宴这个故事，而且能更深刻地理解文言文中的特殊字、词、句的意义。另外，在组织学生辩论的过程中，让学生更加深刻地理解在当时的历史情境中，项羽与刘邦做出不同决策的主观原因及客观原因，一方面能让学生身临其境地感受司马迁对故事的描述能力，另一方面能让学生明白从不同的角度看问题，就会有不同的观点。课堂上学生的这些感受，仅仅通过教师的讲解是没有办法让学生亲身感受到的。

那 DH 教师的课堂教学互动决策又如何呢？DH 教师的课堂并没有采取传统的课堂教学模式，她采用了展开辩论的教学组织形式。课堂一开始就将全部学生分为西楚霸王与草莽英雄两组，就双方的观点进行辩论。DH 教师在教学互动决策中，以学生之间的互动为主，教师在其中主要充当引导者、组织者的角色。从 DH 教师的课堂来说，她先引导学生对项羽进行评价，即有勇有义。在此基础上，另一组学生提出了反面观点，并在课文中找到相关内容作为自己的证据。如此类推，在课堂上进行辩论的过程中，学生不仅能准确地引用课文内容说明自己的观点，而且充分地结合自己已有的各种知识，做出推断。甚至在辩论的后期，还有学生将辩论引用材料引申到了课文外其他阅读材料上。在整个课堂上，教学都是由学生提出的不同观点不断向前推进的，其中教师只起到"穿针引线"的作用。

在这个辩论的过程中，课堂上的学生越发地感受到持不同立场看问题的重要性。作为研究观察者的我，都不由自主地参与了辩论的环节，找各种证据证明自己的观点。通过这节语文课，我相信学生获得的不仅是教师教学目标中所提到的各种知识点，也让学生获得了一种多角度、多立场分析思考问题、分析问题的体验。相信这种体验会对学生未来的发展产生更为深远的影响。

在课后的教研组活动中，DH 教师对自己的这节课进行了反思。DH 教师这节课的主要教学任务就是让学生熟悉故事情节及故事主人公的性格等。所以她在有限的时间内，选择了辩论形式的教学组织形式。对这种新的教学方式，DH 教师也进行了深刻的反思。除了有利于学生发展的部分之外，使用这种教学方式的一个缺点就是，这是一种较为笼统的教学内容处理方式，DH 教师担心学生对教学内容的掌握会不充分。之后，从新课程改革后高考的要求方面分析了文言文教学中，教师应该注意的三个层次。在此基础上，结合学生的实际情况，分析了如何才能在课堂上结合新课程理论进行教学，如何才能在课堂上真正实现教学三维目标等问题。

相比前两位教师，DH 教师在反思的过程中并没有简单地将自己教学中的问题归结为学生学习基础差。相反，DH 教师在自己的教学中结合新课改的理念、教学理论不断尝试新的教学决策。DH 教师的教学反思有两个向度：一是教师通过教学反思挑战自己的教学决策经验；二是教师通过教学反思挑战自己原有的教师实践知识。

在日常教学实践中，教师在反思中行动、行动中反思就意味着教师一方面能在教学中通过观察、判断、评价等方法，对自己的教学效果、自我的成就感及教学决策风格进行有意识的监控；另一方面教师能在教学中对教学设计决策、教学互动决策、教学评价决策进行即时的、恰当的计划、反馈、评价及调节。如 DH 教师在教学设计决策中，在课堂教学之前就确定了处理教学内容的方法，了解学生原有的知识结构，确立了三维教学目标，采用了新教学方法，设计了辩论式教学活动等。除此之外，DH 教师还能在教学设计决策阶段预测其决策在课堂教学实施中的效果及可能发生的其他状况。在教学互动决策阶段，DH 教师能在课堂教学中密切关注学生对教学内容的反应，积极提升学生的学习积极性，随时准备应对课堂教学中的意外状况，并在辩论教学的过程中引导学生的思路。学生不仅掌握了故事情节、文言文的表达方式等知识性内容，而且在两组辩论教学的过程中也亲身感受到了故事两个主角之间的角力过程，对学生情感、态度、价值观的发展影响深远。在这个过程中，教师能真正成为学生学习的促进者、引导者。在教师教学互动决策中，DH 教师对自己的教学进度、教学方法的适用情况、学生的课堂参与情况、教学效果等因素时刻保持着的反思，并能根据各种反馈信息即时地在课堂上调整自己的教学常规性决策、教学互动决策。另外，在课堂教学中 DH 教师的体态语言，也是与学生沟通的重要手段。借助教师教学反思的力量，DH 教师通过自己的语言与非语言方式，在课堂教学上与学生沟通的过程中，时刻保持教师与学生之间交流的敏感性与批判性。在教学评价决策阶段，一方面 DH 教师对学生的提问作答情况、作业完成情况等学生的学习效果进行及时的评价，另一方面 DH 教师对自己教学中的教学过程、教学效果进行回顾与评价。

在日常教学中面对外部教学情境的变化，教师只有通过行动中反思、反思中行动，才能真正在教学中进行批判性思考、决策。只有这样，教师才能真正具有独立思考能力，在面对新课程改革时，才不会随波逐流。教师教学反思强调教师对教学的自我意识，主要关注教师如何对教学活动进行主动的计划、检查、评价、反馈、控制和调节。教师教学反思的重构与重建层次是教师作为研究者，从自己的教学决策经验中将所发现的问题作为研究主题、课题，以正式、非正式的方式进行教学研究的过程。

像 DH 这样的专家型教师已经形成了适合自身特点的教学决策风格。在日常教学中，对教材的处理有独到的见解，能关注学生的个体差异且具有较高的教学效能感。面对教师实践知识固化的趋势，专家型教师更需要通过反思中行动、行动中反思来更新实践知识。专家教师在教学反思的过程中，不仅对自己的教学决策经验进行反思，而且能对教学决策规律进行归纳、整理，并做出理性思考，由此形成自下而上的教育理论。专家型教师的这种反思、行动能力是与其教学研究能力相互结合的。专家型教师通过专题、主题研究，在分析问题的形成背景，进行研究、总结，给予完善意见的过程中，教师实践知识自然也得到了更新。

总之，教师教学反思的过程就是教师自己内心对话的过程。教师教学反思的主要内容包括行动的结果、行动本身、隐含在行动中的直觉性认识及它们之间的关系等。在这个过程中，教师通过比较、分析影响自己教学决策中已有教师实践知识与新教学决策经验之间的关系，从而找出新教学决策经验在教学中的适用条件、有效因素等，并在此基础上改进或完善或丰富已有的教师实践知识结构及教师实践知识和内容。总体而言，教师实践知识总是处于稳定与不稳定、固化与更新的动态趋势之中。教师实践知识的更新是教师教学实践的根本需求，也是教师教学反思、行动的目的。

教师实践知识与教师教学决策的互动关系就是教师在教学中"继承"与"创新"之间博弈的过程。教师在每天的教学中总是需要面对各种不确定、不稳定、丰富的教学决策问题、教学决策现象，而教师进行教学决策的过程就是教师在变与不变、传承与创新之间进行选择的过程。另外，教师教学决策经验是表面的、离散的、不成系统的，只有经过教师教学反思对教学决策经验进行再建构之后，才能生成教师实践知识。以教师教学反思、行动为主要内容的教师内心对话，是促进教师实践知识完善、更新，改变教师教学决策行为的动力。由此，教师实践知识生成、完善、更新过程是一个肯定、否定、否定之否定的螺旋式上升的过程。其中教师反思中行动、行动中反思的力量是实现教师实践知识转变的动力。

在教育专业实践情境中的实践者，需要在具体教学情境中具有处理不确定性、不稳定性、复杂性、独特性与价值冲突困境的能力。教育专业实践者通过教学反思，就能领悟到由决策经验生成的实践知识的意义。教师作为专业实践者通过在专业实践中的体验，能对教学实践情境中的不确定性、不稳定性、复杂性、独特性与价值冲突等特点产生自己新的理解。当教师作为专业实践者在专业实践中对自己的教学实践进行反思的时候，其反思的意向和对象是他们经历过的各种教学决策困境，甚至包括其在教学实践过程中所使用的实践知识。教师作为专业实践者在教学实践中的反思内容不仅包括隐含在技术理性规范下的教学决策，还包括隐含于自己教学决策中的教师实践知识。正是通过在实践情境中的教学反思，教师才能做出有效的、恰当的教学决策。当教师作为专业实践者在行动中反思时，实践者就成为一位行动实践者。因为在这个过程中，教师作为专业实践者不仅依赖技术理性在专业实践中做出教学决策，而且试图建构与真实教学实践情境密切相关的教师实践知识。总而言之，教师作为专业实践者在行动中反思、反思中行动是促使教师实践知识与教师教学决策之间形成良性互动关系的主要动力。

　　总而言之，教师实践知识与教师教学决策之间是相互影响、相互促进的关系。教师实践知识的生成、完善、更新依赖于教师教学决策经验的变化。与此同时，教师实践知识又是教师教学决策的知识基础。

第八章 研究结论与讨论

　　根据相关的文献回顾及田野数据、资料的分析结果，本章首先总结、讨论主要的研究发现、研究结果，以回应本书的三个主要问题。其次，在此基础上，阐述本书的理论贡献与实践贡献。最后，研究者反思了本书存在的局限，并提出了后续研究方向及未来研究建议。

第一节　主要研究发现与讨论

　　本书以中国某市 S 高中教师为例，探究了教师实践知识与教师教学决策之间的互动关系。具体而言，本书试图回答以下三个问题：

　　第一，教师教学决策经验如何转变为教师实践知识？

　　第二，教师实践知识对教师教学决策不同阶段的影响如何？

　　第三，教师实践知识与教师教学决策之间存在怎样的互动关系？

一　解析教师教学决策经验转化为教师实践知识的过程

　　本书第五章主要探讨了教师教学决策经验转变为教师实践知识的过程，其中涉及对教师实践知识的来源、教师实践知识的生成方式两个子问题的讨论。

　　（一）教师实践知识的来源：教师亲身参与的教学决策经验与教师没有亲身参与的教学决策经验

　　本书在关于教师实践知识文献综述（参见第二章第一节）的基础上，认为教师实践知识区别于其他教师知识的特色在于它是教师在教学中知道"怎么做"及"为什么这么做"的知识，是一种教师在教学中用"行动"表达出来的身体化的知识。其中实践性是教师实践知识的本质特性，情境性是教师实践知识区别于教育理论知识的标志。教师实践知识涉及过往的个人经验及教学经验的综合；涉及在具体教学情境中教师对信息的处理方式、选择与判断、对情境的察觉性理解和感知性把握；涉及教师个人教学反思并体现教师的教学特征与教学智能。在此基础上，本书将生成教师实践知识的教学决策经验分为两个方面：第一是教师亲身参与的教学决策经验；第二是教师没有亲身参与的教学决策经验。

教师亲身参与的教学决策经验来自教师在自己工作的教学情景中亲身做出的教学决策及教师在教学中对教学决策效果的感知。教师亲身参与的教学决策又可以分为教师在教学中成功的教学决策经验及教师在教学中失败的教学决策经验。教学中成功的决策经验是新手教师获得教师实践知识的主要来源。成功的教学决策经验让教师坚信在某种具体教学情境中采用什么样的教学决策是恰当的、有效的。相对于成功的教学决策经验来说，教师教学中失败的教学决策经验是教师实践知识的另一个重要来源。在教师实践知识生成的过程中，失败的教学决策经验不仅有利于教师实践知识的积累，而且是促进教师实践知识不断丰富、完善的重要契机。

教师没有亲身参与的教学决策经验又可以分为教师作为"局内人"的教学决策经验、教师作为"局外人"的教师教学决策经验。其中教师作为"局内人"的教学决策经验主要包括教师在校内的听评课活动、教研组活动、校外公开课活动三个方面；教师作为"局外人"的教师教学决策经验主要包括教师在高等教育阶段对教育理论知识的学习经验、教师个体作为受教育者的学习经验、教育实习活动三个方面。此处的"局内人""局外人"是相对于教师与教学决策活动的关系而言的。在具体的教学情境中，如果教师是教学决策活动的主导者，那么该教师就是教学活动的"局内人"；如果教师只是教学决策活动的参与者，那么该教师就是教学活动的"局外人"。

教师作为"局外人"在高等教育阶段关于教育理论知识的学习经验、教师个体作为受教育者的学习经验、教育实习活动中的教学决策经验影响着教师在真实教学情境中生成教师实践知识的"雏形"结构。而教师作为"局内人"在校内的听评课活动、教研组活动、校外公开课活动中的教学决策经验，是教师在真实教学情境中生成、积累教师实践知识的直接来源。

（二）模仿与教学反思是教师实践知识生成方式的两个不同阶段，其中教师教学反思是教师实践知识获得完善、更新的主要途径

本书研究发现，教师实践知识的生成主要分为两个阶段。一是教师从模仿开始的教学实践知识生成、积累阶段；二是教师以反思为基础的教师实践知识发展、丰富阶段。以模仿为开始的教学实践知识生成、积累是新手教师获得教师实践知识的主要方式；以反思为基础的教师实践知识发展、丰富是教师在度过新手教师阶段成长为专家型教师的过程中获得教师实践知识的主要方式。教师实践知识的两个生成阶段，其中第一阶段是第二阶段的基础，第二阶段是第一阶段实践知识积累达到质变的关键。

以模仿为开始的教师实践知识的生成、积累主要包括模仿同事教学、模仿自己印象深刻的教师的教学两个方面。其中新手教师在教学决策中的模仿对象主要是有经验教师及同伴教师两类。对于刚刚入职开始从事教学的新手教师来说，模仿是他们生成、积累教师实践知识的主要方式。但随着教师实践知识的生成、积累，仅仅依靠模仿已不能解决教师在教学决策中的深层次问题。这时就需要通过教师教学反思的力量，促进教师实践知识的发展、丰富。

本书在综述杜威、舍恩关于反思所作论述的基础上，采用了关于反思的五个层次的划分标准，将反思分为快速反思、修正、回顾、研究、重构与重建。教师通过这五个不同层次的反思，促进了教师实践知识的发展、丰富。其中前三个层次的反思是发展教师实践知识的主要方式；后两个层次是丰富教师实践知识的主要方式。

教师教学反思这五个层次在教师日常教学中发生的频率依次降低，持续时间依次增加。教师快速反思在课堂教学中、课堂教学结束后随时随地都会发生。在这个层次教师反思的内容是不确定的，是各种各样的。而在教师教学反思的研究、重构与重建阶段，教师会关注某个具体的教学决策问题或现象并对其进行长时间系统的观察、分析。

教师教学反思的五个层次之间是螺旋上升、不断循环的过程。教师教学反思的研究、重构与重建层次，是为了教师能够在快速反思层次上做出高质量、高效率的教学决策。而教师的快速反思层次是教师在日常教学中时时刻刻都需要面对的，它不仅为教师反思的研究、重构与重建层次提供丰富的教学决策经验，而且是教学实践中教师在重构与重建层次中所形成的教师实践知识进行再一轮反思的开始。

在日常教学实践中，教师反思并不是按照快速反思、修正、回顾、研究、重构与重建顺序进行的，而几乎是同时发生的。其中在教师教学反思的每个层次，教师的反思都有水平的高低、质量的好坏、效率的快慢之分。例如在快速反思层次新手教师的教学决策质量低于熟练教师的教学决策质量；在重构与重建层次教研组教学研究型教师的教学决策质量高于教研组的其他教师等。

二　教师实践知识对教师教学决策的影响

本书第六章主要探究教师实践知识对教师教学决策不同阶段的影响，其中涉及与此相关的三个子问题：教师实践知识对教师教学设计决策的影响；教师实践知识对教师教学互动决策的影响；教师实践知识对教师教学评价决策的影响。研究发现，教师实践知识的不同组成部分对教师教学决策三个阶段影响的权重不同。

（一）教师实践知识五个不同组成部分对教师教学设计决策的影响

教师实践知识对教师教学设计决策的影响主要体现在教学目标的设定、教学方法的选择、教学内容的确定、教学工具的选择、教学参考资料的选择等方面。另外，教育理论知识对教师教学决策的影响是另一个不可回避的话题。

在教师设计决策阶段，教师需要考虑方方面面的因素。而对这些因素的综合处理能力、整体决策能力就是教师实践知识的体现。教师在教学设计决策过程中虽然有很多因素需要考虑，但在此阶段教师实践知识五个组成部分对其影响的权重有所不同。在教师教学决策阶段，教师优先考虑的是如何处理教学内容，其中教师关于教学科目的知识在此过程中将发挥重要的作用。其次，教师需要考虑如何才能让学生理解、掌握、运用教学内容，此时，教师关于学生的知识为教师决策提供了重要依据。

除了教师学科知识和教师关于学生的知识之外，还有一个影响教师教学决策的关键因素是教师关于教育本质的理念。虽然从教师正式的纸质教案中，并不能明确反映出持有不同教育理念的教师在教学决策设计上的区别（原因是纸质教案的设计，教师一般都依赖于教学参考用书，具有形式化的嫌疑；而教师头脑中"预演"的那份教案，才会对教师教学实践产生更为重要的影响）。在教学设计阶段除了呈现出来的、公开的纸质教案之外，教师头脑中还有一份"预演"的教案。教师在上课前，会将整个即将发生的教学过程在头脑中预演一遍。持不同教学理念的教师，就算是设计了相同或相似的教案，但在实际课堂教学中也可能呈现出完全不同的教学风格。

除此之外，影响教师教学设计决策的因素是教师关于自我的知识及情境知识。其中教师关于自我的知识是与教师教学实施过程密切相关的，影响着教师教学决策的风格。而情境知识是教师在教学决策阶段才考虑的因素。一是因为教师在课堂教学中具有一定的自主性。无论社会层面、学校层面的情境因素多么复杂，教师在课堂教学中都具有一定自主的时间、空间。二是因为在此阶段教师考虑的是那些在课堂教学中出现的、不利于教学的情境因素。而在日常的教学实践中，出现这样情境的比例是小的。每每发生这样的状况，教师总把其作为课堂中的突发事件进行处理，教师教学还是以教学内容为重点。由此可见，在教学设计决策阶段，教师实践知识的五方面内容中情境因素的影响作用最小。

（二）教师实践知识五个不同组成部分对教师教学互动决策的影响

教师实践知识对教师教学互动决策的影响主要体现在教师在课堂教学中即时性教学决策及常规性教学决策两个方面。其中教师在课堂教学中的即时性教学决策主要体现在教师面对学生突然的提问、对教学内容进行微调、面对课堂上其他突发状况等方面。教师在课堂教学中的常规性教学决策主要包括教师与学生互动方式、课堂组织形式、教学节奏知识、课堂纪律管理方式、课堂教学氛围的培养等方面。

　　教师即时性教学决策与教师常规性教学决策之间具有相互促进的互动关系。教师通过教学反思使教师日常教学经验转化或升华为教师实践知识，它是教师即时性教学决策的基础。例如专家型教师那种看似跟着"感觉"走的即时的、直觉的教学决定，其实是丰富的教师实践知识在课堂教学中的表现。"教师在课堂中不断地面临挑战，在意想不到的情景中表现出积极的状态。正是这种在普通事件当中捕捉教育契机的能力和对看似不重要的事情进行转换使之具有教育意义的能力才使得教学的机智得以实现。"①

　　当类似情况再次出现或多次出现后，这种即时性的教师教学决策就会转变为教师在日常教学中的常规性教学决策。当然，这种即时性的教师教学决策并不意味着否定教师教学决策中的理性成分。恰恰相反，在这个转变过程中会生成更加完善、丰富的教师实践知识。它又为教师在日常教学决策中能做出有效、高质量的即时性教学决策及常规性教学决策提供了知识基础。

　　教师互动教学决策的过程是教师与学生之间互动、建构意义的过程。教师互动教学决策主要聚焦于教师所面对的课堂教学的复杂性，其中包括学生主体的复杂性、教学内容的复杂性、课堂教学环境的复杂性三个方面。首先，教学的主体是教师和学生，两者作为社会的人在课堂上表现出的可能不仅仅是教师身份和学生身体。主体双方不同的经历、体验等各种因素都会在课堂教学过程中或隐性或显性地表现出来。其次，教师会根据不同的教学目标，选择不同的教学内容。不同教师又会根据自己的教学决策经验，确定教学内容的组织方式、选择实施教学内容的教学方法、设计不同课堂活动等。最后，课堂为教学活动的组织、实施提供了空间和时间。但课堂为教师和学生提供的时间只占教师和学生日常生活的一部分，提供的空间也只占教师和学生社会空间中的一部分。在这个有限的时间和空间中进行的教学活动，不免会受到外界社会中各种因素的影响。这些因素一方面是课堂教学活动的主要内容，另一方面为课堂教学活动的意义生成创造了无

---

　　① ［加］马克斯·范梅南：《教学机智——教育智慧的意蕴》，李树英译，教育科学出版社 2001 年版，第 246 页。

数的可能性。

由此可见，在教师互动教学决策中，最先考虑到的三个因素是教师关于学生的因素、教师关于教学科目的知识、教师关于教学环境的知识。其中教师关于教学环境的知识包含不同的层次，如课程改革的大背景、学校层次的教学情境、课堂上具体的教学情境等。教师在互动教学决策中会根据需要考虑不同层次的教学情境知识。除此之外，教师关于自我的知识在教师教学互动决策阶段影响着教师教学决策风格的形成。而教师关于教育本质的信念则在教师教学即时性决策、教学常规性决策中作为潜在影响因素发挥着作用。

（三）教师实践知识五个不同组成部分对教师教学评价决策的影响

教师实践知识对教师教学评价决策的影响主要体现在平衡外部力量对教师教学的评价与教师对自己教学效果的评价、教师对学生的评价三者之间的关系中。

在日常教学实践中，受教师关于教学情境知识的影响，教师会倾向于迎合以高考为代表的外部较为单一、片面的评价模式。从某种程度上说，教师对这种外部制度的评价体系的迎合是积极的、倾全力的。因为在很大程度上教师的教学和学生学业成就完全依赖于这种外部制度化的评价体系。在这个过程中，教师关于教学情境知识就在其中发挥着重要的作用。

但由于受教师关于教学本质信念的影响，他们对学生的评价、对自己教学的评价在其心里却有着另外"一杆秤"。制度化的外部评价体系影响着教师教学评价的方方面面。但在日常教学实践中，教师也不是完全"屈服"于这种外部的评价标准，因为教师在日常教学中，时时刻刻在对自己的教学及学生学习的各类表现进行着评价，这个过程具有过程性评价的特点。这也为教师日常教学评价决策提供了一定的空间。由此可见，在真正的日常教学实践中，通过教师的教学评价决策，那种刚性的、制度化的教学制度在一定程度上会转化为具有弹性的教学评价制度。在这个转化过程中，教师关于教学本质的信念是影响教师教学决策的重要因素。

除此之外，教师关于学生的知识，在评价高中不同学习阶段的学生学业成绩及在对学生个体进行评价的过程中，发挥着重要的作用。在日常课堂教学评价中，教师对学生的评价不仅是一个长期的过程，而且教师对学生的评价是非常具体、详细的。在教学评价的决策阶段，面对同一问题，教师会根据不同学生的性格、学习习惯、知识基础等因素，做出不同的教学评价决策。其中，熟练教师、专家型教师在教学评价决策中对问题的表征更为深入，形成的教学评价决策模式更为成熟，且具有较强的自我决策监控意识。这也是新手教师与熟练教师、专家型教师教学评价决策的差距。

不同的教师具有不同的教学评价风格，这与教师关于自我的知识密切相关。在日常教学评价中，教师会根据自己的性格、对教师角色的认同、与同事的关系等因素做出教学评价决策。虽然在教师教学评价决策中需要强调教学评价的客观性原则，其目的是对教师教学或学生学业成就做出客观的价值判断。但这种客观的教学评价决策在日常教学实践中几乎是不可能存在的，因为任何涉及价值判断的评价，都难以摆脱评价者本身价值取向的影响，且在日常教学评价中，教师不可能完全采用量化的评价方法，而更多的是根据自己的教学评价决策经验做出的一种具有个人风格的判断。在日常教学实践中，教师关于自我的知识不可避免地会影响教师的教学评价决策。

另外，在对自己教学进行评价的过程中，教师关于科目的知识是其教学评价的内容之一。通过教学评价，教师会不断地修正自己对教学科目知识的认识、理解，有助于教师在下一轮教学中有效地进行教学科目知识的转化。

总而言之，教师实践知识的不同组成部分，对教师教学决策三个阶段的影响权重不同。但对日常教学实践中的教师个体来说，教师实践知识仍以整体的形式影响着教师不同阶段的教学决策。

三　教师实践知识与教师教学决策之间的互动关系解析

本书第七章主要探讨了教师实践知识与教师教学决策之间的互动关系，其中涉及两个子问题：教师实践知识与教师教学决策之间存在怎样的互动过程？教师实践知识与教师教学决策之间如何形成良性互动关系？

（一）教师实践知识与教师教学决策的互动呈现出三个不同阶段，且每个不同阶段它们的互动特点不同

第七章第一节谈论了教师实践知识与教师教学决策互动阶段及每个阶段所呈现的特点。本书以教师实践知识与教师教学决策互动关系为着力点，将教师实践知识的发展过程分为三个阶段。一是教师积累教学决策经验、生成教师实践知识的阶段，时间为教师入职后的1—6年。二是教师完善实践知识、形成稳定教学决策风格的阶段，时间为教师入职后的6—9年。三是教师实践知识趋向固化、教师教学决策受到挑战阶段，时间为教师入职9年以后。对教师实践知识三个阶段的划分，有助于我们更清晰地了解在教学一线教师的专业发展历程。

（二）不同教师对教师实践知识五个不同成分及其层次的理解水平、掌握程度、组合方式不同是造成教师实践知识差异的主要原因

本书研究发现，教师实践知识的五个组成部分，即教师关于自我的知识、教师关于教学内容的知识、教师关于学生的知识、教师关于教学情境的知识、教师关于教育本质信念之间的差异是造成不同教师实践知识差异的主要原因。在日常教学实践中，教师关于自我的知识主要涉及教师对自我性格的认知、教师对同事关系的看法、对教师角色的理解三个方面；教师关于教学内容的知识主要涉及教师如何把握教学重点难点、教师对教材的分析运用、教师对学科知识的掌握程度、教师教学策略知识四个方面；教师关于学生的知识主要涉及教师对学生特点的认识、教师管理学生的知识、教师对学生的期待三个方面；教师关于教学情境的知识主要涉及教师对新课改在学校实施的看法、教师对课改理论的看法两个方面；教师关于教育本质的信念主要涉及教师关于教学的信念、教师关于学生发展的信念两个主要方面。

总而言之，不同教师个体实践知识的差异主要体现在两个方面。一是教师实践知识量方面的差异。例如新手教师与熟练教师实践知识之间的差异。二是教师实践知识质方面的差异。例如熟练教师与专家型教师实践知识之间的差异。与熟练教师相比，首先，专家型教师对教师实践知识的五个组成部分掌握、理解得更加全面、深刻。其次，专家型教师实践知识的五个组成部分之间的结构更加完善、均衡。

（三）行动中反思、反思中行动是教师实践知识与教师教学决策之间形成良性互动关系的主要动力

第七章第三节以三位教师同课异构教学活动为案例，探究了如何才能使教师实践知识与教师教学决策之间保持良性的互动关系这一问题。

研究发现，教师实践知识与教师教学决策的互动关系就是教师在教学中"继承"与"创新"博弈的过程。教师在每天的教学中总是需要面对各种不确定、不稳定、丰富的教学决策问题、教学决策现象，而教师进行教学决策的过程就是教师在变与不变、传承与创新之间进行选择的过程。另外，教师教学决策经验是表面的、离散的、不成系统的，只有经过教师教学反思对教学决策经验进行再建构之后，才能生成教师实践知识。以教师教学反思、行动为主要内容的教师内心对话，是促进教师实践知识完善、更新，改变教师教学决策行为的动力。由此，教师实践知识生成、完善、更新过程是一个肯定、否定、否定之否定的螺旋式上升的过程。其中教师反思中行动、行动中反思的力量是实现教师实践知识转变的动力。

教学反思的过程就是教师自己内心对话的过程。教师教学反思的主要内容包括行动的结果、行动本身、隐含在行动中的直觉性认识及其相互之间的关系等。在这个过程中，教师通过比较、分析影响自己教学决策的已有教师实践知识与新教学决策经验之间的关系，从而找出新教学决策经验在教学中的适用条件、有效因素等，并在此基础上改进或完善或丰富已有的教师实践知识结构及教师实践知识和内容。总体而言，教师实践知识总是处于稳定与不稳定、固化与更新的动态趋势之中。教师实践知识的更新是教师教学实践的根本需要，也是教师教学反思、行动的目的。

在教育专业实践情境中的实践者，需要在具体教学情境中处理不确定性、不稳定性、复杂性、独特性与价值冲突困境的能力。教育专业实践者通过教学反思，就能领悟到由决策经验生成的实践知识的意义。教师作为专业实践者通过在专业实践中的体验，能对教学实践情境中的不确定性、不稳定性、复杂性、独特性与价值冲突等特点产生自己新的理解。当教师作为专业实践者在专业实践中对自己教学实践

进行反思的时候，其反思的意向和对象是他们经历过的各种教学决策困境，甚至包括他们在教学实践过程中所使用的实践知识。教师作为专业实践者在教学实践中的反思内容不仅包括隐含在技术理性规范下的教学决策，还包括隐含于自己教学决策中的教师实践知识。正是通过在实践情境中的教学反思，教师才能做出有效的、恰当的教学决策。当教师作为专业实践者在行动中反思时，实践者就成为一位行动实践者。因为在这个过程中，教师作为专业实践者不仅依赖技术理性在专业实践中做出教学决策，而且试图建构与真实教学实践情境密切相关的教师实践知识。总而言之，教师作为专业实践者在行动中反思、在反思中行动是促使教师实践知识与教师教学决策之间形成良性互动关系的主要动力。

综上所述，本书对教师实践知识、教师教学决策、教师反思、行动的研究作了文献方面的评述，从概念、理论层面提出了教师实践知识与教师教学决策之间的互动关系分析结构图。本书以此结构图为依据，进行田野数据收集、整理、分析，并从实践认识论的角度解析了教师实践知识与教师教学决策之间的互动关系。

研究发现，在日常教学实践中，教师行动中反思、反思中行动是教师实践知识与教师教学决策之间形成良性互动关系的主要动力。本书提出的教师实践知识与教师教学决策之间互动关系结构图，对教师日常教学实践具有一定的解释力，例如对教师个体专业发展问题；新手教师、熟练教师、专家型教师在教学中的本质区别问题；教师在课堂改革中作为实践者发挥能动作用的问题等。另外，在日常教学实践中，本书所提出的教师实践知识与教师教学决策互动结构图，在实践领域对上述问题及其他相关问题也具有一定的启示意义。

与教师实践知识与教师教学决策互动关系分析框架图（见图4－1）相比，经过修正后的教师实践知识与教师教学决策互动关系分析框架图（见图8－1）有以下几个方面的微调。第一，修正后的互动关系框架图标示出了教师实践知识的五个组成成分，不仅关注了教师实践知识本身的不断深化及其组成成分，而且关注了教师实践知识的特点、表现方式等内容。第二，修正后的互动关系框架图不再强调教师问题解决的过程，而是将其放置在教学情境的大背景下进行考量。

第三，修正后的互动关系框架图将教师反思、行动拓展为教师在行动中反思、在反思中行动，两者之间是相互作用、互为整体的。第四，修正后的互动关系分析框架图标示了教师实践知识与教师教学决策互动关系结构的一个横切面，但教师实践知识与教师教学决策之间的互动并不是平面的、静止的、封闭的状态，而是一个立体的、动态的、开放的互动关系。

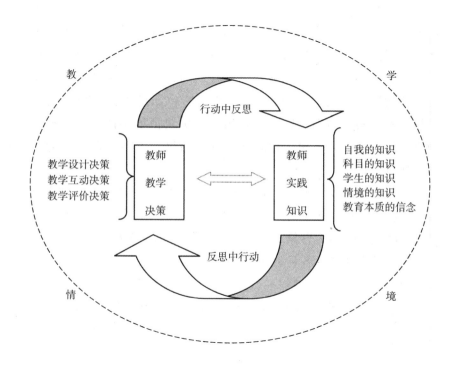

图 8 - 1　教师实践知识与教师教学决策互动关系分析框架图

四　研究讨论

（一）从实践认识论视角解析教师实践知识与教师教学决策之间的互动关系

伴随着对科学理性的质疑与批判，人们对知识的科学标准也不断提出了质疑，其客观性、普遍性和价值中立性日益受到挑战。与此同时，知识的社会性、价值关涉性、历史性等特性日益引起人们的关注。在对知识来源"生而知之"的先验论、"先行后知"的反映论、

"知行合一"的实践论的不同观点中,本书以"知行合一"的实践认识论为讨论视角。

实践认识论把人类的生存活动看作一切知识的基础。从实践认识论的角度出发,认识论不应该被理解为对我们认识活动所依据的抽象条件的研究,相反,它是对我们存在方式的状况和结构的考察。人类行为的结果乃是一切层次知识的基础。知识是一个开放的体系。它是在特定的社会背景下形成的,与政治、经济、宗教等社会现象有着广泛的联系,同时在知识领域,各种学科、各类知识之间又相互渗透、相互交叉,从而构成一个复杂的生态系统。知识的这一特性使得知识本身充满着生机与活力,成为一种独特的意识现象,从而不断走向丰富与完备。[①] 知识的确认过程被看作社会实践过程。社会实践活动是置于一定语境、历史情境中的,一切都会成为暂时的东西,在历史上信念、真理、知识、人性等都展示为一系列不连续的谱系。[②]

本书认为,教师实践知识是在日常教学实践中通过教师教学决策行动,在积累教师教学决策经验的基础上生成的。教师实践知识以教师所处的教学情境为背景,与教师个体生活学习经历、课程设置、学校资源、学生状况等各种教学层次因素相互联系、相互影响。但只有通过教师教学决策行为亲身"做出来",才能在日常教学中被确认为对教师教学真正起作用的教师实践知识。与其他学者对教师实践知识来源的研究(参见第二章第二节)相比,本书从实践认识论的角度将教师实践知识的来源归结为具有强烈实践、行动蕴含的教师教学决策。在此基础上,本书又根据教师实践知识的本质特性——实践性,将教师教学决策经验分为教师亲身参与的教师教学决策经验与教师没有亲身参与的教师教学决策。由此可见,从实践认识论的角度出发,教师实践知识的来源只能是教师教学实践中的教师教学决策经验。教师实践知识的生成、完善、更新也是以教师教学决策经验为基础的。

---

① 潘洪建:《知识本质:内在、开放、动态——新知识观的思考》,《教育理论与实践》2003 年第 2 期。

② 罗蒂:《实用主义哲学》,林南译,上海译文出版社 2009 年版,第 351—352 页。

从行为实践中产生知识，而知识在产生的同时又反作用于行为。①
在这个过程中，由知识改变过的行为又会产生新的知识，新的知识又
会同步反作用于新的行为。知识与行为之间的循环并不是原地踏步，
而是在循环中实现知识的更新、完善及行为的改进、发展。本书通过
研究也发现，教师实践知识的不同组成部分影响着教师教学决策的三
个不同阶段，而且教师实践知识的五个不同组成部分对每个教学决策
阶段的影响权重不同。虽然如此，在日常教学决策中教师实践知识仍
然是以整体的形式对教师教学决策产生着影响。教师实践知识不同成
分的变化、发展会影响教师教学决策行为的变化。由此，受到教师实
践知识影响的教师教学决策经验又会成为完善、更新教师实践知识的
主要来源。如此反复，教师实践知识与教师教学决策之间就会形成良
性互动的循环过程。教师实践知识与教师教学决策之间的良性循环过
程是以教师实践知识的更新、教师教学决策行为的改善为前提的。由
此可见，良性的教师实践知识与教师教学决策之间的互动关系呈现出
螺旋上升的特点。

另外，实践认识论视域中的教师实践知识，与具有实践科学性质
的教育科学具有本质的联系。由此，从实践认识论的视域出发，为一
线教师成为教师实践知识生产者的合法性、合理性提供了空间，也为
教师实践知识与教师教学决策互动关系的研究提供了丰厚的哲学基础
与支持。

（二）在行动中反思、在反思中行动是教师实践知识与教师教学
决策形成良性互动关系的主要动力

实用主义认为，知识不仅具有观念和思想的属性，而且具有事物
的属性。② 这是一种多元的经验论，它摒弃了先验论，而且没有教条
式地信奉"经验"是知识的唯一来源。杜威在《哲学的改造》中强
调人是行动的主体，认识事物绝不应是冥思静想，而必须以行动作用
于事、物，才能看到它的变化，只有这样才能认识它。由此强调了主

---

① Argyris, C. , *Reasoning, Learning, and Action*, San Francisco：Jossey-Bass, 1982.

② Rorty, R. , *Objectivity, Relativism, and Truth*, Cambridge：Cambridge University Press, 1991.

体在认识行动中的创造力。由此可见，作为教师活动的主体之一，教师实践知识与教师教学决策之间形成良性互动关系仅仅依赖教师教学决策经验是远远不够的。

对于一定时空中的实践者和实践要求来说，实践中需要的知识呈现出完成的状态与确定的形式。但对于历史发展来说，知识具有相对的稳定性。随着客观世界和人类实践活动对象的不断变化，如果我们在实践中对以往得到的知识不再进行修正与完善，就难以进行有效的实践。在教育领域，教师在教学实践中的行动、反思就显得尤为重要了。

本书在文献综述部分讨论了学者杜威、舍恩、范梅南对教师反思的论述。三位学者都强调将个体、个体经历作为反思的来源，即教师是通过反思他们先前的教学决策经验而获得教师实践知识的（参见第三章第一节）。通过教师五个不同层次（快速反思、修正、回顾、研究、重构与重建）的教学反思，不仅有助于改进教师教学决策行为，提高教学效率，而且有助于更新教师实践知识（参见第三章第二节），其中教师反思、行动具有桥梁作用。本书在文献综述的基础之上，从实践认识论的视域进一步拓展了教师行动、反思的内涵。研究发现，在日常教学实践中，教师在行动中反思、在反思中行动的过程是教师打破已有教师实践知识、教学决策经验的束缚，使教师实践知识与教师教学决策之间形成良性互动关系的过程。

1. 实践认识论视域中的教师反思：在行动中反思

在教学实践中教师作为反思性实践者，将教师职业视为在复杂的社会语脉中从事复杂问题解决的社会文化实践者。此时，教师获得的实践知识是教师在教学情境中、在与学生互动的过程中，基于教学反思而不断推敲、选择、判断教学决策行为上生成的。在日常教学实践中，随着教学情境的变化，教师通过在行动中的反思，对自己的教学决策进行微调。在这些教学决策经验积累的基础上生成的教师实践知识也处在动态的变化过程中。由此可见，在教师教学实践中，教师在行动中反思是将教师教学决策经验意义化并转变为教师实践知识的过程。

　　本书将教师教学反思分为五个不同层次，即快速反思、修正、回顾、研究、重构与重建。教师在教学实践中，通过这五个不同层次的反思，生成、完善教师实践知识。其中教师教学反思的研究、重构与重建层次，打破了已有的教师实践知识、教学决策经验的束缚，是促进教师实践知识与教师教学决策之间形成良性互动关系的主要动力。

　　首先，教师通过反思的研究、重构与重建层次，在日常实践中对自己已有的教学决策经验进行反思。在教学反思的过程中，教师需要将注意力从外部的教学决策行为转向教学决策行为背后的意义、价值观等因素，如教学目的的实施、课程目标的实现、教育信念的作用等。其次，教师通过在行动中反思会从不同价值取向角度分析教育、教学决策问题及现象。在此基础上，能够权衡不同观点、主张、价值取向之间的平衡，由此做出自己的教学决策。再次，在行动中反思就是教师批判性地分析不同教育理论、理念下的教师教学决策。教师需要清楚地意识到不同教育理论、观点适用的教学情境，在教学决策的过程中才能权衡利弊，做出最恰当、最有效的教学决策。最后，教师在行动中反思就意味着对自己的教学决策有一个整体的监控与反思。在这个过程中，教师体会到、意识到自己教学决策的变化及教师实践知识的完善、更新。

　　实践认识论视域中的教师反思是一种教师行动中的反思。由此，本书并不是孤立地探究教师反思，而是将教师反思放在教师实践知识与教师教学决策的互动关系中进行考量。其次，本书并不是简单地将教师反思看作教师应该掌握的技能，而是将教师反思分为五个不同层次，增加了在诠释不同类型教师反思差异所造成的教师实践知识差异方面的解释力。最后，本书认为，在日常教学实践中不应该忽视教师教学反思在教师专业发展、课程改革中的赋权和解放潜力。这也是实践认识论视野中教师在行动中反思的诉求。

2. 实践认识论视域中的教师行动：在反思中行动

　　在专业实践中，当实践者在追求符合科技理性规范的时候，却常常需要面对真实专业实践中的不确定性、复杂性、独特性、价值冲突等特点。教师作为专业实践者在面对具体实践情境中的决策时，去情境化的教育理论知识并不是他们在实践情境中解决问题的知识类型。为了解决在教学实践情境中的各种问题，教师作为专业实践者必须通过了解这些错综复杂的、不易理解的、不确定的教学实践情境，并试图将之描述、分析、解释成为自己可以理解的情境。然后在此基础上，教师专业实践者才能在教学实践情境中做出自己的教学决策。在这个过程中教师教学决策是以教师教学反思为基础的。由此可见，从实践认识论视域出发，教师在教学实践中进行教学决策的行动过程是教师在反思中行动的过程。

从一定程度上讲教师教学决策质量的高低取决于以教学反思为基础的教师行动水平与能力的高低。缺乏反思的教师只是按部就班地按照教材、教学参考资料、考试重点等教学。其教学的目的是迎合外部机构、权威对教育的要求。对在不同的教学情境中应该做出什么样的教学决策、为什么要做出这样的教学决策、自己进行教学决策的依据是什么等问题，都没有进行深入的思考。此时，缺乏教学反思的教师在教学里所扮演的角色是游离于教育教学本质目的之外的技术操作者、教育管理政策的机械执行者、各类教学参考资料的搬运工、对教学模式的盲目模仿者等。

事实上，教师作为专业实践者进行教学决策的过程，就是教师在日常教学实践中通过反思不断制定、选择、实施各种不同的行动方案的过程。除此之外，教师通过反思教学决策过程及教学决策行为背后所隐含的教育信念及其所带来的个人及社会意义，并在此基础上做出教学决策的过程，不仅有利于提高教师教学决策的质量与水平，而且有利于教师通过反思中的教师行动，突破教师教学决策经验的束缚。由此形成的新的教学决策经验将是完善、更新教师实践知识的新来源。

在教学实践情境中，教师通过行动中反思、反思中行动才能成为积极主动的教学决策调试者、研究者、创造者。此时，教师的实践知识才真正具有批判意味、实践意味、智慧意味，教师教学决策也才真正具有适切性、即时性、高效性的内涵。在日常教学中，教师行动中反思、反思中行动的力量是突破已有教师实践知识与教师教学决策经验束缚的主要动力。由此，才能保证教师实践知识与教师教学决策之间持续保持良性互动关系。

（三）教师实践知识三个层次内涵的转变，是探究教师实践知识与教师教学决策之间形成良性互动关系的最终目的

哈贝马斯（Habermas）在批判实证主义认识论将知识与旨趣相分离的基础上，以旨趣（interest）作为认知的基础重建了认识论，认为旨趣是人类认识活动的重要条件。他将人类的认识旨趣分为三种类型：控制旨趣、实践旨趣、解放旨趣。①

控制旨趣是人们通过获得知识来帮助其实现对自然和社会在技术上达到控制的一种基本旨趣。这类旨趣根源于我们日常生活，凭借技术性的控制与运作，对自然界或社会现象做出一种经验性的、分析性的探讨，以期做出经验分析的科学。这是人作为自然存在物为延续生命而通过劳动对自然进行生产、改造的需要。它属于工具理性的范畴，是一种旨在为追求效率和利益的最大化而产生的合乎人的生存需要的行为模式。控制旨趣强调行为的法则、规则和控制，涉及被动地研究客体的工具性知识。

实践旨趣关注人们的交流与互动，以解释、阐释语言和行为主体的交往为目的。这类旨趣的目的不在于技术的控制与预测，而是通过语言、文字等符号系统与现实世界中的他者进行交往，揭示互动主体的意义，强调人与世界的相互作用。实践旨趣强调集体审议、公开辩论、平等对话在人际交往中的重要性。实践旨趣的目的在于理解"文本"的内涵，以实现人类生存和发展的交往需求，涉及历史的、解释的知识。

解放旨趣涉及权利运作，以达到社会公平、个体自由、社会自由为目的。解放旨趣根源于日常生活中对自由、自主以及从现有不合理的限制、约束中解放出来的要求。解放旨趣反映在追求卓越、发展和进步的动力上，涉及批判取向的知识。解放旨趣的实现主要基于人类的自我反省、反思的能力。②

与哈贝马斯对人类认识旨趣的三个维度相对应，本书在探究教师实践知识与教师教学决策互动关系的过程中，发现教师实践知识的内

---

① Habermas, J. , *Knowledge and Human Interests*, Boston：Beacon Press, 1972.
② Ibid. , pp. 191 – 213.

涵又可以分为三个不同的层次：为了实践的知识（knowledge-for-practice）、实践中的知识（knowledge-in-practice）、以实践为目的的知识（knowledge-of-practice）。① 本书借鉴了上述研究者提出的这三个名词，以哈贝马斯关于人类认识旨趣的论述为基础，将其作为教师实践知识所具有的三个不同层次的内涵，对其进行了重新阐释。本书认为，实现从为了实践的知识、实践中的知识到以实践为目的知识的教师实践知识不同内涵的转变，是探究教师实践知识与教师教学决策之间如何形成良性互动关系的最终目的。

1. 为了实践的知识

为了实践的知识这一内涵假设教师知道得越多（例如教育理论、教育学、教学策略等知识）就会教得越好。熟练教师就应该拥有其所教领域深层次的专业知识和为学生创造学习机会的最有效的教学策略知识等。为了改进教学，教师就需要把来自教师研究工作者的各类理论知识在自己的教学实践中加以实施、转化、践行。这里不得不强调的是这些理论知识与教师的教学实践是相脱离的。由此，这种理所当然的假设导致了教育领域中理论知识与实践知识之间的分裂。那如何把两者联系起来，就是一个值得考虑的问题了。

这一维度认为教师教学需要的知识主要是大学教育理论工作者和不同学科的专业研究者生产出来的。教师实践与知识之间的关系被假定为由教育理论知识指导教师教学实践。在为了实践的知识这一维度上，实践被理解为在日常教学中，教师使用教育、教学理论知识做了什么、什么时候做的、如何做的等问题。由此解释教师对教学内容处理中的不同、教学方法选择实施中的不同、教师评价中的不同、教师所持教育理念的不同等。其中教师是教育、教学理论知识的使用者、实施者。教师通过践行教育理论以改进教学实践，在一定程度上建基于关于理论与研究、知识与实践的工具性观点。此时，教师在教学中"智慧"的教学决策就可能被理解为本能反

---

① Cochran-Smith, M., & Lytle, S. L., "Relationship of Knowledge and Practice: Teacher Learning in Communities," *Review of Research in Education*, 1999, 24: 249 – 305.

应、无根据的直觉或规范（normative）。①

教师进行教学决策的过程就被理解为教师在实践中应用自己所接受的教育理论知识的过程，即教师把自己习得的教育理论知识在实践中加以实施、转化、使用、适应的过程。专家型教师就被认为是能熟练地在日常教学中使用各类教育理论知识、教学技巧的教师。由此，对教师的评价、考核以外部评价为主。此时，教师教学专业化的知识来源于这个专业之外的权威。总而言之，教师和其他参与者都不被认为是知识的生产者或能将课堂实践理论化的专业人员。② 目前教育领域关于生成、完善、更新教师实践知识的方案、措施、政策等以为了实践的知识这一维度为主。这一维度还是大部分教师职后培训项目所持有的理念。

在讨论教学和实践基础的关系时，教师被作为教学决策者，强调判断和实践原因的重要性。③ 然而，教育、教学理论知识作为实践指导具有局限性。教师并不是在同一时间内使用同一个领域的知识进行教学决策，而是在特定教学情境下寻找决策原因及做出教学决策的过程中，使用了多个领域的融合性知识。④ 由此，新手教师、熟练教师、专家型教师之间的明显区别就在于是否具有足够的、有效的教学内容知识等。

2. 实践中的知识

从实践中的知识维度出发，舍恩强调教师行动中的知识。教学在很大程度上是不确定的，是具有很强的情境性的活动，教师教学的过程就是对每天学校、课堂生活中各种细节不断进行评估以做出教学决

---

① Gardner, W. E., "Preface," In M. C. Reynolds（ed.）, *Knowledge Base for the Beginning Teacher*, New York: Bergin & Garvey, 1989, pp. ix – xii. Huberman, M., "Moving Mainstream: Taking a Closer Look at Teacher Research," *Language Arts*, 1996, 73: 124 – 140. Murray, F. B., "Beyond Natural Teaching: The Case for Professional Education," In F. Murray（ed.）, *The Teacher Educator's Handbook*, San Francisco: Jossey – Bass, 1996, pp. 3 – 13.

② Lytle, S., & Cochran-Smith, M., "Teacher Research as a Way of Knowing," *Harvard Educational Review*, 1992, 62: 447 – 474.

③ Donmyer, R., "The Concept of a Knowledge Base," In F. Murray（ed.）, *The Teacher Educator's Handbook*, San Francisco: Jossey – Bass, 1996, pp. 92 – 119.

④ Feiman-Nemser, S., & Remillard, J., "Perspectives on Learning to Teach," In F. Murray（ed.）, *The Teacher Educator's Handbook*, San Francisco: Jossey – Bass, 1996, pp. 63 – 91.

策的过程，例如专家型教师以自己的"知识库"为依据不断做出的教学决策。专家型教师在日常教学决策过程中，能从多个可行性教学决策中做出最优选择，在课堂教学中做出恰当的即时性决策，并能根据教学情境对其所做出的教学决策及决策原因进行反思。专家型教师所使用的这类知识需要通过经验积累、仔细考虑、审议性反思或对经验的探究才能获得。

正如舍恩指出的在行动和艺术工作中暗含着这类知识一样，从实践中的知识维度来看，教师在教学中所需要的知识是镶嵌在教师的教学实践中的，其中包括教师如何做出杰出的判断，教师如何再概念化教学内容，教师如何理解课程，教师如何形成教学氛围等方面的知识。例如专家型教师作为教学专业工作者面对不确定性、实践情境的复杂性、教学问题的复杂性等因素，能够把自己与之前的经验和各种已知信息联系起来使新的情境产生意义，并能做出有效的、恰当的教学决策。此时，教师的教学实践知识与教师教学决策行为之间是相互联系的，且教师实践知识的生成和教师实践知识的使用之间并没有明确的界限。

从实践中的知识这一维度出发，很多研究者试图丰富和促进教师实践知识的概念，认为在学校和课堂教学情境中存在一种教师经常使用的身体化的知识。也有很多研究者探究了教师如何在行动中生成、发展知识，及如何通过审议、反思使这类知识清晰化、显性化。① 这类研究的目的在于试图打破教育理论知识话语霸权的地位，为教学一线的教师"发声"提供支持，以此促进教师专业化及教师专业发展水平。

实践中的知识这一维度将教师实践知识的讨论深深地嵌入认识论的讨论中，其中知识总体被区分为教育理论知识和实践知识两大类。②

---

① Grimmett, P., MacKinnon, A., Erickson, G., & Riecken, T., "Reflective Practice in Teacher Education," In R. T. Clift, W. R. Houston & M. Pugach (eds.), *Encouraging Reflective Practice: An Analysis of Issues and Programmes*, New York: Teachers College Press, 1990, pp. 20 - 38.

② Fenstermacher, G. D., "The Knower and the Known: The Nature of Knowledge in Research on Teaching," In L. Darling-Hammond (ed.), *Review of Research in Education*, Washington, DC: American Educational Research Association, 1994, pp. 44 - 48.

实践中的知识这一维度的提出，就建基于从实证主义认识论到实践认识论的转变，目的在于理解和改进教师专业工作者的实践。有研究者指出，舍恩关于专业人员行动中的认知与教育研究者所提到的实践知识很相似。① 事实上，舍恩提出的行动中的认知与教师实践知识的这一维度相吻合。

实践中的知识这一维度认为，在不确定性和不断变化的情境中，教学是广义的教学决策行动。舍恩认为，不同的专业人员具有不同的行动传统，其中包括使用不同的工具，媒介和语言各不相同。因此，教师作为教学专业工作者也就有了自己独特的行动传统。这里，教学关注的是教师行动，而不仅仅是教师所采用的技术、程序或教师作为教学熟练工的观点。例如专家型教师是根据实践中的专业经验，或者更精确地说是利用了他们先前的经验、行动及对这些经验行动的反思，在后续的教学决策中不断地提升效率、质量。与此同时，如果缺乏行动中的反思、反思中的行动，专家型教师也不能在教学中做出完全胜任的、明智的、有效的、即时的、恰当的教学决策。

实践中的知识这一维度批判了教师在教学中使用的知识是唯一的（exclusively）、来自大学或研究机构的假设，而认为专业的教学工作者的知识主要来源于专业的教学工作本身。教师是教学决策的主体，是教学决策活动的设计者、实施者、建构者。由此，教师在教学中具有引导自己进行教学决策的实践知识，教学一线的教师也被认为是知识的生产者，而不再仅仅是接受者、消费者。这类知识的来源正是教师对自己教学实践的反思与探究。教师通过对自己做出教学决策的理由、效果及背后的假设等进行教学反思、探究，以解释、解决不断变化的、复杂的、动态的教学现象或教学问题，由此促进了原有的教师实践知识的不断完善、更新。

从实践中的知识维度强调教师是活生生的实践知识的拥有者，是促进教师专业发展和改进教学的关键。那么对新手教师来说，如何才

① Russell, T., "Research, Practical Knowledge, and the Conduct of Teacher Education," *Educational Theory*, 1987, 37: 369 – 375.

能顺利地成长为专家型教师呢？刚入职的新手教师总是需要和有经验的教师一起学习如何教学。研究发现，新手教师通过观察、反思有经验教师的教学经验来学习如何教学。① 然而要想真正促进教师的专业发展，仅仅依靠教师个体的模仿、反思是远远不够的，还需要教师与教育理论工作者、中小学与大学教师之间的合作，以这样的方式才能真正形成促进教师实践知识不断完善、更新的教师学习共同体。在教师学习共同体中，无论是新手教师、熟练教师还是专家型教师都可以探究镶嵌在教学决策中的"智慧"，不断更新在课堂教学中使自己做出明智教学决策的实践知识。

3. 以实践为目的的知识

以实践为目的的知识这一维度认为，知识生成和知识使用都是不确定的、值得质疑的。那么关于知识生成方式、由谁来生成、如何使用知识、如何评价知识等问题都具有极大的再讨论空间。这种知识与实践有关的讨论以教师专业生活为场域，对教师实践知识的生成具有强烈的批判意味。从这个维度出发，教师实践知识是教师用来判断、分析教学实践的知识，它在更大范围内与文化的、社会的、政治的事件相联系，需要和其他教师、理论研究者合作以形成批判共同体。这一维度期望通过探究教师不同的专业生活阶段，如从新教师到熟练教师的发展阶段，探究他们自己或他人的知识和实践具有不确定性的原因及其他可能性，由此形成知识之间的不同关系。要真正理解教学，就需要超越教育理论知识与教师实践知识之间的鸿沟。

以实践为目的的知识认为，让教师在教学中获得成功的实践知识来源于教学对教与学、学习者和教师、科目和课程、学校和教育管理部门等的系统探究。教师实践知识是在更大范围内由共同体建构的，并且这种建构过程与教育改革、课程改革息息相关。在这些教育改革运动中，教师的角色被定位为知识的拥有者，是在教学甚至更大的教育背景中的能动者，并且大部分教师对教育改革运动中的权利关系具

---

① Lampert, M. , & Ball, D. , *Teaching*, *Multimedia*, *and Mathematics*: *Investigations of Real Practice*, New York: Teachers College Press, 1998.

有明确的、具体的批判性观点。① 杜威和舍恩都认为，教师工作是复杂的，且需要深入的、结构性的实践反思。由此，教师通过行动中反思、反思中行动，解构或重新建构课程，创造更公平、更民主的社会就是这一维度的目的。

教师作为知识生产者，并不是为了在教师知识基础上增加新知识，而是为了形成以解放（Emancipatory）为目的的教育理论和教育实践之间转化的方式。② 哈格瑞斯（Hargreaves）认为，知识即转化（transformation）。③ 教师日常教学专业生活中的实践知识是在以课堂或学校作为研究基地，以共同体合作的方式重新理解课程，并对他人的研究和理论持有批判性态度的过程中形成的。由此，以实践为目的的知识强调教师是能动者，在教学实践中教师应该通过自己的教学决策发挥能动者的作用，以便更好地服务于社会。如有研究指出，为了社会公正的教学是困难的、不确定的，其中最基本的教学实践就存在于日常课堂教学决策和行动中。④ 弗莱雷（Freire）提到了实践具有批判性的观点（practice as cirtical）。⑤ 而吉鲁斯（Giroux）认为，教师是具有变革能力的知识分子（transformative intellectual）。⑥

从为了实践的知识这一维度出发，教师专业发展是通过对学校文化、教师工作、工作场景的诠释而不断形成、发展的。教师专业发展的过程是教师探究和质疑他们自己或他人的诠释、理念、实践

① Cochran-Smith, M. , & Lytle, S. L. , "Relationship of Knowledge and Practice: Teacher Learning in Communities," *Review of Research in Education*, 1999, 24: 249 – 305.

② Noffke, S. , "Professional, Personal and Political Dimensions of Action Research," *Review of Research in Education*, 1997, 22: 305 –343.

③ Hargreaves, A. , "Transforming Knowledge: Blurring the Boundaries between Research, Policy and Practice," *Educational Evaluation and Policy Analysis*, 1996, 18: 161 –178.

④ Cochran-Smith, M. , "Learning to Teach for Social Justice," In G. Griffin (ed.), *98th Yearbook of NSSE: Teacher Education for a New Century: Emerging Perspectives, Promising Practices, and Future Possibilities*, Chicago: University of Chicago Press, 1999.

⑤ Freire, P. , *Pedagogy of the Oppressed*, Harmonds-worth: Penguin, 1972.

⑥ Giroux, H. A. , *Teachers as Intellectuals: Toward a Critical Pedagogy of Learning*, New York: Bergin & Garvey, 1988.

的过程。① 这就意味着教师一方面需要时刻反思自己习以为常的、顺其自然的教学决策及教学决策行为，探究其背后所蕴含的意义；另一方面教师还需要用自己的行动在教学中重新建构课程，积极致力于课程、学校、社会的转变。

这一维度认为，教师实践知识是通过社会建构而获得完善、发展的，也是教师与学生融合他们先前的经验、知识、文化、言语、文本资源、教学内容的过程。教师在进行教学决策的过程中不仅需要对搜集到的各种信息进行分析、权衡，还需要考虑其中所涉及的价值取向问题。由此，持不同立场、理念的教师就会生成不同的教师实践知识。教学活动是社会性实践活动，具有道德性、伦理性。教学的过程并不是简单的输入、输出的过程，学生在学习的过程中不仅学习了知识内容本身，而且习得了道德观、价值观等。"真""善""美"是教师教学一直追求的目标。

总而言之，为了实践的知识这一维度强调教师如何使用知识去解决教学问题、呈现教学内容及在日常教学生活中做出教学决策。实践中的知识这一维度强调教师如何在行动的过程中创造、生成知识，并能做出明智的选择，为学生创造更多的学习机会。这两个维度都假设教师是课堂教学活动的主导者、设计者、决策者。以实践为目的的知识这一维度强调教师对教学实践具有转换的、扩充的视角意义。在这一维度上教学实践的概念蕴含着更大范围、更深层次的对孩子、家庭、社会的责任。教师作为教学专业工作者与其他专业人员以共同体组织的形式形成更深入、更广泛的联系。

教师实践知识与教育、教学理论知识是有区别的。教师实践知识并不是教育、教学理论知识的分支、衍生或操作程序。教师实践知识是以教师所在的具体教学情境对所涉及的教学的各种因素、各类信

---

① Grimmtee, P. P., & Neufeld, J., *Teacher Development and the Struggle for Authenticity: Professional Growth and Restructuring in the Context of Change*, New York: Teachers College Press, 1994. Hargreaves, A. & Fullan, M. G., *Understanding Teacher Development*, London: Cassell, 1991. Liberman, A., & Miller, L., "Problems and Possibilities of Institutionalizing Teacher Research," In S. Hollingsworth & H. Socket (eds.), *Teacher Research and Educational Reform*, Chicago: University of Chicago Press, 1994, pp. 204 – 220. Little, J. W. & McLaughlin, M., *Teacher's Work: Individuals, Colleagues, and Contexts*, New York: Teachers College Press, 1993.

息、知识的转化、提炼、综合后的知识类型。教师实践知识是教师在教学过程中理性思维与感性思维结合、互动的结果。教师实践知识是不能脱离教学情境、教师本身的，它统一于一定教学情境中的教师内部，是教师在教学中"知道怎么做"的理性诉求与"为什么这么做"的价值诉求的同一。

为了实践的知识是以大学、研究机构为背景的教育专业研究者生产出来的、为了教师改进教学实践所使用的正式的知识或理论。实践中的知识这一维度强调了真正影响教学的是教师在教学实践中使用的知识。以实践为目的的知识这一维度假设教师把自己的课堂和学校作为实践的场域，把由他人（一般指教育理论工作者）生成的知识、理论作为质疑、解释的原材料。在这个过程中，教师的教学与更大范围内的社会、文化、政治事件相互联系，由此产生具有情境性的、批判意味的教师实践知识。

第二节 研究贡献

一 理论贡献

（一）对教师实践知识与教学决策互动关系的再理解

本书以舍恩、杜威关于如何理解人类行为与知识的研究为基础，探究了教师实践知识与教师教学决策之间的互动关系。我们完全可以相类比于教师知识与教师行为之间的关系，对教师实践知识与教师教学决策之间的互动关系做出如下的解释。[①]

教师在学习如何教学的过程中，首先基于自己亲身经历的或未亲身经历的教学决策经验，开始对自己的教学进行有意识的教学决策、应用教学决策策略、体验教学决策效果等。在这个过程中，教师会越来越清晰地意识到影响教学决策及教学决策效果的各种因素。在此基础上，教师会比较、分析每个因素中、因素之间的一致与不一致。

教师在日常教学中一旦发现、意识到这种不一致的存在，就意味

---

① Argyris, C., & Schön, D. A., "*Theory in Practice: Increasing Professional Effectiveness*," San Francisco: Jossery-Bass Inc., 1974, p.135.

着教师教学决策行为的低效、无效。这时，教师会通过教学反思影响
自己教学决策的各种因素，并开始有意识地、策略性地控制不同因
素，以形成新的教学决策行为，在此基础上探究、分析新的教学决策
行为所带来的教学效果及其有效程度。

在这个过程中，教师总是不能确定自己的教学决策会带来什么样
的教学效果？是否需要根据教学效果，采取新的教学决策行为？就是
在这种不确定、怀疑、困惑中，教师不断尝试新的教学决策。在此基
础上，教师才能一方面辨别那些不恰当、不合适的教学决策行为；另
一方面在这个过程中，才能分辨出哪些新的教学决策行为是适合自己
教学情境的，是能解决决策问题的。由此，教师开始尝试新的教学决
策行为。在这个过程中，教师对教学决策行为的改变基于对同事教学
决策经验、自己印象深刻的教师教学决策经验的模仿。当这些教学决
策经验在自己日常教学中经过实践之后，教师就能得出一个肯定或否
定的结论。也正是在这个过程中，教师不仅对影响自己教学决策的因
素有了新的认识，而且能发现新的影响教学决策的因素。由此，通过
教师教学决策行为的改变，将更新相应的教师实践知识的不同组成
部分。

在这个过程中，那些被教师肯定了的教学决策经验，经过教师
的进一步检验，将会成为教师在日常教学实践中采用的、认同的教
学决策经验。与此同时，教师会将新的教学决策行为内化，并在教
学实践中对这些教学决策行为产生责任感。教师将这些新的教学决
策经验内化，并产生责任感的过程也是教师将教学决策经验模式化、
常规化的过程。当教师在日常教学中遇到相似、类似的问题时，这
种模式化的、常规化的教学决策经验就会被激活，成为教师教学决
策的首选。

本书对教师实践知识与教师教学决策之间互动关系的阐释，主要
有两方面的不足。首先，对教师实践知识与教师教学决策之间这种互
动解释似乎更适用于新手教师。当经过两轮教学之后，新手教师进入
熟练教师阶段，教师实践知识与教师教学决策之间的互动就不仅依赖
于教师教学决策经验的积累，而且更多的动力来自于教师自身的教学
反思。其次，对教师实践知识与教师教学决策之间这种互动解释没有

关注到教学的复杂性、动态性。因为在真实的学校、教学场域中，教师实践知识与教师教学决策之间的互动关系似乎更为复杂。例如，来自教师个体的生活、学习经历、学校文化、社会情境、政治环境等诸多因素都会影响教师实践知识与教师教学决策之间的互动。

由此，本书一方面将教师行动、反思引入对教师实践知识与教师教学决策互动关系的讨论中，并且认为教师在行动中反思、在反思中行动的力量是促进教师实践知识与教师教学决策之间形成良性互动关系的关键。另一方面将教师实践知识与教师教学决策放在更为复杂的场域里，从实践认识论的角度进行考虑。由此，验证了在文献基础（第二章、第三章）上形成的关于教师实践知识与教师教学决策的互动关系，在日常教学实践中具有一定的解释力。

（二）从实践认识论视域重新理解教师教学决策，并将教师实践知识研究与教师教学决策研究结合起来

教师教学决策的过程就是教师在面对复杂的、混沌的教学问题、教学现象时选择最佳教学实施方案的过程。然而，日常真实的教育、教学活动是有序与无序、必然与偶然、确定与不确定的统一体。因而，教师在教学决策过程中，就需要预测其教学决策所带来的各种教学效果，及这些教学决策效果对后续教学决策的影响。这就需要教师理解在日常教学决策中随机性与确定性、必然性与偶然性是相互统一的。由此可见，教师教学决策并不是教师在教学实践中进行的简单的、线性的、机械的教师决策行为。恰恰相反，教师在教学决策的过程中面对的是一个动态的、复杂的教学情境。

教师处理类似决策问题、决策现象的次数越多，他的教师实践知识也就越稳定，他在教学中的惊讶程度也就越低。在这个过程中，教师对实践知识的应用似乎变成了"内隐的、自动化的"过程。教师通过教学决策所积累的教学决策经验形成了具有自己决策风格的资料库。当面对教学中的决策现象、决策问题时，教师会在自己的资料库中搜索可以解决问题的策略。随着外部教学情境的变化，当教师所面对的教学决策问题、决策现象，在其已有的资料库中找不到成形的、现成的教学解决策略时，教师会重新审视已有的教师实践知识，或者会重新解释、建构教学决策问题、现象。

　　教师在具体的教学实践中常常会通过自发的、无意识的方式做出自己的教学决策，但这种所谓的看似自动地、无意识地做出的教学决策，事实上来自教师自己的知识资源库，即教师对教学直接、间接教学决策经验的一般化总结。

　　本书在总结、分析文献的基础上（参见第二章第一节）认为，教师实践知识具有实践性、情境性、综合性的特点。教师实践知识是教师在具体的日常教学实践中，通过体验、沉思、感悟等方式来发现和洞察自身实践和经验的意蕴，并融合了自身的生活经验及对教育、教学的认识。教师实践知识主导着教师的教育教学行为，有助于教师重构过去的经验与未来的计划、把握现时的行动。教师实践知识是教师在教育情境中对自己的教育教学经验进行反思、提炼后形成的，并通过自己行动得出的对教育教学的认识。由此可见，教师实践知识与教师教学决策之间具有内在的联系。从某种程度上讲，教师教学决策质量的高与低、恰当与否，考验着教师实践知识的丰富、完善、更新的程度与水平。

　　教师不断积累教学决策经验的过程，也是教师对其实践知识的五个组成部分不断进行认知、调适、重建的过程。通过教师反思更新之后的教师实践知识，又会反作用于教师后续的教学决策。在不同的教学决策阶段，教师的教学决策并不是孤立发生的，而是呈现出一个动态的过程。在这个过程中，一方面教师实践知识是教师做出教学决策的知识基础，另一方面教师实践知识在一定的时空范围内束缚着教师的教学决策。教师作为专业实践者就需要形成教师实践知识与教师教学决策之间的良性互动关系。

　　总之，本书从实践认识论的角度对教师教学决策的新理解，突破了以往行为主义取向/技术取向的教师教学决策研究，为将教师教学决策的研究与教师实践知识的研究结合起来提供了可能性。本书正是以此为依据探究了教师实践知识与教师教学决策之间的互动关系，一方面将教师教学决策的研究与教师实践知识的研究结合起来；另一方面证实了两者之间可以互为研究角度，在一定程度上拓展了教师实践知识研究与教师教学决策研究的程度。

（三）论证了行动中反思、反思中行动在教师实践知识与教师教学决策互动关系中的积极作用

实践是反思和行动的辩证统一体。[①] 杜威最先提出了"反省思维"概念，舍恩对杜威的这一概念做了进一步发展，提出了"反思性实践者"概念，认为反思性实践既要"反思"也要"实践"。

自从杜威、舍恩详细论述了反思概念之后，教师反思被认为是改进教学、促进课程改革的一个重要方式。然而，在日常教学实践中，大部分教师的教学反思关注如何进行反思的步骤、关注如何迎合制度规定的标准。这种技术取向的教师教学反思是教师日常教学中进行反思的主要内容。然而，很多教育理论研究者也常常将教师教学反思看作一种教师需要掌握的技巧、能力。范梅南（Van Manen）提出的批判性反思大大扩展了反思的定义、内涵，突破了教师反思只关注教学实践有效性的局限性。[②]

人们总是不断地决定着自己的行动。[③] 不管在任何行动中，人的头脑中都会形成如何有效行动的计划并在当时的情境中做出选择。我们把人们做出的决策称为行动理论，即行动理论就是如何有效行动的因果理论。因果理论是人们在日常生活中普遍使用的、非常重要的一种做出选择的判断方法，是我们日常生活决策的判断力，即人们会预测估计自己采取的行动所达成的结果及其意义，并以此理解外部情境。而这一过程又会影响人们采取什么样的行动。在行动发生的过程中，人们一方面审视自己所采取行动的有效性，另一方面审视自己对情境的理解、意义的建构是否恰当，是否需要完善、修正。

由经验生成的知识是与日常生活紧密相连的，用于行动的知识（actionable knowledge）是蕴含在日常生活实践中的。[④] 由此可见，由教师教学决策经验生成的教师实践知识是与教师的教学生活世界紧密

① Freire, P., *Pedagogy of the Oppressed*, Harmonds-worth: Penguin, 1972, p. 62.

② Van Manen, J., "Linking Ways of Knowing with Ways of Being Practical," *Curriculum Inquiry*, 1977, (6): 205–208.

③ Argyris, C., & Schön, D. A., *Organizational Learning* Ⅱ, MA: Addison Wesley, 1996.

④ Argyris, C., "Actionable Knowledge: Design Causality in the Service of Consequential Theory," *The Journal of Applied Behavioral Science*, 1996, 32 (4): 390–406.

相连的。本书从文献角度综述杜威关于教师反思性思考、舍恩对行动的反思及行动中反思的观点（参见第四章第一节）的基础上，将教师行动中反思、反思中行动引入教师实践知识与教师教学决策互动关系的讨论中，也赋予教师作为主观能动者的积极意义。在教师实践知识与教师教学决策互动的过程中，教师个体能够在教学复杂场域中赋予教学更深层次的意义。综上所述，本书从实践取向的角度，强调了教师反思中行动、行动中反思在建构教师实践知识与教师教学决策之间良性互动关系中的动力作用。

实践认识论取向的教育研究关注教师日常教学实践本身，强调教师教学实践的复杂性、综合性、创造性等特点。实践取向的教育研究将教师视为积极主动的能动者，强调教师实践知识的生成及系统的反思，也是弥补解决教育理论与教育实践之间鸿沟的最大希望。但在这个过程中要避免矫枉过正，关注教师实践而忽视教育理论的不足。

二 实践贡献

（一）为教学一线教师专业发展提供新途径

随着中国新课程改革的推进，教师在教育改革、课程改革中的重要性日益凸显。由此，教师在学校教学情境中，教师专业发展问题成为教育教学研究者、教育管理者普遍关注的议题。而对教师实践知识的研究，为教学一线教师真正实现专业发展提供了新的角度。

为了与社会学议题的教师专业化研究取向相区分，教育工作特别强调教师个体内在专业特性的提升，关注教师个体在专业知识、专业技能、专业情意、专业自主、专业价值观、专业发展意识等方面由高到低，逐渐符合教师专业人员标准的过程成为教师专业发展的过程。[1]设计教师专业发展的内容，不仅包括所有自在的学习经验，而且包括有意识、有组织、有计划的自为活动。[2] 在这些不同类型活动的过程中，教师作为变革力量的主体，在与他人交流、自我反省中不断检

---

[1] 宋广文、魏淑华：《论教师专业发展》，《教育研究》2005 年第 7 期。

[2] Day，C.，*Developing Teachers：The Challenges of Lifelong Learning*，London：Falmer Press，1999.

视、拓展教学的道德目的。另外，教师在与学生、同事等一起经历的教学生活中批判性地学习和扩展先进的教学专业思维、生成和实践教师知识、教学技能、情感智能等。而教师专业性可以理解为从事教学工作之专业人士的教师，在具体的教学实践中所表现出来的在观念上、态度上、知识上和行为上的一些典型特征。这些特征不是医学、法律等成熟专业的特质在教育领域的翻版，而是教学专业本身独特性的充分显现；它不是由外而内、自上而下对教师所实施并强加的客观要求，其本身是教师生活的全方位展示。①

哈格瑞斯（Hargreaves）和弗兰（Fullan）提出教师专业发展的三个取向：知识的技能发展、自我理解、生态转变。② 其中知识的技能发展取向除了关注反思、行动研究和行为学习外，还认为学校应该为教师之间的交流和团队协作技巧的发展提供机会与平台。自我理解取向强调为教师发展提供宽松的、开放的空间，由此给予教师更多的专业自主及专业信任。生态转变的取向强调应该鼓励教师持续学习，创生、归纳、分享自己在课堂及教学中所获得的知识，在此过程中培养教师持续学习的能力，由此达到改善学校文化的目的。

以往促进一线教师专业发展的模式主要依赖于外部培训，在大学、研究所情境中为教师提供固定化的、补足式的教学活动等方式。然而，教师实践知识不仅是对科学知识、技术程序的合理运用，丰富的、完善的教师实践知识是专家型教师区别于其他教师的重要知识类型。专家型教师作为专业实践者的教学实践，不仅是在日常教学中对教育理论的运用，也是通过教师教学反思不断更新教师实践知识，并对学生发展产生影响的过程。对于实践工作者来说，理性与非理性之间存在着一种明显的张力，优秀的教学决策者正是那些能够在这两者之间找到平衡的实践者。

本书主要关注教育学议题中的教师专业发展，即关注教师在一定的时空中提供教学水平、发展个人知识及技能的专业发展过程。当教

---

① 操太圣、卢乃桂：《论教师专业性的提升》，《高等教育研究》2005 年第 1 期。
② Hargreaves, A. & Fullan, M. G., *Understanding Teacher Development*, London: Cassell, 1991.

师在日常教学实践中能够获得发展的机会、居于提升实践知识的空间里时，才能真正实现教师专业发展。虽然，目前关于教师知识的研究还缺乏对教师实践知识的充分关注，即相对缺少对教师在日常教学情境中关于"知道怎么做""为什么这么做"的知识的研究。根据本书的结论，我们可以从教师实践知识发展、教师教学决策改善及教师实践知识与教师教学决策的角度，为教学一线教师专业发展提供不同于以往的新途径、新措施。

尤其是自上而下的新课程改革推行以来，教师的日常教学情境发生着不断变化。教师实践知识的五个组成成分，不管任何一个成分发生变化，教师实践知识都面临着更新的挑战。当越来越多的教师实践知识组成成分发生变化，其变化的幅度越来越大的时候，教师据此做出的教学决策就越不稳定，甚至会影响教师教学决策的质量、水平。如果教师不能及时地根据变化的因素，完善、更新自己的教师实践知识，那么在日常教学中教师教学决策质量与水平就会下降。在新课程改革的背景下，教师面对新课改所提倡的新理论、新理念、新教学方法等，其困难并不是这些新知识本身，而是如何突破已有的教学决策行为的束缚。往往在经过两轮教学经验积累之后，就会陷入对教师实践知识的束缚、依赖之中。如果不能进行彻底的自我反思、行动，那么在改进教学中就很难有较大的突破。如果把这部分教师置于不同的教学情境中，他们在之前教学情境中所积累的教师实践知识，也很难发生有效的迁移。对这部分教师来说，他们更难适应新的教学环境，也很难适应教学环境的改变。教师专业发展的过程并不是新手教师成为熟练教师的过程，而是熟练教师不断地突破教师实践知识、教师教学决策经验的束缚，实现教师实践知识与教师教学决策的良性互动，成长为专家型教师的过程。

(二) 对教师实践者角色的新认识

传统的技术理性观点认为，理论与实践是相互分离的。在教育领域中，教师的工作就是将大学、研究院等机构中生产出来的理论应用于自己的教学实践中。在这个过程中自然而然就忽视了在教师教学实践中真正发挥作用的教师实践知识。然而，技术理性取向认为，教师应该掌握的知识并不能帮助教师解决他们在日常教学实践中所面临的复杂问题，由此造成了教育理论工作者与教育实践工作者两种角色的相互对立，且代表了不同的社会关系。教学中的"技术熟练者"角色是以效率（efficiency）、有效原则（effectiveness）为基础的。教学的目的是追求教育投入与教育产出的正比例关系。在关注教育效果的生产率与学生效率的过程中，教育不自觉地适应着相互竞争的产业社会和大众社会的需要，由此，在学校中就会形成同一性文化及官僚、科层组织这种性质，而教学中的"反思实践者"角色则以教师的自主性与智慧为原则。教学的目的是追求社会的民主、公正，培养学生思考、分析问题的能力及激发学生生活价值，关注教育中的理性自由与多样性之间的相互协调。

这种由知识分野所造成的教育理论工作者与教师实践工作者之间的隔阂，通过师范高等教育不仅没有得到缓和，反而进一步强化了两者之间的隔阂。那么在教师专业发展过程中，教师实践知识并没有获得应有的地位。与知识分类相对应，教育、教学研究者与一线教学实践者之间的交流也是自上而下的非平等关系。

这种教师专业发展模式背后所体现的认识论基础，是造成教育研究工作者与教育实践工作者角色分野的主要原因。教师专业发展的过程是一种被期待、被要求、被学习的过程。一线教师在教学实践中的各类教学决策，在教育理论工作者看来是需要不断批判、改变、完善的。长期以来，当教育理论工作者以教育理论拥有者、生产者的名义，对日常教学中的教师教学决策实践评头论足的时候，在一线教学的教师就成了教育理论的使用者、操作者、实施者。由此在日常教学决策中真正发挥作用的教师实践知识一再被否认与忽视。另外，随着自上而下的课程改革的推进、教育制度科层化管理体制的强化，教师作为教学改革的真正实现者越来越丧失了自己的声音。教师在日常教学中不得不满足上级行政部门管理者、教育理论研究者的外在期望。在这个过程中教师专业发展逐渐丧失其自主性、自发性。

由此本书认为，在教师专业发展过程中，教师实践知识并没有获得相应的地位，而教师实践知识的生成、完善、更新过程更是被忽视了。从以模仿为开始的教师实践知识的生成、积累到以教学反思为基础的教师实践知识的发展过程，表明在职教师的培训场所应该由师范大学、教育研究机构向学校、课堂转移。本书研究再次证明，教师作为教师实践知识的主要生产者，是教师实践知识生产、完善、更新的主体，是使用教师实践知识的主体。缺乏教师实践知识支撑的教师专业发展是不可能真正实现的，因为教师实践知识是教师专业发展的知识基础，促进教师专业发展的再学习过程必须通过完善、更新教师实践知识的内容及结构，才能在教师教学中真正发挥作用。

（三）对教师教育课程设置的启示

舍恩对以技术理性为指导的专业教育提出了质疑，认为在专业教师"标准化的专业课程"中，地位最高的是基础科学，其次是应用科学，最后才是应用这些知识来解决日常实践问题的实践课。事实上，实践是先于理论发生的。由此，舍恩认为，应该完全改变这种模式，实践知识是人在行动中的默会知识以及实践者在复杂情境下对突发性问题展开现场反应和实践的能力。舍恩认为，专业教育的中心任务是建构"我们已经知道的知识"，即获得优秀的实践者在处理实际问题时所表现出来的洞察力、价值观和行动策略。这种由积累教师教学决策经验生成的、完善的、更新的教师实践知识是实践者成功的原因。由此，专业教育目前面临着双重挑战：一方面是要发展应用科学的挑战；另一方面要关注行动中的反应和认知。

教师教育课程设计应该是以社会需求、教育本质、学生需求为基础的。但目前中国的教师教育课程设计却受到更多外在条件的影响，其设计核心并非来自有效的专业实践角度。中国高等师范院校的课程主要由四部分组成，分别为通识课程、专业课程、教育课程、实践课程。其中教育课程占总课程的比例较小，约为15%；专业课程占总课程的比例较大，约为70%；学生进行教育实习、教育实践的时数较少，为6—8周。这样的师范教育课程设置更关注教育、教学理论知识的传授，而忽视教师实践知识的培养。由此，很难保证毕业生在进入真实教学情境后能够较快地适应教学环境，投入教学。

然而，本书研究发现，对于教学一线的教师来说，帮助他们生成、完善、更新教师实践知识比灌输给他们这种教育理论、操作技巧更重要。由此，师范教育不仅要传授学生教育理论知识，而且要注重学生在教学情境中应用理论知识的实践教学决策体验。教师在从学生成为一名真正教师之前，如果能拥有教育理论指导下的一定的教学决策经验，不仅有利于教师在入职后的教学中能消除教育理论知识与教师实践知识之间的鸿沟，而且有利于教师批判性地反思自己各个阶段的教学决策经验。

笔者认为，大学师范教育课程应该培养师范生在入职前获得一定的教师实践知识。入职前教师实践知识主要来源于教师没有亲身参与的教师教学决策经验，如教师作为"局内人"在自己接受教育的过程中所获得的教学决策经验及教师作为"局外人"在教学情境中所获得的教学决策经验等。教师没有亲身参与的教学决策经验，应作为对新手教师进行教学决策模仿、参考的依据。这些教学决策经验是教师在自己较长时间内学习、生活的过程中形成的。

另外，师范教育课程中的教育实习制度一直以来受到各方面的批评，如时间较短、效果一般、流于形式等。本书认为，教育实习本应该为进入教学实践的师范生提供积累教学决策经验、生成教师实践知识的机会。大学教师教育课程改革的另一个重点就是关注教育实习环节对师范教育效果的重要性。在教育实习的过程中，学生能使教育理论知识与教师实践知识之间形成相互促进、相互补充的关系。在这个过程中，通过学生的教学反思，更有利于培养批判性的思考能力，也有利于不断完善、丰富教师实践知识。

（四）对教师职后培训的启示

目前教师职后培训的一般假设是教师知道得越多，就教得越好。这个简单的想法深刻地影响了关于教师知道什么、教师需要知道什么等相关方面的研究。新手教师在入职后就像被丢进了学校教学情境中"自生自灭"。而大部分学校采用的师傅带徒弟的做法相对而言比较个人化，也很难归纳出一些在一定教学情境中适用的教师实践知识。然而，由学校组织的教师培训、进修等活动，一般由大学、教育研究机构组织。那么针对中小学教师的培训，培训者往往是来自大学的教育教学研究专家。在培训过程中，他们是培训的设计者、实施者、组织者、评价者。这类教师培训的目的就是将大学教师培训课程知识内容及知识结构尽可能多地传授给一线的教师。参与培训的一线教师在培训过程中，将自己作为学生，被期望尽可能多地接受这些知识。然而，事实上，教师在教学实践中真正发挥作用的是教师实践知识，而不是培训者希望他们掌握的书本教育理论知识。由此可见，从教师实践知识出发的教师培训应该让教师自己成为教师培训的中心、重心，而大学教育教学研究者只能作为他们再学习的引导者、帮助者。教师培训的差异主要体现在教师培训的目的、理念假设、内容、过程四个方面。①

　　传统的教师培训模式，希望教师通过参与培训过程，掌握一定的教育、教学理论知识，由此达到改变教师教学决策行为的目的。在这种教师培训理念的指引下，培训的直接目的就是期望教师在培训过程中尽量多、尽量快地习得教育理论知识。在这个过程中，教师培训者没有关注甚至忽略了教育、教学理论知识在教育实践中如何通过教师影响教师教学决策的过程。本书从教师实践知识的角度出发，认为培训的目的应该指向如何改变教师教学决策的行为，而不仅仅是对教育、教学理论知识的掌握程度。教师参与的培训活动就不仅仅需要以课堂、上课的形式给教师讲解教育、教学理论知识，更需要进行案例、课例研究，让教师在培训中学习如何改进、完善自己的教学决策行为，更新教师实践知识。

　　目前的教师培训以教师掌握教育、教学理论知识为出发点，认为教师只要习得了这些理论，就自然而然地会将其运用到教育教学实践中，并能起到改变教师教学决策行为的目的。然而，在教师日常教学实践中，真正影响教师教学决策行为的是教师实践知识。本书研究发现，教师教学决策行为的改变来自于教师在教学自我观察基础上的模仿。教师教学决策行为的改变不仅涉及教师常规性教学决策，也涉及教师直觉性教学决策。其中教师实践知识的五个组成部分都影响着教师的教学决策。由此可见，如果教师培训活动仅仅改变了教师实践知识五个组成部分中的一个成分，在日常教学实践中教师是很难对其教学决策行为进行全面改善的。由此，在教师教学培训中就需要对教师实践知识的五个组成部分进行全方位的、整体的干预与完善。只有这样，教师培训的效果

　　① Osterman, K. F., & Kottkamp, R. B., *Reflective Practice for Educators*: *Improving Schooling through Professional Development*, California: Corwin Press, Inc., 1993.

才能在教师离开培训环境之后，在其日常教学实践中真正发挥作用。

目前教师培训的主要内容是以教育、教学理论知识为主的，即以通过教学决策经验归纳、演绎出来的抽象的、具有概括性的、脱离教学情境的教育理论知识为主。从教师实践知识与教师教学互动决策的关系角度，本书认为，教师培训不应该仅仅关注教育、教学理论知识，而需要将更多的注意力放在教师在教学实践中是如何理解、运用教育教学理论知识上。通过对教师教学决策过程的关注，一方面可以弥补教育、教学理论知识与教师实践之间的鸿沟，另一方面能增加教师实践知识中教育理论知识的比例，以丰富、完善教师实践知识。

从教师实践知识的角度出发，本书认为，教师培训主要内容应该是以更新教师个体实践知识为主，即在培训中如何让教师通过参与教学决策的过程，在学习解决教学问题的过程中，将"如何做""为什么这么做"的知识，通过案例教学、课例分析等方式，重组、建构教师个体实践知识。最后，在以往的教师培训中，教育理论与教师实践是相互分离的。培训者关注的是教师应该掌握哪些知识，而忽视教师在日常教学实践中"如何做""为什么这么做"的知识。本书从教师实践知识的角度出发，认为教育理论与教师教学实践是一体的。那么教师培训应该先从分析教师教学决策行为开始，在此基础上帮助教师学习在日常教学中如何应用教育理论知识来改进自己的教学决策，由此达到完善、更新教师实践知识的目的。即通过教师培训，让教师在自己的教学实践中，具有将教育理论知识转化为教师实践知识的能力。

目前的教师教学培训，尽管采用了多样化的培训方式，如讲解、讨论、个案分析等，然而其主要目的是教育理论知识的传授及教师教学技能的发展。在教师培训中，教学一线的教师处于次要的、被动的、学习者的角色。本书在探究教师实践知识与教师教学决策的基础上，认为教师在职培训应该从教师实践知识的角度出发，将教师教学决策行为的改变，教师实践知识的完善、更新作为一个整体来处理。在这个培训过程中，教师作为完整的、具有主观能动性的个体，培训不仅仅关注其知识的变化，还关注其情感因素、社会因素等，并将教师职后培训与教师教学实践联系在一起。另外，以教师实践知识为出发点的教师培训过程还应该是培训者与一线教师之间互相学习、相互促进的过程，即让教师成为培训主体，与培训者一起决定培训的性质、方式和结果，让他们作为研究者主动地参与到"自我教育"的过程中。另外，在教师在职培训中，教师个体自主的、自发的反思与行动发挥着巨大的作用，是教师改变教师教学决策、更新教师实践知识的主要动力。

根据本书对教师实践知识与教师教学决策互动关系的探究，我们不能仅仅把教师个体专业发展看作外在力量驱使的结果，而应该看作教师内在意义不断建构的过程。如果大学师范教育课程设置将教学视为技术性实践，就会将教师假定为技术操作者，那么教育、教学理论来自大学、研究所等科研机构，教学一线的教师只能通过学习这些理论，才能在教学实践中运用它们。教育理论工作者总是认为，只要教师掌握了足够多的教育、教学理论，他们在教学实践中就能做出有效的、恰当的教学决策。在这个过程中，几乎完全忽略了在教学实践中真正影响教师教学决策和教学质量的教师实践知识。

由此，目前的教师培训大多通过校内、校外教育理论的再学习活动、课程，以期让教师掌握尽可能多的、先进的教育、教学理论。但教育、教学理论知识在教师日常教学中所发挥的作用非常有限，而在日常教学实践中真正影响教师教学决策的是教师实践知识，因为教师教学水平的提高，不能仅仅依靠传授教师一定的教育、教学理论知识。恰恰相反，本书认为，要想提高教师教学水平，首先要提高教师教学反思能力，使教师在教学实践中有能力对自己的教学决策进行观察、分析和研究，由此建构起自己丰富的教师实践知识。其次还需要教师在日常教学中将教育理论知识转化为教师在教师实践中"使用的理论"知识。这个转化的过程是与教师在具体教学情境中的教学决策紧密相关的，也是教师不断完善、更新自己实践知识的过程。

在教育变革、课程改革的过程中，忽视教师实践知识的生成、完善和更新，就不可能真正实现课程改革的目的。由此可见，如果教师职后培训仅仅关注教师教育、教学理论知识部分，是很难真正达到教师培训目的的，即实现教师的专业发展。

第三节 研究反思与后续研究建议

一 研究限制与个人反思

在质性研究中研究者本身作为研究工具,对研究者的素质有较高的要求。研究者自身的素质难免会造成研究数据的搜集、研究资料分析中的一些偏差、误差。

首先,本书探究教师实践知识与教师教学决策之间的互动关系,而笔者作为研究者没有教学实践的经历,也不是十分熟悉高中教学情境,相对缺乏高中教学决策经验与教师实践知识。那么在研究数据收集的过程中难免会忽略与研究议题相关的某些重要田野信息。在研究资料的编码、分析、再整理过程中,难免会趋向"理想化"的状态,对研究参与者真实的教育教学实践造成"曲解"。

其次,本书在分析教师教学决策经验如何转变为教师实践知识及教师实践知识对教师教学决策影响的基础上,探究了教师实践知识与教师教学决策之间的互动关系,由此提出了教师实践知识与教师教学决策之间形成良性互动的关系框架图。但事实上在日常教学实践中,有很多因素阻碍着教师实践知识的完善和更新、教师教学决策质量的提升;也不利于教师实践知识与教师教学决策之间形成良性的互动关系。由此,关于影响教师实践知识与教师教学决策互动的不利因素等相关议题,本书并没有进行深入分析、讨论。

再次,本书选取的 S 高中为了响应市学区资源整合的教育政策,学校历经约三年时间将部分初中教师转入高中部教学。在搜集、整理田野数据的过程中,研究者发现,对于这部分教师来说,他们的教师实践知识的五个组成部分中变化最大的是教师关于教学内容的知识。但在日常教学实践中,由于教学内容知识的变化,教师在教学中面临着巨大的挑战。他们像新手教师一样从模仿开始,再次生成、积累教师实践知识,如本书的参与者 FJH 教师、ZWB 教师、WXF 教师、YLP 教师。在教学决策过程中,这部分教师也像新手教师一样不断面对教学决策各个阶段的变化与挑战。由此可见,在相同的教学情境中,由于教师关于教学内容知识的变化引发了教师实践知识与教师教学决策之间互动关系的巨大变化。那么影响教师实践知识迁移的因素及如何实现教师实践知识的迁移也是值得讨论的研究问题。但由于本书关注教师实践知识与教师教学决策互动关系的探究，没有足够的、充分的田野数据分析关于教师实践知识的迁移问题，这一问题尚待后续进行研究。

最后，研究时间方面的限制。本书关注教师实践知识与教师教学决策之间的互动关系探究，但从新手教师成长为熟练教师、专家型教师需要经历较长的时间，而本书田野数据收集只有几个月时间，不能对教师实践知识与教师教学互动决策之间的互动关系进行纵向的探究。

在质性研究中，研究者个体的教育、生活经历、知识结构、教育教学价值取向等对整个研究具有潜在的、隐性的影响，因此在研究过程中，研究者也不断地反思自己作为研究主体对研究造成了什么样的影响？该如何控制其影响程度？研究的过程又对研究者关于自我的认识、知识结构、研究理念造成了哪些新认识？研究者与研究之间的相互作用又是如何体现在研究文本中的？如何处理它与研究主题的关系？等等。对研究者个体来说，研究的过程也是不断反思的过程。通过研究者在研究过程中的反思，尽量减少由研究者的个人局限给本书研究所带来的不利影响。

二 后续研究建议

本书以某高中教师为例，探究了教师实践知识与教师教学决策之间动态的互动发展过程。在本书分析中教师实践知识与教师教学决策都是以在相同教学环境下的教师个体为单位的。根据对教师实践知识的相关研究不难发现，教师实践知识由于其实践性、情境性、综合性等特征而具有强烈的地域、文化属性，因为教师实践知识是与在一定文化传统中人们分享的概念、符号、知识体系分不开的。或者我们可以说，不同文化体系中的教师分享着不同的教师实践知识。实践性是教师实践知识的基本特性，而教师教学实践是在一定的文化情境中进行的。存在于特定文化场域中的"规则"有些是可见的、外显的，有些是隐蔽的、难以察觉的。在生成、完善、更新教师实践知识的过程中，这些"规则"也不可避免地融入了教师实践知识之中。由此，相同文化中的教师在教学决策行为方面也具有某些共同的特征。那么在相同/不同文化中群体教师实践知识与教师教学决策之间互动关系有何异同及其原因，是本书后续的研究议题之一。

　　本书关注了教师实践知识与教师教学决策之间如何才能形成良性互动关系，并论证了教师实践知识与教师教学决策之间的互动关系，即本书的分析框架。但在日常教学实践中有很多因素影响着教师实践知识与教师教学决策之间的良性互动关系，那么影响教师实践知识与教师教学决策之间良性互动关系的因素有哪些？是如何产生影响的？这些议题是另外值得探究的问题。

　　本书以 S 高中教师为例，探究了教师实践知识与教师教学决策之间的互动关系。由于 S 高中教学情境具有特殊性，本书在搜集、整理田野数据的过程中发现教师实践知识的迁移问题是另一个有趣的、值得探究的后续问题。

参考文献

［德］恩斯特·卡西尔：《人论》，甘阳译，上海译文出版社1985年版。

［美］Carbtree, B. F., & Miller, W. F 编著：《质性方法与研究》，黄惠雯等译，韦伯文化国际出版有限公司2007年版。

Reagan, T. G., Charles, W. C., & Brubacher, J. W.：《成为反思型教师》，沈文钦译，中国轻工业出版社2005年版。

陈惠邦：《教师行动研究》，台北师大书苑1998年版。

陈美玉：《教师专业学习与发展》，台北师大书苑1996年版。

陈向明：《质性研究：反思与评论》，重庆出版社2008年版。

陈向明：《质的研究方法与社会科学研究》，教育科学出版社2000年版。

陈向明：《搭建实践与理论之桥——教师实践性知识研究》，教育科学出版社2011年版。

陈静静：《教师实践性知识论：中日比较研究》，华东师范大学出版社2011年版。

［美］杜威：《确定性的寻求——关于知行关系的研究》，傅统先译，上海世界出版集团2005年版。

范良火：《数学教师知识发展研究》，华东师范大学出版社2003年版。

顾明远：《教育大辞典》（增订合编本·上），上海教育出版社1998年版。

鞠玉翠：《走进教师的生活世界——教师个人实践理论的叙事探究》，复旦大学出版社2004年版。

［美］F. 拉里斯、B. 罗斯曼：《动态教师：教育变革的领导者》，侯

晶晶译，北京师范大学出版社 2006 年版。

林进材：《教师教学反思——理论、研究与应用》，高雄复文图书出版社 1997 年版。

刘良华：《校本行动研究》，四川教育出版社 2002 年版。

刘清华：《教师知识的模型建构研究》，中国社会科学出版社 2004 年版。

［美］罗蒂：《实用主义哲学》，林南译，上海译文出版社 2009 年版。

刘清华：《教师知识的模型建构研究》，中国社会科学出版社 2004 年版。

［加］马克斯·范梅南：《教学机智——教育智慧的意蕴》，李树英译，教育科学出版社 2001 年版。

［美］斯科特·普劳斯：《决策与判断》，施俊琦、王星译，人民邮电出版社 2004 年版。

徐碧美：《追求卓越——教师专业发展案例研究》，人民教育出版社 2003 年版。

叶澜、白益民：《教师角色与教师发展新探》，教育科学出版社 2001 年版。

庄锦英：《决策心理学》，上海教育出版社 2006 年版。

［日］佐藤学：《课程与教师》，钟启泉译，教育科学出版社 2003 年版。

郭玉霞：《教师的实务知识——一位国民小学初任教师的个案研究》，高雄复文图书出版社 1997 年版。

施良方：《课程理论：课程的基础、原理与问题》，教育科学出版社 1996 年版。

宋德云：《教师教学决策》，重庆大学出版社 2010 年版。

单文经：《教师专业知能的性质初探》，师大书苑 1999 年版。

陈静静：《教师实践性知识论：中日比较研究》，华东师范大学出版社 2011 年版。

［美］赫伯特：《决策制定与管理型组织》，钟汉青等译，华人戴明学院 1997 年版。

陈向明：《实践性知识：教师专业发展的知识基础》，《北京大学教育评论》2003 年第 1 期。

陈向明：《对教师实践性知识构成要素的探讨》，《教育研究》2009 年第 10 期。

操太圣、卢乃桂：《论教师专业性的提升》，《高等教育研究》2005 年第 1 期。

何巧艳、皇甫全：《教师课程决策本性的文化分析》，《西北师范大学学报》（社会科学版）2009 年第 46 卷第 5 期。

黄小莲：《教学决策水平：教师专业成长的标志》，《课程·教材·教法》2010 年第 3 期。

李琼、倪玉菁：《从知识观的转型看教师专业发展的角色之嬗变》，《华东师范大学学报》（教育科学版）2004 年第 4 期。

李琼、倪玉菁：《西方不同路向的教师知识研究述评》，《比较教育研究》2006 年第 5 期。

林崇德、申继亮、辛涛：《教师素质的构成及其培养途径》，《中国教育学刊》1996 年第 6 期。

［加］马克斯·范梅南：《教育敏感性和教师行动中的实践知识》，《北京大学教育评论》2008 第 1 期。

潘洪建：《知识本质：内在、开放、动态——新知识观的思考》，《教育理论与实践》2003 年第 2 期。

宋广文、魏淑华：《论教师专业发展》，《教育研究》2005 年第 7 期。

杨豫晖、宋乃庆：《教师教学决策的主要问题及其思考》，《教育研究》2010 年第 9 期。

叶澜：《思维在断裂处穿行——教育理论与实践关系的再寻找》，《中国教育学刊》2001 年第 4 期。

张朝珍：《教师教学决策的认识论根源探析》，《河北师范大学学报》2010 年第 4 期。

张立昌：《"教师个人知识"：涵义、特征及其自我更新的构想》，《教育理论与实践》2002 年第 10 期。

赵昌木：《教师成长：实践知识和智能的形成及发展》，《教育研究》2004 年第 5 期。

钟启泉：《教师研修的模式与体制》，《全球教育展望》2001 年第 7 期。

朱光明、陈向明：《教育叙事探究与现象学研究之比较》，《北京大学教育评论》2008 年第 1 期。

邹斌、陈向明：《教师知识概念的溯源》，《课程·教材·教法》2005年第 6 期。

邹顺宏：《直觉思维探析》，《哈尔滨学院学报》2004 年第 3 期。

姜美玲：《教师实践性知识研究》，博士学位论文，华东师范大学，2006 年。

余文森：《个体知识与公共知识——课程变革的知识基础研究》，博士学位论文，西南大学，2007 年。

张立忠：《课堂教学视域下的教师实践性知识研究》，博士学位论文，东北师范大学，2011 年。

张立新：《教师实践性知识形成机制研究——基于教师生活史的视角》，博士学位论文，上海师范大学，2008 年。

Allonache, P. , Bewich, G. , & Ivey, M. "Decision Workshops for the Improvement of Decision-making Skills confidence. " *Journal of Counseling and Development*, 1989, 67: 478 – 481.

Allwright, D. "Exploratory Practice: Rethinking Practitioner Research in Language Teaching. " *Language Teaching Research*, 2003, 7 (2): 113 – 141.

Anderson, L. W. *Classroom Assessment: Enhancing the Quality of Teacher Decision Making*. London: Lawrence Erlbaum Associates, 2003.

Arends, R. I. "Beginning Teachers as Learners. " *Journal of Educational Research*, 1983, 76 (4): 235 – 242.

Abernathy, C. M. & Hamm, R. M. , *Surgical Intuition: What It Is and How to Get It*. Philadelphia: Hanley & Belfus, 1994.

Argyris, C. *Reasoning, Learning, and Action*. San Francisco: Jossey-Bass, 1982.

Argyris, C. "Actionable Knowledge: Design Causality in the Service of Consequential Theory. " *The Journal of Applied Behavioral Science*, 1996, 32 (4): 390 – 406.

Argyris, C. , & Schön, D. A. "*Theory in Practice: Increasing Professional*

Effectiveness. " San Francisco: Jossery-Bass Inc. , 1974.

Argyris, C. , & Schön, D. A. *Organizational Learning* II . MA: Addison Wesley, 1996.

Ashbaugh, C. R. , & Kasten, K. "Educating the Reflective School Leader." *Journal of School Leadership*, 1993, 3 (2): 152 – 164.

Atkinson, T. "Learning to Teach: Intuition, Reason and Reflection." In T. Atkinson & G. Castleton (eds.) . *The Intuitive Practitioner* . Buckingham: Open University Press, 2000, pp. 69 – 83.

Bailin, S. , Case. R. , Coombs, J. , & Daniels, L. *Operationalizing Critical Thinking: A Curriculum, Instruction and Assessment Model.* Paper presented at the Canadian Learned Societies Annual Conference, University of Alberta, 1994.

Baron, J. , & Brown, P. V. *Teaching Decision Making to Adolescents.* New Jersey: Lawrence Erlbaum Associates, 1991.

Bartelheim, F. J. , District, W. C. S. , Reno, N. , & Evans, S. "The Presence of Reflective-Practive Indicators in Special Education Resource Teachers' Instruction Decision Making." *The Journal of Special Education*, 1993, 27 (3): 338 – 347.

Beijaard, D. , & Verloop, N. "Assessing Teachers' Practical Knowledge." *Studies in Educational Evaluation*, 1996, 22 (3): 275 – 286.

Bengtsson, J. "Possibilities and Limits of Self-reflection in the Teaching Profession." *Philosophy and Education*, 2003, 22: 295 – 316.

Bennett, C. "The Teachers as Decision Maker Program: An Alternative for Career Change Preservice Teachers." *Journal of Teacher Education*, 1991, 42 (2): 119 – 130.

Ben-Peretz, M. "Teacher Knowledge: What Is It? How Do We Uncover It? What Are Its Implications for Schooling?" *Teaching and Teacher Education*, 2011, 27: 3 – 9.

Berliner, D. C. "Ways of Thinking about Students and Classrooms by more and less Experienced Teachers." In Calderhead, J. (ed.) . *Exploring Teacher's Thinking* . London: Cassell, 1987, pp. 60 – 83.

Berliner, D. C. "Teacher Expertise." In L. W. Anderson (ed.) . *International Encyclopedia of Teaching and Teacher Education* . Cambridge: Cambridge University, 1995, pp. 46 – 51.

Black, A. L. & Halliwell, G. "Accessing Practical Knowledge: How? Why?" *Teaching and Teacher Education*, 2000, 16 (1): 103 – 115.

Bobbit, J. J. "The New Technique of Curriculum Making." *The Elementary School Journal*, 1924, 25 (1): 45 – 54.

Bordo, H., Shavelson, R. J., & Stern, P. "Teachers' Decision in the Planning of Reading Instruction." *Reading Research Quarterly*, 1981, 16 (3): 449 – 466.

Bransford, J. D., & Stein, B. S. *The IDEAL Problem Solver: A Guide for Improving Thinking, Learning, and Creativity.* New York: W. H. Freeman and Co, 1984.

Brockbank, A., & McGill, I. *Facilitating Reflective Learning in Higher Education.* London: McGraw-Hill, 2007.

Brookfield, S. D. *Becoming a Critically Reflective Teacher.* San Francisco: Jossey-Bass Publishers, 1995.

Brown, L., & Coles, A. "Complex Decision-making in the Classroom: The Teachers as an Intuitive Practitioner." In T. Atkinson & G. Claxton (eds.) . *The Intuitive Practitioner: On the Value of Not Always Knowing What One Is Doing* . Buckingham: Open University Press, 2000, pp. 165 – 181.

Brubaker, D. L., & Simon, L. H. *Teacher as Decision Maker: Real-life Cases to Home Your People Skills.* New York: SAGE, 1993.

Bruce, R. *Enpowering Teachers Restructuring Schools for the 21st Century.* Lanham: University Press of America, Inc., 1991.

Bruner, J. S. *Actual Minds, Possible World.* Cambridge: Harvard University Press, 1986.

Bullough, R. V. "Teacher Education and Teacher Reflectivity." *Jouranl of Teacher Education*, 1989, 40 (2): 15 – 21.

Calderhead, J. A. "Psychological Approach to Research on Teachers'

Classroom Decision-making. " *British Education Research Journal*, 1981, 7 (1): 51 – 57.

Calderhead, J. "Reflective Teaching and Teacher Education. " *Teaching and Teacher Education*, 1989, 5 (1): 43 – 51.

Calderhead, J. "The Nature and Growth of Knowledge in Student Teaching. " *Teaching and Teacher Education*, 1991, 7 (5 – 6): 531 – 535.

Calderhead, J. "Images of Teaching: Student Teachers' Early Conceptions of Classroom Practice. " *Teaching and Teacher Education*, 1991, 7 (1): 1 – 8.

Calderhead, J., & Gates, P. *Conceptualizing Reflection in Teacher Education*. Washington, D. C. : The Falmer Press, 1993.

Carol Anne Wien. *Developmentally Appropriate Practice in " Real Life"* . New York, NY: Teachers College Press, 1995.

Case, K. I. *Rural School Reform: Teacher Decision Making and Cognitive Constraints*. Paper Presented at the Annual Convention of the National Rural Education Association, Burlington, VT. , 1993.

Chen, S. F. *Creating Developmentally Appropriate Curricula: Preschool Teachers' Decision-making Processes*. Paper Presented at the Annual Meeting of the American Educational Research Association, San Diego, CA. , 1998.

Clandinin, D. J. "Personal Practical Knowledge: A Study of Teachers' Classroom Images. " *Curriculum Inquiry*, 1985, 15 (4): 361 – 385.

Clandinin, D. & Connelly, F. "Teacher's Personal Knowledge: What Counts as Personal in Studies of the Personal. " *Journal of Curriculum Studies*, 1987, 19: 487 – 500.

Clandinin, D. J. "Developing Rhythm in Teaching: The Narrative Study of a Beginning Teacher's Personal Practical Knowledge of Classrooms. " *Curriculum Inquiry*, 1989, 19 (2): 121 – 141.

Clark, C. "Asking the Right Questions about Teacher Preparation: Contributions of Research on Teacher Thinking. " *Educational Researcher*,

1988, 17 (2): 5 – 12.

Clark, C. , & Peterson, P. "Teachers' Thought Processes. " In M. With-rock (ed.). *Handbook of Research on Teaching* (3rd ed.) . New York: Macmillan, 1986, pp. 255 – 296.

Cochran-Smith, M. , & Lytle, S. L. *Inside/Outside: Teacher Research and Knowledge.* New York: Teachers College Press, 1993.

Coleman, L. J. "A method of Studying the Professional Practical Knowl-edge of Service Providers. " *Journal of Early Intervention*, 1993, 17 (1): 21 – 29.

Colton, A. , & Sparke-Langer, G. "A Conceptual Framework to Guide the Development of Teacher Reflection and Decision Making. " *Journal of Teacher Education*, 1993, 44 (1): 45 – 54.

Cochran-Smith, M. , & Lytle, S. L. "Relationship of Knowledge and Prac-tice: Teacher Learning in Communities. " *Review of Research in Educa-tion*, 1999, 24: 249 – 305.

Cochran-Smith, M. "Learning to Teach for Social Justice. " In G. Griffin (ed.) . 98th yearbook of NSSE: *Teacher Education for a New Century: Emerging Perspectives, Promising Practices, and Future Possibilities.* Chi-cago: University of Chicago Press, 1999.

Confrey, J. , & Carrejo, D. *A Content Analysis of Exit Level Mathematics on the Texas Assessment of Academic Skills: Addressing the Issue of Instruction-al Decision-making in Texas.* Paper presented at the Annual Meeting of the North American chapter of the international group for the psychology of mathcmatics education, Athens, GA. , 2002.

Connelly, F. M. "The Functions of Curriculum Development. " *Inter-change.* 1972, 3 (2 – 3): 161 – 177.

Connelly, F. M. , & Clandinin, D. J. *Teachers as Curriculum Planners: Narratives of Experience.* New York: Teachers College, 1988, pp. 2 – 14.

Connelly, F. M. , & Clandinin, D. J. "Teacher's Professional Knowledge Landscapes: Sceret, Scared, and Cover stories. " In D. J. Clandinin &

F. M. Connelly (eds.) . *Teacher's Professional Knowledge Landscapes*. New York: Teacher College Press, 1995, pp. 3 – 15.

Connelly, F. M. , Clandinin, D. J. , & He, M. F. "Teachers' Personal Practical Knowledge in the Professional Knowledge Landscape. " *Teaching and Teacher Education*, 1997, 13 (7): 665 – 674.

Copeland, W. D. , Bermingham, C. , Cruz, E. D. L. , & Lewin, B. "The Reflective Practitioner in Teaching: Toward a Research Agenda. " *Teaching and Teacher Education*, 1993, 9 (4): 347 – 359.

Copeland, W. D. , Brimingham, C. , Demeulle, L. , Emidio-Caston, M. D. , & Natal, D. "Making Meaning in Classrooms: An Investigation of Cognitive Processes in Aspiring Teachers, Experienced Teachers, and Their Peers. " *American Educational Research Journal*, 1994, 31 (1): 166 – 196.

Craig, C. J. "Why Is Dissemination so Difficult? The Nature of Teacher Knowledge and the Spread of Curriculum Reform. " *American Educational Research Journal*, 2006 43 (2): 257 – 293.

Craig, C. J. "Reflective Practice in the Professions: Teaching. " In N. Lyons (ed.) . *Handbook of Reflection and Reflection Inquiry: Mapping a Way of Knowing for Professional Reflective Inquiry* . New York: Springer, 2010, pp. 189 – 214.

Daniel, R. W. , & Shay, P. *Teachers Attitudes toward School based decision Making* (ED391791) . Kentucky: Educational Resources Information Center, 1995.

Darling-Hammond, L. *Powerful Teacher Education*. San Francisco: Jossey-Bass, 2006.

Darling-Hammond, L. , & Berry, B. *The Evoluation of Teacher Policy*. Santa Monica: The RAND Corporation, 1988.

Darling-Hammond, L. , & McLaughlin, M. W. "Policies That Support Professional Development in An Era of Reform. " *Phi Delta Kappan*, 1995, 76 (8): 597 – 604.

Day, C. *Developing Teachers: The Challenges of Lifelong Learning.* London: Falmer Press, 1999.

Day, C. "Professional Development and Reflective Practice: Purpose, Processes and Partnerships." *Pedagogy, Culture & Society*, 1999, 7 (2): 221 –233.

Deway, J. *Experience and Education.* New York: MacMillan, 1929.

Deway, J. *How We Think: A Restatement of the Relation of Reflective Thinking to the Educative Process.* Boston: Heath, 1933.

Dewey, J. *How We Think.* Boston: D. C. Heath, 1910.

Dinkelman, T. "An Inquiry into the Development of Critical Reflection on Secondary Student Teachers." *Teaching and Teacher Education*, 1999, 16: 195 –222.

Dixon, N. *Common Knowledge: How Companies Thrive by Sharing What They Know.* Boston: Harvard Business School Press, 2000.

Driel, J. H. V., Beijaard, D., & Verloop, N. "Professional Development and Reform in Science Education: The Role of Teachers' Practical Knowledge." *Journal of Research in Science Teaching*, 2001, 38 (2): 137 –158.

Donmyer, R. "The Concept of a Knowledge Base." In F. Murray (ed.). *The Teacher Educator's Handbook.* San Francisco: Jossey-Bass, 1996, pp. 92 –119.

Duffee, L, & Aikenhead, G. "Curriculum Change, Student Evaluation, and Teacher Practical Knowledge." *Science education*, 1992, 76 (5): 493 –506.

Ediger, M. *Reading Instruction: Decision Making by the Teacher* (No. ED478 825). New York: ERIC, 2002.

Eggleston, J. "Editorial Introduction: Making Decisions in the Classroom." In J. Eggleston (ed.). *Teacher Decision-making in the Classroom*. London: Routledge & Kegan Paul, 1979, pp. 1 –7.

Eggleston, J. "Teacher Decision Making in the Classroom." *European Journal of Education*, 1979, 14 (3): 273 –276.

Eick, C. & Dias, M. "Building the Authority of Experience in Communities of Practice: The Development of Preservice Teachers' Practical Knowledge through Coteaching in Inquiry Classrooms. " *Science Education*, 2005, 89 (3): 470 – 491.

Elbaz, F. "The Teacher's "Practical Knowledge": Report of A Case Study. " Curriculum Inquiry, 1981, 11 (1): 43 – 71.

Elbaz, F. *Teacher Thinking: A Study of Practical Knowledge.* London: Croom Helm, 1983.

Elbaz, F. "Critical Reflectionon Teaching: Insights from Freire. " *Journal of Education for Teaching: International Teacher Education*, 1988, 14 (2): 171 – 181.

Elbaz, F. "Knowledge and Discourse: The Evolution of Research on Teacher Thinking. " In C. Day, M. Pope & P. Denicolo (eds.). *Insights into Teachers' Thinking and Practice*. New York: The Falmer Press, 1990, pp. 15 – 43.

Elbaz, F. "Knowledge and Discourse: The Evolution of Research on Teaching. " *Journal of Curriculum Studies*, 1991, 23 (2): 1 – 19.

Eliott, J. "A Model of Professional and Its Implications for Teacher Education. " *British Educational Research Journal*, 1991, 17 (4): 308 – 318.

Emira, M. "Leading to Decide or Deciding to Lead? Understanding the Relationship between Teacher Leadership and Decision Making. " *Educational Mangement Administration & Leadership*, 2010, 38 (5): 591 – 612.

Ennis, R. "A Taxonomy of Critical Thinking Dispositions and Abilities. " In J. Baron & R. Sternberg (eds.). *Teaching Thinking Skills: Theory and Practice* (pp. 1 – 10). New York: Freeman, 1987.

Epstein, S. *Intuitive from the Perspective of Cognitive Experiential Self-theory.* Paper presented at the 5th Heidelberg Meeting on Judgment and Decision Processes, 2004.

Eraut, M. "Schön Shock: A Case for Reframing Reflection-in-action. " *Teachers and Teaching: Theory and Practice*, 1995, 1 (1): 9 – 22.

Fairbanks, C. M. , Duffy, G. G. , Faircloth, B. S. , He, Y. , Levin, B. , Rohr, J. & Stein, C. "Beyong Knowledge: Exploring Why Some Teachers Are More Thoughtful Adaptive than Others. " *Journal of Teacher Education*, 2010, 6 (1 - 2): 161 - 171.

Feiman-Nemser, S. "Teacher Preparation: Structural and Conceptual Alternatives. " In W. R. Houston (ed.) . *Handbook of Research on Teacher Education* (pp. 212 - 233) . New York: Macmillan, 1990.

Feiman-Nemser, S. , & Remillard, J. "Perspectives on Learning to Teach. " In F. Murray (ed.) . *The Teacher Educator's Handbook* (pp. 63 - 91) . San Francisco: Jossey - Bass, 1996.

Fenstermacher, G. D. "A philosophical Consideration of Recent research on Teacher Effectiveness. " In L. Shulman (ed.) . *Review of Research in Education* (pp. 157 - 185) . Itasca: F. E. Peacock, 1978.

Fenstermacher, G. D. "The Knower and the Known: The Nature of Knowledge in Research on teaching. " In L. Darling-Hammond (ed.) . *Review of research in education* (pp. 27 - 28) . Washington, DC: American Educational Research Association, 1994.

Fitzgibbons, R. *Making Educational Decisions: An Introduction to Philosophy of Education.* Orlando: FL: Harcourt Brace, 1981.

Francis, D. "The Reflective Journal: A Window to Preservice Teachers' Practical Knowledge. " *Teaching and Teacher Education*, 1995, 11 (3): 229 - 241.

Freeman, D. & Johnson, K. E. "Reconceptualizing the Knowledge-based of Language Teacher Education. " *TESOL Quarterly*, 1998, 32 (3): 397 - 417.

Freese, A. R. "The Role of Reflection on Preservice Teacher's Development in the Context of a Professional Development School. " *Teaching and Teacher Education*, 1999, 15: 895 - 909.

Freese, A. R. "Reframing One's Teaching: Discovering Our Teacher Selves through Reflection and Inquiry. " *Teaching and Teacher Education*, 2006, 22 (1): 100 - 119.

Freire, P. Pedagogy of the Oppressed. Harmonds-worth: Penguin, 1972.

Freire, P. *Education for Critical Consciousness.* New York: The Continuum Publishing Company, 1973.

Gage, N. L. *The Scientific Basis of the Art of Teaching.* New York: Teachers College Press, 1985.

Gardner, W. E. "Preface. In M. C. Reynolds (ed.). *Knowledge Base for the Beginning Teacher* (pp. ix-xii). New York: Bergin & Garvey, 1989.

Gerber, R. "Practical Knowledge in Workplace Learning." In G. Castleton (ed.), *Improving Workplace Learning* (pp. 123 – 134). Nova Science Publishers, Inc., 2006.

Gerber, R., & Wells, K. *Using Practical Knowledge to Promote Working together in Australian Society.* Paper presented at the Post-compulsory education and training conference : volume one (pp. 82 – 87). Gold Coast, Australia, December, 2000.

Ghaye, A., & Ghaye, K. *Teaching and Learning through Critical Reflective Practice.* London: Falmer Press, 1998.

Gholami, K., & Husu, J. "How Do Teachers Reason about Their Practice? Representing the Epistemic Nature of Teachers' Practical Knowledge." *Teaching and Teacher Education: An International Journal of Research and Studies,* 2010, 26 (8): 1520 – 1529.

Gibbons, M., Limoges, C., Nowotny, H., Schwartzman, S., Scott, P., & Trow, M. *The New Production of Knowledge.* London: Sage, 1994.

Giroux, H. A. *Teachers as Intellectuals: Toward a Critical Pedagogy of Learning.* New York: Bergin & Garvey, 1988.

Goetz, J., & LeCompte, M. "Ethnographic Research and the Problem of Data Reduction." *Anthropology and Education Quarterly,* 1982, 12: 51 – 70.

Golombek, P. R. "A Study of Language Teachers' Personal Practical Knowledge." *TESOL Quarterly,* 1998, 32 (3): 447 – 64.

Good, T., & Brophy, J. *Looking into Classroom* (9th ed.). Boston: Pearson, Allyn & Bacon, 2003.

Goodlad, J. I. *Curriculum Inquiry: The Study of Curriculum Practice.* New York: McGraw Hill Book Company, 1979.

Gore, J. M., & Zeichner, K. M. "Action Research and Reflective Teaching in Preservice Teacher Education: A Case Study from the United States." *Teaching and Teacher Education*, 1991, 7 (2): 119 – 136.

Greenhow, C., Dexter, S., & Hughes, J. E. "Teacher Knowledge about Technology Integration: An Examination of Inservice and Preservice Teachers' Instructional Decision-making." *Science Education International*, 2008, 19 (1): 9 – 25.

Greenwood, G. E., & Fillmer, H. T. "*Educational Psychology Cases for Teacher Decision-making.*" New Jersey: Prentice-Hall, Inc., 1999.

Griffiths, M., & Tann, S. "Using Reflective Practice to Link Personal and Public Theories." *Journal of Education for Teaching*, 1992, 18 (1): 69 – 84.

Griffiths, V. "The Reflective Dimension in Teacher Education." *International Journal of Educational Research*, 2000, 33 (1): 539 – 555.

Grimmett, P. P. "A Commentary on Schön's View of Reflection. *Journal of Curriculum & Supervision*, 1989, 5 (1): 19 – 28.

Grimmett, P., MacKinnon, A., Erickson, G., & Riecken, T. "Reflective Practice in Teacher Education." In R. T. Clift, W. R. Houston & M. Pugach (eds.). *Encouraging Reflective Practice: An analysis of issues and programmes* (pp. 20-38). New York: Teachers College Press, 1990.

Grimmtee, P. P., & Neufeld, J. *Teacher Development and the Struggle for Authenticity: Professional Growth and Restructuring in the Context of Change.* New York: Teachers College Press, 1994.

Grossman, P. L. *A Study of Contrast: Sources of Pedagogical Content Knowledge for Secondary English.* Ann Arbor: UMI Dissertation Servises, 1988.

Grossman, P. L. "A Study in Contrast: Source of Pedagogical Content Knowledge for Secondary English Teachers. " *Journal of Teacher Educa-*

tion, 1989, 40 (5): 24 – 31.

Grossman, P. L. "Teacher's knowledge." In T., Husen & T. N., Postlethwaite (eds.) . *The International Encyclopedia of Education* (pp. 6117 – 6122) . Oxford: Pergamon Press, 1994.

Gunter, M. A., Estes, T. H., & Schwab, J. *Instruction: A Model Approach.* Boston: Allyn and Bacon, 1999.

Habermas. J. *Knowledge and Human Interests.* Boston: Beacon Press, 1972.

Hagon, L. K. "Reflection and Professional Knowledge: A Conceptual Framework." In C. Day, M. Pope & P. Denicolo (eds.) . *Insights into Teachers' Thinking and Practice* (pp. 57 – 71). New York: The Palmer Press, 1990.

Hammond, K. R. *Human Judgment and Social Policy: Irreducible Uncertainty, Inevitable Error, Unavoidable Injustice.* New York: Oxford University Press, 1996.

Handal, G., & Lauvas, P. *Promoting Reflective Thinking: Supervision in Action.* Boston: Open University Press, 1987.

Handal, G., & Lauvas, P. *Promoting Reflective Teaching: Supervision in practice* (p. 7) . Milton Keynes: SRHE and Open University Educational Enterprises, 1987.

Hannay, L. M. "Strategies for Facilitating Reflective Practice: The Role of Staff Developers." *Journal of Staff Development*, 1994, 15 (3): 22 – 26.

Hargreaves, A., & Fullan, M. G. *Understanding Teacher Development.* New York: Teachers College Press, 1992.

Hargreaves, A. "Transforming Knowledge: Blurring the Boundaries between Research, Policy and Practice." *Educational Evaluation and Policy Analysis*, 1996, 18: 161 – 178.

Hargreaves, A. & Fullan, M. G. *Understanding Teacher Development.* London: Cassell, 1991.

Hart, A. W. "Effective Administration through Reflective Practice." *Edu-*

cation and Urban Society, 1990, 22（2）: 153 – 169.

Hastie, R. "Problems for Judgment and Decision Making." *Annual Review of Psychology*, 2001, 52（1）: 653 – 683.

Hatton, N., & Smith, D. "Reflection in Teacher Education: Towards Definition and Implementation." *Teaching and Teacher Education*, 1995, 11（1）: 33 – 49.

Havnes, A. "Talk, Planning and Decision Making in Interdisciplinary Teacher Teams: A Case Study." *Teachers and Teaching: Theory and Practice*, 2009, 15（1）: 155 – 176.

Heish, Y., & Spodek, B. *"Educational Principles Underlying the Classroom Decision-making of Two Kindergarten Teachers."* Paper presented at the Annual meeting of the American educational research association, San Francisco, CA, April 18 – 22, 1995.

Henderson, J. G. *"Reflective Teaching: Becoming an Inquiring Educator."* New York: Macmillan Publishing Company, 1992. 1 – 26

Henry, M. A. *Differentiating the Expert and Experienced Teacher: Quantitative Differences in Instructional Decision Making.* Paper presented at the Annual Meeting of the American Association of Colleges for teacher education, Chicago, IL., February 16 – 19, 1994.

Hmelo-Silver, C., Nagarajan, A., & Day, R. " 'It's harder than we thought it would be': A Comparative Case Study of Exper-novice Experimentation Strategies." *Science Education*, 2002, 86（2）: 219 – 243.

Howell, K. W., & Nolet, V. *Curriculum-based Evaluation: Teaching and Decision Making.* Australia: Wadsworth, 1999.

Huberman, M. "Moving Mainstream: Taking a Closer Look at Teacher Research." *Language Arts*, 1996, 73: 124 – 140.

Hunter, M. "Knowing, Teaching, and Supervising." In P. Hosford（ed.）. *Using What We Know about Teaching*（pp. 169 – 203）. Alexandria, VA: Association for Supervision and Curriculum Development, 1984.

Jackson, P. W. *Life in Classroom.* London: Holt, Rinehart and Winston,

Inc. , 1968.

Jackson, P. W. *The Practice of Teaching*. New York: Teachers College Press, 1986.

Jay, J. K. , & Johnson, K. L. "Capturing Complexity: A Typology of Reflective Practice for Teacher Education. " *Teaching and Teacher Education*, 2002, 18 (1): 73 –85.

John, M. T. , & Norton, R. *Practice Makes Perfect: Prospective Teachers Develop Skills*. Paper presented at the Annual meeting of the American association of college for teacher education, New Orleans, LA, February 25 –28, 1998.

John, P. J. (2000). "Awareness and Intuition: How Student Teachers Read Their Own Lessons. " In T. Atkinson & G. Claxton (eds.). *The Intuitive Practitioner* (pp. 84 – 106). Buckingham: Open University Press.

John, P. J. "Awareness and Intuition: How Student Teachers Read Their Own Lessons. " In T. Atkinson & G. Claxton (eds.). *The Intuitive Practitioner* (pp. 84-106). Buckingham: Open University Press, 2000.

Johnson, M. J. , & Pajares, F. When Shared Decision Making Works: A 3 – years Longitudinal Study. *American Educational Research Journal*, 1996, 33 (3): 599 –627.

Kabasakal, H. E. Contribution of a Problem Formulation Model and Decision Making Steps to Solution Quality: A Classroom Experiment. *Journal of Management Education*, 1989, 13 (4): 68 –77.

Kagan, D. M. "Implications of Research on Teacher Belief. " *Educational Psychologist*, 1992, 27 (1): 65 –90.

Karen, F. O. , & Robert, B. K. *Improving Schooling through Professional Development*. California: Corwin Press Inc. , 1999.

Killion, J. , & Todnem, G. "A Process for Personal Theory Building. " *Education Leadership*, 1991, 48 (6): 14 –16.

Kinsella, E. A. "Embodied Reflection and the Epistemology of Reflective Practice. " *Journal of Philosophy of Education*, 2007, 41 (3):

395 – 409.

Kirkwood, T. F. "Teaching about Japan: Global Perspective in Teacher Decision Making, Context and Practice. " *Theory and Research in Social Education*, 2002, 30 (1): 88 – 115.

Kitchener, K. S. , & King, P. M. "Refelective Judgement: Concepts of Justification and Their Relationship to Age and Education. " *Journal of Applied Developmental Psychology*, 1981, (2): 89 – 116.

Kjørstad, M. Opening the Black Box-mobilizing Practical Knowledge in Social Research. *Qualitative Social Work*, 2000, 7 (2): 143 – 161.

Klein, J. , & Weiss, I. "Towards an Integration of Intuitive and Systematic Decision Making in Education. " *Journal of Educational Administration*, 2007, 45 (3): 265 – 277.

Klimczak, A. K. *Teacher Decision Making Regarding Content Structure: A Study of Novice and Experience Teachers.* Paper presented at the Annual national convention of the association for educational communications and technology, Anaheim, CA. , October 17, 1995.

Komf, M. , & Bond, W. R. *Through the Looking Glass: Some Criticisms of Reflection.* Paper presented at the Annual Meeting of the American Educational Research Association, San Francisco, April 18 – 22, 1995.

Korthagen, F. A. J. "Two Modes of Reflection. " *Teaching and Teacher Education*, 1993, 9 (3): 317 – 326.

Korthagen, F. A. J. , & Wubbels, T. "Characteristics of Reflective Practitioners: Towards an Operationalization of the Concept of Reflection. " *Teachers and Teaching: Theory and Practice*, 1995, 1 (1): 51 – 72.

Korthagen, F. , & Wubbels, T. "Leaning Form Practice. " In F. Korthagen, J. B. Koster, Lagerwerf & T. Wubbels (eds.). *Linking Practice and Theory: The Pedagogy of Realistic Teacher Education* (pp. 32 – 50) . New Jersey: Lawrener Erlbaum Associates Publications, 2001.

Kristjánsson, K. "Smoothing It: Some Aristotelian Misgivings about the Phronesis-praxis Perspective on Education. " *Educational Philosophy and Theory*, 2005, 37 (4): 455 – 473.

Labbo, L. *Narrative Discourse as Qualitative Inquiry*: *A Whole Language Teacher's Decision Making Process.* Paper presented at the Annual Qualitative Research Conference, Athens, GA. , June, 1995.

Lampert, M. , & Ball, D. *Teaching*, *Multimedia*, *and Mathematics*: *Investigations of Real Practice.* New York: Teachers College Press, 1998.

Larrivee, B. "Transforming Teaching Practice: Becoming the Critically Reflective Teacher. " *Reflective Practice*, 2000, 1 (3): 293 – 307.

Larsson, S. *Initial Encounters in Formal Adult Education*: *On Decision Making in the Classroom* (ISSN – 0282 – 2156) . Goteborg: Department of Education, Goteborg University, 1990.

Lederman, N. G. , & Niess, M. L. "Action Research: Our Actions May Speak Louder than Our Words. " *School Science and Mathematics*, 1997, 97 (8): 397 – 399.

Lieberman, A. " On Teacher Empowerment: A Conversation with Ann Lieberman. " *Educational Leadership*, 1989, 46 (8): 24 – 28.

Liberman, A. , & Miller, L. " Problems and Possibilities of Institutionalizing Teacher Research. " In S. Hollingsworth & H. Socket (eds.) . *Teacher Research and Educational Reform* (pp. 204 – 220) . Chicago: University of Chicago Press, 1994.

Liou, H. C. "Reflective Practice in a Pre-service Teacher Education Program for High School English Teachers in Taiwan. " *System*, 2001, 29 (2): 197 – 208.

Lipman, N. " Critical Thinking: What Can It Be?" *Analysis Teaching* , 1988, (8): 5 – 12.

Lipman, P. "Restructuring in Context: A Case Study of Teacher Participation and the Dynamics of Ideology, Race, and Power. " *American Educational Research Journal*, 1997, 34 (1): 3 – 38.

Little, J. W. & McLaughlin, M. *Teacher's Work*: *Individuals, Colleagues, and Contexts.* New York: Teachers College Press, 1993.

Lonergan, B. *Insight*: *A Study of Human Understanding.* New York: Philosophical Library, 1957.

Loughran, J. H. "Effective Reflective Practice: In Search of Meaning in Learning about Teaching." *Journal of Teacher Education*, 2002, 53 (1): 33 –43.

Lyons, N. "Reflection and Reflective Inquiry: What Future?" In N. Lyons (ed.). *Handbook of Reflection and Reflection Inquiry: Mapping a Way of Knowing for Professional Reflective Inquiry* (pp. 571 – 578). New York: Springer, 2010.

Lytle, S., & Cochran-Smith, M. "Teacher Research as a Way of Knowing." *Harvard Educational Review*, 1992, 62: 447 –474.

Mackinnon, A. M., & Grunau, H. "Teacher Development and the Struggle for Authenticity: Professional Growth and Restructuring in the Context of Change." In P. P. Grimmett & J. Neufeld (eds.). *Teacher Development and the Struggle for Authenticity: Professional Growth and Restructuring in the Context of Change* (pp. 165 – 192). New York: Teachers College Press, 1994.

Manouchehri, A. "Developing Teaching Knowledge through Peer Discourse." *Teaching and Teacher Education*, 2002, 18: 715 –737.

Mark, A. S. "Teacher Participation in School Decision Making: Assessing Willingness to Participate." *Educational Evaluation and Policy Analysis*, 1992, 14 (1), 53 –67.

Merriam, S. B. *Qualitative Research: A Guide to Design and Implementation.* United States: Jossey-Bass, 2009.

Marton, F. "Phenomenography: A Research Approach to Investigating Different Understandings of Reality." *Journal of Thought*, 1986, 21: 28 – 49.

McGinnis, J. R. *Science Teacher Decision Making in Classroom with Cultural Diversity: A Case Study Analysis.* Paper presented at the Annual meeting of the national association for research in science teaching, Atlanta, GA., April 15 –19, 1993.

McMillan, J. H., & Nash, S. *Teacher Classroom Assessment and Grading Practices Decision Making.* Paper presented at the Annual meeting of the national council on measurement in education, New Orleans, LA., April 25 – 27, 2000.

McNeil, J. D. *Curriculum: A Comprehensive Introduction* (5th). Boston: Harper Collins College Publishers, 1996.

Meijer, P. C. *Teachers' Practical Knowledge: Teaching Reading Comprehension in Secondary Education.* Leiden: Leiden University Press, 1999.

Meijer, P. C., Verloop, N. & Beijaard, D. "Exploring Language Teachers' Practical Knowledge about Teaching Reading Comprehension." *Teaching and Teacher Education*, 1999, 15: 59 – 84.

Metha, D., Gardia, A., & Rathore, H. C. S. "Teacher Participation in the Decision Making Process: Reality and Repercussions in India Higher Education." *Journal of Comparative and International Education*, 2010, 40 (5): 659 – 671.

Michael, K., & Richards, B. W. *Through the Looking Galss: Some Criticisms of Reflection.* Paper presented at the Annual meeting of American Education Research Association, San Francisco, 18th-22th. April, 1995.

Minott, M. A. "Reflective Teaching as Self-directed Professional Development: Building Practical or Work-related Knowledge." *Professional Development in Education*, 2010, 36 (1 – 2), 325 – 338.

Mitchell, S. *Improving Instructional Decision Making: The Relationship between Level of Use of Evaluation and Student Achievement.* Paper presented at the Annual meeting of the American educational research association, New Orleans, LA., April 5 – 9, 1988.

Murray, F. B. "Beyond Natural Teaching: The Case for Professional Education." In F. Murray (ed.). *The Teacher Educator's Handbook* (pp. 3 – 13). San Francisco: Jossey-Bass, 1996.

Nagel, N., & Driscoll, A. *Dilemmas Caused by Discrepancies between What They Learn and What They See: Thinking and Decision-Making of Preservice Teachers.* Paper presented at the Annual meeting of the American educational research association, San Francisco, CA., April 20-24, 1992.

Neufeld, T., & Grimmett, P. P. "The Authenticity for Struggle." In

P. P. Grimmett & J. Neufeld (eds.). *Teacher Development and the Struggle for Authenticity: Professional Growth and Restructuring in the Context of Change* (pp. 205-232) . New York: Teachers College Press, 1994.

Newell, J. "Practical Inquiry: Collaboration and Reflection in Teacher Education Reform. " *Teaching and Teacher Education*, 1987, 12 (6), 567 – 576.

Nitko, A. J. "Designing Tests That Are Integrated with Instruction. " In R. Linn (ed.). *Educational Measurement* (3rded. , pp. 447 – 474) . New York: Macmillan, 1989.

Noffke, S. "Professional, Personal and Political Dimensions of Action research. " *Review of Research in Education*, 1997, 22: 305 – 343.

Nolte, W. H. "Making the Tough Call: Factors That Influence Principal Decision Making. " Doctoral dissertation, Western Carolina University, 2001. ERIC, 2001.

Osterman, K. F. , & Kattkamp, R. K. *Reflective Practice for Educators.* California: Corwin Press, 2004.

Osterman, K. F. , & Kottkamp, R. B. *Reflective Practice for Educators: Improving Schooling through Professional Development.* California: Corwin Press, Inc. , 1993.

Palmer, D. J. , Stough, L. M. , Burdenski, T. K. , & Gonzales, M. "Identifying Teacher Expertise: An Examination of Researchers' Decision Making. " *Educational Psychologist*, 2005, 40 (1): 13 – 25.

Pajares, M. F. "Teachers' Beliefs and Educational Research: Cleaning up a Messy Construct. " *Review of Educational Research*, 1992, 62 (3): 307 – 332.

Pate, L. E. "Using the 'Four ACES' Decision Making Technique in the Classroom. " *Journal of Management Education*, 1988, 12 (4): 155 – 158.

Patton, M. Q. *Qualitative Evaluation and Research Methods.* Newbury Park, Calif: Sage Publications, 1990.

Paul, R. "Critical Thinking in North America: A New Theory of Knowledge, Learning and Literacy. " *Argumentation*, 1989, (3): 197 – 235.

Pavlin, S. , Svetlik, I. , & Evetts, J. "Revisiting the Role of formal and Practical Knowledge from a Sociology of the Professions Perspective. " *Current Sociology*, 2010, 58 (1): 94 – 118.

Pedretti, E. "Facilitating Action Research in Science, Technology and Society Education: An Experience in Reflective Practice. " *Educational Action Research*, 1960, (4), 307 – 327.

Pittman, S. "A Cognitive Tehnography and Quantification of a First-grade Teacher's Selection Routines for Classroom Management. " *Elementary School Journal*, 1985, 85: 541 – 557.

Polanyi, M. *Personal Knowledge* (p. 72) . Chicago: The University of Chicago Press, 1957.

Postholm, M. B. "Teachers Developing Practice: Reflection as Key Activity. " *Teaching and Teacher Education*, 2008 , (24), 1717 – 1728.

Putnam, J. , & Duffy, G. G. *A Descriptive Study of the Preactive and Interactive Decision Making of an Expert Classroom Teacher.* Paper presented at the Symposium at the National Reading Conference, Austin, TX. , November 30, 1984.

Reynolds, M. C. *Knowledge Base for Beginning Teacher* (p. 316) . Oxford, England: Pergamon Press, 1989.

Rice, E. M. "A Decade of Teacher Empowerment: An Empirical Analysis of Teacher Involvement in Decision Making 1980-1991. " *Journal of Educational Administration*, 1994, 32 (1): 43 – 58.

Richards, J. C. *Beyond Traning.* Cambridge: Cambridge University Press, 1998.

Riley, J. F. *Team Teaching in the Elementary School: A Long-term Qualitative Study of Teacher Planning and Decision Making.* Paper presented at the Annual meeting of the mid-south educational research association, Little Rock, AR. , November 14 – 16, 2001.

Rodgers, C. R. *Seeing Student Learning: Teacher Change and the Role of Reflection.* *Harvard Educational Review*, 2002, 72 (2): 230 – 253.

Roehrig, G. , & Luft, J. "Constraints Experienced by Beginning Science Teachers in Implementing Scientific Inquiry Lessons. " *International Journal of Science Education*, 2004, 26 (1): 3 – 24.

Rorty, R. *Objectivity, Relativism, and Truth*. Cambridge: Cambridge University Press, 1991.

Ross, D. D. "Reflective Teaching: Meaning and Implications for Preservice Teacher Educators. " In H. C. Waxman, H. J. Freiberg, J. C. Vaughan & M. Weil (eds.), *Images of Reflective in Teacher Education* (pp. 25 – 26) . Virginia: Association of Teacher Educators, 1998.

Ross, E. W. , Cornett, J. W. , & McCutcheon, G. *Teacher Personal Theorizing Conneeting Curriculum Practice, Theory and Practice*. Albany: State University of New York Press, 1986.

Russell, T. "Research, Practical Knowledge, and the Conduct of Teacher Education. " *Educational Theory*, 1987, 37: 369 – 375.

Sawyer, R. D. "Teacher Decision-making as a Fulcrum for Teacher Development: Exploring Structures of Growth. " *Teacher Development*, 2006, 5 (1): 39 – 58.

Schiro, M. S. *Curriculum Theory: Conflicting Visions and Enduring Concerns* (p. 78) . Los Angeles: SAGE, 2007.

Schön, D. A. *The Reflective Practitioner: How Professional Think in Action* (pp. 46 – 49) . New York: Basic Books, 1983.

Schön, D. A. *The Reflective Practitioner: How Professional Think in Action*. New York: Basic Books, 1983.

Schön, D. A. *Educating the Reflective Practitioner: Toward a New Design for Teaching and Learning*. San Francisco: Jossey-Bass, 1987.

Schön, D. A. "The New Scholarship Requires a New Epistemology. " *Change*, 1995, 27 – 34.

Schwab, J. J. "What Do Scientists Do?" In I. Westbury & Neil J. W. (eds.). *Science Curriculum and Liberal Education: Selected Essays* (pp. 184 – 228) . Chicago: University of Chicago Press, 1960.

Schwab, J. J. "Problems, Topics and Issues. " In S. Elam (ed.) . *Education and the Structure of Knowledge (p. 72). Chicago: Rand McNally, 1964.

Schwab, J. J. "The Practice: The Arts of Eclectic." *School Review*, 1971, 493 - 542.

Schwab, J. J. "The Practice 3: Translation in to Curriculum." *School Review*, 1973, 501 - 522.

Shavelson, R. J. "What is the Basic Teaching Skill: Decision Making." *Journal of Teacher Education*, 1973, (14): 141 - 151.

Shavelson, R. J. "Review of Research on Teachers' Pedagogical Judgements, Plans, and Decisions." *Elementary School Journal*, 1983, 83 (4): 392 - 413.

Shavelson, R. J., & Stern, P. "Research on Teachers' Pedagogical thoughts, Judgements, Decisions, and Behavior." *Review of Educational Research*, 1981, 51 (4): 455 - 498.

Sherman, T. M. *Instructional Decision-making: A Guide to Responsive Instruction*. New Jersey: Educational Technology Publications Englewood Cliffs, 1980.

Shulman, L. S. "Paradigms and Research Programs in the Study of Teaching: A Contemporary Perspective." In M. C. Witttrock (ed.). *Handbook of Research on Teaching* (3rd., pp. 3 - 36). New York: Macmillan, 1986.

Shulman, L. S. "Knowledge and Teaching: Foundations of the New Reform." *Harvard Educational Review*, 1987, 57 (1): 1 - 22.

Shulman, L. S. "Those Who Understand: Knowledge Growth in Teaching." *American Educational Research Journal*, 1986, 15 (2): 4 - 14.

Shulman, L. S. *The Wisdom of Practice—Essays on Teaching, Learning to Teach*. San Francisco: Jossey-Bass, 2004.

Silcocka, P. "The Process of Reflective Teaching." *British Journal of Educational Studies*, 1994, 42 (3): 273 - 285.

Simon, H. A. "A Behavioral Model of Rational Choice." *Quarterly Journal of Economics*, 1955, 69: 99 – 118.

Simon, H. A. "Rational Choice and the Structure of the Environment. " *Psychological Review*, 1956, 63: 129 – 138.

Solomon, J. "New Thoughts on Teacher Education. " *Oxford Review of Education*, 1987, 13 (3): 267 – 274.

Sowell, E. J. "*Curriculum: An Integrative Introduction* (3rd ed.). Englewood: Prentice Hall, 2004.

Sparke-Langer, G. , & Colton, A. "Synthesis of Research on Teachers' Reflective Thinking. " *Educational Leadership*, 1991, 48 (6): 37 – 44.

Sparks-Langer, G. M. , Starko, A. J. , Pasch, M. , Burke, W. , Moody, C. D. , & Gardner, T. G. *Teaching as Decision Making: Successful Practice for the Secondary Teacher* (2nd ed.). New Jersey: Merrill Prentice Hall, 2004.

Spilková, V. "Professional Development fo Teachers and Student Teachers through Reflection on Practice. " *European Journal of Teacher Education*, 2010, 24 (1): 59 – 65.

Stake, R. E. "Qualitative Case Studies. " In N. K. Denzin & Y. S. Lincoln (eds.). *The SAGE Handbook of Qualitative Research* (Third Edition) (pp. 443 – 467) . London: SAGE publisher, 2000.

Stenhouse, L. *An Introduction to Curriculum Research and Development.* London: Heinemann Education Boos Ltd. , 1975.

Sternberg, R. J. , & Caruso, R. "Practical Modes of Knowing. " In E. Eisner (ed.) . *Learning and Teaching: The Ways of Knowing* (pp. 133 – 158) . Chicago: University of Chicago Press, 1985.

Sturman, A. "Case Study Methods. " In Keeves, J. P. & Lakomski, G. (eds.). *Issues in Educational Research* (pp. 103 – 112) . Pergamon, 1999.

Sutcliffe, J. , & Whitfield, R. "Classroom-based Teaching Decisions. " In J. Eggleston (ed.), *Teacher Decision-making in the Classroom* (pp. 8 – 37) . London, 1979.

Tanner, D. , & Tanner, L. *Curriculum Development: Theory into Practice*

（2nd ed. ）. Englewood：Prentice Hall，1995.

Tartwijk，J. V.，Brok，P. D.，Veldman，I.，& Wubbels，T. "Teacher's Practical Knowledge about Classroom Management in Multicultural Classrooms. " *Teaching and Teacher Education*，2009，（25）：453 – 460.

Tatto，M. T. "The Socializing Influence of Normative Cohesive Teacher Education on Teachers' Beliefs about Instructional Choice. *Teachers and Teaching：Theory and practice*，2006，5（1）：95 – 118.

Thiessen，D. "Developing Knowledge for Preparing Teachers：Redefining the Role of Schools of Education. " *Educational Policy*，2000，14（1）：129 – 144.

Thomas，T. G. "Teachers' Decision-making about Place-based Education and State Testing. " *The Rural Educator*，2005，26（3）：19 – 24.

Thompson，M. D. *Teachers Experiencing Authentic Change：The Exchange of Values，Beliefs，Practices and Emotions in Interactions.* Paper presented at the ［260］Discussion paper submitted to experiencing change，exchanging experience virtual conference，25 June – 13 July，2001.

Thompson，S. J.，Benson，S. N. K.，Pachnowski，L. M.，& Salzman，J. A. *Decision-making in Planning and Teaching.* New York：Priscilla McGeehon，2000.

Tsang，W. K. Teachers' Personal Practical Knowledge and Interactive Decisions. *Language Teaching Research*，2004，8（2）：163 – 198.

Turmbull，B. "High Expectations：Untenured Teacher Involvement in School Decision-making. " *Teaching Education*，2007，15（3）：311 – 318.

Udvari-Solner，A. "Examining Teacher Thinking：Constructing a Process to Designing Curricular Adaptations. " *Remedial and Special Education*，1996，17（4）：245 – 254.

Valli，L. "Listening to Other Voices：A Description of Teacher Reflection in the United States. " *Peabody Journal of Education*，1997，72（1）：67 – 88.

Valli，L.，*Reflective Teacher Education：Cases and Critiques.* Albany：State University of New York Press，1992.

Van Hover, S. , & Yeager, E. " 'I Want to Use My Subject Matter to. . . ' : The Role of Purpose in One U. S. Secondary History Teacher's Instructional Decision Making. " *Canadian Journal of Education*, 2007, 30 (3): 670 – 690.

Van Manen, J. "Linking Ways of Knowing with Ways of Being Practical. " *Curriculum Inquiry*, 1977, (6): 205 – 208.

Van Manen, J. "On the Epistemology of Reflective Practice. " *Teachers and Teaching: Theory and Practice*, 1995, 1 (1): 33 – 50.

Van Tartwijk, J. , den Brok, P. , Veldman, L. , & Wubbels, T. "Teachers' Practical Knowledge about Classroom Management in Multicultural Classrooms. " *Teaching and Teacher Education: An International Journal of Research and Studies*, 2009, 25 (3): 453 – 460.

Verloop, N. , Driel, J. V. & Meijer, P. "Teacher Knowledge and the Knowledge Base of Teaching. " *International Journal of Educational Research*, 2001, 35: 441 – 461.

Wade, R. C. , & Rarbrough, D. B. "Portfolios: A Tool for Reflective Thinking in Teacher Education?" *Teaching and Teacher Education*, 1996, 12 (1): 63 – 79.

Walker, D. F. "*Fundanmental of Curriculum.* " San Diego: Harcourt Brace Jovanovich, 1990.

Wayne, E. , Ross, J. , Cornett, W. , & McCutcheon, G. *Teacher Personal Theorizing Connecting Curriculum Practice, Theory and Research.* Albany: State University of New York Press, 1986.

Warfield, J. , Wood, T. , & Lehman, J. D. "Autonomy, Beliefs and the Learning of Elementary Mathematics Teachers. " *Teaching and Teacher Education*, 2005, 21 (4): 439 – 456.

Wellington, B. , & Austin, P. "Orientations to Reflective Practice. " *Educational Research*, 1996, 38 (3): 307 – 316.

Westerman, D. A. "Expert and Novice Teacher Decision Making. " *Journal of Teacher Education*, 1991, 42 (4), 292 – 305.

Wideen, M. , Mayer-Smith, J. , & Moon, B. "A Critical Analysis of the

Research on Learning to Teach: Making the Case for an Ecological Perspective on Inquiry. " *Review of Educational Research*, 1998, 68 (2): 130 – 178.

Wilen, W. , Hutchison, J. , & Bosse, M. I. *Dynamics of Effective Secondary Teaching* (6th ed.) . New York: Allyn & Bacon, 2008.

Wilen, W. , Ishler, M. , Hutchison, J. , & Kindsvatter, R. *Dynamics of Effective Teaching* (4th ed.). Boston: Allyn & Bacon, 2000.

Winther, A. A. , Volk, T. L. , & Shrock, S. A. "Teacher Decision Making in the 1st Year of Implementing an Issues-based Environmental Education Program: A Qualitative Study. " *The Journal of Environmental Education*, 2010, 33 (3), 27 – 33.

Yin, R. K. *Case Study Research: Design and Methods*. California: SAGE Publication Ltd. , 1994.

Zanting, A. *Mining the Mentor's Mind: The Elicitation of Mentor Teachers' Practical Knowledge by Prospective Teachers*. Leiden: Iclon Graduate School of Education, 2001.

Zanting, A. , Verloop, N. , & Vermunt, J. D. "How Do Student Teachers Elicit Their Mentors Teachers' Practical Knowledge. " *Teachers and Teaching: Theory and Practice*, 2003, 9 (3) : 197 – 211.

Zeichner, K. M. "Preparing Reflective Teachers: An Overview of Insturctional Strategies Which Have Been Employed in Preservice Teacher Education. " *International Journal of Educational Research*, 1987, 11 (5): 565 – 575.

Zeichner, K. M. "Research on Teacher Thinking and Different Views of Reflective Practice in Teaching and Teacher Education. " In Carlgren, I. , Handal, G. & Vaage, S. (eds.). *Teachers Minds and Actions: Research on Teachers' Thinking and Practice* (pp. 9 – 27) . London: Palmer Press, 1994.

Zeichner, K. M. "Conceptions of Reflective Practice in Teaching and Teacher Education. " In G. R. Harvard & P. Hodkinson (eds.), *Action and Reflection in Teacher Education* (pp. 15 – 34) . New Jersey: Ablex

Publishing Corporation, 1994.

Zeichner, K. M. , & Liston, D. P. *Reflecting Teaching*: *An Introduction*. New Jersey: Lawrence Erlbaum Associates Publications, 1996.

Zeichner, K. , & Liu, K. Y. A Critical Analysis of Reflection as a Goal for Teacher Education. In N. Lyons (ed.). *Handbook of Reflection and Reflection Inquiry*: *Mapping a Way of Knowing for Professional Reflective Inquiry* (pp. 67 – 84). New York: Springer, 2010.

后　记

　　知行关系是一个古老的哲学认识论问题。《尚书》中"非知之艰，行之惟艰"记载是知易行难观点的滥觞。朱熹"知行常相须，如目无足不行，足无目不见。论先后，知为先；论轻重，行为重"的言论代表了知先行后的观点。此外，《传习录》中"知者行之始，行者知之成""知之真切笃实处即是行，行之明觉精察处即是知，知行功夫本不可离"，则表明知行相依不分相后。本书将知行关系的讨论放置在教师教育研究场域，悬置知易行难、知先行重、知行相依等关于知行关系的讨论，直面不管在何种知行观中，教师"知"与教师"行"之间究竟是如何实现相互转化的这一核心问题。

　　本书关注教师"知"的核心教师实践知识与教师"行"的典范教师教学决策之间的互动关系探究。在大量文献梳理的基础上，提出了教师实践知识与教师教学决策之间互动关系分析框架图，并采用质性研究思路、个案研究策略，通过深度访谈、参与式观察、文本分析等收集研究数据，建构出教师实践知识与教师教学决策的互动关系分析框架图。该分析框架图对教师实践知识与教师教学决策之间的相互转化过程进行了详细的分析与探究，并提出行动中的反思、与反思中的行动是教师实践知识与教师教学决策之间实现相互转化的桥梁。这一研究结论也丰富了教师"知"与教师"行"关系的理解，即我们不能简单地将知行关系简化为二元的理论与实践之间的关系，而应该从理论、行动—反思、实践三元辩证关系去考量。

　　本书付梓之际，感谢在香港中文大学教育学院攻读博士学位的三年时光中帮助、鼓励我一路走过的老师；感谢关心、理解我一起经历的同学；感谢支持、呵护我一生一世的亲人。寥寥几笔，虽不能言尽心中感激之情，但如果没有你们同行，我将无法建构起这三年学术生活的意义。谨将此书献给你们。

感谢我的论文指导教师尹弘飚教授。您严谨治学的学术态度、孜孜不倦的求知精神、深刻批判的反思意识，是我一生追随的榜样。与您亦师亦友互动的宝贵经历，激励着我在学术之路上不断前行。感谢我的另一位论文指导教师霍秉坤教授。您渊博的知识、谦虚的品格是我终身不断修炼、期望达到的目标。

感谢冯洁皓教授、张铮教授为本研究提出的意见与建议，让我明白严谨的态度是学术研究应有的姿态。感谢校外评审委员周淑卿教授亲自出席我的论文答辩会，您中肯的修改意见让本研究更加完善。

感谢王鉴教授，您一直以来的支持与肯定是我在学术之路上勇敢前行的信心。

感谢在读书会期间，为本研究设计的修正、完善不断提出修改意见与建议的黄显华教授、刘洁玲教授、许俊祥校长、徐慧璇师姐、梁歆师姐及读书会的其他同学。在这个学习共同体中的读书经历，使我受益终身。

感谢三年的同窗好友，三年的喜乐与你们在一起分享、三年的甘苦与你们在一起品味、三年的成长与你们在一起经历，此份感情早已铭记于心。

感谢田野学校 S 高中的校领导与教师为本研究提供了丰富的数据。你们的热情参与、经验的分享，是本研究顺利开展的前提。

感谢家人的支持与理解，你们对我无私的爱是我一路走来的动力源。

纵有许多人与事，不能一一提及，但感谢之意不减。

杨　鑫

二零一七年十二月于未圆湖畔狮子亭